Mentzel · Unternehmenssicherung durch Personalentwicklung

Unternehmenssicherung durch durch Personalentwicklung

Mitarbeiter motivieren, fördern und weiterbilden

von Prof. Dr. Wolfgang Mentzel

7., aktualisierte Auflage

Rudolf Haufe Verlag · Freiburg i. Br.

Vorwort zur 7. Auflage

Personalentwicklung war während der letzten 15 Jahre das dominierende Personalthema. Dafür werden unterschiedliche Begründungen genannt: Zunächst ging es um eine Anpassung der Qualifikationen der Mitarbeiter an den raschen technologischen, wirtschaftlichen und sozialen Wandel. Darauf folgte die Vorbereitung auf den größeren europäischen Markt. Gegenwärtig steht die Kostendiskussion, insbesondere die Höhe der Personalkosten im Vordergrund. Kein Unternehmen, ob Klein-, Mittel- oder Großbetrieb, kommt an der Erkenntnis vorbei, daß nur diejenigen mithalten können, die bereit sind, die Qualifikation ihrer Mitarbeiter ständig zu verbessern oder zumindest an neue Entwicklungen anzupassen.

Wie in den vorhergehenden Auflagen hat uns die nach wie vor positive Aufnahme in der Praxis veranlaßt, das bewährte Konzept auch in der siebten Auflage beizubehalten. Der Leser findet im Bausteinsystem das gesamte für eine erfolgreiche Personalentwicklung erforderliche Instrumentarium. Die Gliederung orientiert sich am Ablauf in der Praxis.

Schonach, im Oktober 1996   *Wolfgang Mentzel*

Aus dem Vorwort zur 1. Auflage

Die künftige Entwicklung unserer gesamten Volkswirtschaft hängt ebenso wie die Entwicklung einzelner Unternehmungen weitgehend vom Wissen, Können und der Einstellung der verfügbaren Arbeitskräfte ab. Der technische, wirtschaftliche und soziale Wandel führen zu immer rascheren Änderungen der Tätigkeitsinhalte und Arbeitsanforderungen. Die in der Ausbildung einmal erworbenen Fertigkeiten und Kenntnisse reichen heute nicht mehr aus, um ein ganzes Berufsleben zu bestreiten. Der Zwang zur ständigen Anpassung der Qualifikationen durch ein »lebenslanges Lernen« steigt. Die Unternehmungen werden im Wettbewerb nur dann Schritt halten können, wenn es ihnen jederzeit gelingt, die vorhandenen Fähigkeiten und Neigungen ihrer Mitarbeiter mit den jeweiligen Anforderungen der Arbeitsplätze in Übereinstimmung zu bringen. Bei der Bewältigung dieser Aufgabe hilft die Personalentwicklung.

Die Personalentwicklung hat sich unter dem Einfluß des allgemeinen Wandels in den letzten Jahren zu einer zentralen Funktion der betrieblichen Personalarbeit herausgebildet. Sie umfaßt alle Maßnahmen, die der Förderung und Bildung der Mitarbeiter dienen. Das vorliegende Buch enthält ein umfassendes Konzept der Personalentwicklung. Der Verfasser hat versucht, nicht nur theoretisch überzeugende, sondern auch praktisch durchführbare Lösungen darzustellen. Als Voraussetzung für die Durchführbarkeit wurde dabei nicht der Spezialistenstab in den Personalabteilungen der Großunternehmen unterstellt, sondern der Allround-Personalmann im Klein- und Mittelbetrieb, der sich neben allen anderen Aufgaben auch um die Personalentwicklung kümmern muß.

Seiner Aufgabenstellung entsprechend knüpft das Buch an in der Praxis bewährte Lösungen an. Das wäre ohne die Bereitschaft und Mithilfe solcher Unternehmungen, die sich bereits erfolgreich mit den Problemen der Personalentwicklung auseinandergesetzt haben, nicht möglich gewesen. U. a. wurden Konzepte und Unterlagen folgender Firmen verwendet:

- AEG-Telefunken, Frankfurt/M.
- Bayerische Motorenwerke AG, München
- Beiersdorf AG, Hamburg
- Enka AG, Wuppertal
- Hartmann & Braun AG, Frankfurt/M.
- Henkel KGaA, Düsseldorf
- IBM Deutschland GmbH, Stuttgart
- Kimberly-Clark GmbH, Koblenz
- Kreissparkasse Ludwigsburg
- Vorwerk & Co., Wuppertal.

Den zuständigen Damen und Herren dieser Unternehmungen sei für ihre Unterstützung und Anregungen vielmals gedankt.

Bad Ems, im April 1980   *Wolfgang Mentzel*

Inhaltsverzeichnis

Seite

Vorwort   5
Inhaltsverzeichnis   7
Verzeichnis der Abbildungen, Formulare und Übersichten 13

1 Grundfragen der Personalentwicklung 15
   1.1 Begriff und Bereiche 15
       1.1.1 Förderung und Bildung durch Personalentwicklung 15
       1.1.2 Bereiche der Personalentwicklung 18
           1.1.2.1 Berufsvorbereitende Personalentwicklung 18
           1.1.2.2 Berufsbegleitende Personalentwicklung 20
           1.1.2.3 Berufsverändernde Personalentwicklung 22
       1.1.3 Investition oder Sozialleistung 22
   1.2 Adressaten und Ziele der Personalentwicklung 23
       1.2.1 Personalentwicklung für alle Mitarbeiter 23
       1.2.2 Ziele der Personalentwicklung 25
           1.2.2.1 Ziele der Unternehmung 26
           1.2.2.2 Ziele der Mitarbeiter 27
       1.2.3 Prinzipien der Personalentwicklung 28
           1.2.3.1 Personalentwicklung in den allgemeinen
                   Unternehmensgrundsätzen 28
           1.2.3.2 Spezielle Prinzipien der Personalentwicklung 29
   1.3 Träger der Personalentwicklung 30
       1.3.1 Unternehmensleitung 30
       1.3.2 Personal- und Bildungsabteilung 32
       1.3.3 Vorgesetzte 33
       1.3.4 Betriebsrat 35
       1.3.5 Mitarbeiter 35
   1.4 Modellkonzeption 36

2 Personalentwicklungserfordernisse der Unternehmung 41
   2.1 Ausgangssituationen 41
       2.1.1 Bedarfssituation der Unternehmung 41
       2.1.2 Qualifikation und Entwicklungspotential der Mitarbeiter . . 42
       2.1.3 Entwicklungsbedürfnisse der Mitarbeiter 43
   2.2 Einflußfaktoren auf die Personalentwicklung 44
       2.2.1 Externe Einflußfaktoren 44
           2.2.1.1 Arbeitsmarkt 45
           2.2.1.2 Technologischer Wandel 45
           2.2.1.3 Gesellschaftspolitische Aspekte 47

2.2.2 Interne Einflußfaktoren 48
    2.2.2.1 Personalbedarfsermittlung 48
    2.2.2.2 Personalbeschaffung 50
    2.2.2.3 Personalfreistellung 52
    2.2.2.4 Personaleinsatz 52
2.3 Organisatorische Hilfsmittel der Personalentwicklung 53
    2.3.1 Organisations- und Stellenpläne 53
    2.3.2 Stellenbesetzungspläne 54
    2.3.3 Stellenbeschreibungen 57
        2.3.3.1 Verwendungszwecke von Stellenbeschreibungen . . 57
        2.3.3.2 Inhalt von Stellenbeschreibungen 57
        2.3.3.3 Einführung von Stellenbeschreibungen 61
2.4 Ermittlung der Arbeitsanforderungen 64
    2.4.1 Enge oder weite Qualifikationsstruktur 64
    2.4.2 Ableitung von Anforderungsprofilen 65
        2.4.2.1 Anforderungskriterien 65
        2.4.2.2 Profilgestaltung 67
    2.4.3 Profilvergleich 70

3 Eignungspotential und Entwicklungsbedürfnisse der Mitarbeiter . . . 73
3.1 Informationsgrundlagen 73
    3.1.1 Personalakten 73
    3.1.2 Personalstammkartei 74
    3.1.3 Personalentwicklungskartei 74
        3.1.3.1 Verwendungszwecke 74
        3.1.3.2 Gestaltung 76
    3.1.4 Personalinformationssystem 78
3.2 Leistungs- und Potentialerfassung durch Mitarbeiterbeurteilung . 81
    3.2.1 Zwecke der Mitarbeiterbeurteilung 82
    3.2.2 Zuständigkeit 84
    3.2.3 Vorgehensweise 84
    3.2.4 Beurteilungskriterien 86
        3.2.4.1 Auswahl 86
        3.2.4.2 Gewichtung 88
        3.2.4.3 Stufung (Skalierung) 89
    3.2.5 Beurteilungsbogen 90
    3.2.6 Beurteilungsgespräch 101
    3.2.7 Beurteilungsfehler 103
3.3 Potentialerhebungen durch Befragungen und
Beurteilungsseminare 108
    3.3.1 Befragung der Mitarbeiter 109

3.3.2 Potentialerhebung bei den Vorgesetzten 114
3.3.3 Beurteilungsseminare (Assessment Centers) 115
    3.3.3.1 Durchführung des Assessment Centers 116
    3.3.3.2 Inhalt des Assessment Centers 119
3.4 Innerbetriebliche Stellenausschreibung 120
    3.4.1 Bedeutung im Rahmen der Personalentwicklung 121
    3.4.2 Ablauf der innerbetrieblichen Stellenausschreibung 121
    3.4.3 Auswertung der innerbetrieblichen Bewerbungen 123

4 Instrumente der Förderung 126
4.1 Fördergespräch 126
    4.1.1 Gesprächstechnik 126
    4.1.2 Gesprächsinhalt 129
4.2 Laufbahn- und Nachfolgeplanung 131
    4.2.1 Begriffsabgrenzung 132
    4.2.2 Zwecke der Laufbahn- und Nachfolgeplanung 133
    4.2.3 Prinzipien der Aufstiegsplanung 134
    4.2.4 Organisatorische Rahmenbedingungen 136
    4.2.5 Erstellung von Nachfolgeplänen 137
        4.2.5.1 Beteiligte Personen 138
        4.2.5.2 Planungshorizont und Planungsablauf 140
        4.2.5.3 Darstellung der Nachfolgeplanung 141
    4.2.6 Erstellung von Laufbahnplänen 142
        4.2.6.1 Fach- und Führungslaufbahn 146
        4.2.6.2 Allgemeine Laufbahnmodelle 147
        4.2.6.3 Persönliche Laufbahn- und Entwicklungspläne . . . 149
4.3 Coaching und Outplacement 151
    4.3.1 Coaching 151
        4.3.1.1 Begriff und Inhalt 155
        4.3.1.2 Coaching-Entscheidung und Prozeßablauf 157
    4.3.2 Outplacement 159
        4.3.2.1 Begriff und Ziele 160
        4.3.2.2 Ablauf 162
4.4 Arbeitsgestaltung 164

5 Qualifikationsvermittlung durch betriebliche Bildungsmaßnahmen . . 166
5.1 Inhalt der betrieblichen Bildungsarbeit 166
    5.1.1 Vermittlung von Wissen 166
    5.1.2 Erweiterung des Könnens 168
    5.1.3 Änderung der Einstellung 168
    5.1.4 Themenbereiche der betrieblichen Bildungsarbeit 169

5.2 Systematisierung der Bildungsmethoden 170
   5.2.1 Aktive und passive Methoden 170
   5.2.2 Einzel- oder Gruppenbildung 171
   5.2.3 Bildung am oder außerhalb des Arbeitsplatzes 172
5.3 Arbeitsplatzgebundene Bildungsmaßnahmen
   (Training-on-the-job) 173
   5.3.1 Planmäßige Unterweisung 175
   5.3.2 Anleitung und Beratung durch den Vorgesetzten
      (Coaching im engeren Sinne) 178
   5.3.3 Job rotation (einschl. Traineeprogramme) 179
   5.3.4 Übertragung begrenzter Verantwortung 183
   5.3.5 Übertragung von Sonderaufgaben 184
   5.3.6 Teilnahme an Projektgruppen 184
   5.3.7 Mehrgleisige Unternehmensführung/Junior-Vorstand . . . 185
   5.3.8 Einführungsprogramme 185
5.4 Bildungsmaßnahmen außerhalb des Arbeitsplatzes
   (Training off-the-job) 186
   5.4.1 Programmierte Unterweisung 186
   5.4.2 Lehrvortrag 188
   5.4.3 Lehrgespräch 189
   5.4.4 Fallmethode 192
   5.4.5 Rollenspiel 192
   5.4.6 Planspiel 193
   5.4.7 Gruppendynamisches Training 194
   5.4.8 Förderkreise, Erfahrungsaustauschgruppen, Qualitätszirkel 194
   5.4.9 Fernunterricht 195

6 **Planung betrieblicher Bildungsmaßnahmen** 196
  6.1 Interne oder externe Durchführung 196
  6.2 Planung interner Bildungsveranstaltungen 199
     6.2.1 Formulierung der Lernziele 199
         6.2.1.1 Lernzielarten 200
         6.2.1.2 Lernzielbestimmung 202
     6.2.2 Abgrenzung der Lerngruppen 204
     6.2.3 Programm- und Zeitplanung 205
     6.2.4 Bestimmung der Lehrmethoden 207
     6.2.5 Medieneinsatz und Unterrichtsraum 209
     6.2.6 Nominierung der Referenten 213
  6.3 Auswahl externer Bildungsträger 215
     6.3.1 Auswahlkriterien 215
     6.3.2 Organisation der Zusammenarbeit 217

6.4 Bildungsarbeit durch zwischenbetriebliche Kooperation 218
    6.4.1 Ziele und Bedingungen 219
    6.4.2 Bereiche der zwischenbetrieblichen Kooperation im
          Bildungswesen 220

7 Kontrolle der Personalentwicklung 223
7.1 Kontrollbereiche 223
7.2 Kostenkontrolle 223
    7.2.1 Aufgaben der Kostenkontrolle 225
    7.2.2 Abgrenzung der Kostenarten 226
        7.2.2.1 Kosten für externe Bildungsmaßnahmen 226
        7.2.2.2 Kosten interner Bildungsmaßnahmen außerhalb
                des Arbeitsplatzes 228
        7.2.2.3 Kosten für interne Bildungsmaßnahmen am
                Arbeitsplatz 229
    7.2.3 Gliederung der Kostenarten 230
    7.2.4 Kostenverrechnung 231
        7.2.4.1 Verrechnung im allgemeinen Betriebs-
                abrechnungsbogen 231
        7.2.4.2 Einrichtung eines BAB für Bildungsarbeit 232
    7.2.5 Kostenvergleichsrechnungen 235
    7.2.6 Budgetierung 236
7.3 Erfolgskontrolle 238
    7.3.1 Probleme der Erfolgskontrolle 239
    7.3.2 Ansatzpunkte für eine Erfolgskontrolle 240
        7.3.2.1 Erfolgskontrolle im Lernfeld 241
        7.3.2.2 Erfolgskontrolle im Funktionsfeld 242
    7.3.3 Kontrollmethoden 244
        7.3.3.1 Befragungen 244
        7.3.3.2 Mitarbeiterbeurteilung 248
        7.3.3.3 Prüfungen und Tests 248
        7.3.3.4 Kennziffern und Indikatoren 249
7.4 Rentabilitätskontrolle 250
    7.4.1 Darstellung der Personalentwicklung im betrieblichen
          Informationsinstrumentarium 251
    7.4.2 Rentabilitätsberechnung 254

8 Rechtliche Aspekte der Personalentwicklung 257
8.1 Personalentwicklung und Betriebsverfassungsgesetz 257
    8.1.1 Beteiligungsrechte des Betriebsrats an der Berufsbildung . . 257
        8.1.1.1 Mitwirkung an der Planung der Berufsbildung . . . 257

8.1.1.2 Mitbestimmung bei der Durchführung
betrieblicher Bildungsmaßnahmen 259
8.1.2 Beteiligung des Betriebsrats an allgemeinen personellen
Angelegenheiten 260
8.1.2.1 Personalplanung 260
8.1.2.2 Stellenausschreibung 261
8.1.2.3 Personalfragebogen und Beurteilungsgrundsätze . . 262
8.1.2.4 Auswahlrichtlinien 263
8.1.3 Mitbestimmung des Betriebsrats bei personellen
Einzelmaßnahmen 263
8.1.4 Mitwirkungsrechte des einzelnen Arbeitnehmers 264
8.2 Sonstige für die Personalentwicklung bedeutsame
Rechtsgrundlagen 264
8.2.1 Berufsbildungsgesetz und Folgebestimmungen 265
8.2.1.1 Berufliche Fortbildung 265
8.2.1.2 Berufliche Umschulung 266
8.2.1.3 Berufsbildungspaß 266
8.2.2 Bundesdatenschutzgesetz 267
8.2.3 Fernunterrichtsschutzgesetz 268
8.2.4 Bildungsurlaub 268
8.3 Finanzielle Förderung durch das Unternehmen 269
8.3.1 Übernahme der Kosten betrieblicher Weiterbildungsmaßnahmen 269
8.3.2 Vereinbarung von Rückzahlungsklauseln 271

Literatur- und Quellenangaben 273

Stichwortverzeichnis 279

Verzeichnis der Abbildungen, Formulare und Übersichten

Seite

Abbildung 1: Bereiche der Personalentwicklung 19

Abbildung 2: Träger und Aufgabenverteilung der Personalentwicklung 31

Abbildung 3: Konzept der Personalentwicklung 37

Abbildung 4: Instrumentelle Bausteine der Personalentwicklung . . . 40

Abbildung 5: Handlungsalternativen der Personalentwicklung 42

Abbildung 6: Teilbereiche der Personalplanung 49

Abbildung 7: Beurteilung der internen und externen Personalbeschaffung 51

Abbildung 8: Stellenplan 55

Abbildung 9: Stellenbesetzungsplan 56

Abbildung 10: Einsatzmöglichkeiten von Stellenbeschreibungen . . . 58

Abbildung 11: Stellenbeschreibung 60

Abbildung 12: Fragebogen zur Stellenbeschreibung 62/63

Abbildung 13: Häufig vorkommende Anforderungskriterien 68

Abbildung 14: Anforderungsprofil (tabellarisch) für einen
Personalentwicklungsbeauftragten 69

Abbildung 15: Anforderungsprofil (graphisch) 70

Abbildung 16: Profilvergleich (graphisch) 71

Abbildung 17: Profilvergleich (tabellarisch) 72

Abbildung 18: Personalentwicklungskartei 79/80

Abbildung 19: Häufig vorkommende Beurteilungskriterien 87

Abbildung 20: Beurteilungsbogen I 92/93

Abbildung 21: Beurteilungsbogen II 94/95

Abbildung 22: Beurteilungsbogen III 96–98

Abbildung 23: Beurteilertypen 107

Abbildung 24: Eigene Meinung zur Laufbahn 110–113

Abbildung 25: Konzept des Assessment Centers 116

Abbildung 26: Ablauf eines Assessment Centers 118

Abbildung 27: Formular für die innerbetriebliche Stellenausschreibung 124

Abbildung 28: Formular für die innerbetriebliche Bewerbung 125

Abbildung 29: Einladung zum Fördergespräch 127

Abbildung 30: Vorbereitungsblatt zum Fördergespräch 128

13

Seite

Abbildung 31: Merkpunkte für Fördergespräche
               (Mitarbeitergespräche) 129
Abbildung 32: Nachfolgeerhebung 139
Abbildung 33: Nachfolgeplanung durch Erweiterung des
               Organisationsplans 143
Abbildung 34: Nachfolgeliste 144
Abbildung 35: Nachfolgekartei 145
Abbildung 36: Fach- und Führungslaufbahn 147
Abbildung 37: Fachlaufbahn im Entwicklungslabor 148
Abbildung 38: Laufbahnmodell im kaufmännisch-verwaltenden
               Bereich (Bürogehilfin) 150
Abbildung 39: Entwicklungs- und Einsatzplan 152
Abbildung 40: Persönlicher Entwicklungsplan 153/154
Abbildung 41: Ablauf einer Coaching-Beratung 159
Abbildung 42: Teilfunktionen eines Outplacement-Prozesses 163
Abbildung 43: Inhalt der betrieblichen Bildungsarbeit 166
Abbildung 44: Themen der betrieblichen Weiterbildung 170
Abbildung 45: Methoden der Bildung am oder außerhalb des
               Arbeitsplatzes 174
Abbildung 46: Unterweisung nach der Vier-Stufen-Methode 176
Abbildung 47: Traineeprogramm 180/181
Abbildung 48: Programmierte Unterweisung nach dem
               Regelkreisprinzip 187
Abbildung 49: Ablaufschema für ein Lehrgespräch 191
Abbildung 50: Lernzielformulierung 203
Abbildung 51: Medien in der betrieblichen Bildungsarbeit 210
Abbildung 52: Anregungen für den Bau und die Ausstattung eines
               betrieblichen Unterrichtsraumes 212
Abbildung 53: Kostenarten bei verschiedenen Weiterbildungs-
               veranstaltungen 232
Abbildung 54: Weiterbildung im allgemeinen BAB 233
Abbildung 55: Betriebsabrechnungsbogen für Bildungsarbeit 234
Abbildung 56: Kostenvergleichsrechnung 235
Abbildung 57: Bildungsbudget 238
Abbildung 58: Seminarbeurteilung 246/247
Abbildung 59: Rentabilitätsberechnung eines Bildungsprojektes . . . 256

1 Grundfragen der Personalentwicklung

1.1 Begriff und Bereiche

Die Dynamik des Betriebsgeschehens sowie der immer raschere technologische und wirtschaftliche Wandel stellen laufend höhere Anforderungen an die Mobilität der Mitarbeiter und ihre Fähigkeit und Bereitschaft, ihr Wissen und Können den sich ständig ändernden Arbeitsbedingungen anzupassen. Von den Unternehmungen wird erwartet, daß sie ihren Mitarbeitern dazu die notwendigen Chancen bieten, indem sie geeignete Förderungs- und Bildungsmaßnahmen offerieren. Nur wer sich rechtzeitig und gezielt um die Erhaltung und Förderung des vorhandenen Mitarbeiterpotentials kümmert, wird auf Dauer über den erforderlichen Stamm an qualifizierten Fach- und Führungkräften verfügen. Eine in die Zukunft gerichtete, planvolle Personalarbeit kann sich nicht darauf verlassen, den künftigen Personalbedarf ausschließlich am externen Arbeitsmarkt decken zu können. Sie wird sich vielmehr um eine gezielte und systematische Personalentwicklung bemühen, die, bei richtigem Einsatz des verfügbaren Instrumentariums, eine bedarfsgerechte Förderung und Bildung der Mitarbeiter sicherstellt und ihnen gleichzeitig die erwarteten Möglichkeiten für eine berufliche Anpassung und ein berufliches Weiterkommen eröffnet.

1.1.1 Förderung und Bildung durch Personalentwicklung

Die vordringliche Aufgabe der Personalentwicklung besteht darin, die vorhandenen Fähigkeiten und Neigungen der Mitarbeiter zu erkennen, zu entwickeln und sie mit den jeweiligen Erfordernissen der Arbeitsplätze in Übereinstimmung zu bringen.

Personalentwicklung kann definiert werden als Inbegriff aller Maßnahmen, die der individuellen beruflichen Entwicklung der Mitarbeiter dienen und ihnen unter Beachtung ihrer persönlichen Interessen die zur optimalen Wahrnehmung ihrer jetzigen und künftigen Aufgaben erforderlichen Qualifikationen vermitteln.

Aus dieser Definition lassen sich mehrere, aufeinander aufbauende Teilfunktionen ableiten:

– Die Personalentwicklung hat für eine **bestmögliche Übereinstimmung zwischen den vorhandenen Anlagen und Fähigkeiten der Mitarbeiter und den Anforderungen der Unternehmung** Sorge zu tragen;
– die Personalentwicklung hat unter Berücksichtigung der individuellen Erwartungen zu prüfen, **welche Mitarbeiter** im Hinblick auf aktuelle und künftige Veränderungen der Arbeitsplätze und Tätigkeitsinhalte der Unternehmung **zu fördern sind;**

– die Personalentwicklung hat die notwendigen **Förderungs- und Bildungsan-gebote zu schaffen** und in Abstimmung mit den Betroffenen festzulegen, **welche Maßnahmen für den einzelnen** in Frage kommen;
– die Personalentwicklung ist zuständig für die **Planung, Durchführung und Kontrolle** der beschlossenen Förderungs- und Bildungsmaßnahmen.

Dieser Aufgabenkatalog verdeutlicht, daß eine richtig verstandene Personal-entwicklung mehr umfaßt, als im allgemeinen unter Fort- und Weiterbildung verstanden wird. **Förderung und Bildung gemeinsam** machen den Inhalt der Personalentwicklung aus. Dabei umfaßt die Förderung vorwiegend diejenigen Aktivitäten, die auf die Position im Betrieb und das berufliche Weiterkommen des einzelnen gerichtet sind, während die Bildung auf die Vermittlung der zur Wahrnehmung der jeweiligen Aufgaben erforderlichen Qualifikationen ab-stellt. Die betrieblichen Bildungsmaßnahmen machen zwar einen wesentlichen Teil der Personalentwicklung aus, sie sind jedoch nur dann gerechtfertigt, wenn die vermittelten Fertigkeiten und Kenntnisse auch gefragt sind.

Eine in diesem Sinne definierte Personalentwicklung kann auch als typisches Instrument des Personalmarketing verstanden werden. Beim **Personalmarke-ting** handelt es sich um eine Übertragung des ursprünglich für den Absatzsek-tor entwickelten Denkgebäudes einschließlich des zugehörigen methodischen Instrumentariums auf den Personalsektor. Es gelten grundsätzlich die gleichen Überlegungen wie beim Absatzmarketing, wobei an die Stelle des Kunden eines Unternehmens die vorhandenen oder zu gewinnenden Mitarbeiter und an die Stelle der Waren oder Dienstleistungen die Arbeitsplätze treten, die den Mitarbeitern angeboten werden sollen. Demgemäß zielt der Grundgedanke des Personalmarketing darauf ab, die »Ware« Arbeitsplatz so attraktiv zu gestalten, daß sie den Interessen und Erwartungen der Mitarbeiter entgegen-kommt und ihnen zur Erfüllung ihrer Bedürfnisse so wichtig erscheint, daß sie auf den Eintritt in andere Unternehmungen verzichten und ihre Arbeitslei-stung in die Marketing treibende Unternehmung bereitwillig einbringen (vgl. v. Eckardstein/Schnellinger 1975, Sp. 1596). Die Personalentwicklung schafft die Voraussetzungen, um Personalmarketing nicht nur nach außen bei der Suche nach Bewerbern zu betreiben, sondern auch nach innen, indem den Mitarbeitern sichtbare Chancen zur Weiterbildung und zum beruflichen Fort-kommen geboten werden.

Während ehemals die betriebliche Bildungsarbeit ganz auf die Erfordernisse der Unternehmungen ausgerichtet war, werden in dem umfassenden, ganzheit-lichen Konzept der Personalentwicklung neben den Zielen des Unternehmens auch die Vorstellungen und Wünsche der Mitarbeiter berücksichtigt (vgl. Kapitel 1.2.2). Diese Interpretation des Begriffs Personalentwicklung deckt sich damit auch weitgehend mit den Zielen der **Organisationsentwicklung**. Als

16

Organisationsentwicklung wird ein geplanter und schrittweise vollzogener Entwicklungs- und Veränderungsprozeß von Organisationen (z. B. eines Betriebs oder einer Abteilung) und den darin tätigen Menschen bezeichnet. Gleichzeitig verfolgte Ziele der Organisationsentwicklung sind zum einen eine Erhöhung der Leistungsfähigkeit der Organisation (Effektivität) und zum anderen eine Verbesserung der Qualität des Arbeitslebens für die in der Organisation tätigen Menschen (Humanität). Die Organisationsentwicklung will also Produktivität und Menschlichkeit miteinander in Einklang bringen. Dabei wird sie von der Gesamtheit der Mitglieder einer organisatorischen Einheit getragen. Unter aktiver Beteiligung der Betroffenen werden konkrete Fragen und Probleme der täglichen Arbeit und der Zukunft besprochen. Der Prozeß beruht auf dem Lernen aller Betroffenen durch direkte Mitwirkung und praktische Erfahrungen. Ein wesentliches Element ist ein offener Meinungs- und Informationsaustausch, der sich sowohl auf Sachfragen als auch auf Verhaltens- und Wertfragen erstrecken soll. Mit Hilfe geeigneter Weiterbildungsmaßnahmen werden bei den jeweiligen Mitarbeitern oder Mitarbeitergruppen neben der Vermittlung von Fachkenntnissen vor allem spezifische Einstellungs- und Verhaltensänderungen herbeigeführt. Der durch die Organisationsentwicklung angestrebte Erfolg wird sich dann einstellen, wenn diese nicht »befohlen« wird, sondern sich als Prozeß aus der Organisation und ihren Mitarbeitern entwickelt.

Die in der Literatur geführte Diskussion darüber, ob die Personalentwicklung der Organisationsentwicklung unterzuordnen ist oder umgekehrt oder ob beide Funktionen als gleichwertig anzusehen sind, bringt für die praktische Durchführung keine Hilfe. Entscheidend ist die Erkenntnis, daß im Zuge einer zunehmenden strategischen Orientierung beide Entwicklungen Hand in Hand gehen müssen. Sowohl bei der Organisationsentwicklung als auch bei der Personalentwicklung sind **neben den Zielen der Unternehmung immer auch die Interessen der Mitarbeiter zu berücksichtigen.** Isolierte Personalentwicklungsmaßnahmen ohne gleichzeitige Berücksichtigung des Arbeitsumfelds (Organisation, Kollegen, Vorgesetzte) wären ebenso unzureichend wie einseitige Veränderungen der Arbeitsbedingungen ohne die Einbindung der Betroffenen und ihre Ausrichtung auf die neuen Gegebenheiten. Die weiteren Ausführungen werden die wechselseitigen Beziehungen zwischen beiden Bereichen verdeutlichen.

Die Aufgabenstellung der Personalentwicklung ist durchaus nicht völlig neu. Schon immer ist es den Betrieben darum gegangen, »die richtigen Mitarbeiter an den richtigen Arbeitsplätzen« einzusetzen; schon immer lag es im Interesse der Unternehmungen, die Fähigkeiten ihrer Mitarbeiter richtig zu erkennen, zu erhalten und weiter zu entwickeln. Allerdings haben die Intensität dieser Bemühungen und ihre Auswirkungen auf den Fortbestand der Unternehmungen in den letzten 20 bis 30 Jahren beträchtlich an Bedeutung gewonnen. Die Wirtschaftspraxis hat erkannt, daß die Erschließung der Qualifikationen der Mitarbeiter durch die Personalentwicklung weitreichende Folgen für die Zukunft der Unternehmungen haben kann. In immer stärkerem Maße wird die Personalentwicklung in strategische Überlegungen eingebunden und als unerläßliche Komponente einer erfolgreichen Unternehmensstrategie verstanden (vgl. Sattelberger 1989, S. 15; Riekhof 1986, S. 47).

1.1.2 Bereiche der Personalentwicklung

Die Personalentwicklung richtet sich grundsätzlich an alle Mitarbeiter. Durch zielgerichtete, planmäßige Förderungs- und Bildungsmaßnahmen werden den Mitarbeitern die zu einer erfolgreichen Wahrnehmung ihrer Aufgaben erforderlichen Qualifikationen vermittelt. Nach der Zwecksetzung der erworbenen Qualifikationen kann zwischen berufsvorbereitender, berufsbegleitender und berufsverändernder Personalentwicklung unterschieden werden (vgl. Abbildung 1).

1.1.2.1 Berufsvorbereitende Personalentwicklung

Die berufsvorbereitende Personalentwicklung umfaßt **alle Bildungsmaßnahmen, die dem erstmaligen Einsatz in einer beruflichen Tätigkeit dienen.** Dazu zählen die Berufsausbildung, die Einarbeitung von Anlernlingen, die Betreuung von Praktikanten und Volontären sowie die Einführung von Hochschulabsolventen.

Die **Berufsausbildung** hat gemäß der Definition des Berufsausbildungsgesetzes »eine breit angelegte berufliche Grundbildung und die für die Ausübung einer qualifizierten beruflichen Tätigkeit notwendigen fachlichen Fertigkeiten und Kenntnisse in einem geordneten Ausbildungsgang zu vermitteln. Sie hat ferner den Erwerb der erforderlichen Berufserfahrung zu ermöglichen« (§ 1 Abs. 2 BBiG). Um eine bessere berufliche Anpassung an den raschen wirtschaftlichen und technischen Wandel sicherzustellen, wird der Gesamtkomplex der Berufsausbildung in berufliche Grundbildung und berufliche Fachbildung aufgeteilt. In der **beruflichen Grundbildung** als erster Stufe der Berufsausbildung »sollen als breite Grundlage für die weiterführende berufliche Fachbildung und als Vorbereitung auf eine vielseitige berufliche Tätigkeit Grundfertigkeiten und Grundkenntnisse vermittelt sowie Verhaltensweisen geweckt werden, die einem möglichst großen Bereich von Tätigkeiten gemeinsam sind« (§ 26 Abs. 2 BBiG). In der darauf aufbauenden Stufe der **allgemeinen beruflichen Fachbildung** »soll die Berufsausbildung möglichst für mehrere Fachrichtungen gemeinsam fortgeführt werden«, und in der **besonderen beruflichen Fortbildung** sollen schließlich »die zur Ausübung einer qualifizierten Berufstätigkeit erfor-

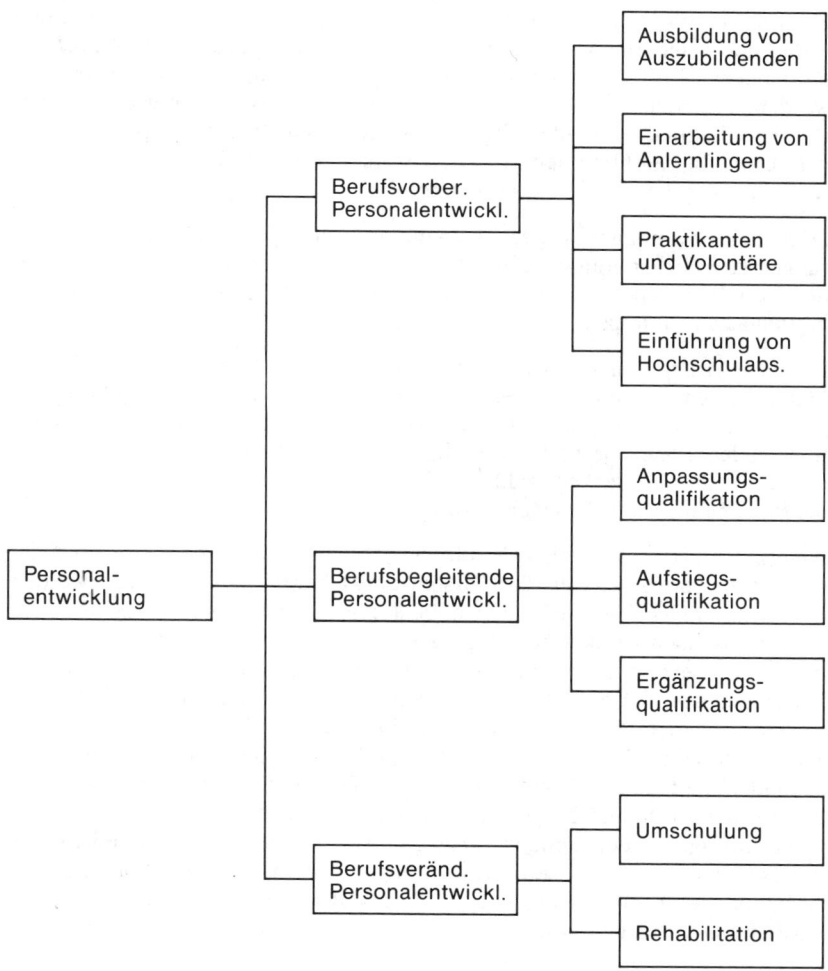

Abbildung 1: Bereiche der Personalentwicklung

derlichen praktischen und theoretischen Kenntnisse und Fertigkeiten vermittelt werden« (§ 26 Abs. 3, 4 BBiG). Art, Umfang und Dauer der Berufsausbildung sind in allen wesentlichen Details durch allgemeingültige Ordnungsmittel vorbestimmt.

Zur Einarbeitung von **Anlernlingen** zählen alle Maßnahmen, durch welche den Mitarbeitern innerhalb kurzer Zeit die für die Ausübung einer praktischen betrieblichen Tätigkeit notwendigen Fertigkeiten und Kenntnisse vermittelt werden. Es handelt sich zumeist um relativ anspruchslose Aufgabengebiete. Die Einarbeitung von Anlernlingen ist an keine staatlichen Vorgaben gebunden; es bleibt den Unternehmen überlassen, wie planmäßig und systematisch sie dabei vorgehen.

Durch eine **Praktikanten-** oder **Volontärzeit** sollen praktische Betriebserfahrungen zur Vorbereitung auf einen späteren Beruf gesammelt werden. Auch die Gestaltung und Effizienz dieser Programme hängen ausschließlich von betrieblichen Initiativen ab.

Der Einführung von **Hochschulabsolventen** wird traditionsgemäß bei vielen Unternehmen besondere Bedeutung beigemessen. Aus dieser Mitarbeitergruppe resultieren die künftigen Führungskräfte des Unternehmens. Rotations- oder Traineeprogramme (vgl. Kapitel 5.3.3), die sich teilweise über mehrere Jahre erstrecken, zählen bei vielen Unternehmungen zu den Standardmaßnahmen der Personalentwicklung.

Anlernlinge, Praktikanten, Volontäre und Hochschulabsolventen zählen allgemein zum Adressatenkreis der Personalentwicklung. Auszubildende werden dagegen in vielen Unternehmungen nicht einbezogen. Das wird zum Teil mit der umfassenden gesetzlichen Regelung der Berufsausbildung begründet, die in der begrenzten Ausbildungzeit für zusätzliche Fördermaßnahmen des Unternehmens, die auf die besondere Begabung der Auszubildenden abgestellt sind, keinen Platz mehr läßt. Auch in diesem Buch werden Fragestellungen im Zusammenhang mit der Ausbildung von Auszubildenden nicht weiter behandelt. Seit der Verabschiedung des Berufsbildungsgesetzes sind zahlreiche Fachbücher zu diesem Themenkreis erschienen, so daß diese Probleme hier vernachlässigt werden können. Dagegen werden die anderen Bereiche der berufsvorbereitenden Personalentwicklung – Anlernverfahren, Praktikantenausbildung und Einführung von Hochschulabsolventen – in den weiteren Ausführungen mit berücksichtigt.

1.1.2.2 Berufsbegleitende Personalentwicklung

Die berufsbegleitende Personalentwicklung spricht ebenso wie die berufsverändernde Personalentwicklung solche Mitarbeiter an, die bereits im Berufsleben stehen bzw. gestanden haben und über ein gewisses Maß an Berufserfahrung verfügen. Die Maßnahmen der berufsbegleitenden Personalentwicklung sollen es (in Anlehnung an die Formulierung des Berufsbildungsgesetzes) ermöglichen, »die beruflichen Kenntnisse und Fertigkeiten zu erhalten, zu erweitern, der technischen Entwicklung anzupassen oder beruflich aufzusteigen« (§ 1Abs. 3 BBiG). Demgemäß kann zwischen **Anpassungs- und Aufstiegsqualifikation** unterschieden werden. Dazu kann als weiterer Zweig die sogenannte **Ergänzungsqualifikation,** d. h. die Vermittlung von nicht arbeitsplatzbezogenen Qualifikationen, kommen.

a) Vermittlung von Anpassungsqualifikationen

Personalentwicklung im Sinne einer Anpassungsqualifikation liegt vor, **wenn das vorhandene Wissen und Können der Mitarbeiter an die veränderten Gegebenheiten eines Arbeitsplatzes angepaßt werden.** Solche Anpassungsprozesse sind wegen des bereits erwähnten technologisch und organisatorisch bedingten Wandels ständig erforderlich; sie stellen sicher, daß die Mitarbeiter ihre einmal erworbene Stellung in Beruf und Gesellschaft dauerhaft halten können. Daneben verlangen auch die **Einführung und Einarbeitung neuer Mitarbeiter,** die ihre berufliche Erfahrung in einem anderen Unternehmen gewonnen haben, nach einer Anpassung der vorhandenen Qualifikationen an die spezifischen betrieblichen Gegebenheiten. Das Verhältnis eines neuen Mitarbeiters zum Unternehmen wird in starkem Maße von den Geschehnissen und Eindrücken während der ersten Arbeitswochen mitbestimmt. Die Personalentwicklung hat hier die Aufgabe, den»Neuen« sowohl in sein Aufgabengebiet einzuweisen als ihn auch in die Betriebsgemeinschaft mit ihren vielen geschriebenen und ungeschriebenen Gesetzen einzuführen. Einen weiteren Fall der Anpassungsqualifikation stellt die **berufliche Reaktivierung** dar. Sie trägt dazu bei, daß Mitarbeiter, die bereits aus dem Erwerbsleben ausgeschieden waren, wieder in eine berufliche Tätigkeit zurückkehren können. Das Wissen wird wieder aufgefrischt, erweitert und den veränderten Erfordernissen angepaßt.

b) Vermittlung von Aufstiegsqualifikationen

Personalentwicklung als Aufstiegsqualifikation stellt darauf ab, das latent vorhandene Potential der Mitarbeiter so zu entwickeln, daß sie zur Übernahme anspruchsvollerer Funktionen oder höherwertigerer Positionen in der Lage sind. **Aufstieg** in diesem Sinne braucht nicht ausschließlich das Erreichen der nächsten hierarchischen Ebene zu bedeuten. Bereits die Übernahme größerer Verantwortung aufgrund der Ausweitung des Tätigkeitsfeldes durch Job enlargement oder Job enrichment (vgl. Kapitel 4.4) kann einen »Aufstieg« darstellen. Die Entwicklungsmaßnahmen können im Rahmen von Nachfolge- und Laufbahnplänen auf die gezielte Übernahme einer ganz bestimmten Position abstellen (positionsorientierte Personalentwicklung), oder es kann sich um eine generelle Qualifizierung durch Bildung sogenannter Nachwuchspools (potentialorientierte Personalentwicklung) handeln.

Nicht jeder Mitarbeiter wird über das als Voraussetzung für eine erfolgreiche Aufstiegsqualifikation erforderliche Entwicklungspotential verfügen. Grundsätzlich sollte aber die Entwicklungschance für alle vorhanden sein. Es liegt dann an der Bereitschaft und am Willen jedes einzelnen, ob er sein vorhandenes Potential weiter entwickeln möchte; es liegt gleichermaßen beim jeweiligen Vorgesetzten, durch eine regelmäßige Beobachtung und Beurteilung entwicklungsfähige Mitarbeiter zu erkennen und zu fördern.

c) Vermittlung von Ergänzungsqualifikationen

Anpassungs- und Aufstiegsqualifikation sind im allgemeinen zweckbestimmt, d. h., sie sind auf die Anforderungen des derzeitigen oder künftigen Arbeitsplatzes eines Mitarbeiters ausgerichtet. Dagegen sind Ergänzungsqualifikationen nicht unmittelbar arbeitsplatzbezogen; sie umfassen Maßnahmen, die auf eine Vermittlung allgemeiner Bildungsinhalte gerichtet sind. Dazu können z. B. die Behandlung politischer oder wirtschaftlicher Fragestellungen, Sprachkurse, Malkurse, kulturelle Veranstaltungen oder ein Erste-Hilfe-Kurs zählen. Das Beispiel Sprachkurse zeigt, daß die Übergänge zwischen den drei Bereichen fließend sind.

1.1.2.3 Berufsverändernde Personalentwicklung

Die berufsverändernde Personalentwicklung umfaßt die verschiedenen Maßnahmen der beruflichen **Umschulung** und **Rehabilitation,** die es den Betroffenen ermöglichen, eine neue berufliche Tätigkeit auszuüben. Umschulungsmaßnahmen werden wegen der technisch-wirtschaftlichen Entwicklung oder aus persönlichen Gründen notwendig. Die Personalentwicklung übernimmt hier eine wichtige gesellschaftspolitische Aufgabenstellung, wenn es ihr gelingt, Mitarbeitern, deren Beruf aus technischen oder ökonomischen Gründen nicht mehr gefragt ist, bzw. die ihre Tätigkeit wegen einer körperlichen, seelischen oder geistigen Behinderung nicht mehr ausüben können, einem neuen Beruf zuzuführen.

1.1.3 Investition oder Sozialleistung

Die Aufwendungen für Personalentwicklung werden heute allgemein als immaterielle Investitionen angesehen, die zwar nicht bilanzierungsfähig sind, die jedoch ihrem Charakter nach mit den Sachinvestitionen in das Anlage- oder Umlaufvermögen verglichen werden können. Den Aufwendungen in der Gegenwart stehen Einnahmensteigerungen oder Ausgabensenkungen in der Zukunft gegenüber. Sie werden durch eine höhere Qualifikation und eine größere Zufriedenheit der Mitarbeiter herbeigeführt und schlagen sich in erhöhten Leistungen nieder. Diese **Investitionen in das Humanvermögen** sind für die Produktivität und das Wachstum der Unternehmung ebenso bestimmend wie deren Ausstattung mit Maschinen oder Vorräten.

Wenn sich diese Erkenntnis über den investiven Charakter der Aufwendungen für Personalentwicklung allgemein durchsetzt, dann wird es nicht mehr dazu kommen, daß Weiterbildungsmaßnahmen lediglich als »Alibi-Veranstaltungen« verstanden werden, die abgehalten werden, weil man aus Prestigegründen nicht hinter einem Trend der Zeit zurückstehen möchte. Auch mit dem bei manchen Vorgesetzten und Mitarbeitern noch immer anzutreffenden Mißverständnis, die Teilnahme an einer Bildungsveranstaltung in erster Linie als Anerkennung für erbrachte gute Leistungen anzusehen, wird es dann zu Ende sein. Diese Fehlinterpretation mag sich zwar als Leistungsanreiz auf die Tätigkeit im Unternehmen auswirken, es kann jedoch nicht mit der erforderlichen Lernmotivation für die Veranstaltung selbst gerechnet werden. Die notwendige Lernbereitschaft und damit der erwartete Bildungserfolg werden sich nur einstellen, wenn die Mitarbeiter erkennen, daß Weiterbildung mehr ist als eine teure Form der Belohnung. Aus der Sicht der Mitarbeiter erweist sich die regelmäßige Teilnahme am Weiterbildungsangebot der Unternehmung als ein notwendiger Baustein in ihrer persönlichen Entwicklung; aus der Sicht der Unternehmung stellt die Weiterbildung einen Teil des gesamten Förderungs- und Entwicklungsprogramms für die Mitarbeiter dar, deren erfolgreiche Planung und Vollzug für den weiteren Bestand sowie künftige Anpassungen und Entwicklungen unerläßlich sind.

1.2 Adressaten und Ziele der Personalentwicklung

Die wesentlichen Aussagen über die Adressaten und Ziele der Personalentwicklung ergeben sich bereits aus der umfassenden Begriffsabgrenzung: Das Angebot auf Förderung und Bildung muß sich grundsätzlich an sämtliche Mitarbeiter einer Unternehmung richten, und bei der Festlegung der Ziele sind sowohl die Interessen der Unternehmung als auch die der Mitarbeiter zu berücksichtigen.

1.2.1 Personalentwicklung für alle Mitarbeiter

Sowohl in der Praxis als auch in der Literatur wurde Personalentwicklung in der Vergangenheit häufig mit dem anglo-amerikanischen Begriff Management Development gleichgesetzt. Das führte dazu, daß lediglich Führungs- und Führungsnachwuchskräfte als Adressaten für Personalentwicklungsmaßnahmen angesehen wurden. Fast alle größeren Unternehmungen können Programme vorweisen, die der Entwicklung von Führungskräften dienen. Das haben auch empirische Untersuchungen bestätigt: Weiterbildungsangebote konzentrierten sich vor allem auf die Gruppe derjenigen Mitarbeiter, die durch Herkunft und schulische Bildung begünstigt waren und die mit Tätigkeiten betraut waren, die ihre geistige Beweglichkeit tendenziell förderten und ihre Kompetenzen zunehmen ließen. Dagegen wurden diejenigen, die für das Lernen weniger gut ausgestattet waren und durch ihre Arbeit geistig weniger gefordert wurden, kaum berücksichtigt. Das hat eine Polarisierungstendenz ausgelöst, die weder dem einzelnen noch den Betrieben noch der Gesellschaft dient (vgl. Edding 1972, S. 277). Auswirkungen des eingangs angesprochenen technologischen Wandels sind jedoch auf allen Ebenen der Unternehmenshierarchie spürbar. **Das Bedürfnis nach lebenslangem Lernen und größerer Flexibilität besteht bei allen Mitarbeitern.**

Die ungleiche Verteilung von Weiterbildungsmaßnahmen auf die verschiedenen Mitarbeitergruppen wurde auch durch neuere Untersuchungen bestätigt. Nach einer Erhebung des Bundesinstituts für Berufsbildung ist die Beteiligung an der Weiterbildung um so größer, je höher die formale berufliche Qualifikation ist. So nahmen zwischen 1980 und 1985 zwar 47 Prozent der Hochschulabsolventen und 41 Prozent der Meister und Fachhochschulabsolventen, aber nur 23 Prozent der Absolventen der Berufsfachschule oder Lehre und sogar nur 10 Prozent der ungelernten Mitarbeiter an einer beruflichen Weiterbildungsnahme teil (vgl. Koch 1987, S. 157). Ein ähnliches Bild ergibt sich bei einer Orientierung an der Stellung im Betrieb. Spitzenreiter bei der Weiterbildungsbeteiligung sind die Führungskräfte, vor den technischen und kaufmännischen Angestellten, den Facharbeitern und den un- und angelernten Arbeitern (vgl. v. Bardeleben 1986, S. 57).

Als Gründe für die niedrige Weiterbildungsbeteiligung der un- und angelernten Arbeitnehmer sowie der Facharbeiter werden gelegentlich die geringere Weiterbildungsbereitschaft dieser Gruppen und der geringere Wert von Weiterbildungsmaßnahmen aufgrund der jeweiligen Aufgabenstellung im Betrieb genannt. Außerdem wird vermutet, daß für diese Gruppen zwar ständige Anpassungsmaßnahmen an neuere Entwicklungen vorgenommen werden, diese aber selten als Weiterbildungsmaßnahmen angesehen werden und sich damit statistisch auch nicht niederschlagen.

Die Forderung nach dem Einbezug aller Mitarbeiter in die Personalentwicklung schließt nicht aus, daß die Häufigkeit, der Umfang und die Intensität bestimmter Entwicklungsmaßnahmen je nach Mitarbeiterkategorie variieren können. Die Förderung der Führungs- und Führungsnachwuchskräfte spielt nach wie vor eine dominierende Rolle in der Personalentwicklung. Dazu trägt u. a. auch bei, daß diese Mitarbeitergruppen in Schulen und Hochschulen nur in ungenügender Weise auf ihre spätere Tätigkeit vorbereitet werden. Die

Möglichkeiten einer systematischen vorberuflichen Ausbildung auf den Beruf des Managers sind aus zwei Gründen zwangsläufig begrenzt: Zum einen können sich solche Fähigkeiten, selbst wenn sie im Studium theoretisch vermittelt wurden, letztendlich erst durch praktische Bewährung bei der Ausübung von Führungstätigkeiten wirklich entwickeln. Zum anderen fehlen bereits die notwendigen Voraussetzungen in vielen Studienordnungen; es dominiert die fachliche Qualifizierung, während die sog. Schlüsselqualifikationen völlig vernachlässigt werden. Aus diesem Grunde wird, trotz der richtigen Erkenntnis, daß die Personalentwicklung alle Mitarbeiter einzubeziehen hat, das Management Development weiterhin ein Schwerpunkt betrieblicher Entwicklungsarbeit bleiben.

1.2.2 Ziele der Personalentwicklung

Jedes unternehmerische Handeln orientiert sich an ganz bestimmten **Zielen**, durch die festgelegt wird, was in Zukunft erreicht werden soll. Neben den Gesamtzielen der Unternehmung gilt für jeden Funktionsbereich eine Reihe von Teilzielen, die zueinander und zum Gesamtziel nicht im Widerspruch stehen dürfen. In Form allgemeiner **Prinzipien** kann die Unternehmensleitung darüber hinaus festlegen, welche grundsätzlichen Regeln und Richtlinien bei der Verwirklichung der Ziele einzuhalten sind.

Auch Personalentwicklung kann nur dann erfolgreich betrieben werden, wenn bei allen Beteiligten Klarheit über die zu erreichenden Ziele besteht. Aus den vorangegangenen Ausführungen ist bereits deutlich geworden, daß sowohl die Mitarbeiter als auch die Unternehmung eigene Erwartungen mit der Personalentwicklung verbinden. Eine wesentliche Aufgabe der Verantwortlichen besteht darin, einen Ausgleich zwischen den unterschiedlichen Interessenlagen herbeizuführen, indem sie versuchen, die persönlichen Entwicklungs- und Karriereziele des einzelnen in die allgemeinen Ziele der Unternehmung zu integrieren. Das ist in idealer Weise bei der Laufbahnplanung der Fall, die von den individuellen Aufstiegswünschen der Mitarbeiter ausgeht und versucht, diese mit den betrieblichen Vorstellungen bei der Besetzung vorhandener oder zu schaffender Positionen in Übereinstimmung zu bringen.

Eine dermaßen vollkommene Übereinstimmung wird nicht immer möglich sein. Oft wird man sich mit einer Annäherung der beiderseitigen Interessenlagen zufriedengeben müssen. Es kann sogar vorkommen, daß die Mitarbeiter und das Unternehmen dieselbe Entwicklungsmaßnahme aufgrund völlig verschiedener Zielsetzungen befürworten. Von einer allgemeinen Qualifikationserweiterung verspricht sich z. B. das Unternehmen eine größere Flexibilität beim Personaleinsatz, während die Mitarbeiter den wesentlichen Vorteil in einer erhöhten Mobilität am Arbeitsmarkt sehen und demzufolge die Gefahr besteht, daß sie das Unternehmen verlassen werden. Solche Risiken sind zwar nicht vollkommen auszuschließen, sie sollten aber auch nicht überbewertet werden. Eine Personalentwicklung, die nicht nur den personellen Bedarf des Unternehmens deckt, sondern auch mit den Erwartungen der Mitarbeiter und ihren persönlichen beruflichen Plänen abgestimmt wird, vermittelt genügend Anreize, um als **wesentlicher Bestandteil der Motivationspolitik des Unternehmens** zu gelten (vgl. Hentze 1986, S. 328).

Im übrigen kann davon ausgegangen werden, daß es in manchen Situationen auch den Interessen der Mitarbeiter dient, wenn sich die Personalentwicklungsmaßnahmen primär am betrieblichen Bedarf orientieren. In Branchen, die einem raschen technologischen Wandel unterliegen, kann es durchaus vorkommen, daß aufgrund der besseren Informationsgrundlagen seitens des Unternehmens ein notwendiger Bildungsbedarf frühzeitig erkannt wird und entsprechende Maßnahmen eingeleitet werden. Überließe man die Entscheidung ausschließlich den Mitarbeitern, bestünde die Gefahr, daß eine rechtzeitige Anpassung der Qualifikationen an die geänderten Erfordernisse möglicherweise versäumt würde.

1.2.2.1 Ziele der Unternehmung

Aus der Sicht der Unternehmung geht es darum, durch Vermittlung entsprechender Qualifikationen den personellen Bedarf zu decken und den bestmöglichen Einsatz der Mitarbeiter im Betriebsgeschehen sicherzustellen. Dies ist die **allgemeine Zielsetzung der Personalentwicklung,** die jedoch noch nicht ausreicht, um daraus konkrete betriebliche Maßnahmen abzuleiten. Das wird erst dann möglich sein, wenn aufgrund der jeweils vorliegenden Zwecksetzung die speziellen Ziele der Personalentwicklung feststehen. Es müssen also die beiden Fragen beantwortet werden, was durch eine bestimmte Entwicklungsmaßnahme erreicht werden soll (Ziel) und wozu das Erreichte dient (Zweck).

Auf diese beiden Fragen gibt es keine allgemeingültige Antwort. Die Antwort kann immer nur von den Verantwortlichen einer bestimmten Unternehmung für die dort vorhandene Bedarfssituation gegeben werden. Demgemäß kann die folgende Aufzählung auch nur eine **Auswahl denkbarer Einzelziele der Personalentwicklung** darstellen:

– Sicherung des notwendigen Bestands an Fach- und Führungskräften,
– Erhaltung der vorhandenen Qualifikationen der Mitarbeiter,
– Anpassung der Qualifikationen der Mitarbeiter an veränderte Gegebenheiten der Arbeitsplätze,
– Vorbereitung auf höherwertige Tätigkeiten,
– Vermittlung von Zusatzqualifikationen als Grundlage einer größeren Flexibilität und Anpassungsfähigkeit beim Personaleinsatz,

- Gewinnung von Nachwuchskräften aus den eigenen Reihen,
- größere Unabhängigkeit vom externen Arbeitsmarkt,
- Erkennen und Vorbereiten von Spezialisten und Führungsnachwuchskräften,
- Förderung des beruflichen Fortkommens der Mitarbeiter durch Erschließen erkennbarer Aufstiegsmöglichkeiten,
- Aufdecken von Fehlbesetzungen,
- Verbesserung des Leistungsverhaltens der Mitarbeiter,
- Verbesserung des Sozialverhaltens,
- Vermittlung von Schlüsselqualifikationen,
- Verbesserung der Chance zur Selbstverwirklichung durch anspruchsvollere Aufgaben,
- Erhöhung der Bereitschaft, Änderungen zu verstehen oder herbeizuführen.

1.2.2.2 Ziele der Mitarbeiter

Auch auf seiten der Mitarbeiter kann zunächst nur generell festgehalten werden, daß die Personalentwicklung dazu beitragen soll, die Erwartungen und Wünsche hinsichtlich der Möglichkeiten auf persönliche Entfaltung und berufliches Weiterkommen zu befriedigen. Der einzelne muß sich selbst darüber klar werden, welche langfristigen beruflichen Ziele er anstreben will und welche Aufgaben er im Unternehmen voraussichtlich bewältigen kann (und will). Er muß kritisch prüfen, wie er zu seiner Aufgabe im Unternehmen steht und ob er die gestellten Anforderungen erfüllt. Auf der Basis dieser Überlegungen sollte dann unter Berücksichtigung der vorhandenen individuellen Anlagen und der betrieblichen Möglichkeiten im Gespräch ermittelt werden, welche speziellen Ziele im konkreten Fall angestrebt werden. Auch hier kann der folgende Katalog wiederum nur exemplarisch verstanden werden:

- Anpassung der persönlichen Qualifikation an die Ansprüche des Arbeitsplatzes,
- Grundlage für beruflichen Aufstieg (»Karriereplanung«),
- Erhöhung der individuellen Mobilität am Arbeitsmarkt,
- Sicherung der erreichten Stellung in Beruf und Gesellschaft,
- Minderung der Risiken, die sich aus dem wirtschaftlichen oder technischen Wandel ergeben können,
- Sicherung eines ausreichenden Arbeitseinkommens,
- größere Chance der Selbstverwirklichung am Arbeitsplatz durch Übernahme anspruchsvollerer Aufgaben,
- Erschließung und Vervollkommnung bisher ungenutzter persönlicher Fähigkeiten,
- Übernahme größerer Verantwortung.

Ein Vergleich möglicher Personalentwicklungsziele der Mitarbeiter bzw. der Unternehmung zeigt, daß die Gefahr eines Zielkonflikts relativ gering ist. Von den gestiegenen Chancen am Arbeitsmarkt durch eine höhere Qualifikation und der damit verbundenen Gefahr der Abwanderung einmal abgesehen, müssen die anderen denkbaren Mitarbeiterziele für das Unternehmen keinen Widerspruch darstellen. Aber auch umgekehrt sollten aus der Sicht eines Mitarbeiters, der sich um sein berufliches Weiterkommen bemüht, keine Schwierigkeiten entstehen, sich mit den genannten betrieblichen Zielen weitestgehend zu identifizieren.

1.2.3 Prinzipien der Personalentwicklung

In jedem Unternehmen oder Unternehmensbereich gibt es zahlreiche gleichgelagerte Sachverhalte, die durch generelle Anordnungen dauerhaft geregelt werden können. Das geschieht in Form von Richtlinien oder Grundsätzen, die von einer übergeordneten Instanz innerhalb ihres Zuständigkeitsbereichs gegenüber den nachgeordneten Gruppen oder Personen erlassen werden. Solche Grundsätze machen die geltenden Regelungen transparent und stellen eine Gleichbehandlung nach einheitlichen Prinzipien sicher.

Nach dem Geltungsbereich solcher Richtlinien kann zwischen den allgemeinen Unternehmensgrundsätzen, die für alle Mitarbeiter und Funktionsbereiche Gültigkeit haben, und speziellen, nur für einzelne Teilbereiche verbindlichen, Grundsätzen unterschieden werden.

1.2.3.1 Personalentwicklung in den allgemeinen Unternehmensgrundsätzen

Durch die Aufnahme der generellen Ziele der Personalentwicklung in die allgemeinen Unternehmensgrundsätze kann die Unternehmensleitung verdeutlichen, welches Gewicht sie dieser Teilfunktion der betrieblichen Personalarbeit beimißt. In den »Grundsätzen über Führung und Zusammenarbeit im Unternehmen« der Firma AEG-Telefunken heißt es u. a.:

»Der Vorgesetzte bemüht sich gemeinsam mit den zuständigen Stellen im Rahmen des Möglichen um die berufliche Weiterbildung und die Förderung seiner Mitarbeiter. Dies hilft den Mitarbeitern, ihre berufliche Stellung zu behaupten und zu verbessern. Dies liegt im Interesse des Unternehmens, das auf gut ausgebildete Mitarbeiter angewiesen ist.

Der Vorgesetzte sorgt dafür, daß seine Mitarbeiter Aufstiegsmöglichkeiten im Unternehmen wahrnehmen können. Offene Stellen werden nur dann mit Außenstehenden besetzt, wenn ein geeigneter Mitarbeiter im Unternehmen nicht gefunden werden kann.

Darüber hinaus wirkt der Vorgesetzte darauf hin, daß besonders qualifizierten Mitarbeitern eine langfristig geplante Laufbahn im Unternehmen eröffnet wird. Hierbei sollen auch solche Möglichkeiten geprüft werden, die sich außerhalb des engeren Bereichs des Vorgesetzten im gesamten Unternehmen bieten« (AEG-Telefunken 1977, S. 5).

Eine weitergehende Spezifizierung wird erreicht, wenn neben der Aufnahme in die allgemeinen Unternehmungsgrundsätze eigene »Prinzipien der Personalentwicklung« festgelegt werden.

1.2.3.2 Spezielle Prinzipien der Personalentwicklung

Ein System prinzipieller Regelungen bringt für alle an der Personalentwicklung beteiligten Parteien wesentliche Vorteile: Für die Personalabteilung und die Vorgesetzten wird die Durchsetzung und Handhabung des Instrumentariums der Personalentwicklung erleichtert; den Mitarbeitern wird eine Möglichkeit eröffnet, die gebotenen Entwicklungschancen besser zu erkennen und zu nutzen.

Eine Arbeitsgruppe von Personal- und Ausbildungsleitern (Hacker 1976, S. 59 f.) hat folgenden Vorschlag erarbeitet:

»Das Gesamtziel der Personalentwicklung und -förderung ist es, die Qualifikation und Motivation möglichst aller Mitarbeiter so zu steigern, daß das Unternehmen nicht nur auf dem Markt bestehen kann, sondern auch im Innern die personalpolitischen Zielsetzungen der Leistung, der Teilnahme und Integration erreicht werden können.

1. Es sollten grundsätzlich alle Mitarbeiter gefördert werden, die ihre Begabungen und Fähigkeiten in ihrem Aufgabengebiet erfolgreich eingesetzt haben.
2. Die Förderung der Mitarbeiter ist ein wichtiger Bestandteil der Führungsfunktion jedes Vorgesetzten.
3. Die Förderung erfolgt schwergewichtig mit dem Ziel der optimalen Entwicklung in der jeweiligen Arbeitsaufgabe. Die Förderung bedient sich vorrangig der Methode der Delegation, der Stellvertretung, der Erweiterung und Anreicherung von Arbeitsaufgaben (job enlargement und job enrichment). Weitere Bildungsmaßnahmen dienen dem Schritthalten mit der Entwicklung und dem Wissensfortschritt innerhalb der ausgeübten Funktion.
4. Das Unternehmen bemüht sich, die persönlichen Entwicklungsziele des Mitarbeiters bei den betrieblichen Personalplanungen zu berücksichtigen.
5. Die Bildungsmaßnahmen des Unternehmens orientieren sich an dem erkannten Bildungsbedarf und den Entwicklungsbedürfnissen der Mitarbeiter.

6. Die Leistungsbeurteilung bildet die Grundlage für die Förderung des Mitarbeiters in seiner beruflichen Laufbahn.

7. Der Aufstieg in Führungspositionen ist in erster Linie den Mitarbeitern des Unternehmens vorbehalten.

8. Für jede Beförderung ist eine mehrmalige Beurteilung erforderlich. Entscheidend für die Beförderung sind die Eignung für die künftigen Aufgaben sowie die bisherigen Leistungen, Bewährung und Erfahrung; hierfür maßgebend sind die Anforderungen der künftigen Position.

8. Der Wechsel zwischen den verschiedenen Funktionsbereichen des Unternehmens erweitert das Blickfeld und wirkt günstig auf Kommunikation und Kooperation. Deshalb gehören die Durchlässigkeit zwischen den Funktionsbereichen und die gezielte Versetzung zu den Fördermaßnahmen für Führungskräfte und Führungsnachwuchs.

10. Beförderungen werden durch den Vorgesetzten in Abstimmung mit der übernächsten Führungsebene und unter Mitwirkung der Personalabteilung ausgesprochen.«

1.3 Träger der Personalentwicklung

An der Personalentwicklung sind mehrere Stellen im Unternehmen beteiligt. Um Kompetenzüberschreitungen zu vermeiden und eine sinnvolle Koordination sicherzustellen, muß geklärt werden, wer für welche Aufgaben und Entscheidungen zuständig ist. Grundsätzlich kommen folgende Träger der Personalentwicklung in Betracht:

– Unternehmensleitung,
– Personalabteilung,
– Personalentwicklungsbeauftragter,
– Bildungsabteilung,
– Vorgesetzte,
– Betriebsrat,
– Mitarbeiter.

Zwischen diesen Gruppen muß unter Beachtung der vorhandenen personellen und sachlichen Gegebenheiten die endgültige Aufgabenzuordnung vorgenommen werden (vgl. Abbildung 2).

1.3.1 Unternehmensleitung

Die Frage, ob in einem Unternehmen überhaupt Personalentwicklung betrieben werden soll und wenn ja, welche generellen Ziele damit verfolgt werden, muß von der Unternehmensleitung entschieden werden. Es handelt sich um eine **unternehmerische Grundsatzentscheidung,** mit deren Beantwortung auch gleichzeitig eine Aussage über das finanzielle Volumen sowie eine Regelung der wichtigsten Zuständigkeiten verbunden sein müssen.

Die volle Unterstützung der Personalentwicklung sowie die Identifikation mit den verfolgten Zielen durch die Unternehmensleitung tragen wesentlich zum Erfolg bei. Durch eine Aufnahme entsprechender Grundsatzerklärungen in die personalpolitischen Prinzipien kann die Haltung der Unternehmensleitung in dieser Frage allen Mitarbeitern verdeutlicht werden. Dadurch können positive Einflüsse auf die Motivation aller Beteiligten erwartet werden.

Träger	Aufgaben
Unternehmensleitung	– Grundsatzentscheidung dafür oder dagegen – Regelung der Zuständigkeiten – Festlegung eines Budgetrahmens
Personal- oder Bildungsabteilung (Personalentwicklungsbeauftragter)	– Beratung der Unternehmensleitung – Beratung der Vorgesetzten und Mitarbeiter – Ermittlung/Analyse des Personalentwicklungsbedarfs – Führen der Personalentwicklungskartei – Entwickeln von Aufstiegskonzepten – Mitwirkung bei Fördergespräch – Planung und Durchführung betrieblicher Bildungsmaßnahmen – Studium externer Bildungsangebote – Auswahl und Organisation externer Bildungsmaßnahmen – Erfolgskontrolle – Budgeterstellung und Kostenkontrolle – Bereitstellung des gesamten organisatorischen Instrumentariums – Koordination mit anderen Funktionen
Vorgesetzte	– Zusammenarbeit mit der Personalabteilung – Erkennen qualifizierter Mitarbeiter – Mitarbeiterbeurteilung – Beratungs- und Fördergespräch – Empfehlung von Maßnahmen – Training-on-the-job – Erfolgskontrolle am Arbeitsplatz
Betriebsrat/ Personalrat	– Mitwirkung gemäß der gesetzlichen Rechte
Mitarbeiter	– Nutzen der gebotenen Chancen – eigene Initiativen

Abbildung 2: Träger und Aufgabenverteilung der Personalentwicklung

1.3.2 Personal- und Bildungsabteilung

Die Personalentwicklung zählt zu den Grundfunktionen der betrieblichen Personalarbeit. Das bedeutet, daß der eigentliche Vollzug der Personalentwicklung in den **Zuständigkeitsbereich der Personalabteilung** fällt. Das Aufgabengebiet kann sich von der Beratung der Unternehmensleitung über die Ermittlung des Personalentwicklungsbedarfs bis zur Festlegung einzelner Entwicklungsmaßnahmen sowie der Überwachung und Kontrolle der Durchführung erstrecken. Je nach Betriebsgröße sowie der vorhandenen personellen und sachlichen Ausstattung wird diese Aufgabe in unterschiedlicher Weise wahrgenommen.

In kleineren Unternehmungen sind alle personellen Funktionen in einer Hand vereinigt, so daß der Verantwortliche für das Personalwesen auch für die Personalentwicklung zuständig sein wird. Falls neben der Personalabteilung eine eigene Bildungsabteilung bestehen sollte, ist es auch denkbar, daß sich anstelle des Personalleiters der Bildungsleiter mit den Fragen der Personalentwicklung befaßt. Eine dritte praktikable Variante besteht in einer Aufgabenteilung zwischen Personal- und Bildungsabteilung. Dabei würden in den Zuständigkeitsbereich der Personalabteilung die personellen Fragestellungen (Ermittlung des Entwicklungsbedarfs, Laufbahnplanung, Führung der Personalentwicklungskartei, Bestimmung der Entwicklungsmaßnahmen usw.) fallen, während die Bildungsabteilung primär die Planung und den Vollzug vorgesehener Bildungsmaßnahmen zu übernehmen hätte.

In größeren Unternehmungen wird zumeist ein Spezialist für die Personalentwicklung vorhanden sein. Dieser sogenannte **Personalentwicklungsbeauftragte** ist hierarchisch dem Personalleiter unterstellt. Es sollte sich um eine kontaktfreudige, kooperationsbereite und überzeugende Persönlichkeit handeln, die über ausgeprägte organisatorische und planerische Fähigkeiten verfügt. Außerdem sollten gewisse pädagogische und psychologische Grundkenntnisse vorhanden sein. Dies ist erforderlich, weil der Personalentwicklungsbeauftragte entweder selbst an der Durchführung einzelner Bildungsmaßnahmen beteiligt sein kann oder doch zumindest in der Lage sein sollte, die gewählten Lehrmethoden, die angestrebten Lernziele sowie die Anwendungsmöglichkeiten der vermittelten Qualifikationen zu beurteilen.

An anderer Stelle wurde schon erwähnt, daß dem Management Development innerhalb der Personalentwicklung besonders große Bedeutung beigemessen wird. Das kann zu einer Funktionsteilung führen, wobei die Personalentwicklung für Führungskräfte der Unternehmensleitung als Stabsstelle direkt zugeordnet wird, während die Betreuung der übrigen Mitarbeitergruppen im Kompetenzbereich der Personalabteilung verbleibt.

Die organisatorische Zuordnung (und auch der Stellenwert) der Personalentwicklung können bis zu einem gewissen Grade auch historisch bedingt sein. Die Notwendigkeit für einzelne Bildungsmaßnahmen in bestimmten Funktionsbereichen, z. B. die Verkäuferschulung im Vertrieb oder die technische Fortbildung im Produktionsbereich, können dazu geführt haben, daß sich aus solchen Anfängen in diesen Bereichen das herausgebildet hat, was wir heute mit Personalentwicklung bezeichnen. In anderen Bereichen bestand diese Dringlichkeit möglicherweise nicht, so daß man sich mit der sporadischen Teilnahme einzelner Mitarbeiter an externen Bildungsmaßnahmen begnügte. Hier fehlt es an einer einheitlichen Konzeption, die nur möglich ist, wenn alle Personalentwicklungsaktivitäten – zumindest jedoch die Maßnahmen für vergleichbare Mitarbeiterkategorien – zentral durch das betriebliche Personal- oder Bildungswesen geplant und koordiniert werden.

Die endgültige Zuordnung und Abgrenzung der Zuständigkeiten wird letztlich davon abhängen, wie wichtig die Unternehmensleitung die Funktion Personalentwicklung einschätzt und wie die vorhandenen betrieblichen Gegebenheiten aussehen. Unabhängig von der gewählten organisatorischen Abgrenzung zwischen Personalabteilung, Bildungsabteilung und Personalentwicklungsbeauftragtem ist sicherzustellen, daß die in Abbildung 2 dargestellten Aufgaben wahrgenommen werden. Dieser umfassende Aufgabenkatalog veranschaulicht nochmals das Gewicht der Personalentwicklung im Rahmen des personalwirtschaftlichen Funktionsgefüges. Durch eine eindeutige organisatorische Zuordnung kann die Gleichrangigkeit der Funktion Personalentwicklung mit den anderen Teilgebieten der Personalarbeit sichergestellt werden. Eine konsequente Abgrenzung der Aufgaben und Kompetenzen – sowohl gegenüber anderen Betriebsbereichen als auch innerhalb des Personal- und Bildungswesens (Personalleiter, Leiter des Bildungswesens, Personalentwicklungsbeauftragter) – schafft außerdem die Basis für die notwendige Unabhängigkeit bei der Aufgabendurchführung.

1.3.3 Vorgesetzte

Dem Vorgesetzten fällt bei der Personalentwicklung eine **Schlüsselrolle** zu, denn er trägt wesentliche Verantwortung für die Entwicklung seiner Mitarbeiter. Sowohl bei der Ermittlung des Personalentwicklungsbedarfs als auch beim Vollzug einzelner Entwicklungsmaßnahmen als auch bei der Kontrolle der erzielten Ergebnisse wirkt der Vorgesetzte mit. Er kennt die Stärken und Schwächen seiner Mitarbeiter und weiß, inwieweit diese die Anforderungen der Arbeitsplätze erfüllen. Der Vorgesetzte hat darüber hinaus die Möglichkeit festzustellen, ob die Mitarbeiter über das erforderliche Entwicklungspotential und die notwendige Bereitschaft für die Übernahme weitergehender Aufgabenstellungen verfügen. Durch eine regelmäßige Mitarbeiterbeurteilung ist er in der Lage, der Personalabteilung die für die Planung und Durchführung von Entwicklungsmaßnahmen notwendigen Informationen zu liefern. Soweit die Personalentwicklung am Arbeitsplatz stattfindet (Training-on-the-job, vgl. Kapitel 5.3), ist der Vorgesetzte selbst für die Unterweisung und Vermittlung von Fertigkeiten zuständig. Nach Abschluß einer Personalentwicklungsmaßnahme, gleichgültig, ob sie am oder außerhalb des Arbeitsplatzes vollzogen wurde, muß der Vorgesetzte kontrollieren, inwieweit die neuerworbenen Fertigkeiten und Kenntnisse nutzbringend verwertet werden. Bei all diesen Aufgaben kommt es zu einer ständigen Zusammenarbeit zwischen dem Vorgesetzten und den Funktionsträgern in der Personalabteilung.

Bei manchen Vorgesetzen besteht die Auffassung, die Personalentwicklung sei allein eine Angelegenheit der Personal- oder Bildungsabteilung. Diese Auffassung ist falsch, denn die Personalabteilung ist auf keinen Fall in der Lage, die Förderungsnotwendigkeit und Förderungswürdigkeit einzelner Mitarbeiter zu erkennen. Es ist ihr auch nicht möglich, eine Aussage über die Effizienz der erworbenen Fertigkeiten und Kenntnisse am Arbeitsplatz zu machen. **Die Personalabteilung ist immer auf die Mitarbeit der Vorgesetzten angewiesen;** sie kann diese zwar durch ein entsprechendes Instrumentarium unterstützen, sie kann den Vorgesetzten aber niemals die Verantwortung für die Entwicklung ihrer Mitarbeiter abnehmen.

»Bei den alten Germanen war es selbstverständlich, daß die Jungen von den Älteren lernten. Leider haben viele Unternehmen die Funktion auf hauptamtliche Bildungsleute und Personalmanager übertragen. Die neue Ausrichtung muß lauten: Führungskräfte prägen Führungskräfte, die Kultur wird von den Kulturträgern weitergegeben« (Sauder 1991, S. 653). »Zukunftsorientierte Personalpolitik kann nur gelingen, wenn die Vorgesetzten aller Verantwortungsebenen die Mitarbeiterentwicklung nicht nur unterstützen, sondern als einen wesentlichen Bestandteil ihres Führungsauftrags betrachten. Mitarbeiterentwicklung ist eine Führungsaufgabe. Die Vorgesetzten aller Verantwortungsebenen sind verpflichtet, ihren Mitarbeitern mit Rat und Tat zu helfen, damit sie ihr Fachkönnen und ihr zwischenmenschliches Verhalten weiter qualifizieren« (Sahm 1975, S. 25).

Die Personalentwicklung ist ein Teil der Gesamtaufgabe jedes Vorgesetzten und muß auch in die Stellenbeschreibung aufgenommen werden. Das wird in der Praxis häufig versäumt. Bei der Beurteilung der Vorgesetzten selbst sollten diese auch immer daraufhin beurteilt werden, ob und wie sie ihrer Verantwortung für die Entwicklung ihrer Mitarbeiter nachgekommen sind.

Die Personalabteilung hat den Vorgesetzten die zur Wahrnehmung dieser Führungsaufgabe notwendige Unterstützung zu gewähren. Dazu gehören die Erarbeitung und Bereitstellung eines geeigneten personalwirtschaftlichen Instrumentariums (z. B. ein zuverlässiges Beurteilungssystem) und die Schaffung der notwendigen organisatorischen Grundlagen (Organisationspläne, Stellenpläne, Stellenbeschreibungen u. a. m.). Außerdem können die Vorgesetzten die Entwicklung ihrer Mitarbeiter nur dann in der richtigen Weise steuern, wenn sie rechtzeitig und ausreichend mit Informationen über die voraussichtlichen Entwicklungstendenzen und generellen Planungsziele des Unternehmens versorgt werden.

1.3.4 Betriebsrat

Das geltende Betriebsverfassungsgesetz gebietet eine vertrauensvolle Zusammenarbeit zwischen Arbeitgeber und Betriebsrat. Zahlreiche Vorschriften des Betriebsverfassungsgesetzes (BetrVG) tangieren direkt oder indirekt auch die Personalentwicklung. U. a. sind die §§ 96–98 (Berufsbildung), § 92 und § 106 (Personalplanung), § 93 (innerbetriebliche Stellenausschreibung), § 94 (Beurteilungsgrundsätze) sowie § 95 (Auswahlrichtlinien) zu beachten. Durch eine ausreichende Beteiligung des Betriebsrats an den verschiedenen Beratungs- und Entscheidungsprozessen ist die Einhaltung dieser Rechte sicherzustellen. Einzelheiten über die rechtlichen Fragen der Personalentwicklung werden in Kapitel 8 behandelt.

1.3.5 Mitarbeiter

Schließlich müssen auch die Mitarbeiter selbst zu den Trägern der Personalentwicklung gezählt werden. Das umfassendste Entwicklungsangebot bleibt wertlos, wenn es von den Mitarbeitern nicht akzeptiert wird. Im Personalentwicklungsprogramm der VORWERK-Gruppe wird ausdrücklich darauf hingewiesen, daß jeder Mitarbeiter, der über entsprechendes Können verfügt, Eingang in verantwortliche Positionen der Firma finden kann. Soweit benötigtes Fachwissen fehlt, hilft das Unternehmen, es zu erwerben. Allerdings wird auch betont, daß jeder Mitarbeiter zunächst selbst für seine Entwicklung verantwortlich ist (vgl. VORWERK-Gruppe, Förderung . .).

Die notwendigen Voraussetzungen für eine erfolgreiche Entwicklung können durch die Unternehmensleitung, die Personalabteilung und die Vorgesetzten geschaffen werden. Die Unternehmensleitung kann die Bedeutung, die sie der Personalentwicklung beimißt, durch eine Aufnahme in die Unternehmensgrundsätze herausstellen. Die Personalabteilung kann durch regelmäßige Informationen auf Ziele und Inhalte der Personalentwicklung hinweisen und die erforderlichen organisatorischen Voraussetzungen schaffen. Am Vorgesetzten liegt es, durch regelmäßige Beurteilungen die Fähigkeiten seiner Mitarbeiter zu erkennen und in individuellen Gesprächen die persönlichen Wünsche und die Möglichkeiten der weiteren beruflichen Entwicklung auszuloten. Die letzte Entscheidung über Abnahme oder Verweigerung der gebotenen Chance liegt jedoch bei den Mitarbeitern selbst.

1.4 Modellkonzeption

Die Personalentwicklung umfaßt innerhalb der betrieblichen Personalarbeit ein sehr komplexes Aufgabengebiet. Die Aufgaben reichen von der Feststellung des Personalentwicklungsbedarfs bis zur Kontrolle der erzielten Entwicklungserfolge. Die Ermittlung von Arbeitsanforderungen, die Beurteilung der Leistungen und Fähigkeiten der Mitarbeiter, die Entwicklung von Aufstiegskonzeptionen (Laufbahnplanung), die Auswahl geeigneter Förderungs- und/ oder Bildungsmaßnahmen, die Organisation der Qualifikationsvermittlung sowie die Erfassung und Verrechnung der entstandenen Kosten zählen zu den Routinetätigkeiten der Personalentwicklung.

Bei der Erfüllung dieser vielfältigen Aufgaben läßt sich die Personalentwicklung nicht immer eindeutig von anderen Teilbereichen des betrieblichen Personalwesens abgrenzen. Sie basiert auf den Erkenntnissen und Informationen anderer Bereiche, und sie reicht mit ihren Auswirkungen wiederum in diese Bereiche hinein.

Der in Abbildung 3 dargestellte Überblick über das Gesamtkonzept der Personalentwicklung dient mehreren Zwecken: Er verdeutlicht die Zusammenhänge zwischen den einzelnen Bausteinen der Personalentwicklung, er zeigt Verknüpfungen mit anderen personalwirtschaftlichen Teilbereichen auf, und er kann als »Wegweiser« für die weiteren Ausführungen verstanden werden.

(1) Den Ausgangspunkt für eine planmäßige Personalentwicklung bildet die aktuelle und künftige **Bedarfssituation der Unternehmung**. Die Personalentwicklung knüpft an die Ergebnisse der Personalbedarfsplanung an. Wenn der quantitative Personalbedarf feststeht, sind die an den derzeitigen und künftigen Arbeitsplätzen zu erfüllenden Arbeitsanforderungen zu ermitteln (qualitativer Personalbedarf). Dabei kann auf Stellenbeschreibungen und Anforderungsprofile zurückgegriffen werden.

(2) Parallel zur Ermittlung der Arbeitsanforderungen gilt es, **das Eignungspotential und die Entwicklungsbedürfnisse der Mitarbeiter** zu erfassen. Das wichtigste Instrument zur Gewinnung der notwendigen Informationen ist die Mitarbeiterbeurteilung. Sie kann sich sowohl auf die Fähigkeiten und Fertigkeiten, welche die Mitarbeiter zur Zeit aufweisen bzw. in der Vergangenheit gezeigt haben (Leistungsbeurteilung), als auch auf solche

36

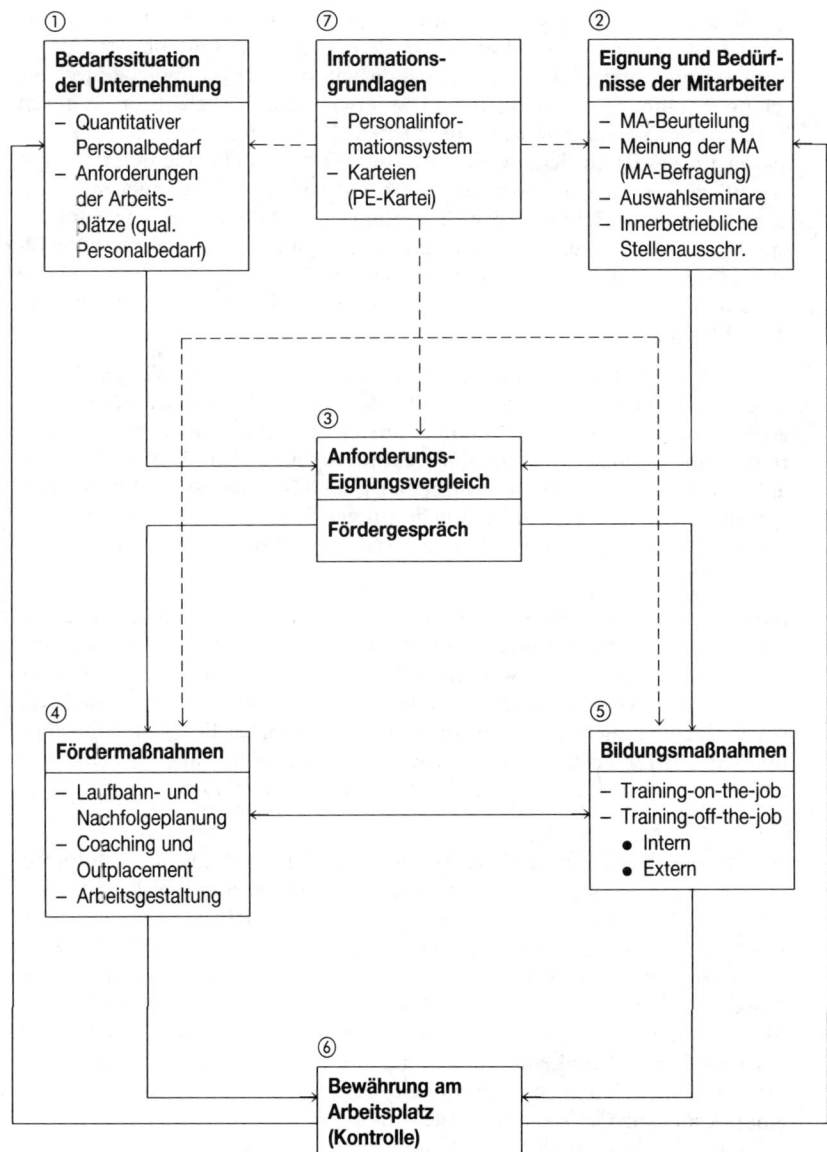

Abbildung 3: Konzept der Personalentwicklung

Qualifikationen erstrecken, die für künftige Einsätze benötigt werden bzw. dem Unternehmen erschlossen werden sollen (Potentialbeurteilung). Durch Befragungen werden den Mitarbeitern selbst Möglichkeiten erschlossen, ihre Vorstellungen und Wünsche hinsichtlich ihrer weiteren beruflichen Entwicklung zu verdeutlichen. Befragungen können sich auch an die Vorgesetzten richten, die ihre Mitarbeiter im allgemeinen recht gut einschätzen können. In mittleren und größeren Unternehmungen steht mit dem Assessment Center (Auswahlseminar) ein relativ zuverlässiges Instrument zur Einschätzung des vorhandenen Eignungspotentials zur Verfügung. Schließlich vermitteln auch Bewerbungen auf innerbetriebliche Stellenausschreibungen wertvolle Hinweise auf die beruflichen Interessen der Mitarbeiter.

(3) Der endgültige Entwicklungsbedarf ergibt sich durch den Vergleich zwischen der Qualifikation der Mitarbeiter und den Anforderungen der Arbeitsplätze. Dies geschieht durch eine Gegenüberstellung von Anforderungs- und Fähigkeitsprofilen im **Profilvergleich**. Ein Kernstück eines jeden Personalentwicklungskonzepts ist das **Beratungs- und Fördergespräch**, in dem die weitere berufliche Entwicklung der Mitarbeiter und die erforderlichen sonstigen Förderungs- und/oder Bildungsmaßnahmen abgestimmt werden.

(4) An **Fördermaßnahmen** steht eine breite Palette zur Verfügung, aus der je nach Situation auszuwählen ist. Im Rahmen einer individuellen Laufbahnplanung kann festgelegt werden, welche Positionen die Mitarbeiter im Verlauf ihrer künftigen Entwicklung noch einnehmen sollen. Durch die Nachfolgeplanung werden die zur Besetzung vakanter Positionen geeigneten Mitarbeiter bestimmt. Außerdem sind in beiden Fällen die für eine endgültige Qualifizierung jeweils notwendigen Bildungsmaßnahmen zu ermitteln.

Als weitere Förderungsmöglichkeiten kommen Coaching und Outplacement in Frage. Beim Coaching werden überwiegend Führungskräfte durch psychologisch geschulte Berater bei unterschiedlichen Anlässen (z. B. Leistungsverhalten, persönliche Entwicklung, Konfliktsituationen) betreut und unterstützt. Outplacement bedeutet eine faire Form der Trennung zwischen einem Unternehmen und einer Führungskraft, wobei unter Mithilfe eines externen Beraters eine möglichst problemlose Fortführung der beruflichen Tätigkeiten in einem anderen Unternehmen sichergestellt werden soll. Schließlich kann die Förderung eines Mitarbeiters auch in einer Änderung der Arbeitsinhalte durch Job enlargement (Arbeitserweiterung) oder Job enrichment (Arbeitsbereicherung) erfolgen.

(5) Ergänzend zu den jeweiligen Förderungsmaßnahmen sind die entsprechen-

den **Bildungsmaßnahmen** durchzuführen. Sie können entweder in den Arbeitsprozeß integriert sein (Training-on-the-job) oder als Sonderveranstaltung neben dem eigentlichen Arbeitsgeschehen herlaufen (Training-off-the-job). Maßnahmen außerhalb des Arbeitsplatzes können inner- oder außerbetrieblich durchgeführt werden.

(6) Nach Abschluß der vorgesehenen Förderungs- und Bildungsmaßnahmen gilt es, durch geeignete **Kontrollmaßnahmen** festzustellen, ob die Mitarbeiter sich in ihren Aufgaben bewähren, ob sie die Qualifikation für eine weitere Förderung besitzen und inwieweit durch Änderungen der Arbeitsanforderungen neue Anpassungs- und Entwicklungsprozesse in Gang gesetzt werden.

(7) Die umfassenden Teilaufgaben der Personalentwicklung sind nur dann erfolgreich durchzuführen, wenn jederzeit die notwendigen Informationen zur Verfügung stehen. Deshalb sind entweder ein EDV-gestütztes **Personalinformationssystem** oder die üblichen manuellen Karteien, ergänzt um eine **Personalentwicklungskartei**, unerläßlich. Letztere enthält für jeden Mitarbeiter alle für die Personalentwicklung relevanten Informationen.

In Abbildung 4 sind die aus dem Konzept der Personalentwicklung abgeleiteten instrumentellen Voraussetzungen für eine systematische Personalentwicklung zusammengestellt. Die Fülle der Instrumente mag zunächst überraschen; sie sollte allerdings auf keinen Fall dazu führen, wegen des Fehlens einzelner Instrumente völlig auf die Personalentwicklung zu verzichten. Die weiteren Ausführungen werden zeigen, daß nahezu alle Instrumente auch für zahlreiche andere personalwirtschaftliche Aufgabenstellungen eingesetzt werden können. Falls in einzelnen Fällen sämtliche organisatorischen Voraussetzungen fehlen sollten, dann bietet das Bausteinkonzept die Möglichkeit, an einer Stelle (z. B. durch Einführung von Stellenbeschreibungen oder Mitarbeiterbeurteilungen) mit dem Aufbau des notwendigen Instrumentariums zu beginnen und damit schrittweise die Grundlagen für eine zeitgemäße Personalarbeit und Personalentwicklung zu schaffen.

Ermittlung der Anforderungen der Unternehmung

- Organisations- und Stellenpläne
- Stellenbesetzungspläne
- Stellenbeschreibungen
- Anforderungsprofile

Ermittlung der Eignung der Mitarbeiter

- Mitarbeiterbeurteilung
- Mitarbeiterbefragungen
- Befragung der Vorgesetzten
- Beurteilungsseminare (Assessment Center)
- Innerbetriebliche Stellenausschreibung

Instrumente der Förderung

- Fördergespräch
- Laufbahn- und Nachfolgeplanung
- Coaching/Outplacement
- Job enrichment/Job enlargement

Qualifikationsvermittlung

- Training-on-the-job
- Training-off-the-job (interne und externe Bildungsmaßnahmen)

Kontrollmaßnahmen

- Kostenkontrolle
- Erfolgskontrolle

Informationsgrundlagen

- Personalinformationssystem
- Personalkarteien (Personalentwicklungskartei)

Abbildung 4: Instrumentelle Bausteine der Personalentwicklung

2 Personalentwicklungserfordernisse der Unternehmung

2.1 Ausgangssituationen

Eine erfolgreiche Personalentwicklungsarbeit darf nicht dem Zufall, etwa der gelegentlichen Initiative einzelner Vorgesetzter oder Mitarbeiter, überlassen bleiben. Sie muß gründlich vorbereitet und mit den übrigen personalwirtschaftlichen Funktionen abgestimmt werden.

Wie aus der Modellkonzeption hervorgeht (vgl. Kap. 1.4), dienen als Grundlage für alle weiteren Maßnahmen der Personalentwicklung Angaben über das quantitative und qualitative Ausmaß des gegenwärtigen und künftigen Personalbedarfs sowie die Qualifikation und das vorhandene Entwicklungspotential der Mitarbeiter und über deren Vorstellungen und Wünsche hinsichtlich ihres weiteren beruflichen Werdegangs. Demgemäß lassen sich zur Gewinnung der notwendigen Daten folgende Ansatzpunkte unterscheiden:

- **Bedarfssituation** der Unternehmung,
- **Qualifikation** und **Entwicklungspotential** der Mitarbeiter und
- die individuellen **Entwicklungsbedürfnisse** der Mitarbeiter.

Nur wenn aus allen drei Bereichen ausreichende und zuverlässige Informationen vorliegen, wird die Personalentwicklung die angestrebten Ziele erreichen.

2.1.1 Bedarfssituation der Unternehmung

Personalentwicklungsmaßnahmen sind dann erforderlich, wenn zwischen den Anforderungen der gegenwärtigen oder künftigen Arbeitsplätze und den Leistungen und Fähigkeiten der Mitarbeiter Abweichungen bestehen. Die Differenz zwischen den vorhandenen Qualifikationen der Mitarbeiter und den Arbeitsplatzerfordernissen wird als **Personalentwicklungsbedarf** bezeichnet. In Abbildung 5 sind die bei einem Anforderungs-Eignungs-Vergleich möglichen Ausgangssituationen und die sich daraus ergebenden Handlungsalternativen zusammengefaßt. Dabei wird deutlich, daß ein Personalentwicklungsbedarf sowohl besteht, wenn die Mitarbeiter den Arbeitsanforderungen ihres gegenwärtigen Aufgabenbereichs nicht gerecht werden, als auch, wenn sie mit zusätzlichen oder geänderten Anforderungen zu rechnen haben. Demgemäß kann zwischen dem **gegenwärtigen** und dem **künftigen Personalentwicklungsbedarf** einer Unternehmung unterschieden werden.

Die gegenwärtigen Arbeitsanforderungen können aus Stellenbeschreibungen (vgl. Kapitel 2.3.3) und Anforderungsprofilen (vgl. Kapitel 2.4.2) entnommen werden. Stellenbeschreibungen und Anforderungsprofile können auch für die Festlegung der künftigen Arbeitsanforderungen herangezogen werden. Da beide Instrumente jedoch gegenwartsorientiert sind, müssen darüber hinaus auch die Daten der Unternehmensplanung und – falls vorhanden – prognostische Aussagen über künftig zu erwartende technische oder organisatorische Änderungen berücksichtigt werden. Als Informationsgrundlage zur Ermittlung der erbrachten Leistungen und der vorhandenen Qualifikationen der Mitarbeiter dienen die bereits in Karteien oder Dateien gespeicherten Daten und vor allem die regelmäßige Mitarbeiterbeurteilung und das zugehörige Beurteilungsgespräch (vgl. Kapitel 3.2).

2.1.2 Qualifikation und Entwicklungspotential der Mitarbeiter

Der Personalentwicklungsbedarf einer Unternehmung wird aus dem Vergleich der gegenwärtigen oder künftigen Arbeitsanforderungen mit den vorhandenen Qualifikationen der Mitarbeiter ermittelt. Die festgestellten Qualifikationsdefizite können durch die im Unternehmen vorhandenen Mitarbeiter nur gedeckt werden, wenn diese über das notwendige Entwicklungspotential verfügen. **Entwicklungspotential** ist vorhanden, wenn die Mitarbeiter Qualifikationen aufweisen, die eine Eignung für geänderte, zusätzliche oder anspruchsvollere Aufgabenstellungen vermuten lassen. Als **Potential** wird dabei die Gesamtheit aller Fähigkeiten, Kenntnisse und Begabungen eines Mitarbeiters angesehen, die für seine Leistung oder sein Leistungsvermögen relevant sind (vgl. Stiefel/ Flöther 1976, S. 21).

Auch zur Feststellung des Entwicklungspotentials kann auf die Ergebnisse der

Anforderungs-Eignungs-Vergleich	Aufgaben der Personalentwicklung
Anforderungen und Eignungen entsprechen sich	Kein unmittelbarer PE-Bedarf; Maßnahmen zur Leistungserhaltung
Mitarbeiter erfüllen die gegenwärtigen Anforderungen unzureichend	Verbesserung der Leistungsfähigkeit durch Vermittlung zusätzlicher Qualifikationen oder Aufbau eines anderen Leistungsverhaltens
Änderung der Aufgabeninhalte durch technisch-organisatorischen Wandel	Anpassung der Qualifikation an die wechselnden Arbeitsanforderungen
Übernahme neuer Aufgabenstellungen mit geänderten Anforderungen auf gleicher hierarchischer Ebene (Versetzung)	Vermittlung neuer, den geänderten Anforderungen entsprechenden Qualifikationen
Aufstieg in anspruchsvollere Positionen mit gestiegenen Arbeitsanforderungen (Beförderung)	Festlegung der den individuellen Fähigkeiten entsprechenden Aufstiegswege; Vermittlung neuer, anspruchsvollerer Qualifikationen

Abbildung 5: Handlungsalternativen der Personalentwicklung

42

Mitarbeiterbeurteilung zurückgegriffen werden. Dabei ergibt sich jedoch die Schwierigkeit, daß von den Leistungen in der Vergangenheit auf die Eignung für künftig zu übernehmende andere, teilweise anspruchsvollere Tätigkeiten geschlossen werden muß. Als Faustregel kann gelten, daß das notwendige Leistungsvermögen für höhere Positionen um so eher vermutet werden kann, je häufiger ein Mitarbeiter die bisherigen Leistungsanforderungen insgesamt und in Einzelmerkmalen nennenswert übertrifft (vgl. Marr/Stitzel 1979, S. 338).

Ein weiteres Indiz für das Entwicklungspotential sind das Interesse und das Engagement eines Mitarbeiters für seine bisherige Tätigkeit. Außerdem kann der Verlauf der bisherigen beruflichen Entwicklung sowohl in zeitlicher Hinsicht als auch nach der Art der ausgeübten Tätigkeiten als Orientierungshilfe verwendet werden.

2.1.3 Entwicklungsbedürfnisse der Mitarbeiter

Neben der Ermittlung des Entwicklungspotentials sind als weitere wesentliche Voraussetzung einer erfolgreichen Personalentwicklung unbedingt die **Entwicklungsbedürfnisse** der Mitarbeiter, d. h. deren individuelle Wünsche und Vorstellungen hinsichtlich ihres weiteren beruflichen Fortkommens, einzubeziehen. Das vermutete Potential eines Mitarbeiters für die Übernahme einer neuen Aufgabe darf nicht allein ausschlaggebend sein, wenn nicht auch die entsprechende Neigung vorhanden ist. Aus diesem Grund sollten die Verantwortlichen vor der Festlegung konkreter Personalentwicklungsmaßnahmen versuchen, die individuelle Bedürfnisstruktur des einzelnen Mitarbeiters kennenzulernen. Auf keinen Fall darf eine Art zwangsläufiger Mechanismus unterstellt werden, daß alle Mitarbeiter nach anspruchsvolleren Aufgabenstellungen oder hierarchisch höher angesiedelten Positionen streben. Es ist ohne weiteres denkbar, daß ein Mitarbeiter die Sicherheit seines angestammten Arbeitsplatzes, den er beherrscht und auf dem er sich wohlfühlt, einem Aufstieg vorzieht, durch den er auf einen neuen, unbekannten Arbeitsplatz versetzt wird, der ihn mit anderen Arbeitsanforderungen und Kollegen und einer Reihe sonstiger Imponderabilien konfrontieren würde.

Nur durch die **zuverlässige Kenntnis der Entwicklungsbedürfnisse** jedes einzelnen Mitarbeiters wird sichergestellt, daß die Personalentwicklung die angestrebten Ziele auch tatsächlich erreicht. Beobachtungen im betrieblichen Alltag bestätigen immer wieder, daß bewährte Mitarbeiter neue Aufgaben übernehmen, weil sie dazu überredet oder gedrängt wurden, obwohl das im Grunde nicht ihren Vorstellungen entspricht. Die vermeintliche Verpflichtung, *»bei einem solchen Angebot nicht nein sagen zu können«*, oder die Verlockung, *»eine solche Chance nutzen zu müssen, weil sie möglicherweise nicht* *wiederkehrt«*, bestimmt kurzfristig die Entscheidung. In solchen Fällen handelt ein Mitarbeiter gegen seine wahren Neigungen. Die Stellenbesetzung mit einem Mitarbeiter, der zwar objektiv die Qualifikation für eine Tätigkeit besitzt, sich aber subjektiv nicht damit identifiziert, ist auf lange Sicht keine geeignete Lösung. Hier erweist es sich für das Unternehmen und den Betroffenen als vorteilhafter, einem noch nicht voll qualifizierten Mitarbeiter, der sich für eine Aufgabe begeistert, die fehlenden Qualifikationen zu vermitteln, als einen zwar fähigen, aber an der Sache nicht interessierten Mitarbeiter gegen seine Überzeugung damit zu betrauen.

Als wichtigstes Instrument zur Feststellung der Entwicklungsbedürfnisse eignet sich das Gespräch des Vorgesetzten mit seinen Mitarbeitern (vgl. Kapitel 3.2.6 Beurteilungsgespräch und Kapitel 4.1 Fördergespräch). Bei der Analyse der Entwicklungsbedürfnisse muß beachtet werden, daß diese ständigen Veränderungen unterliegen, die von der persönlichen Situation des Mitarbeiters, von seiner sozialen Umwelt und von der Arbeitsumwelt bestimmt sein können. Außerdem ist nicht sicher, daß sich der Mitarbeiter in jedem Fall seiner wirklichen Entwicklungsbedürfnisse bewußt ist, so daß ihm eine zuverlässige Artikulation nicht immer möglich sein wird. Aus diesem Grunde sollten neben das Gespräch mit dem Mitarbeiter auch die Beobachtung seines Verhaltens und seiner Interessen als weitere Informationsgrundlagen treten.

2.2 Einflußfaktoren auf die Personalentwicklung

Notwendigkeit und Durchführung der Personalentwicklung werden durch zahlreiche **interne und externe Einflußfaktoren** mitbestimmt. Informationen über die wichtigsten Einflußgrößen sind unerläßlich, da anderenfalls keine zuverlässige Planung der Personalentwicklung vorgenommen werden kann. Während die externen Faktoren von der Unternehmung grundsätzlich nicht beeinflußt werden können und demgemäß als Datum in die Planung einbezogen werden müssen, sind die internen Faktoren vom Unternehmen bestimmt und damit zumindest innerhalb bestimmter Grenzen auch beeinflußbar.

2.2.1 Externe Einflußfaktoren

Bei den externen Einflußfaktoren handelt es sich im wesentlichen um die gleichen Ursachen, die auch zu einer ständigen Aufwertung der gesamten Personalarbeit beigetragen haben. Wenn auch je nach Situation und Interessenlage die einzelnen Faktoren ein unterschiedliches Gewicht haben dürften, so können dennoch der Arbeitsmarkt, der technische Wandel und die gesellschaftspolitische Entwicklung als hauptsächliche Einflußgrößen auf die Personalentwicklung angesehen werden.

2.2.1.1 Arbeitsmarkt

Auf dem Arbeitsmarkt treffen das Angebot und die Nachfrage nach Arbeitsleistungen aufeinander. Die Nachfrage der Unternehmung nach Arbeitskräften wird vom Arbeitsmarkt dann in idealer Weise gedeckt, wenn die benötigten Mitarbeiter in ausreichender Zahl und Qualifikation zur Verfügung stehen. Dies ist praktisch nie der Fall, denn der Arbeitsmarkt einer ganzen Volkswirtschaft ist sehr inhomogen und zerfällt in eine große Zahl nach Branchen, Regionen und Qualifikationen differenzierter Teilmärkte. Das kann dazu führen, daß selbst in Zeiten eines Überangebots von Arbeitskräften der Personalbedarf mancher Unternehmen in qualitativer Hinsicht vom externen Arbeitsmarkt nicht oder nicht ausreichend gedeckt werden kann. In solchen Fällen wird die Vermittlung der benötigten Qualifikationen durch die Personalentwicklung zu einer unabdingbaren Notwendigkeit für die weitere Existenz der Unternehmung.

Noch krasser wird die Situation bei einem Arbeitskräftemangel, d. h. bei einem Übersteigen des quantitativen Angebots durch die Nachfrage nach Arbeitnehmern, wie das in der Bundesrepublik zu Beginn und zum Ende der 60er Jahre der Fall war. Die damals gewonnenen Erfahrungen haben zu einer merklichen Aufwertung der Funktion Personalentwicklung beigetragen. Da eine wirkliche Auswahl der für eine zu besetzende Position benötigten Arbeitskräfte wegen der unzureichenden Qualifikation vieler Bewerber nicht mehr möglich war, blieb oft nur die Alternative, entweder die Arbeitsplätze an die Fähigkeiten der Bewerber anzupassen oder – weil auch das nicht immer möglich war – die fehlenden Qualifikationen durch eigene Aus- und Weiterbildungsmaßnahmen zu vermitteln.

2.2.1.2 Technologischer Wandel

Wesentliche Impulse auf die Personalarbeit und speziell die Personalentwicklung gehen auch von dem ständigen technologischen Wandel aus. Die Innovation neuer Technologien und neuer Produkte ist für ein rohstoffarmes und exportorientiertes Land wie die Bundesrepublik lebenswichtig. Das für die Schaffung neuer und für die Sicherung vorhandener Arbeitsplätze notwendige wirtschaftliche Wachstum ist nur durch ein ausreichendes Maß an **technischem Fortschritt** gewährleistet. Das bedeutet aber, daß auch die Nachteile des technischen Fortschritts in Kauf genommen werden müssen: Der technische Fortschritt ersetzt insbesondere auf den unteren Hierarchieebenen häufig menschliche Arbeitskraft durch eine maschinelle Abwicklung, wodurch es zur Vernichtung von Arbeitsplätzen und damit zur Freistellung und Gefährdung der Existenzgrundlage von Mitarbeitern kommen kann, wenn es nicht gelingt, die Mitarbeiter rechtzeitig umzuqualifizieren und auf andere (durch technischen Fortschritt neu zu schaffende) Arbeitsplätze zu vermitteln. Außerdem führen Mechanisierung und Automatisierung zu Veränderungen der Arbeitsmittel, Arbeitsanforderungen und Arbeitsinhalte. Um zusätzliche Belastungen durch eine verstärkte Arbeitsmonotonie und eine zunehmende Entfremdung des Arbeitnehmers von seiner Tätigkeit zu vermeiden, müssen die Arbeitsplätze in bezug auf die Arbeitsinhalte und Arbeitsanforderungen neu abgegrenzt werden. Auch hier kommt der Personalentwicklung wiederum die Aufgabe zu, die Mitarbeiter rechtzeitig und umfassend auf die neue Arbeitssituation vorzubereiten (vgl. Marr/Stitzel 1979, S. 284).

Es ist inzwischen unbestritten, daß das einmal in Schule und Ausbildung erworbene Wissen und Können heute nicht mehr ausreicht, um ein ganzes Berufsleben zu bestreiten. Der Zwang zu einer Anpassung der Qualifikationen durch ein »lebenslanges Lernen« steigt. Die regelmäßige Beobachtung und Analyse technologischer Trends und die Vorbereitung gezielter, auf die Anpassung und Erweiterung der Qualifikationen der Mitarbeiter gerichteter Personalentwicklungsmaßnahmen gehören deshalb zu den Daueraufgaben der betrieblichen Personalarbeit.

Durch verschiedene empirische Untersuchungen wurde der vom verstärkten Einsatz neuer Techniken bzw. von technologischen Änderungen ausgehende Einfluß auf die Personalentwicklung und speziell auf die Inhalte der Weiterbildung bestätigt. So zeigt sich nach einer Erhebung des Instituts der Deutschen Wirtschaft (vgl. Weiß 1990, S. 92/93), daß vier von den sieben am häufigsten genannten Weiterbildungsthemen technischer Natur sind (EDV im kaufmännischen Bereich; Technik in der betrieblichen Anwendung; theoretische technische Fachkenntnisse; EDV im technischen Bereich). In einer anderen Umfrage wurde die Einführung neuer Techniken von über 56 % der befragten Betriebe als »sehr wichtig« bezeichnet und nahm damit den klaren Spitzenplatz ein (vgl. Warum Betriebe weiterbilden, 1991, S. 1).

Neben den technologischen Änderungen stellen neue Erkenntnisse der Arbeits- und Sozialwissenschaften erhöhte Ansprüche an das Verhalten und die Einstellung des einzelnen. Bei den Führungskräften steigt der Anteil der Führungsaufgaben auf Kosten der Sachaufgaben, wobei die Führungsfähigkeit in vielen Fällen erst entwickelt werden muß. Dieser Mangel ist sicherlich zu einem großen Teil durch die einseitig fachlich orientierte Ausbildung bewirkt. Sowohl in der praktischen Berufsausbildung als auch im Studium dominieren Fachkönnen und Fachwissen, während die sogenannten Schlüsselqualifikationen (z. B. kommunikative Fähigkeiten, Teamorientierung, kreatives Potential, Lernfähigkeit, Innovationsfähigkeit usw.) völlig vernachlässigt werden. Diese Feststellung gilt gleichermaßen für kaufmännische wie gewerbliche Berufe bzw. für wirtschaftswissenschaftliche wie ingenieurwissenschaftliche Studiengänge.

2.2.1.3 Gesellschaftspolitische Aspekte

Das Geschehen in den Betrieben und speziell im Personal- und Sozialbereich vollzieht sich nicht isoliert von der gesellschaftlichen Entwicklung. Personalpolitik und personalwirtschaftliches Handeln können ebenso Auswirkungen auf die Vorgänge außerhalb der Betriebe haben wie umgekehrt von der Gesellschaftspolitik Rückwirkungen auf die Personalarbeit ausgehen. So haben sich z. B. die Einstellungen und Erwartungen der Mitarbeiter gegenüber ihrer beruflichen Tätigkeit in den letzten Jahrzehnten stark verändert. An Stelle der weitgehend abgesicherten materiellen Bedürfnisse ist das Streben nach mehr Verantwortung und größerer Selbstverwirklichung in der Arbeit getreten. Die zunehmende Demokratisierung und die erweiterten Mitspracherechte in allen Bereichen haben zu kritischeren und selbstbewußteren Mitarbeitern geführt, wodurch sich das Bedürfnis nach mehr Mitsprache bei der Gestaltung der Arbeitsplätze verstärkt hat. Außerdem wird das Geschehen in den Betrieben und speziell im Personalsektor viel mehr als früher von einer kritischen Öffentlichkeit verfolgt.

In all diese Prozesse ist auch die Personalentwicklung einbezogen. **Sie hat aus gesellschaftspolitischer und gesamtwirtschaftlicher Sicht in erster Linie einen Bildungsauftrag zu erfüllen.** Das in der Berufsausbildung praktizierte duale System beruht auf der Kooperation zwischen Betrieb und Schule. Dabei haben die Schulen vorwiegend das allgemeine, weitgehend betriebsunabhängige und zeitlose Grundlagenwissen zu vermitteln, während der Schwerpunkt der betrieblichen Bildungsarbeit auf das Einüben notwendiger Fertigkeiten und Verhaltensweisen und das Sammeln praktischer Erfahrungen gerichtet sein soll. Über diese Aufgabenteilung hinaus schafft die Personalentwicklung die Voraussetzungen für die notwendige Anpassung der Fähigkeiten und Fertigkeiten der Mitarbeiter, die aufgrund des bereits erwähnten ständigen technischen, wirtschaftlichen und sozialen Wandels unerläßlich ist. Die Personalentwicklung unterstützt die öffentliche Bildungspolitik beim Aufbau eines Konzepts des lebenslangen Lernens. Durch den Einbezug aller entwicklungsfähigen und entwicklungswilligen Mitarbeiter in die Personalentwicklung trägt das Unternehmen zu einer Zunahme der gesamtwirtschaftlichen Mobilität der Arbeitskräfte und damit zu einer erweiterten Durchlässigkeit zwischen den sozialen Schichten bei.

Ein weiterer Ausstrahlungseffekt auf das außerbetriebliche Geschehen kann in der besseren Planbarkeit der Arbeitsmarktentwicklung sowie einer Vermeidung gesellschaftlicher Belastungen durch unqualifizierte und damit schwerer vermittelbare Arbeitskräfte gesehen werden. Die gesellschaftspolitische Aufgabenstellung der Personalentwicklung hat auch der Gesetzgeber erkannt und ihr in verschiedenen Gesetzen Rechnung getragen. So werden z. B. dem

Betriebsrat umfassende Rechte bei der Personalplanung und Berufsbildung zugestanden (vgl. Kapitel 8.1.1).

2.2.2 Interne Einflußfaktoren

Zu den zahlreichen internen Einflußfaktoren auf die Personalentwicklung zählen unternehmenspolitische Entscheidungen unterschiedlichster Art, wie z. B. Strategien am Absatzmarkt, Maßnahmen im Produktionsbereich, Investitionsentscheidungen oder Rationalisierungsvorhaben. Solche Entscheidungen schlagen sich zunächst in der allgemeinen Unternehmensplanung nieder, deren personelle Auswirkungen wiederum die Personalbedarfsplanung mitbestimmen. Außerdem wird die Personalbedarfsplanung auch durch die jeweils vorliegenden betrieblichen Bedingungen wie etwa Arbeitszeit- und Urlaubsregelungen, Fehlzeitenquote oder Fluktuationsrate beeinflußt.

Die **Personalbedarfsplanung** bildet die Grundlage der gesamten Personalplanung, nach der sich alle übrigen personalwirtschaftlichen Teilbereiche auszurichten haben. Auch die Ermittlung des Personalentwicklungsbedarfs hat sich zunächst an den quantitativen und qualitativen Rahmendaten der Personalbedarfsplanung zu orientieren. Darüber hinaus sind zahlreiche Verknüpfungen mit den übrigen personalwirtschaftlichen Teilfunktionen zu beachten, für welche die Personalentwicklung eine Art »Dienstleistungsfunktion« erfüllt. Die bestehenden Abhängigkeiten werden durch die aus Abbildung 6 zu entnehmenden Beziehungen zwischen den verschiedenen Teilbereichen der Personalplanung deutlich.

2.2.2.1 Personalbedarfsermittlung

Die Personalbedarfsermittlung hat die zur Erfüllung der gegenwärtigen und zukünftigen Arbeitsaufgaben erforderlichen Mitarbeiter nach Anzahl und Art sowie hinsichtlich ihrer zeitlichen und örtlichen Verfügbarkeit zu ermitteln. Die **quantitative Personalbedarfsermittlung** sagt aus, wieviele Mitarbeiter benötigt werden, um zu einem bestimmten Zeitpunkt die anfallenden Aufgaben erfüllen zu können. Durch die **qualitative Personalbedarfsermittlung** wird festgestellt, über welche Qualifikationen die benötigten Mitarbeiter verfügen müssen.

Ausgangspunkt der Personalbedarfsermittlung ist die Feststellung der zum gegenwärtigen Zeitpunkt benötigten personellen Kapazitäten. Dazu wird der Soll-Personalbestand mit dem aktuell vorhandenen Ist-Personalbestand verglichen. Der Soll-Personalbestand kann aus dem Stellenplan (vgl. Kapitel 2.3.1.) und der Ist-Personalbestand aus dem Stellenbesetzungsplan (vgl. Kapitel 2.3.2) entnommen werden. Personelle Unterdeckungen sind durch Personalbeschaf-

48

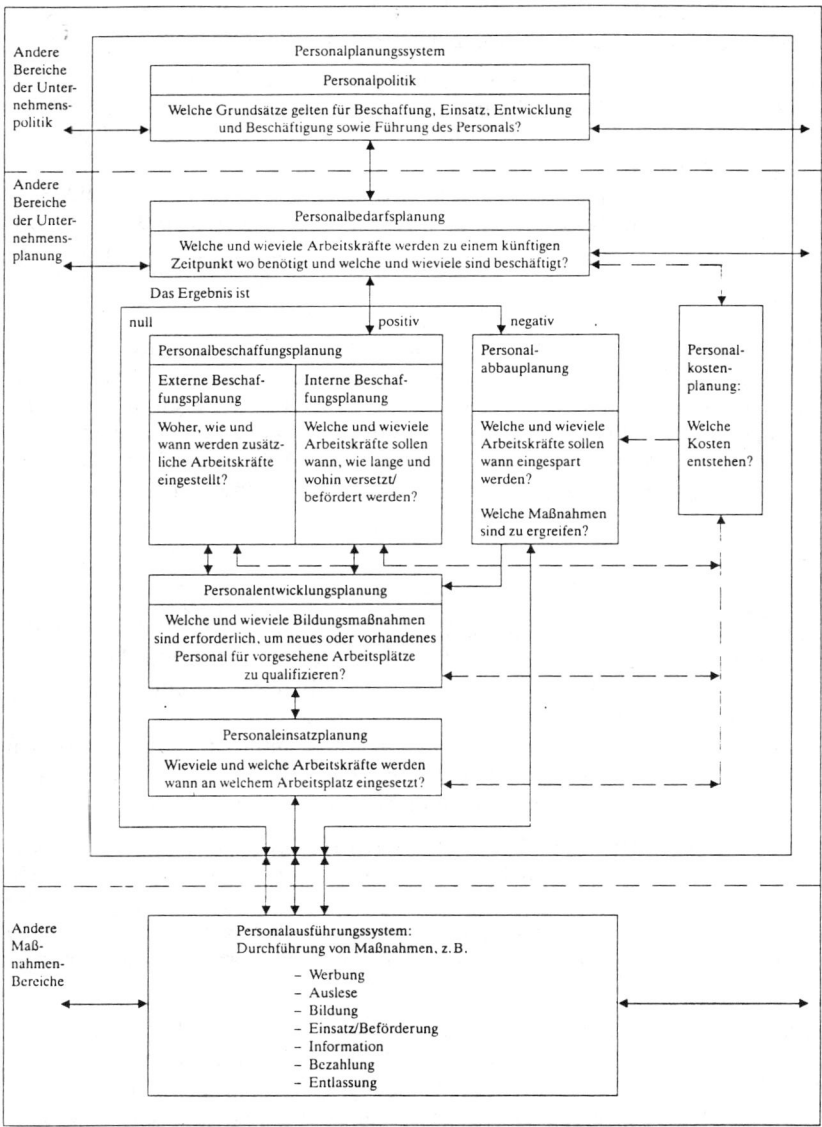

Abbildung 6: Teilbereiche der Personalplanung

(Quelle: RKW-Handbuch 1990, S. 19)

fungs- und/oder Personalentwicklungsmaßnahmen auszugleichen, Überdeckungen sind durch Freistellungsmaßnahmen abzubauen.

Soweit sich die Personalbedarfsermittlung auf einen künftigen Planungszeitpunkt bezieht (= Personalbedarfsplanung), wird der gesamte zukünftige Personalbedarf (= Brutto-Personalbedarf) mit dem in die Zukunft prognostizierten Personalbestand (= zukünftiger Personalbestand) verglichen, um den voraussichtlichen Netto-Personalbedarf zu ermitteln*. Dieser kann entweder positiv sein und muß bis zum Planungszeitpunkt durch geeignete Beschaffungs- und/oder Entwicklungsmaßnahmen gedeckt werden, oder es handelt sich um einen negativen Personal-Nettobedarf (= Personalüberhang), der Freisetzungsmaßnahmen erforderlich macht.

Die Personalentwicklung knüpft, ebenso wie die Personalbeschaffung und Personalfreistellung, unmittelbar an die Ergebnisse der Personalbedarfsermittlung an. Die Personalentwicklung hat, ausgehend vom gegenwärtigen oder künftigen Personalbedarf, festzustellen, welche Qualifikationen den Mitarbeitern noch zu vermitteln sind und auf welche Weise das geschehen soll, damit die Arbeitnehmer jederzeit in der Lage sind, die gestellten Anforderungen zu erfüllen.

2.2.2.2 Personalbeschaffung

Die Personalbeschaffung hat dafür zu sorgen, daß der im Rahmen der Personalbedarfsermittlung festgestellte Personalbedarf rechtzeitig durch geeignete Mitarbeiter gedeckt wird. Als Quelle der Bedarfsdeckung kommen der interne und der externe Arbeitsmarkt in Frage. Es handelt sich um eine personalpolitische Grundsatzentscheidung, ob der internen oder der externen Personalbeschaffung der Vorrang eingeräumt werden soll. In Abbildung 7 sind die wesentlichen Vor- und Nachteile beider Alternativen zusammengestellt.

Die Personalentwicklung stellt eine wichtige Ergänzung der Beschaffungswege dar. Bei der externen Personalbeschaffung wird es immer wieder vorkommen, daß die benötigten Mitarbeiter überhaupt nicht oder nur in unzureichender Qualifikation beschafft werden können. Hier hat die Personalentwicklung die Aufgabe, die fehlenden Qualifikationen zu vermitteln, damit ein anforderungsgerechter Arbeitseinsatz sichergestellt wird.

Die interne Personalbeschaffung ist ohne eine gleichzeitige Personalentwicklung völlig undenkbar. Sowohl bei horizontalen als auch bei vertikalen Versetzungen werden die Mitarbeiter mit anderen und/oder anspruchsvolleren Aufgaben betraut. Auch hier hat die Personalentwicklung wiederum für eine

---

* Für die verschiedenen Verfahren der Personalbedarfsplanung vgl. RKW-Handbuch 1990 oder Kador, F.-J./Pornschlegel, H./Kempe, H.-J., 1987.

50

Innerbetriebliche Personalbeschaffung

Vorteile	Nachteile
– Eröffnung von Aufstiegschancen (erhöht Bindung an den Betrieb, verbessert Betriebsklima) – Geringe Beschaffungskosten – Betriebskenntnis – Kennen des Mitarbeiters Kenntnis seines Könnens – Einhaltung des betrieblichen Entgeltniveaus (bei externer Einstellung ggf. überhöhtes Marktgehalt) – Schnellere Stellenbesetzungsmöglichkeit – Anfangsstellungen für Nachwuchs werden frei – Transparentere Personalpolitik	– Weniger Auswahlmöglichkeiten – Ggf. hohe Fortbildungskosten – Mögliche Betriebsblindheit – Enttäuschung bei Kollegen, evtl. weniger Anerkennung bei Aufrücken in Vorgesetztenfunktionen, ggf. auch Spannungen/Rivalitäten – Zu starke kollegiale Bindungen, Sachentscheidungen werden »verkumpelt« – Stellenbesetzungen/Beförderungen »um des lieben Friedens willen«. Man will dem langgedienten Mitarbeiter nicht »nein« sagen. – Nachlassende Mitarbeiteraktivität wegen Beförderungsautomatik, man verläßt sich auf Nachfolge (Vertreter wird immer Nachfolger!) – Versetzung löst Bedarf quantitativ nicht; qualitativ oft nur in Verbindung mit Fortbildung und bei vertikaler Beförderung mit Führungsschulung

Außerbetriebliche Personalbeschaffung

Vorteile	Nachteile
– Breitere Auswahlmöglichkeit – Neue Impulse für den Betrieb – Der Externe wird leichter anerkannt – Einstellung löst Personalbedarf direkt	– Größere Beschaffungskosten – Hohe externe Einstellungsquote wirkt fluktuationsfördernd (»Hier kann man nichts werden!«) – Negative Auswirkungen auf Betriebsklima – Höheres Risiko, Probezeit – Keine Betriebskenntnis (allg. Einführung erforderlich – Kosten/Zeit) – Stellenbesetzung zeitaufwendiger – Der »vor die Nase gesetzte« neue Mann muß erst Spannungen abbauen – das bedeutet Kräfteverlust für den Betrieb – Bei Stellenwechsel höhere Gehaltsvorstellungen als bei innerbetrieblicher Aufstiegsversetzung – Blockierung von Aufstiegsmöglichkeiten

Abbildung 7: Beurteilung der internen und externen Personalbeschaffung
(Quelle: Kador, F.-J./Pornschlegel, H./Kempe, H.-J., 1987, S. 74)

ausreichende Qualifizierung zu sorgen, damit die Mitarbeiter die geänderten Arbeitsanforderungen erfüllen können.

2.2.2.3 Personalfreistellung

Zur Personalfreistellung zählen alle Maßnahmen, die darauf gerichtet sind, personelle Überkapazitäten in quantitativer, qualitativer, zeitlicher und örtlicher Hinsicht abzubauen. Mit Fragen der Personalfreistellung brauchte sich die Wirtschaft jahrelang kaum zu befassen. Während des Wiederaufbaues und der wirtschaftlichen Expansion in der Nachkriegszeit stand im allgemeinen die Personalbeschaffung im Vordergrund personalwirtschaftlicher Aktivitäten. Erst durch die Rezessionen in den 60er und 70er Jahren ergab sich für viele Unternehmen auch die Notwendigkeit einer Personaleinschränkung. Zahlreiche Unternehmungen waren auf diese Probleme nicht vorbereitet.

Inzwischen wurde in Literatur und Praxis ein breites Instrumentarium entwickkelt, das von Anpassungen der Arbeitszeit über Einstellungsstopps, Aufhebungsverträgen und vorzeitiger Pensionierung bis zur Massenentlassung reicht (vgl. RKW-Handbuch Personalplanung, 1990, S. 183 ff.). Alle diese Lösungen sind mit umfangreichen **rechtlichen, wirtschaftlichen** und **sozialen Problemen** verbunden. Diese können weitestgehend vermieden werden, wenn es durch eine entsprechende Personalbedarfsplanung und eine sinnvolle Personalentwicklung gelingt, freiwerdende personelle Kapazitäten durch Versetzung und rechtzeitige Vermittlung neuer Qualifikationen (Umschulung, Anpassungsentwicklung) im Unternehmen wieder einzusetzen. Die Personalentwicklung leistet in solchen Fällen einen Beitrag zur Minderung der mit anderen Freistellungsmaßnahmen, insbesondere mit einer Entlassung für den Mitarbeiter verbundenen sozialen Härte. Aus der Sicht der Unternehmung kann sich trotz umfassender Personalentwicklungsmaßnahmen (z. B. Umschulung) ein ökonomischer Vorteil ergeben, wenn die Kosten der Personalfreistellung und die Beschaffungskosten zur Besetzung des Arbeitsplatzes mit einem externen Mitarbeiter eingespart werden.

2.2.2.4 Personaleinsatz

Eine wesentliche Aufgabe des Personaleinsatzes besteht in der **Zuordnung der Mitarbeiter zu den einzelnen Arbeitsplätzen.** Dabei werden in Form eines Profilvergleichs (vgl. Kapitel 2.4.3) die Anforderungsmerkmale der Arbeitsplätze mit den entsprechenden Fähigkeitsmerkmalen der Mitarbeiter verglichen. Soweit die beiden Merkmalsgruppen übereinstimmen und die Stellenbesetzung auch den persönlichen Belangen des Mitarbeiters entspricht, ist die Zuordnungsaufgabe optimal gelöst. Dies wird nur in den seltensten Fällen zutreffen. Wenn die Fähigkeiten eines Mitarbeiters hinter den Anforderungen des Arbeitsplatzes zurückbleiben, muß entweder ein anderer, geeigneterer Arbeitsplatz ermittelt werden, oder der Arbeitsplatz muß durch eine neue Aufgabenabgrenzung den Fähigkeiten des Mitarbeiters angepaßt werden, oder die fehlenden Qualifikationen sind durch Personalentwicklungsmaßnahmen zu vermitteln. Auch wenn die Fähigkeiten des Mitarbeiters die Anforderungen des Arbeitsplatzes übersteigen, kann entweder der Arbeitsplatz an den Mitarbeiter angepaßt werden (durch Job enlargement und Job enrichment), oder der Mitarbeiter übernimmt ein anspruchsvolleres Aufgabengebiet. Im letzteren Falle hat die Personalentwicklung die Aufgabe, die in Frage kommenden Aufstiegswege festzulegen und zusätzlich benötigte Qualifikationen zu vermitteln.

Die Personalzuordnung als Ursache der Personalentwicklung ist eine Dauererscheinung der betrieblichen Personalarbeit. Der technische und wirtschaftliche Wandel, neue unternehmenspolitische Zielsetzungen, der Einfluß des Arbeitsmarktes oder die konjunkturelle Situation führen zu ständigen Änderungen im betrieblichen Stellengefüge. Je nach Anlaß und Situation kommt es zur Schaffung und Besetzung neuer Stellen, zur Ersatzbesetzung vorhandener Stellen, zum Wegfall von Stellen und den sich daraus ergebenden Umsetzungserfordernissen oder zu einer neuen Abgrenzung vorhandener Stellen mit den oben dargestellten Konsequenzen.

2.3 Organisatorische Hilfsmittel der Personalentwicklung

Betriebliche Personalarbeit ist ohne ein ausreichendes Maß an organisatorischen Regelungen nicht möglich. Durch die **Personalorganisation** wird festgelegt, wer welche Teilaufgaben bei der Erfüllung der betrieblichen Gesamtaufgabe zu übernehmen hat, welche Rechte und Pflichten mit der Aufgabenerledigung verbunden sind und wie die Unter- und Überstellungsverhältnisse der einzelnen Aufgabenträger geregelt sind. Für die Darstellung dieser Zusammenhänge hat die Praxis eine Reihe von formalisierten Ordnungsmitteln entwickelt. Dazu gehören u. a. Organisations- und Stellenpläne, Stellenbesetzungspläne und Stellenbeschreibungen. Die Personalentwicklung benötigt dieses Instrumentarium sowohl bei der Ermittlung des Personalentwicklungsbedarfs als auch bei der Festlegung einzelner Förderungs- und Bildungsmaßnahmen.

2.3.1 Organisations- und Stellenpläne

Durch Organisations- und Stellenpläne werden die Stellengliederung sowie die bestehenden Beziehungen zwischen den einzelnen Stellen (Über- und Unterordnungsverhältnisse) verdeutlicht. **Stellen** sind die kleinsten organisatorischen Einheiten im Unternehmen. Sie sind eigenständige Organisationseinheiten, in denen die zum Arbeitsbereich einer Person gehörenden Teilaufgaben zusammengefaßt sind. Der Aufgabenkomplex einer Stelle ist auf die Normalleistung einer fiktiven, unbenannten Person abgestimmt. Stellen haben Dauercharakter und müssen gegeneinander abgrenzbar sein. Jede Stelle sollte eine eindeutige Bezeichnung tragen, die im allgemeinen aus den Hauptfunktionen der Stelle abgeleitet wird. Stellen, die mit Entscheidungs- oder Anordnungsbefugnis (Leitungsbefugnissen) ausgestattet sind, werden als **Instanzen** bezeichnet.

Der **Organisationsplan** umfaßt im allgemeinen nur die Leitungsstellen (Instanzen) einer Unternehmung bzw. eines Unternehmungsbereichs. Er vermittelt in erster Linie einen Gesamtüberblick über die bestehende Aufbauorganisation. Der **Stellenplan** ist umfassender als der Organisationsplan; er enthält sämtliche Stellen einer Unternehmung bzw. eines Unternehmungsbereichs und vermittelt damit einen vollständigen Überblick über das Verteilungssystem und die Zuordnung der Aufgaben auf Stellen. Die Aufstellung von Organisations- und Stellenplänen macht die bestehende Aufbauorganisation durchschaubar und zeigt vorhandene Organisationsmängel (z. B. in der hierarchischen Zuordnung oder in der Aufgabenverteilung) auf. In Abbildung 8 ist der Stellenplan der Personalabteilung eines mittleren Unternehmens dargestellt.

2.3.2 Stellenbesetzungspläne

Der **Stellenbesetzungsplan** stellt die Fortführung des Stellenplanes dar. Während im Stellenplan lediglich die vorgesehenen Stellen eines Betriebsbereichs aufgeführt sind, enthält der Stellenbesetzungsplan auch den Namen des jeweiligen **Stelleninhabers.** Durch den Vergleich zwischen dem Soll des Stellenplans und dem Ist des Stellenbesetzungsplanes ergeben sich Hinweise auf personelle Unterdeckungen.

Der Stellenbesetzungsplan kann ebenso wie der Organisations- und der Stellenplan graphisch dargestellt werden. Aus räumlichen Gründen weicht man allerdings häufig auf tabellarische Darstellungsformen aus, in die neben den Stellenbezeichnungen und den Namen der Stelleninhaber je nach dem Verwendungszweck weitere Informationen aufgenommen werden können. Dabei kann es sich entweder um organisatorische Angaben (z. B. hierarchische Stufe, auf welcher die Stelle eingeordnet ist; Zahl der Untergebenen oder Name des Stellvertreters des Stelleninhabers) oder um persönliche Angaben zum Stelleninhaber (z. B. Alter bzw. Geburtsdatum, Verweildauer auf der Stelle, Eintrittsdatum in den Betrieb) handeln. Durch derartige Zusatzinformationen wird die Aussagekraft des Stellenbesetzungsplans erhöht; gleichzeitig steigt aber die Häufigkeit der Aktualisierung und der dafür notwendige Zeitaufwand. In Abbildung 9 ist ein erweiterter Stellenbesetzungsplan in tabellarischer Form enthalten.

54

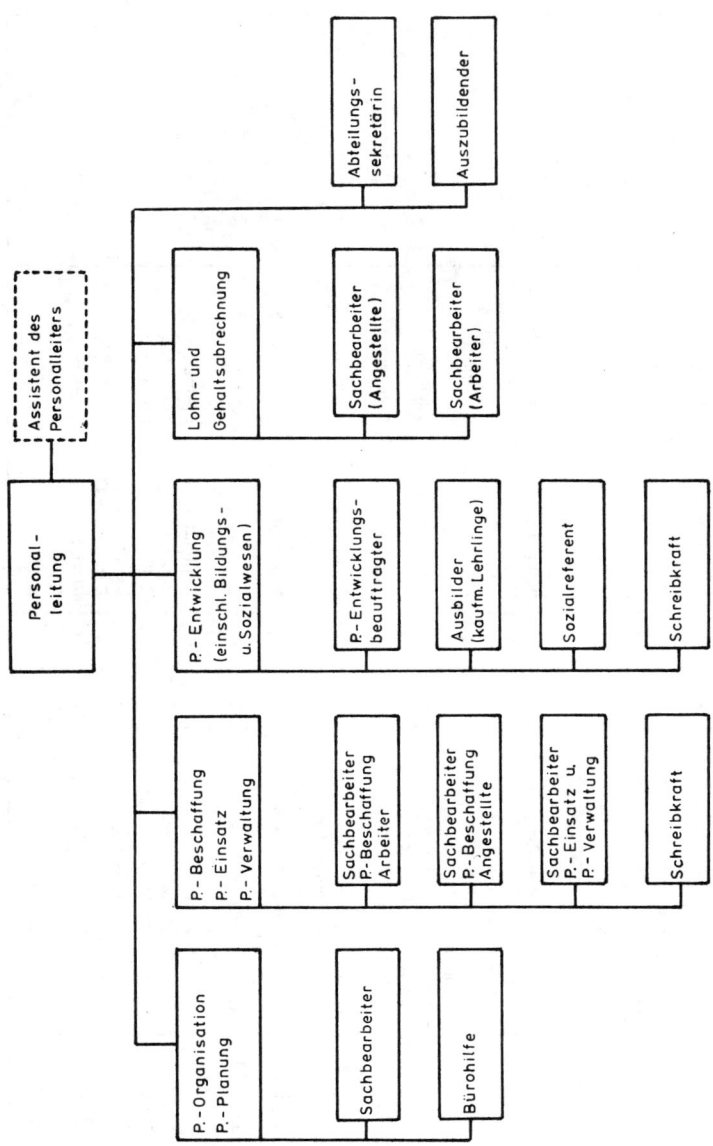

Abbildung 8: Stellenplan

Stellennummer	Stellenbezeichnung	Rangstufe	Stelleninhaber	Stellvertreter	Bemerkungen
4100	Personalleitung	3	Fuchs, R.	Paul, P.	
4110	Personalorganisation / Personalplanung	4	Beyerlein, S.	Kahl, T.	
4120	Personalbeschaffung / Personaleinsatz / Personalverwaltung	4	Paul, P.	Zeck, G.	
4130	Personalentwicklung (einschl. Bildungs- und Sozialwesen)	4	Neuhäuser, K.	Kramer, L.	
4140	Lohn- und Gehaltsabrechnung	4	Kronberg, U.	Raubold, H.	
4101	Personalassistent	4	Neuer, G.	(Fuchs, R.)	
4111	Sachbearbeiter P.-Organisation und P.-Planung	5	Kahl, T.	Beyerlein, S.	
4121	Sachbearbeiter Personalbeschaffung Arbeiter	5	Dellmann, I.	Zeck, G.	
4122	Sachbearbeiter Personalbeschaffung Angestellte	5	Zeck, G.	Dellmann, I.	
4123	Sachbearbeiter Personaleinsatz und Personalverwaltung	5	N. N.	Zeck, G.	
4131	Personalentwicklungsbeauftragter	5	Kramer, L.	Neuhäuser, K.	
4132	Ausbilder (Kaufm. Auszubildende)	5	Durbeck, U.	Müller, A.	
4133	Sozialreferent	5	Schmidt, F.	Kramer, L.	
4141	Lohnbuchhalter (Angestellte)	5	Rechner, K.	Keller, M.	
4142	Lohnbuchhalter (Arbeiter)	5	Keller, M.	Rechner, K.	
4105	Abteilungssekretariat	5	Deimler, U.	Groß, F.	
4115	Bürohilfe	6	Petermann, G.	Pfaff, B.	
4125	Schreibkraft	6	Pfaff, B.	Groß, F.	
4135	Schreibkraft	6	Groß, F.	Pfaff, B.	
4109	Auszubildender	–	N. N.	–	

Abbildung 9: Stellenbesetzungsplan

56

2.3.3 Stellenbeschreibungen

Organisations- und Stellenpläne zeigen in erster Linie die Stellengliederung und die Regelung der Über- und Unterstellungsverhältnisse einer Unternehmung. Sie verdeutlichen allerdings nur in unvollkommener Weise, welche Aufgaben innerhalb einer Stelle wahrgenommen werden. Diese Information liefern Stellenbeschreibungen, die neben Hinweisen auf die Einordnung der Stelle in die Organisationsstruktur auch umfassende Angaben über die Stellenziele sowie die Aufgaben, Rechte und Pflichten des Stelleninhabers beinhalten. **Stellenbeschreibungen** können definiert werden als eine verbindliche, in schriftlicher Form abgefaßte Zusammenfassung aller wesentlichen Merkmale einer Stelle.

2.3.3.1 Verwendungszwecke von Stellenbeschreibungen

Stellenbeschreibungen dienen vielfältigen Zweckbesetzungen in nahezu allen Teilbereichen der betrieblichen Personalarbeit. Außer für die Personalentwicklung stellen sie auch für die Personalorganisation, Personalplanung, Personalbeschaffung, beim Personaleinsatz und bei der Personalfreistellung ein unerläßliches organisatorisches Hilfsmittel dar. Die Einsatzmöglichkeiten sind in Abbildung 10 zusammengefaßt; die dort enthaltene Aufzählung verdeutlicht anschaulich die große Bedeutung der Stellenbeschreibung für die betriebliche Personalarbeit. Über diese internen Einsatzmöglichkeiten hinaus können Stellenbeschreibungen auch für externe Zwecke genutzt werden, wie z. B. bei Tarifverhandlungen, Betriebsvergleichen oder für die überbetriebliche Berufsforschung (vgl. Dieckhoff 1982, S. 46). Außerdem erfüllt die Stellenbeschreibung die in § 81 BetrVG vorgeschriebene Unterrichtungspflicht der Arbeitnehmer durch den Arbeitgeber über ihre Aufgaben und Verantwortung sowie die Art ihrer Tätigkeit und deren Einordnung in den Arbeitsablauf (vgl. Knebel 1985, S. 10). Den Entwicklungsbedürfnissen der Mitarbeiter trägt die Stellenbeschreibung besonders dadurch Rechnung, daß sie beim Fördergespräch oder bei der Festlegung von Laufbahn- oder Nachfolgeplänen als Orientierungshilfe herangezogen wird, um angestrebte Entwicklungsziele zu konkretisieren, wodurch einerseits zusätzliche Anreize geschaffen werden und andererseits mögliche Ängste vor neuen, unbekannten Aufgaben reduziert werden können.

2.3.3.2 Inhalt von Stellenbeschreibungen

Über den Inhalt von Stellenbeschreibungen gehen die Meinungen auseinander. Definitionsgemäß sollten alle wesentlichen Merkmale einer Stelle aufgenommen werden. Die vielfältigen Verwendungszwecke und das steigende Informa-

Verwendung bei der Personalorganisation
- Hilfsmittel zur Gestaltung der Organisationsstruktur
- Darstellung der Aufbauorganisation
- Festlegung von Funktionen und Verantwortungsbereichen
- Abgrenzung zwischen verschiedenen Stellen zur Vermeidung von Verantwortungsüberlagerungen und -lücken
- Information über den korrekten Instanzenweg

Verwendung bei der Personalplanung
- Grundlage der Personalbedarfsplanung
- Hilfsmittel bei der Ermittlung des quantitativen und qualitativen Personalbedarfs

Verwendung bei der Personalbeschaffung
- Informationsgrundlage bei Stellenausschreibungen und -besetzungen
- Festlegung erwünschter Bewerberqualifikationen
- Information der Stellenbewerber
- Grundlage für die Bewerberauswahl
- Hilfsmittel bei der Einführung neuer Mitarbeiter

Verwendung beim Personaleinsatz
- Hilfsmittel für die Arbeitsstrukturierung
- Grundlage für die Festsetzung anforderungsgerechter Arbeitsentgelte
- Vorgabe von Leistungserfordernissen und Zielen an die Stelleninhaber
- Information der Mitarbeiter über ihre gegenwärtigen Aufgaben, Kompetenzen und Pflichten

Verwendung bei der Personalfreisetzung
- Grundlage bei Freisetzungsentscheidungen
- Orientierungshilfe für die Abfassung von Zeugnissen
- Grundlage für Austrittsgespräche

Verwendung bei der Personalentwicklung
- Hilfsmittel bei der Einweisung versetzter Mitarbeiter
- Grundlage bei Eignungs-Anforderungs-Vergleichen
- Orientierungshilfe für die Mitarbeiterbeurteilung
- Grundlage für die Ermittlung von Qualifikationslücken
- Hilfsmittel zur Festlegung entsprechender Qualifikationsmaßnahmen
- Entwicklung von Aufstiegskonzeptionen

Abbildung 10: Einsatzmöglichkeiten von Stellenbeschreibungen

tionsbedürfnis im Unternehmen und bei den Mitarbeitern verlangen ebenfalls nach möglichst ausführlichen Stellenbeschreibungen. Das hat in der Vergangenheit teilweise zu sehr differenzierten und in manchen Fällen zu zehn und mehr Seiten umfassenden Ausarbeitungen geführt. Solche Stellenbeschreibungen sind unhandlich und unübersichtlich, und die Gefahr, daß sie rasch an Wert verlieren, weil der notwendige Änderungsdienst nicht vollzogen wird, ist unübersehbar. Aus diesem Grunde sollte man sich mit kurzen, maximal ein bis zwei Schreibmaschinenseiten umfassenden Stellenbeschreibungen begnügen. Stellenbeschreibungen diesen Umfangs bieten auch dem Klein- und Mittelbetrieb, der über keinen Spezialisten für Personalorganisation verfügt, die Möglichkeit, dieses wichtige organisatorische Hilfsmittel zu nutzen.

Je kürzer eine Stellenbeschreibung gehalten wird, um so sorgfältiger sind die aufzunehmenden Informationen auszuwählen. Unabhängig von den betriebsindividuellen Gegebenheiten sollten in einer Stellenbeschreibung mindestens folgende Angaben (Kerninformationen) enthalten sein:

1. Stellenbezeichnung und Rangstufe des Stelleninhabers,
2. Einordnung der Stelle in die Unternehmensorganisation
   - Leitungsbereich, Abteilung
   - Vorgesetzter des Stelleninhabers
   -- Nachgeordnete Stelle
3. Regelung der Stellvertretung
   - Stelleninhaber wird vertreten von
   - Stelleninhaber vertritt
4. Zielsetzung (Hauptaufgabe) der Stelle,
5. Aufgaben, Kompetenzen und Pflichten des Stelleninhabers im einzelnen,
6. Sachlich-organisatorische Angaben (z. B. Verteiler, nächste Überprüfung, Unterschriften).

Den größten Raum nimmt die Aufzählung der aus dem Stellenziel abgeleiteten Einzelaufgaben mit den zugehörigen Rechten und Pflichten ein. Hier sollten möglichst alle Aufgaben zusammengefaßt werden, die dauerhaft an diesem Arbeitsplatz erledigt werden. Bei dem in Abbildung 11 dargestellten Formular sind alle oben genannten Datenkomplexe vorgesehen.

Neben diesen Kerninformationen können bei Bedarf weitere Aussagen aufgenommen werden. U. a. kommen in Frage:

7. Anforderungen an den Stelleninhaber (z. B. Schulbildung, Berufserfahrung, spezielle Kenntnisse),
8. Maßstäbe zur Beurteilung der Leistungen des Stelleninhabers,
9. Spezielle Kompetenzen,
10. Informationsbeziehungen
    - Wer informiert den Stelleninhaber? Welche Berichte erhält er regelmäßig?
    - Wen informiert der Stelleninhaber? Welche Berichte hat er zu erstellen?
11. Name des derzeitigen Stelleninhabers.

Stellenbeschreibung

1. Stellenbezeichnung:	2. Rangstufe:

3. Ziel der Stelle bzw. Kurzbeschreibung des Aufgabengebietes:

4. Stellenbezeichnung des direkten Vorgesetzten:	5. Der Stelleninhaber erhält zusätzlich fachliche Weisungen von (Stellenbezeichnung, Art und Umfang angeben):
6. Stellenbezeichnungen und Anzahl der direkt unterstellten Mitarbeiter:	7. Der Stelleninhaber gibt zusätzlich fachliche Weisungen an (Stellenbezeichnung, Art und Umfang angeben):
8. Der Stelleninhaber vertritt:	9. Der Stelleninhaber wird vertreten von:

10. Spezielle Vollmachten und Berechtigungen, die nicht in einer allgemeinen Regelung festgehalten sind:

11. Beschreibung der Tätigkeiten, die der Stelleninhaber selbständig durchzuführen hat:

Die dargestellten Tätigkeiten werden – soweit nicht schon geschehen – spätestens nach 12 Monaten seit Einführung der Stellenbeschreibung übernommen.

Datum	Datum	Datum	Datum
Unterschrift Stelleninhaber	Unterschrift unmittelbarer Vorgesetzter	Unterschrift nächsthöherer Vorgesetzter	Unterschrift einführende Stelle

Änderungsvermerke:

Abbildung 11: Stellenbeschreibung

(Quelle: Vordrucke für das Personalbüro, Best.-Nr. 93.08, Rudolf Haufe Verlag, Freiburg i. Br.)

60

2.3.3.3 Einführung von Stellenbeschreibungen

Liegen Stellenbeschreibungen bereits vor, muß sichergestellt werden, daß ihre Aktualität durch einen **regelmäßigen Änderungsdienst** aufrecht erhalten wird. Bei der erstmaligen Einführung von Stellenbeschreibungen empfiehlt sich ein stufenweises Vorgehen:

– Als erstes muß entschieden werden, wer für die Erstellung zuständig ist. Im allgemeinen kommen die Personalabteilung, die Organisationsabteilung oder eine eigens eingerichtete Projektgruppe in Frage. Falls das Unternehmen über keine geeigneten Mitarbeiter verfügt, kann auch ein externer Berater herangezogen werden. Außerdem müssen immer die betroffenen Stelleninhaber sowie die jeweils zuständigen Vorgesetzten beteiligt werden.

– Als nächstes ist zu entscheiden, ob für alle Stellen im Unternehmen oder nur für bestimmte Schlüsselpositionen Stellenbeschreibungen anzufertigen sind. Außerdem ist festzulegen, ob gleichzeitig alle vorgesehenen Stellenbeschreibungen erstellt werden – das ist z. B. im kleinen Betrieb möglich – oder ob nacheinander, z. B. abteilungsweise oder nach hierarchischen Ebenen gegliedert, vorgegangen wird.

– Wenn die Entscheidung über die Einführung von Stellenbeschreibungen gefallen ist, dann sollten auf jeden Fall die betroffenen Mitarbeiter über den Sinn und Zweck des Vorhabens informiert werden. Die Entwicklung von Stellenbeschreibungen kann zum Aufdecken von Organisationsmängeln und damit zu organisatorischen Änderungen führen, wodurch bei den Mitarbeitern Unruhe und Unsicherheit entstehen können. Außerdem lassen sich Stellenbeschreibungen ohne die Mithilfe der betroffenen Mitarbeiter kaum sinnvoll anfertigen.

– Die praktische Durchführung beginnt mit einer Ist-Aufnahme. In Gesprächen oder durch Selbstaufschreibung der Beteiligten sowie mit Hilfe von vorgegebenen Fragebogen wird der Ist-Zustand an jedem Arbeitsplatz erfaßt. Um sicherzustellen, daß alle erforderlichen Angaben gemacht werden, gilt es vorher festzulegen, welche Informationen in die künftige Stellenbeschreibung aufgenommen werden sollen.

Abbildung 12 enthält einen Fragebogen zur Erfassung des Ist-Zustandes, der darüber hinaus auch nach den Soll-Vorstellungen des Stelleninhabers fragt. Die Ermittlung der Soll-Vorstellungen kann durchaus wertvolle Informationen ergeben, es ist aber zu bedenken, daß dadurch auch nicht erfüllbare Hoffnungen bei den Mitarbeitern begründet werden können.

– Die Ist-Aufnahme bildet die Grundlage für eine systematische Analyse des Ist-Zustandes. Als deren Ergebnis sollte für jeden Arbeitsplatz ein Entwurf einer Stellenbeschreibung vorliegen. Durch die Ist-Analyse können bestehende Aufgaben- und Kompetenzüberschneidungen, unklare Aufgabenab-

Fragebogen zur Stellenbeschreibung

Ihr Name	Ihre Stellenbezeichnung	Ihre Rangstufe

Ist	Sollvorstellung
1) Wer ist Ihr direkter Vorgesetzter? (Name und/oder Rangstufe)	1a) Könnten Sie wirkungsvoller arbeiten, wenn Sie einem anderen Vorgesetzten zugeordnet würden? (Wenn ja, welcher anderen Stelle?)
2) Erhalten Sie außer von Ihrem Vorgesetzten Weisungen von anderen? (Wenn ja, welcher Art und von wem sind diese Weisungen?)	2a) Sollte die jetzige Regelung geändert werden, damit Sie wirkungsvoller arbeiten können?
3) Welche Stellen sind Ihnen direkt unterstellt? (Zahl und Bezeichnung der Stellen)	3a) Sollten Ihnen mehr oder weniger Mitarbeiter unterstellt werden, damit Sie effektiver arbeiten können? (Bitte mit Begründung)
4) Geben Sie außer Ihren unter Punkt 3 genannten Mitarbeitern Weisungen an andere Stellen? (Wenn ja, welcher Art und Umfang?)	4a) Sollte sich die Weisungsbefugnis an andere ändern? (Wenn ja, Art, Umfang und Begründung)
5) Wer vertritt Sie bei Ihrer Abwesenheit?	5a) Sollte die bestehende Vertretungsregelung geändert werden? (Wenn ja, wie?)
6) Wen vertreten Sie?	6a) Sollte die bestehende Vertretungsregelung geändert werden? (Wenn ja, wie?)
7) Welche Vollmachten und Berechtigungen wurden Ihnen übertragen, die **nicht** in einer allgemeinen Regelung festgehalten sind?	7a) Sollten die speziellen Vollmachten bzw. Berechtigungen ausgedehnt oder eingeschränkt werden, damit Sie wirkungsvoller arbeiten können?

Abbildung 12: Fragebogen zur Stellenbeschreibung (Seite 1)

(Quelle: Vordrucke für das Personalbüro, Best.-Nr. 93.07, Rudolf Haufe Verlag, Freiburg i. Br.)

8) Beschreiben Sie Ihre jetzige Tätigkeit (bitte genaue Angabe, in welchen Fällen Sie entscheiden oder andere beraten).

8a) Entspricht Ihr nebenstehend beschriebener Aufgabenbereich Ihren Vorstellungen oder sollte daran etwas geändert werden? (Wenn ja, möglichst genaue Beschreibung – Entscheidungen ausweiten / einschränken / verlagern usw.)

9) Wo liegt Ihrer Meinung nach das Ziel Ihrer Stelle? Versuchen Sie dies zu formulieren.

Zusätzliche Vermerke:

Datum   Unterschrift Stelleninhaber

Abbildung 12: Fragebogen zur Stellenbeschreibung (Seiten 2–4 verkürzt)

(Quelle: Vordrucke für das Personalbüro, Best.-Nr. 93.07, Rudolf Haufe Verlag, Freiburg i. Br.)

63

grenzungen sowie unzweckmäßige Arbeitsabläufe ausgeräumt werden. Außerdem ist darauf zu achten, daß die einer Stelle zugeordneten Aufgaben der Arbeitskapazität eines Mitarbeiters entsprechen. Durch eine Abstimmung der Erstentwürfe untereinander sowie durch erneute Rücksprache mit den Stelleninhabern oder Vorgesetzten können weitere Ungereimtheiten ausgeräumt werden.

– Den Abschluß bilden die Einführung und Inkraftsetzung der Stellenbeschreibungen. Dabei ist zu beachten, daß mögliche Änderungen gegenüber dem bisherigen Zustand von den Mitarbeitern zur Kenntnis genommen und vollzogen werden.

2.4 Ermittlung der Arbeitsanforderungen

Die Kenntnis der Anforderungen jedes Arbeitsplatzes ist eine notwendige Voraussetzung für eine optimale Stellenbesetzung. Durch einen Vergleich der Anforderungen mit den Fähigkeiten der Mitarbeiter können bestehende Qualifikationslücken festgestellt und geeignete Entwicklungsmaßnahmen eingeleitet werden.

Soweit Hinweise auf die Arbeitsanforderungen in den Stellenbeschreibungen enthalten sind, können diese als erste Orientierungshilfe herangezogen werden. Da jedoch die Anforderungen nicht zu den Kerninformationen der Stellenbeschreibung zählen und selbst, wenn sie enthalten sind, nur auf wesentliche Aussagen beschränkt bleiben, sollte als Grundlage der Personalentwicklung eine detaillierte Anforderungsermittlung erfolgen. Als Instrument zur Darstellung der Arbeitsanforderungen steht das Anforderungsprofil zur Verfügung.

2.4.1 Enge oder weite Qualifikationsstruktur

Vor der Erstellung von Anforderungsprofilen muß eine Grundsatzentscheidung hinsichtlich der **Breite der erwünschten Qualifikationsstruktur** getroffen werden. Dabei kann zwischen zwei Strategien gewählt werden: Die Mitarbeiter können entweder so qualifiziert werden, daß die erworbenen Fertigkeiten und Kenntnisse gerade mit den Anforderungen des jeweiligen Arbeitsplatzes übereinstimmen, oder aber man strebt eine breit angelegte (polyvalente) Qualifikation an, die über die Anforderungen eines ganz bestimmten Arbeitsplatzes hinausgeht und auch allgemeine, arbeitsplatzunabhängige Fähigkeiten einbezieht. Die enge Qualifizierung ist kostengünstiger. Sie ist vertretbar, wenn davon ausgegangen werden kann, daß auf absehbare Zeit keine wesentlichen Änderungen der Arbeitsanforderungen auftreten werden. Da keine Überqualifikation besteht, braucht auch nicht mit Unzufriedenheit der Mitarbeiter wegen mangelnder Einsatzmöglichkeiten bestimmter Fähigkeiten gerechnet werden. Die breite Qualifizierung ermöglicht eine vielseitigere Verwendbarkeit der Mitarbeiter und bildet damit die Grundlage für eine größere Flexibilität beim Personaleinsatz. Außerdem ist der umfassend qualifizierte Mitarbeiter bei organisatorischen und technologischen Änderungen eher in der Lage, sich an die neuen Erfordernisse anzupassen.

Eine breit angelegte Qualifikationsstruktur wird im allgemeinen auch den Intentionen der Mitarbeiter entsprechen. Je umfassender die Qualifikation, um so größer ist die Mobilität des einzelnen und um so besser sind im Falle des Ausscheidens aus dem Unternehmen die individuellen Chancen am Arbeitsmarkt. Eine breite Qualifizierung entspricht im übrigen auch den allgemeinen gesellschaftspolitischen Vorstellungen, die sich bereits im Berufsbildungsgesetz niedergeschlagen haben. Schon in der Berufsausbildung soll durch eine breit angelegte berufliche Grundbildung die Basis für die notwendige Mobilität geschaffen werden. Diese Tendenz wird durch eine polyvalente Personalentwicklung fortgesetzt.

2.4.2 Ableitung von Anforderungsprofilen

Anforderungsprofile ergänzen die Stellenbeschreibungen. Sie sind einfacher zu erstellen als Stellenbeschreibungen und sollten auch dort, wo keine Stellenbeschreibungen vorhanden sind, verwendet werden. **Anforderungsprofile** enthalten für jeden Arbeitsplatz die typischen Arbeitsanforderungen nach Art und Ausprägungsgrad. Wie schon die Stellenbeschreibung finden auch Anforderungsprofile außer bei der Personalentwicklung bei der Personalplanung, bei der Personalwerbung und -auswahl und beim Personaleinsatz Verwendung.

2.4.2.1 Anforderungskriterien

Die von den Stelleninhabern zu erfüllenden Anforderungen müssen eindeutig definiert werden. Dabei soll nicht auf wünschenswerte, aber nicht nachvollziehbare charakterliche Eigenschaften der Mitarbeiter abgestellt werden, sondern es muß sich um solche Anforderungen handeln, die in der jeweiligen Arbeitsleistung zum Ausdruck kommen. Demgemäß ist darauf zu achten, daß die Anforderungen in Begriffen definiert werden, die auf die korrespondierenden Fähigkeiten und Verhaltensweisen der Mitarbeiter abstellen.

Die Anforderungen einer Stelle können in notwendige und wünschenswerte Merkmale untergliedert werden. Bei den **notwendigen Anforderungen** handelt es sich um Kriterien, die vom Stelleninhaber unbedingt erfüllt sein müssen, wenn er den Arbeitsplatz überhaupt ausfüllen möchte. Dazu zählen z. B. die Fremdsprachenkenntnisse des Auslandskorrespondenten, die berufs- und arbeitspädagogische Qualifikation des Ausbilders oder der Führerscheinbesitz

des Kraftfahrers. Soweit Mitarbeiter auch nur ein notwendiges Anforderungsmerkmal nicht erfüllen, sind sie, unabhängig von allen übrigen Voraussetzungen, für die Stelle ungeeignet. Mit den **wünschenswerten Anforderungskriterien** sind Fähigkeiten der Mitarbeiter gemeint, die zwar auch für den Arbeitsplatz typisch sind, die jedoch mit unterschiedlichem Ausprägungsgrad erfüllt
sein können bzw. deren Erwerb oder Vervollkommnung auch der bereits
aktive Stelleninhaber noch nachvollziehen kann.

Die Meinungen über die Zahl und Art der in ein Anforderungsprofil aufzunehmenden Merkmale gehen auseinander. Grundsätzlich können bei der Merkmalsbestimmung zwei Wege beschritten werden: Entweder es wird für alle
oder zumindest für übereinstimmende Gruppen von Arbeitsplätzen ein fester,
gleichbleibender Merkmalskatalog festgelegt, oder es werden für jeden Arbeitsplatz die jeweils typischen Merkmale bestimmt. Der zweiten Variante
sollte der Vorzug gegeben werden, weil nur auf diese Weise ein anforderungs-
gerechtes Spiegelbild des Arbeitsplatzes erzielt wird. Als Grundlage der
Merkmalsbestimmung ist auf jeden Fall eine Arbeitsplatzanalyse erforderlich.
Je nach Aufgabenstellung und Zielsetzung des Arbeitsplatzes kann zwischen
folgenden Merkmalsgruppen ausgewählt werden:

1. **Identifizierende Merkmale**
   Die hier aufzunehmenden Merkmale stimmen mit den entsprechenden
   Kriterien der Stellenbeschreibung überein und dienen der eindeutigen
   Kennzeichnung der Stelle.

2. **Allgemeine Anforderungen**
   Allgemeine Anforderungen stellen auf persönliche (grundsätzlich unabän-
   derliche) Eigenschaften der Mitarbeiter ab.

3. **Kenntnismerkmale**
   Zu den Kenntnismerkmalen zählen Anforderungen an die schulische und
   berufliche Ausbildung, an das notwendige Fachwissen und Fachkönnen
   sowie die verlangte Berufserfahrung.

4. **Körperliche Anforderungen**
   Bei den körperlichen Anforderungen handelt es sich um alle von der
   Arbeitsausführung und Arbeitsumgebung ausgehenden Belastungen. Diese
   Merkmalsgruppe hat vorwiegend für den gewerblichen Bereich Bedeutung;
   im Verwaltungsbereich kann sie vielfach vernachlässigt werden.

5. **Geistige Anforderungen**
   In dieser Gruppe sind die an die Intelligenz der Mitarbeiter gestellten
   Anforderungen zusammengefaßt.

6. **Verhaltensmerkmale**
   Verhaltensmerkmale können sowohl in bezug auf das Arbeits- als auch auf
   das Sozialverhalten festgelegt werden.

66

7. Vorgesetzteneigenschaften

Soweit es sich um Arbeitsplätze für Führungskräfte handelt, sind auch die an das Management zu stellenden Anforderungen zu berücksichtigen.

Abbildung 13 enthält entsprechend der vorstehenden Gliederung eine Übersicht über die am häufigsten in der betrieblichen Praxis vorkommenden Anforderungsmerkmale.

2.4.2.2 Profilgestaltung

Die Erstellung von Anforderungsprofilen erfolgt im allgemeinen durch die Personalabteilung in Zusammenarbeit mit dem jeweils zuständigen Fachvorgesetzten. In einem ersten Arbeitsschritt ist der Katalog der aufzunehmenden Merkmale festzulegen. Dabei sind alle notwendigen und die wichtigsten wünschenswerten Kriterien zu berücksichtigen. Um die Überschaubarkeit und Praktikabilität zu gewährleisten, darf die Gesamtzahl der aufzunehmenden Merkmale nicht zu groß sein. Zehn bis fünfzehn Merkmale reichen im allgemeinen aus, um einen Arbeitsplatz eindeutig zu kennzeichnen. Eine größere Zahl birgt die Gefahr, daß die einzelnen Merkmale nicht mehr eindeutig voneinander zu unterscheiden sind.

In einem zweiten Arbeitsschritt sind die ausgewählten Merkmale zu gewichten, d. h., es muß festgelegt werden, in welchem Ausprägungsgrad das jeweilige Anforderungsmerkmal vorhanden sein soll. Nur durch eine eindeutige Gewichtung wird der Maßstab für den späteren Vergleich mit den korrespondierenden Fähigkeiten der Mitarbeiter geschaffen. Die Ausprägungsgrade können entweder in abgestuften Verbaldefinitionen (z. B. sehr wichtig – wichtig – weniger wichtig), durch eine Plus-Minus-Skalierung (vgl. Abbildung 14) oder durch eine Zahlenskalierung ähnlich der Mitarbeiterbeurteilung (vgl. Abbildung 21) festgehalten werden. Der Ausprägungsgrad eines Merkmals sollte der für den jeweiligen Arbeitsplatz geforderten Intensität entsprechen. Die Erfahrung zeigt allerdings, daß beim Erstellen von Anforderungsprofilen eine Neigung besteht, alle oder zumindest sehr viele Merkmale mit den höchsten Ausprägungen zu versehen. Dieses Verhalten wird den praktischen Gegebenheiten nicht gerecht, denn es ist weder erforderlich, daß sämtliche Anforderungen eines Arbeitsplatzes im Höchstmaß erfüllt werden, noch kann damit gerechnet werden, daß die Mitarbeiter über Fähigkeiten verfügen, die einer maximalen Ausprägung aller in ein Anforderungsprofil aufgenommenen Merkmale entsprechen. Aus diesem Grund sollte schon bei der Erstellung von Anforderungsprofilen überlegt werden, welche Merkmale besonders wichtig sind und bei welchen Merkmalen man eher bereit ist, Abstriche hinzunehmen.

In Abbildung 14 ist ein Anforderungsprofil abgedruckt, das die Mindestanfor-

1. Identifizierende Merkmale
   1.1. Stellennummer
   1.2. Stellenbezeichnung
   1.3. Abteilung
   1.4. Kostenstelle
   1.5. Vergütungsgruppe
2. Allgemeine Anforderungen
   2.1. Alter
   2.2. Geschlecht
   2.3. Nationalität
3. Kenntnismerkmale
   3.1. Schulbildung/Studium
      – Hauptschulabschluß
      – Mittlere Reife
      – Abitur
      – Fachhochschulabschluß
      – Hochschulabschluß
      – Promotion
   3.2. Berufliche Bildung
      – Berufsausbildung
      – Berufliche Fortbildung
      (z. B. Meisterprüfung,
      Fachkaufmann, Fachwirt)
   3.3. Fachwissen
      – Allgemeine Fachkenntnisse
      – Besondere Fachkenntnisse
      (z. B. Schweißerkurs,
      Fremdsprachen)
   3.4. Erfahrung
      – Berufserfahrung
      – Branchenerfahrung
      – Firmenerfahrung
4. Körperliche Anforderungen
   4.1. Muskelbelastung
   4.2. Körperhaltung
   4.3. Manuelle Geschicklichkeit
   4.4. Belastung der Sinne und Nerven
   4.5. Umgebungseinflüsse
      – Schmutz, Staub, Fett
      – Wärme oder Kälte
      – Säuren, Laugen
      – Dämpfe, Gase
      – Lärm
      – Erschütterungen
      – Beleuchtung
      – Schutzkleidung

5. Geistige Anforderungen
   5.1. Auffassungsvermögen
   5.2. Analytisches Denkvermögen
   5.3. Gedächtnis
   5.4. Urteilsfähigkeit
   5.5. Kreativität und Phantasie
   5.6. Lernbereitschaft
   5.7. Sprachliches Ausdrucksvermögen
      – Schriftlich
      – Mündlich
   5.8. Technisches Verständnis
   5.9. Rechnerisches Denken
6. Verhaltensmerkmale
   6.1. Arbeitsverhalten
      – Konzentration
      – Arbeits- und Einsatz-
        bereitschaft
      – Sorgfalt
      – Problembewußtsein
      – Entscheidungsvermögen
      – Vielseitigkeit
      – Zuverlässigkeit
      – Selbständigkeit
      – Ergebnisverantwortung
      – Verhandlungsgeschick
      – Verantwortungsbereitschaft
   6.2 Sozialverhalten
      – Anpassungsvermögen
      – Kontaktfähigkeit
      – Kooperationsbereitschaft
      – Teamorientierung
      – Durchsetzungsvermögen
      – Kommunikationsbereitschaft
      – Hilfsbereitschaft
      – Toleranz
7. Vorgesetzteneigenschaften
   7.1. Führungsvermögen
      – Zielsetzung
      – Planung
      – Organisation
      – Kontrolle
      – Informationsbereitschaft
      – Delegation
   7.2. Administrative Befähigung
   7.3. Motivationsbefähigung

Abbildung 13: **Häufig vorkommende Anforderungskriterien**

Anforderungsprofil

1. **Identifizierende Merkmale:**
   - Stellenbezeichnung: Personalentwicklungsbeauftragter
   - Stellennummer: 4131
   - Abteilung: Personal
   - Vergütungsgruppe: Z 5

2. **Schul- und Berufsbildung:**
   Abgeschlossenes Fachhochschul- oder Hochschulstudium in einem wirtschafts- oder sozialwissenschaftlichen Fachbereich bzw. gleichwertiges Qualifikationsniveau

3. **Berufliche Fortbildung:**
   Berufs- und arbeitspädagogische Qualifikation gemäß § 2 AEVO

4. **Fachwissen:**
   - Planung und Organisation
   - Methoden der Personalführung
   - Grundzüge der Betriebspsychologie und -soziologie
   - Arbeitsrecht

5. **Berufserfahrung:**
   Im Anschluß an das Studium mindestens sechs Jahre praktische Berufserfahrung, davon nach Möglichkeit einige Jahre im Personalwesen

	Ausprägungsgrad				
	−−	−	±	+	++
6. Geistige Anforderungen:					
− Analytisches Denkvermögen			x		
− Urteilsfähigkeit					x
− Kreativität				x	
− Sprachliches Ausdrucksvermögen				x	
7. Verhaltensmerkmale:					
− Problembewußtsein			x		
− Entscheidungsvermögen				x	
− Selbständigkeit				x	
− Kontaktvermögen					x
− Kooperationsbereitschaft					x
− Durchsetzungsvermögen				x	

Abbildung 14: Anforderungsprofil (tabellarisch) für einen Personalentwicklungsbeauftragten

derungen an einen Personalentwicklungsbeauftragten eines Mittelbetriebes enthält. Ergänzend zu dieser tabellarischen Darstellung können einzelne Anforderungsmerkmale auch graphisch wiedergegeben werden. Auf diese Weise wird der unterschiedliche Ausprägungsgrad einzelner Merkmale besonders deutlich (vgl. Abbildung 15).

2.4.3 Profilvergleich

Im Profilvergleich erfolgt die endgültige Gegenüberstellung der Anforderungen der Arbeitsplätze mit den korrespondierenden Fähigkeiten der Mitarbeiter. Die den im Anforderungsprofil enthaltenen Merkmalen entsprechenden Fähigkeiten werden durch regelmäßige Mitarbeiterbeurteilungen (vgl. Kapitel 3.2) und aus den vorhandenen Personalverwaltungsunterlagen (vgl. Kapitel 3.1) gewonnen. Je besser die Fähigkeiten der Mitarbeiter mit den Anforderungen der Arbeitsplätze übereinstimmen, um so besser ist die Personalzuordnungsaufgabe gelöst. Da jedoch eine völlige Deckungsgleichheit nur in Ausnahmefällen erreicht wird, muß festgelegt werden, innerhalb welcher Toleranzgrenzen eine Zuordnung noch möglich ist. Abweichungen, die über das als zulässig erkannte Maß hinausgehen, müssen durch gezielte Personalentwicklungsmaßnahmen behoben werden.

Unter Berücksichtigung der notwendigen organisatorischen Vorarbeiten ergeben sich für den Profilvergleich folgende Arbeitsschritte:

	Ausprägungsgrad				
	−−	−	+/−	+	++
Analytisches Denkvermögen			✗		
Urteilsfähigkeit					✗
Kreativität				✗	
Sprachliches Ausdrucksvermögen				✗	
Problembewußtsein			✗		
Entscheidungsvermögen				✗	
Selbständigkeit				✗	
Kontaktvermögen					✗
Kooperationsbereitschaft					✗
Durchsetzungsvermögen				✗	

Abbildung 15: Anforderungsprofil (graphisch)

1. eindeutige Abgrenzung der Arbeitsplätze anhand von Organisations-, Stellenplänen und Stellenbeschreibungen;
2. Festlegung der in den Vergleich einzubeziehenden Anforderungs- und Fähigkeitsmerkmale;
3. Gewichtung der Anforderungs- und Fähigkeitsmerkmale;
4. Ermittlung des Anforderungsprofils;
5. Erstellung des Fähigkeitenprofils;
6. eigentlicher Profilvergleich.

Auch der Profilvergleich kann in graphischer und tabellarischer Form durchgeführt werden. In Abbildung 16 sind den aus Abbildung 14 und 15 bekannten Anforderungsmerkmalen die entsprechenden Fähigkeitsdaten eines Mitarbeiters gegenübergestellt. Dabei ergibt sich in sechs von zehn Merkmalen eine Unterdeckung; das sollte zu der Überlegung Anlaß geben, ob es sich hier nicht um eine Fehlbesetzung handelt. Besonders gravierend ist die Abweichung bei Merkmal 4 »Sprachliches Ausdrucksvermögen«. Hier müßten, falls der Mitarbeiter die Position dauerhaft übernehmen sollte, erste Personalentwicklungsmaßnahmen ansetzen.

Abbildung 17 enthält ein Formular, das eine tabellarische Gegenüberstellung der Anforderungs- und Eignungsmerkmale vorsieht.

	Ausprägungsgrad				
	−−	−	+/−	+	++
Analytisches Denkvermögen					
Urteilsfähigkeit					
Kreativität					
Sprachliches Ausdrucksvermögen					
Problembewußtsein					
Entscheidungsvermögen					
Selbständigkeit					
Kontaktvermögen					
Kooperationsbereitschaft					
Durchsetzungsvermögen					

×——× Ausprägung der Anforderungen
○——○ Ausprägung der Fähigkeiten

Abbildung 16: Profilvergleich (graphisch)

	Anforderung/Eignung		Ausgefertigt von/am:

Stellen-Nr. Stellenbezeichnung Vergütung		Stelleninhaber			
		Eignung des Stelleninhabers			
Anforderungen		voll	einge- schränkt	nicht aus- reichend

		Anforderungen				voll	einge- schränkt	nicht aus- reichend
A	Ausbildung							
B	Berufserfahrung		ca. Jahre					
C	Verhalten (arbeitsbezogen)		hoch	mittel	niedrig			
D	Belastbarkeit	Belastung durch Arbeitsbedingungen						
		Belastung durch Umwelteinflüsse						
		Zahl der unterstellten Mitarbeiter						

Abbildung 17: Profilvergleich (tabellarisch)

(Quelle: RKW-Handbuch 1978, S. 35)

3 Eignungspotential und Entwicklungsbedürfnisse der Mitarbeiter

3.1 Informationsgrundlagen

Nach den Arbeitsanforderungen muß als nächstes die Eignung der Mitarbeiter festgestellt werden. Dazu gilt es zu prüfen, wie gut die Mitarbeiter ihre derzeitige Aufgabenstellung erfüllen und ob sie in der Lage sind, weitergehende Aufgabenbereiche zu übernehmen.

Die Information über die Eignung und Leistung der Mitarbeiter sollte so zuverlässig und umfassend wie möglich sein. Deshalb sollte auf alle zur Verfügung stehenden Informationsquellen zurückgegriffen werden. Erste Aussagen über die Qualifikation eines neuen Mitarbeiters werden bereits beim Bewerbungs- und Einstellungsvorgang gewonnen. Sie werden, ebenso wie die im Verlauf der weiteren Betriebszugehörigkeit dazukommenden Informationen, in Personalakten und Personalkarteien registriert.

3.1.1 Personalakten

Personalakten und Personalkarteien sind zwei sich ergänzende Instrumente der Personalverwaltung, aus denen bei richtiger Führung wertvolle Aussagen für die Personalentwicklung gewonnen werden können. Die **Personalakte** hat die Aufgabe, für jeden Mitarbeiter sämtliche über ihn geführten Unterlagen zu sammeln und geordnet aufzubewahren. Die Erstausstattung der Personalakte kommt durch die bei der Bewerbung und Einstellung eines Mitarbeiters anfallenden Schriftstücke zustande. Dazu zählen die Bewerbungskorrespondenz, die eingereichten Bewerbungsunterlagen, der Arbeitsvertrag und der Bewerbungsbogen. Aus den im Bewerbungsbogen enthaltenen Angaben oder aus den Bewerbungsunterlagen selbst können folgende, für die Personalentwicklung wichtige Informationen abgeleitet werden:

- schulische Ausbildung,
- Berufsausbildung,
- berufliche Weiterbildung,
- besondere Kenntnisse und Fertigkeiten,
- bisherige berufliche Tätigkeiten,
- berufliche Entwicklung,
- besondere Interessensgebiete.

Die Grundausstattung der Personalakte wird durch alle mit dem Fortgang des Arbeitsverhältnisses anfallenden Schriftstücke ergänzt. Dazu zählen Mitteilungen über Änderung der Bezüge oder der Arbeitsbedingungen, Mitteilungen über Versetzungen oder Beförderungen, Beurteilungen oder andere Informationen über Qualifikation und Leistungen des Mitarbeiters oder Meldungen über Änderungen im persönlichen Bereich. Von diesen Informationen interessieren für die Personalentwicklung in erster Linie die berufliche Entwicklung der Mitarbeiter (Versetzungen oder Beförderungen) sowie die Angaben zur Qualifikation und Leistung (Beurteilungen).

3.1.2 Personalstammkartei

Die Vielfalt an Informationen, die chronologische Ordnung und das teilweise beträchtliche Volumen der Personalakte erweisen sich für die praktische Handhabung oft als hinderlich. Aus diesem Grunde werden die Personalakten vielfach durch zusätzlich geführte Personalkarteien ergänzt. **Personalkarteien** sind auf einen bestimmten Zweck zugeschnitten und können sowohl Daten aus den Personalakten (Stammdaten) als auch laufende (variable) Daten aufnehmen.

Je nach dem Organisationsgrad der Personalverwaltung wird man sich entweder mit einer einzigen, umfassenden Kartei, der sogenannten Personalstammkartei, begnügen, oder es wird daneben eine Reihe weiterer Spezialkarteien geführt. Von der Art und Zahl der Spezialkarteien hängt es ab, welche Angaben in die Personalstammkartei übernommen werden müssen.

Eine umfassende **Personalstammkartei** enthält neben den Grunddaten (persönliche Daten, Schul- und Berufsausbildung betriebliche Funktion usw.) sämtliche Veränderungsmeldungen (z. B. Versetzungen, Änderung der Tarifgruppe und Bezüge, Angaben über besondere Leistungen usw.). Sie stellt eine verdichtete Wiedergabe des wesentlichen Inhalts der Personalakte dar.

3.1.3 Personalentwicklungskartei

Die **Personalentwicklungskartei** stellt einen wesentlichen Baustein im Konzept der Personalentwicklung dar. Sie dient der vollständigen Erfassung sämtlicher förderungswürdiger Mitarbeiter sowie der über sie vorhandenen aussagekräftigen Informationen. Damit bildet die Personalentwicklungskartei die Grundlage für den Vollzug der als notwendig erachteten Förder- und Bildungsmaßnahmen und wird zum zentralen Informationsinstrument der Personalentwicklung.

3.1.3.1 Verwendungszwecke

Die Personalentwicklungskartei findet auf allen Stufen der Personalentwicklung und teilweise auch in anderen personalwirtschaftlichen Funktionsbereichen Verwendung. Sie kann je nach Inhalt und Gestaltung folgenden Zwecken dienen:

74

(1) **Überblick über die entwicklungsfähigen Mitarbeiter**
Die Personalentwicklung richtet sich grundsätzlich an alle Mitarbeiter. Demgemäß sollten auch alle als förderungs- und entwicklungsfähig und -willig angesehenen Mitarbeiter in die Entwicklungskartei aufgenommen werden. Ist dies der Fall, dann vermittelt die Personalentwicklungskartei ein umfassendes Bild über das im Unternehmen vorhandene Entwicklungspotential.

(2) **Auswahl der zu fördernden Mitarbeiter**
Nicht alle entwicklungsfähigen und -willigen Mitarbeiter können auch jeweils bei den vorgesehenen Förderungs- und Bildungsmaßnahmen berücksichtigt werden. Ein begrenztes Budget oder das fehlende Angebot bestimmter, als notwendig erachteter Maßnahmen können zu einer Auswahl zwingen. Dabei muß aufgrund der Informationen der Personalentwicklungskartei im Einzelfall nach der betrieblichen Dringlichkeit, nach sozialen Gesichtspunkten und unter Beachtung des Gleichbehandlungsprinzips entschieden werden.

(3) **Entscheidungshilfe bei der Festlegung von Entwicklungsmaßnahmen**
Bei der Festlegung der durchzuführenden Förderungs- und Bildungsmaßnahmen sind neben dem Bedarf der Unternehmung und den Vorstellungen und Wünschen der Mitarbeiter auch die in der Personalentwicklungskartei enthaltenen Informationen über den bisherigen beruflichen und schulischen Werdegang zu berücksichtigen. Initiativen aus der Vergangenheit können als Entscheidungskriterium für künftiges Entwicklungsverhalten herangezogen werden.

(4) **Koordination der Förderungs- und Bildungsmaßnahmen**
Durch eine rechtzeitige Koordination der Maßnahmen verschiedener Unternehmensbereiche können Kostenersparnisse erzielt werden. Die für die Personalentwicklung zuständige Stelle (Personalentwicklungsbeauftragter, Personal- oder Bildungsleiter) kann aufgrund der Daten der Personalentwicklungskartei erkennen, ob Zusammenfassungen ähnlicher Vorhaben möglich sind – z. B. anstelle der Teilnahme an verschiedenen externen Veranstaltungen wird ein internes Seminar durchgeführt – und ob die für eine Zusammenfassung notwendigen übereinstimmenden Voraussetzungen (z. B. Vorbildung der Teilnehmer) vorliegen.

(5) **Überwachung und Kontrolle**
Nach der Festlegung bestimmter Entwicklungsmaßnahmen muß sichergestellt werden, daß diese auch in der vorgesehenen Weise durchgeführt und die angestrebten Ziele erreicht werden. Insbesondere bei längerfristigen Maßnahmen (z. B. ein mehrjähriges Traineeprogramm, vgl. Kapitel 5.3.3) darf das Entwicklungsziel nicht aus dem Auge verloren werden. Die Personalentwicklungskartei dient sowohl der Überwachung der Maßnah-

mendurchführung als auch der Kontrolle der Lern- und Anwendungserfolge (vgl. Kapitel 7.3.2).

(6) **Hilfsmittel der Personalzuordnung**
Bei Stellenänderungen, Stellenbesetzungen (z. B. Regelung von Nachfolgefragen) oder bei Umsetzungen oder Freisetzungen wird durch den Einsatz der Personalentwicklungskartei sichergestellt, daß die jeweils am besten geeigneten Mitarbeiter berücksichtigt werden. Die Personalentwicklungskartei findet damit neben der eigentlichen Personalentwicklung auch bei der Personalplanung und beim Personaleinsatz Verwendung. Diese zusätzlichen Verwendungsmöglichkeiten der Personalentwicklungskartei rechtfertigen den für ihre Erstellung notwendigen Aufwand.

(7) **Kostenplanung**
Personalentwicklung ist teuer; sie sollte nicht ohne ein entsprechendes Budget durchgeführt werden (vgl. Kapitel 7 2.6). Die Informationen der Personalentwicklungskartei können als Orientierungshilfe bei der Budgeterstellung und Maßnahmenplanung herangezogen werden.

Eine zentrale Personalentwicklungskartei dient der Vergleichbarkeit, Koordination und Gleichbehandlung. Die Blockierung einzelner, entwicklungsfähiger und -williger Mitarbeiter durch »abteilungsegoistisch« handelnde Vorgesetzte wird weitgehend ausgeschaltet. Die endgültige Entscheidung über die Teilnahme bestimmter Mitarbeiter an Förderungs- und Bildungsvorhaben wird unter Berücksichtigung der Vorstellungen der zuständigen Vorgesetzten und der Mitarbeiter nach einheitlichen Prinzipien anhand objektiver Kriterien getroffen.

3.1.3.2 Gestaltung

Die Personalentwicklungskartei wird bei der für den Gesamtablauf der Personalentwicklung zuständigen Stelle im Unternehmen (Personalentwicklungsbeauftragter, Personal- oder Bildungsabteilung) geführt. Diese hat dafür zu sorgen,

– daß sämtliche als entwicklungsfähig und -willig erkannten Mitarbeiter in der Kartei berücksichtigt werden,
– daß alle für die Personalentwicklung relevanten aussagefähigen Daten regelmäßig erfaßt, ergänzt und aktualisiert werden und
– daß bei allen Maßnahmen der Stellenbesetzung die Daten der Personalentwicklungskartei in ausreichendem Maße berücksichtigt werden, so daß jeweils der »richtige Mitarbeiter an den richtigen Arbeitsplatz« kommt.

Eine Personalentwicklungskartei, die diese Prinzipien berücksichtigt, trägt zu einer Institutionalisierung des Instruments Personalentwicklung bei.

Die **Initiative für die Aufnahme** eines Mitarbeiters in die Personalentwicklungskartei kann von drei Seiten ausgehen: An erster Stelle kommt die Meldung durch den zuständigen Vorgesetzten in Frage, der aufgrund seiner Kenntnisse über die Mitarbeiter bzw. aufgrund der Ergebnisse der allgemeinen Mitarbeiterbeurteilung zu einer Mitteilung veranlaßt wird. Seltener, aber nicht völlig auszuschließen ist die Meldung durch die Personalabteilung, die sich aufgrund vorliegender Personalunterlagen oder speziell für diesen Zweck initiierter Potentialerhebungen (vgl. Kapitel 3.3.2) für die Aufnahme des Mitarbeiters in die Personalentwicklungskartei entscheidet. Schließlich ist es auch denkbar, daß Mitarbeiter, die an einer zusätzlichen Qualifizierung und Entwicklung interessiert sind und von ihren Vorgesetzten oder der Personalabteilung nicht berücksichtigt wurden, eine eigene Meldung abgeben. In solchen Fällen ist es üblich, daß die Personalabteilung den zuständigen Vorgesetzten (u. U. auch einen ehemaligen Vorgesetzten) veranlaßt, eine zusätzliche Beurteilung über die Qualifikation des Mitarbeiters zu erstellen.

Die zentrale Führung der Personalentwicklungskartei schließt nicht aus, daß diese nach bestimmten, für die praktische Handhabung sinnvollen Kriterien untergliedert wird. So wäre etwa eine Unterteilung nach Unternehmensbereichen (z. B. gewerblicher Bereich, kaufmännischer Bereich) oder eine Untergliederung nach Mitarbeitergruppen (z. B. Mitarbeiter ohne Führungsverantwortung, Führungskräfte) denkbar. Auch eine Unterscheidung nach Förderstufen, die in Anlehnung an den erreichten Qualifikationsgrad festgelegt werden, kann sich als zweckmäßig erweisen. Bei der Firma Hartmann & Braun werden z. B. drei Förderstufen unterschieden:

– In der **Förderstufe 1** (Eingangsstufe) werden alle Mitarbeiter erfaßt, die aufgrund ihrer Vorbildung und Beurteilung als entwicklungs- und förderungsfähig angesehen werden. Die für diesen Mitarbeiterkreis vorzusehenden Förderungs- und Bildungsmaßnahmen haben das Ziel, qualifizierte Sachbearbeiter und Spezialisten, Führungskräfte auf der unteren Ebene (z. B. Gruppenführer, Meister) und Nachwuchskräfte, die später Funktionen auf der mittleren und höheren Führungsebene übernehmen können, heranzubilden.

– In die **Förderstufe 2** werden solche Mitarbeiter aufgenommen, die sich bereits im Unternehmen bewährt haben und deren Eignung für die mittlere oder obere Führungsebene erkennbar ist. Ziel der für diesen Kreis vorzusehenden Förderungs- und Bildungsmaßnahmen ist die Heranbildung von Spezialisten, Führungskräften der mittleren Ebene (z. B. Abteilungsleiter) und von Nachwuchskräften, die später im oberen Führungsbereich eingesetzt werden können.

– In die **Förderstufe 3** werden schließlich diejenigen Mitarbeiter aufgenommen, die sich bereits im Unternehmen als Führungskraft oder in einer

Stabsstelle bewährt haben und die geeignet erscheinen, später Aufgaben der oberen Führungsschicht (z. B. als Hauptabteilungsleiter) zu übernehmen.

Die in die Personalentwicklungskartei aufzunehmenden Daten richten sich danach, für welche der oben genannten Zwecksetzungen die Kartei herangezogen werden soll. Neben den grundlegenden Angaben zur Person des Mitarbeiters (Name, Personalnummer, Eintrittsdatum im Unternehmen) sollte die Personalentwicklungskartei mindestens Hinweise auf folgende Merkmale des Mitarbeiters enthalten:

– Schulbildung und Studium,
– Berufsausbildung,
– berufliche Entwicklung,
– Entwicklung nach Eintritt in das Unternehmen,
– bisherige Teilnahme an Weiterbildungsmaßnahmen,
– Eignungs- und Entwicklungsbeurteilung,
– Entwicklungswünsche und -ziele,
– vorgesehene Entwicklungsmaßnahmen.

Bei dem in Abbildung 18 enthaltenen Vorschlag einer Personalentwicklungskartei sind die vorgenannten Datengruppen berücksichtigt. Die vergangenheitsorientierten Informationen sind aus den Bewerbungsunterlagen und Personalakten der betroffenen Mitarbeiter zu entnehmen, die übrigen Daten müssen laufend beim Vollzug bestimmter personalwirtschaftlicher Maßnahmen (z. B. Versetzungen, Beurteilungen, Teilnahme an Förderungs- und Bildungsveranstaltungen) an die für die Führung der Personalentwicklungskartei zuständige Stelle gemeldet werden. Die Personalentwicklungskartei kann ihre umfassende Aufgabenstellung nur erfüllen, wenn alle tangierten Bereiche und Personen die erforderlichen Informationen und Unterlagen regelmäßig zur Vervollständigung der Kartei zur Verfügung stellen.

An Stelle einer sämtliche entwicklungsfähigen Mitarbeiter umfassenden Personalentwicklungskartei wird in vielen Unternehmungen lediglich eine sogenannte **Nachwuchskräftekartei** geführt. Diese Einschränkung wird mit dem hohen Arbeitsaufwand für eine alle Mitarbeiter einbeziehende Entwicklungskartei begründet. Außerdem liegt – wie schon an anderer Stelle ausgeführt – das Schwergewicht der Personalentwicklung bei vielen Unternehmen nach wie vor bei den Führungskräften und dem Führungsnachwuchs. Inhaltlich entsprechen sich die Nachwuchskräftekartei und die Personalentwicklungskartei.

3.1.4 Personalinformationssystem

An Stelle manuell geführter Karteien kann je nach Organisationsgrad einer Unternehmung auch ein EDV-gestütztes Personalinformationssystem treten.

78

PERSONALENTWICKLUNGSKARTEI

Name	Vorname	Pers.-Nr.
Beruf	Geb.-Datum	Eintr.-Datum
Sprachen-Grad der Beherrschung	Auslandstätigkeit	

SCHULBILDUNG/STUDIUM Schulart	von	bis	Abschluß

BERUFSAUSBILDUNG Ausbildungsbetrieb	von	bis	Ausbildungsberuf

PRAKTIKANTENTÄTIGKEIT Unternehmen	von	bis	Art der Tätigkeit

BERUFLICHER WERDEGANG Unternehmen	von	bis	Funktion

Abbildung 18: Personalentwicklungskartei (Seite 1)

79

BESCHÄFTIGUNG IM UNTERNEHMEN			
Abteilung	von	bis	Funktion

TEILNAHME AN WEITERBILDUNGSVERANSTALTUNGEN			
Veranstalter	von	bis	Thema

BEURTEILUNG	Beurteilungstermin				
	19..				
Derzeitige Eignung					
Künftige Entwicklung Beibehaltung d. jetzigen Aufgabe					
Erweiterung d. jetzigen Aufgabe					
Gleichwertige andere Aufgabe					
Anspruchsvollere andere Aufgabe					

ENTWICKLUNGSWUNSCH	ENTWICKLUNGSZIEL

ENTWICKLUNGSMASSNAHMEN		
Vorgesehene Position	Maßnahmen	Vorauss. Termin

Abbildung 18: Personalentwicklungskartei (Seite 2)

Als Personalinformationssystem werden geordnete, in Datenverarbeitungsanlagen gespeicherte und auswertbare Sammlungen von Personaldaten bezeichnet. Durch den Einsatz von Personalinformationssystemen kann bei einem ständig steigenden Informationsbedarf und einem wachsenden Volumen von Personaldaten eine zuverlässige Datenerfassung und -speicherung und insbesondere eine rasche Datenauswertung sichergestellt werden. Während ursprünglich die Abwicklung von Massenarbeiten (z. B. die Lohn- und Gehaltsabrechnung) als Anwendungsgebiet im Vordergrund stand, vollzieht sich in zunehmendem Maße eine Teilautomation anderer personalwirtschaftlicher Aufgabenstellungen.

Ein in der Personalentwicklung eingesetztes Personalinformationssystem sollte neben den Personalstammdaten sämtliche bei der Personalentwicklungskartei genannten Daten (vgl. Kapitel 3.1.3) enthalten.

3.2 Leistungs- und Potentialerfassung durch Mitarbeiterbeurteilung

Die wichtigste Informationsgrundlage zur qualitativen Analyse des vorhandenen Mitarbeiterpotentials ist die systematische Mitarbeiterbeurteilung. Sie liefert die umfassendsten und aussagekräftigsten Informationen und bildet eine unerläßliche Voraussetzung der Personalentwicklung. Unter **Mitarbeiterbeurteilung** wird hier ein formalisiertes Verfahren verstanden, durch das die jeweiligen Vorgesetzten veranlaßt werden, ihre Mitarbeiter in bestimmten Zeitabständen anhand feststehender Kriterien zu beurteilen. In den Richtlinien zum Personalförderungssystem der Firma AEG-Telefunken heißt es (AEG-Telefunken 1977, S. 88):

»Die regelmäßige und systematische Beurteilung der Mitarbeiter ist eine der wichtigsten Führungsaufgaben jedes Vorgesetzten. Er soll durch das Beurteilungsverfahren veranlaßt werden, sich intensiv mit der fachlichen und persönlichen Qualifikation sowie mit den Führungseigenschaften seiner Mitarbeiter zu beschäftigen. Kernstück des Personalförderungssystems ist die Förderbeurteilung. Sie besteht aus einer summarischen Beurteilung der fachlichen Qualifikation sowie aus einer eingehenden Beurteilung der Persönlichkeit und der Führungsqualifikation des Mitarbeiters. Die periodisch nach klaren Kriterien durchgeführte Förderbeurteilung ist ein geeignetes Mittel zur Lenkung der Leistung und zur Förderung der beruflichen Entwicklung des Mitarbeiters. Ziel der Beurteilung ist es, einen Überblick über die fachlichen Kenntnisse, die persönlichen Fähigkeiten und die Führungsqualifikation des Mitarbeiters zu erlangen. Dabei ist zu prüfen, ob dieser den Anforderungen der ihm gestellten Aufgabe genügt, ob er überfordert ist oder ob er an anderer Stelle mehr zu leisten vermag.«

3.2.1 Zwecke der Mitarbeiterbeurteilung

Die systematische Mitarbeiterbeurteilung hat als Instrument der Personalführung in den letzten Jahren zunehmend an Bedeutung gewonnen. Sie wird in zunehmendem Maße auch bereits in Tarifabkommen berücksichtigt. Die Mitarbeiterbeurteilung liefert für unterschiedliche personalwirtschaftliche Aufgabenstellungen aussagefähige und zuverlässige Daten. Anstelle der subjektiven Einschätzung der Mitarbeiter durch den jeweiligen Vorgesetzten ist ein einheitliches System getreten, bei dem Mitarbeiter nach gleichbleibenden Kriterien beurteilt werden. Dadurch wird eine weitgehende Objektivierung des gesamten Beurteilungsverfahrens erreicht.

Als wichtigste **Zwecksetzungen der Mitarbeiterbeurteilung** werden in Literatur und Praxis genannt:

(a) **Leistungsabhängige Lohn- und Gehaltsfindung**
Die Ermittlung zuverlässiger Grundlagen für eine leistungsbezogene Lohn- und Gehaltsfindung wird als eine der wichtigsten Aufgaben der Mitarbeiterbeurteilung angesehen. Sie dient sowohl der Förderung einer größeren Leistungsgerechtigkeit als auch der Schaffung monetärer Leistungsanreize.

(b) **Unterstützung aktueller Personaleinsatzentscheidungen**
Zahlreiche Personaleinsatzentscheidungen können nur dann zuverlässig getroffen werden, wenn fundierte Informationen über die bisherigen Leistungen der Mitarbeiter vorliegen. Hierzu zählen die Entscheidung über die Beendigung oder endgültige Fortführung eines Arbeitsverhältnisses vor Ablauf der Probezeit, Entscheidungen über die Versetzung oder Entlassung von Mitarbeitern sowie die Abfassung von Arbeitszeugnissen. Auch bei der Zusammenstellung neuer Arbeitsgruppen, bei der Benennung von Stellvertretern oder bei der Personalauswahl aufgrund interner Bewerbungen bildet die Mitarbeiterbeurteilung eine wesentliche Informationsgrundlage.

(c) **Kontrolle personalpolitischer Maßnahmen**
Trotz des Bemühens um zuverlässige Entscheidungsgrundlagen bleibt bei vielen personalpolitischen Maßnahmen ein gewisses Maß an Unsicherheit bestehen. Über die Richtigkeit vergangener Personalentscheidungen, z. B. bei der Personalauswahl, beim Personaleinsatz, bei der Förderung der Mitarbeiter oder im Rahmen der Personalorganisation, kann vielfach erst die Mitarbeiterbeurteilung die notwendigen Aufschlüsse vermitteln.

(d) **Unterstützung der Personalführung**
Die Mitarbeiter haben ein Recht darauf zu erfahren, wie die Vorgesetzten ihre Aufgabenerfüllung beurteilen, wo ihre Stärken und Schwächen liegen und was man in Zukunft von ihnen erwartet. Die Mitarbeiterbeurteilung

dient hier der Information, der Leistungsanerkennung und Motivation sowie der allgemeinen Verbesserung des Vorgesetzten-Mitarbeiter-Verhältnisses. Besondere Bedeutung kommt in diesem Zusammenhang dem Beurteilungsgespräch zu.

(e) **Entwicklung und Förderung der Mitarbeiter**
Durch die Mitarbeiterbeurteilung soll festgestellt werden, wie gut die Mitarbeiter ihre Aufgabenstellung auf ihrem derzeitigen Arbeitsplatz erfüllen, welche Mitarbeiter in der Lage sind, in absehbarer Zeit weitergehende Aufgabenstellungen zu übernehmen und welche Entwicklungsmaßnahmen gegebenenfalls erforderlich sind.

Es wurde schon erwähnt, daß in der Praxis meistens mehrere dieser Zwecke gleichzeitig verfolgt werden, wenn auch oft eine bestimmte Zwecksetzung dominiert. Im Zusammenhang mit der Personalentwicklung soll die Mitarbeiterbeurteilung Aufschluß darüber liefern, welche Mitarbeiter aufgrund ihrer bisherigen Leistungen und ihres vorhandenen Potentials entwicklungsfähig sind. Das schließt jedoch nicht aus, daß die gewonnenen Informationen gleichzeitig Anlaß für eine Korrektur des Arbeitsentgelts geben, daß Konsequenzen hinsichtlich einer falschen Personaleinsatzentscheidung gezogen werden oder daß besonders qualifizierte Leistungen auch sofort – unabhängig von eventuell beabsichtigten Personalentwicklungsmaßnahmen – durch entsprechende Anerkennung dem Mitarbeiter gegenüber gewürdigt werden.

Für die Personalentwicklung hat die Mitarbeiterbeurteilung eine doppelte Zielsetzung zu erfüllen: Sie soll sowohl über die Eignung der Mitarbeiter für ihre derzeitige Aufgabenstellung bzw. gleichartige Positionen als auch über die künftige Entwicklungsfähigkeit der Mitarbeiter, das sogenannte Entwicklungspotential, informieren. Das **Entwicklungspotential** eines Mitarbeiters läßt im Vergleich mit den Anforderungen der Arbeitsplätze Rückschlüsse darauf zu, welche Positionen von ihm voraussichtlich ausgefüllt werden können. Als Merkmale des Entwicklungspotentials, die bei der Beurteilung zu beachten sind, kommen in Frage (vgl. Stiefel/Flöther 1976, S. 21):

1. Leistungsbild in früheren Positionen oder in der derzeitigen Aufgabenstellung,
2. Intelligenz, Lernfähigkeit und Auffassungsgabe,
3. Selbständigkeit im Handeln und Urteilsfähigkeit,
4. Einstellung zur Arbeit (Motivation),
5. Interessen und Neigungen,
6. Summe der persönlichen Qualifikationen.

Die Mitarbeiterbeurteilung als Instrument der Personalentwicklung ist damit gleichzeitig vergangenheits- und zukunftsorientiert.

3.2.2 Zuständigkeit

Die Mitarbeiterbeurteilung ist Sache des direkten Vorgesetzten. Nur er vermag ein zuverlässiges Urteil darüber abzugeben, wie die Mitarbeiter die ihnen übertragenen Aufgaben erfüllen. Der Vorgesetzte kennt sowohl die Aufgabenstellung und Leistungsziele als auch die Art und Weise, wie die Mitarbeiter an die Leistungserfüllung herangehen und welche qualitativen und quantitativen Ergebnisse sie tatsächlich erbringen.

Die Beurteilung durch den unmittelbaren Vorgesetzten wird dem nächsthöheren Vorgesetzten im allgemeinen zur Kenntnisnahme vorgelegt. Dieser erhält dadurch einen Überblick über alle Beurteilungen in seinem Verantwortungsbereich und kann gleichzeitig überprüfen, ob das Beurteilungsverfahren richtig angewendet wurde. Von Verfahrensfehlern abgesehen, darf der Vorgesetzte vom Beurteilenden nicht verlangen, daß die Beurteilung gegen dessen Willen geändert wird. Es ist jedoch denkbar, daß der nächsthöhere Vorgesetzte seine abweichende Meinung durch eine zusätzliche Aktennotiz vermerkt.

Der nächsthöhere Vorgesetzte wird auch dann zuständig sein, wenn es zwischen dem Beurteiler und dem Beurteilten zu Meinungsverschiedenheiten über den Inhalt der Beurteilung kommen sollte. Die Beteiligung des nächsthöheren Vorgesetzten sollte jedoch die Ausnahme bleiben. Zunächst liegt es am Mitarbeiter und Vorgesetzten, selbst zu versuchen, vorhandene Gegensätze gemeinsam auszuräumen. Das Beurteilungsgespräch bildet dafür den geeigneten Rahmen.

3.2.3 Vorgehensweise

Die Bedeutung der Mitarbeiterbeurteilung und die Pflicht, Beurteilungsfehler so weit es geht auszuschalten, verlangen nach einer systematischen Vorgehensweise. Folgende Schritte können unterschieden werden:
- Beobachten und Fakten sammeln,
- Beschreiben und Fakten ordnen,
- Bewerten der Fakten,
- Besprechen der Beurteilung.

Die **Beobachtung** ist eine Daueraufgabe des direkten Vorgesetzten. Eine zuverlässige Beurteilung ist nur möglich, wenn eine Vielzahl von Eindrücken vorliegt. Einzelbeobachtungen, Vorurteile, Urteile nach dem »ersten Eindruck« oder Urteile auf Hörensagen dürfen das Ergebnis nicht bestimmen (vgl. Kapitel 3.2.7).

Die Beobachtung richtet sich auf die Arbeitsleistung und das Arbeitsverhalten des Mitarbeiters. Als Anhaltspunkt, was beobachtet werden soll, dienen die

Kriterien des Beurteilungsbogens. Dabei ist es nicht Sinn der Beobachtung, systematisch nach Fehlern bei den Mitarbeitern zu suchen. Positive wie negative Erscheinungen sind gleichermaßen zu registrieren. Erst die spätere Gegenüberstellung einer Vielzahl von Einzelbeobachtungen erlaubt es, ein endgültiges Urteil zu fällen. Die Beobachtung ist so durchzuführen, daß der Mitarbeiter in seinem normalen Arbeitsverhalten erfaßt wird. Es darf durch die Beobachtung weder zu einem Versagen unter Streßbelastung kommen, noch darf der Mitarbeiter zu einer intensiveren Arbeitsleistung als üblich veranlaßt werden.

Da der Vorgesetzte nicht in der Lage ist, sich die vielen Einzelbeobachtungen bei mehreren Mitarbeitern alle zu merken, sollte er seine Eindrücke schriftlich festhalten. Wenn genügend Notizen vorliegen, wird es bei der eigentlichen Beurteilung nicht mehr schwerfallen, ein zuverlässiges Urteil abzugeben.

Auf die Beobachtung folgt als nächster Schritt die **Beschreibung** bzw. das **Vergleichen** der getroffenen Feststellungen. Hierbei geht es darum, Ordnung in die Einzelbeobachtungen zu bringen und Tendenzen festzustellen. Dazu kann auch der Vergleich (Rangfolge) der Mitarbeiter untereinander dienen. Auch in dieser Phase sind noch keine Wertungen vorzunehmen, sondern nur eine Systematisierung und objektive Wiedergabe der vorherigen Beobachtungen. Dadurch wird der Beurteiler gezwungen, die notwendige Verbindung zwischen den beobachteten Leistungsergebnissen und Verhaltensweisen und den zu beurteilenden Kriterien herzustellen.

Die Ordnung der Einzelbeobachtungen bildet die Grundlage für die dritte Stufe des gesamten Beurteilungsvorganges, die **Bewertung.** Dabei stellt das Auffinden geeigneter Maßstäbe im allgemeinen die größte Schwierigkeit für den Beurteiler dar. Mancher Vorgesetzte unterliegt der Gefahr, allgemeine Werturteile zu fällen, obwohl nur die Eignung für eine ganz bestimmte Aufgabenstellung beurteilt werden soll. Der richtige Maßstab wird erst dann gefunden, wenn das beobachtete Verhalten mit der Betriebsnorm verglichen wird. Der Abstand zur gültigen Norm, d. h. zu dem, was einem Mitarbeiter unter normalen Umständen zugemutet werden kann, erlaubt es, das gesuchte Urteil zu finden. Je nach Art des verwendeten Beurteilungsbogens kann die endgültige Urteilsfindung durch vorgegebene Formulierungshilfen erleichtert werden (vgl. z. B. den Beurteilungsbogen in Abbildung 21).

In der letzten Stufe ist dann die Beurteilung mit dem Beurteilten zu besprechen. Vorgehensweise und Regeln für die Gesprächsführung sind an anderer Stelle ausführlich dargestellt (vgl. Kapitel 3.2 und Kapitel 4.1).

3.2.4 Beurteilungskriterien

Die Leistung der Mitarbeiter kann entweder summarisch in einem Gesamturteil oder analytisch anhand verschiedener Beurteilungsmerkmale erfaßt werden. Die analytische Beurteilung führt zu größerer Objektivität, weil die
Vorgesetzten gezwungen werden, jedes Beurteilungsmerkmal einzeln zu
durchdenken. Das fällt wesentlich leichter und birgt ein geringeres Fehlerrisiko
als die Formulierung eines pauschalen Gesamturteils. In der heutigen Praxis
dominieren die analytischen Verfahren.

Bezugsbasis der Beurteilung sind die Anforderungen der Arbeitsplätze. Unter
Berücksichtigung des Beurteilungszwecks und der Arbeitsanforderungen muß
festgelegt werden,
- welche Merkmale beurteilt werden sollen und
- welche Maßstäbe dabei anzulegen sind.

3.2.4.1 Auswahl

Die vielfältigen Zwecksetzungen, denen die Mitarbeiterbeurteilung dienen
kann, führen zu einer großen Zahl denkbarer Beurteilungskriterien. Je nach
Fragestellung werden andere Kriterien im Vordergrund stehen, wobei jedoch
die Beurteilung der gegenwärtigen Arbeitsleistung immer einen wesentlichen
Anteil ausmachen sollte. Abbildung 19 vermittelt einen Überblick über die in
der betrieblichen Praxis am häufigsten anzutreffenden Beurteilungskriterien.
Die Aufstellung zeigt eine Mischung von Merkmalen, die sich auf persönliche
Eigenschaften des Beurteilten beziehen, und solchen Merkmalen, die primär
auf die Beurteilung der Arbeitsleistung und des Arbeitsverhaltens abstellen.
Die Beurteilungsbogen deutscher Unternehmungen enthielten jahrelang zahlreiche Persönlichkeitsmerkmale, wobei stillschweigend unterstellt wurde, daß
ein Mitarbeiter, der bestimmte, nach allgemeiner Auffassung positiv zu
wertende Eigenschaften erfüllt, auch gute Leistungsergebnisse erbringt. Diese
Auffassung wird heute überwiegend abgelehnt. Es ist bisher noch nicht
nachgewiesen worden, daß ein ursächlicher Zusammenhang zwischen Charakter bzw. Persönlichkeit und der Leistung des Beurteilten besteht. Nach
herrschender Meinung sollte deshalb auf Persönlichkeitsmerkmale verzichtet
werden (vgl. Gaugler 1978, S. 43). Dieser Verzicht ist darüber hinaus auch
deshalb notwendig, weil die betrieblichen Beurteiler nicht über das psychologische und diagnostische Rüstzeug verfügen, das für eine Deutung der Persönlichkeit bzw. Charaktermerkmale notwendig wäre. Anstelle von persönlichen
Eigenschaften soll sich die Beurteilung auf darstellbare und gegebenenfalls
auch nachprüfbare Leistungsergebnisse beziehen.

Die Aufstellung in Abbildung 19 zeigt auch, daß die Merkmale teilweise nur

86

Anpassungsfähigkeit	Führungsfähigkeit
Ansehen	Informationsbereitschaft
Arbeitseinsatz	Initiative
Arbeitseinstellung	Kontaktfähigkeit
Arbeitsqualität	Kontrolle
Arbeitsquantität	Kooperationsfähigkeit
Arbeitsverhalten	Kostenbewußtsein
Arbeitstempo	Kreativität
Aufrichtigkeit	Menschenkenntnis
Auftreten	Organisationstalent
Ausdrucksfähigkeit	Pflichtbewußtsein
Belastbarkeit	Sachkenntnis
Benehmen	Selbständigkeit
Delegation	Sicherheitsverhalten
Durchsetzungsvermögen	Sorgfalt
Ehrlichkeit	Tatkraft
Einsatzbereitschaft	Umsicht
Entwicklungsfähigkeit	Verhandlungsfähigkeit
Entscheidungsbereitschaft	Verantwortungsfreude
Fachkönnen	Verträglichkeit
Fachwissen	Zusammenarbeit

Abbildung 19: Häufig vorkommende Beurteilungskriterien

schwer voneinander abzugrenzen sind. Dieses Problem wird sich immer dann ergeben, wenn zu viele Merkmale in die Beurteilung einbezogen werden. Die allgemeine Tendenz geht dahin, nur eine überschaubare Zahl von Merkmalen aufzunehmen. Bei den einbezogenen Merkmalen ist darauf zu achten, daß diese nicht nur prinzipiell beobachtbar sind, sondern am jeweiligen Arbeitsplatz auch tatsächlich vorkommen. Es wäre z. B. möglich, bei jedem Mitarbeiter das sprachliche Ausdrucksvermögen zu beobachten; dieses Merkmal hat aber für viele Arbeitsplätze keine wesentliche Bedeutung.

Damit ergeben sich für die Auswahl der Beurteilungskriterien folgende Regeln:

1. Die Beurteilung soll sich auf die Leistung des Mitarbeiters erstrecken und nicht auf seine Persönlichkeit.
2. Die einbezogenen Merkmale müssen sich auf die Tätigkeit bzw. das Tätigkeitsergebnis beziehen.
3. Die Merkmale müssen bei der zu beurteilenden Tätigkeit auch tatsächlich vorkommen.
4. Die Beurteilungsmerkmale müssen eindeutig voneinander abgrenzbar sein.

5. Durch eine Begrenzung der Zahl der Merkmale soll die Überschaubarkeit gewahrt bleiben.

Als Beispiel wird im folgenden eine Empfehlung aus der chemischen Industrie vorgestellt. Für die Mitarbeiterbeurteilung im Angestelltenbereich werden fünf Beurteilungskriterien vorgeschlagen, von denen sich zwei auf das Arbeitsergebnis und drei auf das Arbeitsverhalten beziehen. Diese fünf Kriterien kommen für alle Mitarbeiterkategorien in Frage; bei Mitarbeitern mit Personalverantwortung sind zusätzlich fünf weitere Kriterien zu beachten. Im einzelnen werden folgende Merkmale empfohlen (vgl. Mitarbeiterbeurteilung für Angestellte 1971, S. 7):

A. Leistungsergebnis
   1. Leistungsmenge
   2. Leistungsgüte
B. Leistungsverhalten
   1. Zusammenarbeit (personen- und organisationsbezogenes Verhalten)
   2. Arbeitsplanung (sach- und aufgabenbezogenes Verhalten)
   3. Selbständigkeit (aufgabenbezogenes Verhalten)
C. Personalführung (Leistungsbeurteilung für Führungskräfte)
   1. Planung und Organisation
   2. Delegation
   3. Information und Anleitung
   4. Kontrolle
   5. Förderung

Diese Merkmale wurden so ausgewählt, daß das gleiche Beurteilungsschema bis in die oberen hierarchischen Ebenen angewendet werden kann. Auf diese Weise werden die Einheitlichkeit und die Vergleichbarkeit gewährleistet. Es ist aber auch denkbar, daß für verschiedene Mitarbeitergruppen unterschiedliche Merkmale festgelegt werden. Das hat den Vorteil, daß für die jeweilige Gruppe nur besonders typische Merkmale ausgewählt werden können. Der in Abbildung 21 enthaltene Beurteilungsbogen wird ausschließlich für die Beurteilung von gewerblichen Arbeitern verwendet.

3.2.4.2 Gewichtung

Nachdem feststeht, welche Merkmale in die Beurteilung einbezogen werden, erhebt sich die Frage, welche Bedeutung die einzelnen Kriterien für das Gesamturteil haben. Das Gewicht eines Merkmals ergibt sich daraus, in welchem Umfang die Leistung des Mitarbeiters durch das Merkmal beeinflußt wird. Für die Lösung dieses Problems gibt es keine wissenschaftlich begründbare Regel; es kann nur aufgrund der betrieblichen Situation und Zielsetzung entschieden werden, ob und gegebenenfalls wie eine Gewichtung vorzunehmen ist. Dabei können folgende allgemeine Überlegungen hilfreich sein (vgl. Beurteilung von Mitarbeitern 1977, S. 3):

– Letztlich entscheidend ist das Leistungsergebnis. Daher sollten die leistungsorientierten oder die das Ergebnis unmittelbar beeinflussenden Kriterien stärker gewichtet werden.
– Wenn zwischen zwei Kriterien eine starke Korrelation besteht, ist die Gefahr einer Doppelbewertung gegeben; in solchen Fällen sollte nur ein Merkmal stark, das andere geringer gewichtet werden.
– Bei Führungskräften sollten die auf das Führungsverhalten abgestellten Kriterien besonders betont werden.

Die Festlegung der Gewichtung kann entweder dem einzelnen Vorgesetzten überlassen bleiben, oder es werden für alle Mitarbeiter einheitliche Gewichtungsschlüssel vorgegeben. Die Wahl der Gewichtung durch den Vorgesetzten hat den Vorteil, daß bei jedem Arbeitsplatz der tatsächliche Einfluß der verschiedenen Merkmale berücksichtigt werden kann. Diese Vorgehensweise stellt allerdings hohe Anforderungen an den Beurteiler, so daß sich viele Unternehmungen dazu entschließen, einheitliche Gewichtungsfaktoren vorzugeben. Bei dem in Abbildung 22 abgedruckten Beurteilungsbogen haben die Vorgesetzten die Wahl zwischen drei Gewichtungsstufen; bei dem Bogen in Abbildung 21 wurde die Gewichtung einheitlich festgelegt.

3.2.4.3 Stufung (Skalierung)

Neben der Auswahl und Gewichtung der Beurteilungsmerkmale stellt ihre Abstufung das dritte methodische Problem dar. Dabei sind für die einzelnen Merkmale, entsprechend ihrem Erfüllungsgrad, verschiedene, deutlich voneinander abzugrenzende Bewertungsstufen festzulegen.

Das Problem kann grundsätzlich auf zwei Arten gelöst werden: Entweder es werden dem Beurteiler eine bestimmte Anzahl von Beurteilungsstufen vorgegeben, aus denen er die jeweils zutreffende auszuwählen hat, oder es bleibt dem Beurteiler selbst überlassen, den Ausprägungsgrad jedes Merkmals in eigenen Worten situativ zu beschreiben. Diese letzte Variante ist bei dem in Abbildung 20 dargestellten Beurteilungsbogen vorgesehen; sie stellt hohe Anforderungen an die Formulierfähigkeit des Beurteilenden.

Wenn eine Beurteilungsskala vorgegeben wird, können wiederum zwei Möglichkeiten unterschieden werden: Entweder es wird eine bestimmte Anzahl von Leistungsstufen definiert, die auf jedes Beurteilungsmerkmal anzuwenden ist, oder die Beurteilungsstufen werden für jedes Merkmal gesondert definiert. Die erste Möglichkeit hat zwar den Vorteil, daß sie sehr übersichtlich ist, aber die einzelnen Definitionen können nur sehr allgemein gehalten werden, da sie gleichzeitig für mehrere Merkmale Gültigkeit haben. Bei der zweiten Möglichkeit können die Definitionen dagegen genau auf den Inhalt des jeweiligen Beurteilungskriteriums abgestimmt werden, wodurch dem Beurteiler die Zuordnung wesentlich erleichtert wird. Diese Methode wurde bei den in den Abbildungen 21 und 22 abgedruckten Beurteilungsbogen angewandt. Bei dem Bogen in Abbildung 21 wurden dabei die Definitionen in den Beurteilungsbogen mit aufgenommen, während bei dem Beispiel in Abbildung 22 im Beurteilungsbogen lediglich die Bewertungsstufen ausgedruckt sind und die Definitionen in der zugehörigen Handanweisung stehen.

In den Beispielen der Abbildungen 21 und 22 wurden jeweils fünf Bewertungsstufen berücksichtigt. Diese Fünfer-Skala hat sich bewährt und ist in der betrieblichen Praxis relativ häufig anzutreffen. Eine geringere Anzahl von Beurteilungsstufen bietet nicht genügend Differenzierungsmöglichkeiten; bei einer größeren Anzahl besteht die Gefahr, daß die Unterschiede zwischen den einzelnen Bewertungsstufen nicht mehr deutlich genug erkennbar sind.

3.2.5 Beurteilungsbogen

Das Ergebnis der Mitarbeiterbeurteilung wird in einem Beurteilungsbogen festgehalten. Nach der Art der Darstellung kann zwischen freien und gebundenen Beurteilungen unterschieden werden. Die freie Beurteilung ist an kein äußeres Schema gebunden. Sie hat mehr den Charakter eines Gutachtens. Es bleibt dem Beurteiler überlassen, welche Kriterien und Maßstäbe er anlegt und wie er die Beurteilung aufbaut. Der Hauptvorteil der freien Beurteilung besteht in der Möglichkeit des Beurteilers, durch eine geschickte Auswahl der Beurteilungskriterien und Bewertungsmaßstäbe seine Aussage gezielt auf den jeweiligen Anlaß und die individuelle Eigenart des Beurteilten abzustellen. Ein wesentlicher Nachteil der freien Beurteilung liegt in der fehlenden Vergleichbarkeit verschiedener Beurteilungen untereinander, die für zahlreiche Personalentscheidungen (Mitarbeiterauswahl, Aufstiegsplanung, Weiterbildung, Lohn- und Gehaltsfestsetzung usw.) unbedingt erforderlich ist. Außerdem sind die Anforderungen an das Einfühlungsvermögen und die Formulierfähigkeit der Beurteiler sehr hoch, so daß diese Beurteilungsform nicht jedem Vorgesetzten zugemutet werden kann.

Zur Wahrung der Übersichtlichkeit empfiehlt es sich allerdings, auch die freie Beurteilung durch ein dem jeweiligen Beurteilungszweck entsprechendes Gliederungsschema grob zu strukturieren. Ein typisches Beispiel für eine freie Beurteilung ist das qualifizierte Arbeitszeugnis.

Wegen der hohen Anforderungen, welche die freie Beurteilung an die Beurteiler stellt, dominiert in der betrieblichen Praxis die gebundene Beurteilung (vgl.

die Abbildungen 20 bis 22). Dabei werden dem Beurteiler die zu beurteilenden Merkmale sowie die anzulegenden Maßstäbe vorgeschrieben. Die Vorgesetzten sind an diese Vorgaben gebunden, und es wird eine einheitliche Vorgehensweise sichergestellt. Ein Beurteilungsbogen enthält im allgemeinen folgende Bestandteile:

- sachlich-organisatorische Angaben,
- Kurzbeschreibung der Aufgaben,
- eigentliche Leistungsbeurteilung,
- Eignungs- und Entwicklungsbeurteilung,
- Empfehlungen zur Förderung des Mitarbeiters,
- Stellungnahme des Mitarbeiters.

Die **sachlich-organisatorischen Angaben** stehen am Kopf und am Ende des Beurteilungsbogens. Sie erleichtern die Bearbeitung der Beurteilung in der Personalabteilung und machen den Leser mit den wichtigsten Personalien des Beurteilten vertraut.

Weiterhin sollte in jedem Beurteilungsbogen unbedingt eine **Kurzbeschreibung des Aufgabengebietes** des Beurteilten aufgenommen werden. Auf diese Weise erhöht sich die Wahrscheinlichkeit, daß der Vorgesetzte auch tatsächlich die zu erfüllenden Aufgaben als Maßstab für die Beurteilten heranzieht und sich nicht an einer Idealvorstellung orientiert. Die Aufgabenbeschreibung sollte so kurz wie möglich gehalten werden und keine vollständige Wiedergabe der Stellenbeschreibung darstellen.

Bei der **eigentlichen Leistungsbeurteilung** muß jedes der vorgegebenen Kriterien durch den Beurteiler bewertet werden. Um sicherzustellen, daß der Inhalt der Beurteilungsmerkmale durch die Beurteiler richtig interpretiert wird, können in den Beurteilungsbogen Hinweise aufgenommen werden, wie die Ausprägung der einzelnen Merkmale im konkreten Fall festgestellt werden kann. Beispiele dafür finden sich bei dem in Abbildung 20 dargestellten Beurteilungsbogen. Wegen des begrenzten Raumes und im Sinne einer Entlastung des Beurteilungsbogens ist es auch möglich, derartige Hinweise in eine Begleitschrift (Einführung) zum Beurteilungswesen aufzunehmen. Der an anderer Stelle bereits erwähnte Arbeitskreis der Chemischen Industrie hat für die auf Seite 88 genannten Beurteilungsmerkmale folgende Interpretationshilfen gegeben (vgl. Mitarbeiterbeurteilung für Angestellte 1971, S. 7):

- Die **Leistungsmenge** ist feststellbar als in bestimmter Zeit geleistete Arbeitsmenge; an der benötigten Zeit für ein bestimmtes Arbeitsergebnis; am Grad der Ausnutzung der Arbeitszeit; an der Stetigkeit der Leistung.
- Die **Leistungsgüte** ist meßbar an der Häufigkeit und dem Ausmaß von Fehlern, Mängeln, Ausschuß, Störungen, Beanstandungen.

PERSONALABTEILUNG	**Beurteilung**	

Beurteilen Sie Ihren Mitarbeiter erst dann, wenn Sie seine Leistungen gedanklich mit denen anderer Mitarbeiter auf Arbeitsplätzen mit entsprechendem Anforderungs-Niveau verglichen haben. Überprüfen Sie anhand der Angaben in der Kontrollspalte, ob von Ihnen alle für den betreffenden Arbeitsplatz wichtigen Anforderungskriterien berücksichtigt wurden.

Personal-Nr.	Name und Vorname	geboren am	Abt.-Kurzzeichen

Stellenbezeichnung	Tarifgruppe

Grund der Beurteilung (nur bei außergewöhnlichen Beurteilungsanlässen auszufüllen, z. B. bei Versetzung)	Beurteiler (direkter Vorgesetzter)	Wie lange sind Sie Vorgesetzter des Beurteilten?
		Jahre

Kurzbeschreibung der Tätigkeit

	Kontrollspalte
1. Arbeitsgüte	a) Geschicklichkeit je nach Arbeitsplatz (z. B. Handfertigkeit, Verhandlungsgeschick, Organisationsgeschick, Geschick beim Umgang mit Kunden); Sicherheit im Urteil; geistige Wendigkeit; Einsetzbarkeit an verschiedenen Arbeitsplätzen. b) Zuverlässigkeit; Sorgfalt; Beachtung der Sicherheitsvorschriften, Anweisungen u. a.
2. Arbeitsmenge / Arbeitstempo	Zeitbedarf für eine einwandfreie Leistung; Termineinhaltung; Stetigkeit der Arbeitsleistung u. a.
3. Anstrengungs- und Verantwortungsbereitschaft	Arbeitseifer; Energie und Initiative; Verhalten bei außergewöhnlicher Belastung; Zielstrebigkeit; Ausdauer; Entschlußfreudigkeit; Ausschöpfen der Kompetenzen; Bereitwilligkeit, sich weiterzubilden; Bereitwilligkeit, auch unangenehme Aufgaben zu übernehmen u. a.

Abbildung 20: Beurteilungsbogen I (Seite 1)

(Quelle: Vordrucke für das Personalbüro, Best.-Nr. 92.06, Rudolf Haufe Verlag, Freiburg i. Br.)

92

4. Zusammenarbeit	Zusammenarbeit mit Kollegen und Vorgesetzten; Bereitschaft, sich gemeinsamen Zielen unterzuordnen, sachliche Kritik zu üben oder entgegenzunehmen; Bereitschaft zur Teamarbeit; Kontaktfreudigkeit; Hilfsbereitschaft; Aufrichtigkeit u. a.
5. Bereitschaft, rationell zu arbeiten und die Arbeitsweise ständig zu überprüfen und zu verbessern	Sparsamkeit; Kostenbewußtsein; konstruktive Ideen; Verbesserungsvorschläge u. a. Bei Vorgesetzten auch: Fähigkeit, Arbeitsabläufe des Bereichs optimal zu gestalten, klare Organisation zu schaffen, wirtschaftlich zu disponieren u. a.
6. Führungsverhalten (nur bei Vorgesetzten zu beurteilen)	Verhalten nach den Führungsgrundsätzen (z. B. Delegationsbereitschaft, Erfüllen der Kontroll- und Informationspflichten, Mitarbeiterförderung u. a.); Sicherheit des Auftretens; Durchsetzungsvermögen; Überzeugungskraft; Bereitschaft, Unternehmensentscheidungen zu vertreten; Sinn für Gerechtigkeit; Ausgeglichenheit u. a.
7. Theoretisches und praktisches Fachkönnen	Reichen Ausbildung, Weiterbildung und Betriebserfahrung für den jetzigen Arbeitsplatz aus oder gehen die Kenntnisse über die am Arbeitsplatz geforderten hinaus?

8. Urteil über künftige Entwicklungsmöglichkeiten des Mitarbeiters
(Wie beurteilen Sie seine künftige Entwicklung in Ihrem Bereich? Sehen Sie bestimmte in der Person begründete Grenzen für eine Weiterentwicklung? Könnte der Beurteilte an einem anderen Arbeitsplatz mehr leisten? Welche Kenntnisse und Eigenschaften müßte er verbessern, um weiterzukommen?)

Die Beurteilung habe ich gelesen. Ihr Inhalt wurde mit mir besprochen.		Begründung des Beurteilers, wenn Eröffnung der Beurteilung unterblieb, oder Notizen über bemerkenswerte Einzelheiten des Eröffnungsgespräches.
Datum Mitarbeiter	Datum Beurteiler	
Zur Kenntnis genommen		
Nächsthöherer Vorgesetzter	Personalabteilung	

Abbildung 20: Beurteilungsbogen I (Seite 2)

KIMBERLY-CLARK GMBH **Mitarbeiterbeurteilung** (Für gewerbliche Arbeitnehmer)

Name und Vorname _____ Abteilung _____ Datum _____

	Leistungsstufe ▶ Gewichtungsfaktor	5 Hervorragend	4 Sehr gut	3 Gut	2 Verbesserungsbedürftig	1 Unzureichend	Punktzahl (Gewichtsfaktor × Leistungsstufe)
I. Arbeitsleistung Arbeitstempo	20	Arbeitet immer sehr schnell. Arbeitsleistungswert liegt immer über dem Durchschnitt.	Aus eigenem Antrieb liegen Arbeitstempo und Arbeitsleistung über dem Durchschnitt.	Gutes Arbeitstempo auch ohne ständige Aufsicht.	Unter Aufsicht zufriedenstellendes Arbeitstempo. Entspricht nicht immer den Leistungsanforderungen.	Arbeitsleistung liegt deutlich unter dem Durchschnitt. Arbeitstempo ist unzureichend.	
II. Güte der Arbeitsausführung	20	Hervorragende Arbeitsausführung. Gibt sich nur mit höchster qualitativer Leistung zufrieden.	Sehr gute Arbeitsausführung. Ist gründlich und genau. Nur sehr selten Beanstandungen.	Arbeitet sorgfältig. Arbeitsausführung im wesentlichen einwandfrei.	Qualität der Arbeit meistens zufriedenstellend. Nur gelegentlich größere Beanstandungen.	Die Qualität der Arbeit entspricht nicht den Anforderungen. Arbeitet ungenau und nicht sehr gründlich.	
III. Arbeitseinsatz/ Initiative/ Selbständigkeit	10	Einsatzbereitschaft und Initiative stets vorbildlich. Arbeitet sehr selbständig und äußerst zuverlässig.	Überdurchschnittlich, einsatzfreudig, pflichtbewußt und eifrig.	Ist an der Arbeit interessiert und zeigt Initiative. Entspricht den Anforderungen des Arbeitsplatzes.	Liegt leicht unter dem Durchschnitt. Muß Einsatz und Anstrengungsbereitschaft steigern.	Wenig Interesse an der Arbeit. Einsatzbereitschaft entspricht nicht den Anforderungen.	
IV. Kostenbewußtes Arbeiten	10	Außergewöhnlich erfolgreich im kostengünstigen Umgang mit Betriebsmitteln und Energie. Strebt ständig größtmögliche Wirtschaftlichkeit an.	Erzielt aus eigener Initiative Ersparnisse durch Verbesserung von Arbeitsabläufen sowie Energie- und Materialeinsatz.	Versteht es im allgemeinen Kosten und Leistung in ein ausgewogenes Verhältnis zu bringen.	Im großen und ganzen kostenbewußt. Manchmal zu nachlässig im Einsatz von Betriebsmitteln und Energie.	Wenig interessiert an Kosten. Eher gleichgültig und nachlässig beim Einsatz von Energie und Betriebsmitteln.	
V. Zusammenarbeit	10	Zusammenarbeit mit Vorgesetzten und Kollegen stets vorbildlich. Beeinflußt die Arbeitsgruppe sehr positiv.	Überdurchschnittlich guter Teamarbeiter. Trägt zum Erfolg des Teams bei.	Kommt mit Kollegen und Vorgesetzten gut aus. Ordnet sich gut in das Team ein.	Im allgemeinen umgänglich. Verursacht gelegentlich Probleme mit Vorgesetzten und Kollegen.	Stellt ein Störfaktor im Team dar. Öfters unverträglich mit Kollegen und/oder Vorgesetzten.	
V. Sicherheitsverhalten	10	Arbeitet selbst sehr sicherheitsbewußt und trägt durch ständige gute Vorschläge zur Verbesserung der Arbeitssicherheit bei. Weist Mitarbeiter auf sicherheitswidriges Verhalten hin.	Beteiligt sich aktiv an der Sicherheitsarbeit und befolgt selbst immer die Sicherheitsvorschriften.	Befolgt regelmäßig die Sicherheitsvorschriften und gibt nie Anlaß zu Beanstandung.	Ist hin und wieder nachlässig hinsichtlich der Sicherheitsvorschriften. Muß gelegentlich zu sicherem Arbeiten angehalten werden.	Schenkt den Sicherheitsvorschriften wenig Beachtung. Ist nachlässig und befolgt nicht in wünschenswertem Maße Vorschriften und Anweisungen.	
						Gesamtpunktzahl	

Abbildung 21: Beurteilungsbogen II (Seite 1)

94

Gesamtbeurteilung:

5 Hervorragend   (360–400 Pkt)

4 Sehr gut   (280–350 Pkt)

3 Gut   (200–270 Pkt)

2 Verbesserungsbedürftig (130–190 Pkt)

1 Unzureichend   (80–120 Pkt)

bei Probezeitbeurteilung

○ Arbeitsvertrag beenden

○ Arbeitsverhältnis fortsetzen

○ Probezeit verlängern

Eignungsbeurteilung (Stärken, Schwächen, allgemeine Eignung):

_____

_____

_____

_____

Empfehlung zur weiteren Förderung / Ausbildung:

_____

_____

_____

_____

Beurteilungsgespräch hat stattgefunden am: _____

_____ _____ _____
Unterschrift des Beurteilers   Unterschrift des Mitarbeiters   Unterschrift d. nächsthöheren Vorgesetzten

Abbildung 21: Beurteilungsbogen II (Seite 2)

95

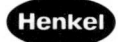

Beurteilungsbogen

Vertraulich

Name, Vorname	Personal-Nr.

Jahrgang	Eintrittsdatum	Letzte Beurteilung erfolgte durch	Letzte Beurteilung am

Stellenbezeichnung	Stellen-Nr.

S-F-R-ST/Bereich	Kostenstelle

Für die Beurteilung verantwortlich

Direkter Vorgesetzter	Nächsthöherer Vorgesetzter

I. Aufgaben

Wichtigste Aufgaben in Stichworten aufführen oder auf entsprechende Schriftstücke (Stellenbeschreibung, Arbeitsprogramme . . .) hinweisen.

II. Leistungsbeurteilung

A Leistungsergebnis

	Zutreffendes ankreuzen	Punktzahl einkreisen
	Dieses Beurteilungsmerkmal	Punkte
1. Leistungsmenge Leistungsmenge ist der quantitative Umfang der Arbeit.	hat geringe ☐ mittlere ☐ große ☐ Bedeutung	min. —— max. 1 2 3 4 5
	Dieses Beurteilungsmerkmal	
2. Leistungsgüte Leistungsgüte ist die qualitative Ausprägung der Arbeit.	hat geringe ☐ mittlere ☐ große ☐ Bedeutung	1 2 3 4 5

B Leistungsverhalten

	Dieses Beurteilungsmerkmal	Punkte
1. Zusammenarbeit Zusammenarbeit ist das fachliche und persönliche Kontakt- verhalten zu Vorgesetzten und Kollegen.	hat geringe ☐ mittlere ☐ große ☐ Bedeutung	min. —— max. 1 2 3 4 5
	Dieses Beurteilungsmerkmal	
2. Arbeitsplanung Arbeitsplanung ist die fachliche und organisatorische Planung der eigenen Arbeit.	hat geringe ☐ mittlere ☐ große ☐ Bedeutung	1 2 3 4 5
	Dieses Beurteilungsmerkmal	
3. Selbständigkeit Selbständigkeit ist die Fähigkeit zum eigenständigen und erfolgreichen Handeln.	hat geringe ☐ mittlere ☐ große ☐ Bedeutung	1 2 3 4 5

An F-PS/Personalwesen

Abbildung 22: Beurteilungsbogen III (Seite 1)

C Personalführung (nur bei Mitarbeitern mit Personalführungsverantwortung)

	Dieses Beurteilungsmerkmal	Punkte
1. Planung und Organisation Planung und Organisation ist der koordinierte Einsatz von Mitarbeitern und Sachmitteln.	hat geringe ☐ mittlere ☐ große ☐ Bedeutung	min. ——— max. 1 | 2 | 3 | 4 | 5
2. Delegation Delegation ist die Übertragung von Aufgaben und Befugnissen an die Mitarbeiter.	Dieses Beurteilungsmerkmal hat geringe ☐ mittlere ☐ große ☐ Bedeutung	1 | 2 | 3 | 4 | 5
3. Information und Anleitung Information und Anleitung ist die fachliche und organisatorische Unterrichtung der Mitarbeiter.	Dieses Beurteilungsmerkmal hat geringe ☐ mittlere ☐ große ☐ Bedeutung	1 | 2 | 3 | 4 | 5
4. Kontrolle Kontrolle ist die Überprüfung der Arbeitsleistung und des Arbeitsfortschrittes der Mitarbeiter.	Dieses Beurteilungsmerkmal hat geringe ☐ mittlere ☐ große ☐ Bedeutung	1 | 2 | 3 | 4 | 5
5. Förderung und Entwicklung Förderung und Entwicklung ist die Unterstützung der fachbe- zogenen Interessen und Fähigkeiten der Mitarbeiter.	Dieses Beurteilungsmerkmal hat geringe ☐ mittlere ☐ große ☐ Bedeutung	1 | 2 | 3 | 4 | 5

Gesamtbeurteilung der Leistung (A und B)

– bei Führungskräften (A, B und C)

1	1,5	2	2,5	3	3,5	4	4,5	5

III. Eignungsbeurteilung

1. Stärken und Schwächen des Mitarbeiters in der jetzigen Stelle:

_____

_____

_____

_____

_____

_____

_____

_____

_____

_____

_____

_____

_____

_____

_____

Abbildung 22: Beurteilungsbogen III (Seite 2)

2. Eignung für zusätzliche oder andere Aufgaben
Erläuterungen; spezielle Hinweise

3. Eignung für Führungsaufgaben
Erläuterungen; spezielle Hinweise

IV. Empfehlungen zur weiteren Förderung des Mitarbeiters

Erweiterung des Aufgabenbereichs, Job-Rotation, Zuteilung zu Projektgruppen, Übernahme von Stellvertretungen, Teilnahme an internen und externen Seminaren u. a.

Förderungsmaßnahmen, welche?

V. Stellungnahme des Mitarbeiters

Übereinstimmung bzw. abweichende Meinung zur Beurteilung; Stärken und Schwächen, ungenutzte Fähigkeiten und Kenntnisse aus der Sicht des Mitarbeiters; Vorstellungen zur eigenen Entwicklung und Förderung.

Beurteilungsgespräch hat stattgefunden am:

Unterschrift des Vorgesetzten	Unterschrift des nächsthöheren Vorgesetzten	Unterschrift des Mitarbeiters

Abbildung 22: Beurteilungsbogen III (Seite 3)

- Die Fähigkeit zur **Zusammenarbeit** zeigt sich im Unterstützen anderer durch Information, Beratung, Mithilfe; Entgegennehmen von Anregungen, Kritik; Übernahme neuer Aufgaben; Einbringen brauchbarer Vorschläge; Voranstellen der sachlichen gegenüber den persönlichen Interessen; sinngemäßes Befolgen von Vorschriften (z. B. Betriebsvorschriften, Sicherheitsvorschriften); Einhalten von Vereinbarungen, Terminen, Zuständigkeiten.
- Die Fähigkeit der **Arbeitsplanung** ist erkennbar am zweckdienlichen Lösen gestellter Aufgaben; am Einteilen der eigenen Arbeit, Aufstellen eines Zeitplans; beim Einholen notwendiger Informationen; beim Bereitstellen der erforderlichen Arbeitsmittel; an der Vermeidung von Leerlauf und Doppelarbeit; an der Berücksichtigung der Kosten bei Planung und Entscheidung.
- Die Fähigkeit, **selbständig zu arbeiten**, zeigt sich im Lösen der eigenen Aufgaben, unabhängig von Überwachung und Anleitung durch andere; im Suchen neuer Wege; im Setzen eigener Ziele.
- **Planerische und organisatorische Fähigkeiten** dokumentieren sich im Festlegen von Zielen und Ausarbeiten von Plänen; im Ordnen des Zusammenwirkens von Mitteln und Personen; im sach- und termingerechten Einsetzen von Mitteln und Personen; bei der Regelung der Stellvertretung.
- Die Fähigkeit zu **delegieren** kommt im Übertragen von Aufgaben, entsprechender Verantwortung und Kompetenzen an Mitarbeiter unter Berücksichtigung ihrer Eignung und Leistungsfähigkeit sowie im selbständigen Erledigenlassen übertragener Aufgaben zum Ausdruck.
- Die Fähigkeit zu **informieren und anzuleiten** zeigt sich im zweckmäßigen und rechtzeitigen Informieren, Anleiten und Unterstützen der Mitarbeiter; im Weitergeben von Wissen und Erfahrungen; beim Erläutern betrieblicher und überbetrieblicher Zusammenhänge; im Wecken und Erhalten des Interesses der Mitarbeiter für ihre Aufgaben.
- Die Leistungen der Führungskraft im Bereich der **Kontrolle** können im Überwachen des Arbeitsfortschritts, des Zusammenwirkens der Mitarbeiter, des Einsatzes von Arbeitsmitteln sowie der Entwicklung der Kosten beobachtet werden.
- Die Bereitschaft und Fähigkeit zur **Förderung der Mitarbeiter** zeigen sich deutlich an der Sorgfalt der Mitarbeiterbeurteilung und beim Vorschlagen geeigneter Förderungsmaßnahmen; beim Anregen der Mitarbeiter zu selbständigem Denken und Handeln; am Einsatz für die Anliegen der Mitarbeiter.

Neben der Einzelbeurteilung jedes Merkmals sollte der Beurteilungsbogen zusätzlich die Möglichkeit für eine **zusammenfassende Gesamtbeurteilung** vorsehen. Der Vorgesetzte wird dadurch veranlaßt, auf der Basis der verschiedenen Beurteilungsmerkmale nochmals eine ganzheitliche Betrachtung über den Mitarbeiter anzustellen. Das gibt ihm die Möglichkeit, gezielt auf besonders wichtige Tatbestände und spezielle Fertigkeiten und Kenntnisse hinzuweisen. Außerdem kann die Enge des Schemas bei der gebundenen Beurteilung durch verbale Begründungen zu bestimmten Kriterien etwas aufgelockert werden.

Die Beurteilung der Einzelmerkmale und die Gesamtbeurteilung sind vergangenheitsorientiert. Demgegenüber stellt die Frage nach der **Eignung und Entwicklung** des Mitarbeiters auf die Zukunft ab. Es liegt im Interesse des Betriebs und des Mitarbeiters zu erfahren, ob dieser für die Übernahme zusätzlicher und/oder anspruchsvollerer Aufgaben geeignet erscheint und welche Fertigkeiten und Fähigkeiten entwickelt werden sollen. Aufgrund seiner ständigen Zusammenarbeit mit dem Mitarbeiter ist der Vorgesetzte am ehesten in der Lage, besondere Eignungen und Neigungen zu erkennen und Vorschläge für den künftigen Einsatz zu unterbreiten.

Die Frage nach der Eignung und Entwicklungsfähigkeit des Mitarbeiters stellt die Kernfrage im Rahmen der Personalentwicklung dar. Ihre Beantwortung bildet die Grundlage für die weiteren Entwicklungsmaßnahmen. Hierbei wird erwartet, daß der Vorgesetzte sich auch Gedanken über **geeignete Förderungsmaßnahmen** macht. Die Empfehlungen des Vorgesetzten können sich sowohl auf den jetzigen Arbeitsplatz als auch auf mögliche künftige Aufgabenstellungen beziehen. Bei dem in Abbildung 22 dargestellten Beurteilungsbogen wird dem Vorgesetzten diese Aufgabe durch die beispielhafte Aufzählung denkbarer Förderungsmöglichkeiten erleichtert.

Schließlich sollte jeder Beurteilungsbogen auch Raum für eine **Stellungnahme des Mitarbeiters** vorsehen. Zuvor muß ihm Gelegenheit eingeräumt werden, die Beurteilung in einem Gespräch mit seinem Vorgesetzten kennenzulernen und seine eigenen Wünsche und Vorstellungen darzulegen (vgl. Kapitel 3.2.6). Die Äußerungen des Mitarbeiters können sich auf bisher ungenutzte Fertigkeiten und Kenntnisse, auf besondere Stärken und Schwächen sowie auf die aus seiner Sicht notwendigen Maßnahmen zur Förderung und Entwicklung beziehen. Auch abweichende Meinungen des Mitarbeiters zu seiner Beurteilung können dabei angesprochen werden. Durch Aufnahme der wesentlichen Ergebnisse des Beurteilungsgesprächs in den Beurteilungsbogen wird sichergestellt, daß auch die Meinung des Mitarbeiters bei künftigen Entwicklungsmaßnahmen in ausreichendem Maß berücksichtigt werden kann.

3.2.6 Beurteilungsgespräch

Eine Mitarbeiterbeurteilung ohne Besprechung mit dem Beurteilten erfüllt nicht ihren Zweck. Das Beurteilungsgespräch stellt das letzte Glied des gesamten Beurteilungsverfahrens dar. Wenn die Mitarbeiter – der heutigen Auffassung entsprechend – als verantwortungsbewußte und mündige Partner im Betrieb akzeptiert werden, dann muß ihnen auch das Recht zugestanden werden, zu erfahren, wie ihre Leistungen und ihr Verhalten durch ihre Vorgesetzten eingeschätzt werden und wie die beruflichen Entwicklungsmöglichkeiten aussehen können. Damit dient ein richtig geführtes Beurteilungsgespräch sowohl der Besprechung der in der Vergangenheit erbrachten Leistungen als auch der Abstimmung über künftige Aufgabenstellungen (Arbeitsziele). Durch eine objektive Beurteilung und die faire Anerkennung guter Leistungen werden die Mitarbeiter für ihr künftiges Verhalten motiviert. Eine konstruktive und sachliche Kritik trägt dazu bei, die Ursachen bestehender Mängel zu ermitteln und Wege zu ihrer Behebung aufzuzeigen. Die Mitarbeiter erfahren, inwieweit die Beurteilung durch den Vorgesetzten mit der eigenen Einschätzung ihrer Leistung übereinstimmt. Eventuell bestehende Hindernisse und Mißverständnisse können besprochen und ausgeräumt werden.

Das Beurteilungsgespräch bietet dem Mitarbeiter Gelegenheit, dem Vorgesetzten seine Erwartungen für sein berufliches Weiterkommen vorzutragen. Unter Berücksichtigung dieser Wünsche sowie der bisherigen Leistungen und Verhaltensweisen der Mitarbeiter und der im Betrieb vorhandenden Möglichkeiten soll es durch das Gespräch zu einer Abstimmung zwischen dem Vorgesetzten und dem Mitarbeiter über dessen künftige Entwicklung kommen. Empirische Umfragen haben zu der aufschlußreichen Feststellung geführt, daß die Bewertung der persönlichen Aufstiegschancen vom Beurteilungsgespräch wesentlich beeinflußt wird. Mitarbeiter, die nie mit ihrem Vorgesetzten ein Beurteilungsgespräch geführt haben, sehen ihre Chancen auf berufliches Weiterkommen wesentlich schlechter als Mitarbeiter, die regelmäßig über ihre Leistungen und die Einschätzung durch ihre Vorgesetzten informiert worden sind.

Die Chancen des Beurteilungsgesprächs hat auch der Gesetzgeber erkannt. Nach § 82 BetrVG kann der Arbeitnehmer verlangen, daß mit ihm die Beurteilung seiner Leistung sowie die Möglichkeiten seiner beruflichen Entwicklung im Betrieb erörtert werden.

Im einzelnen kann das Beurteilungsgespräch folgende Aufgaben erfüllen:
- Besprechung der im Beurteilungszeitraum erbrachten Leistungen anhand der einzelnen Beurteilungskriterien.
- Kritik und Ursachenerforschung ungenügender Leistungen im Beurteilungszeitraum.

- Diskussion und Beschluß von Maßnahmen zur Leistungsverbesserung.
- Anerkennung und Bestätigung guter Leistungen.
- Möglichkeit zur Stellungnahme des Mitarbeiters zu den Ergebnissen der Beurteilung.
- Verbesserung der Zusammenarbeit zwischen Vorgesetzten und Mitarbeitern durch Schaffung einer offenen und vom gegenseitigen Vertrauen getragenen Atmosphäre.
- Förderung der Motivation und Kooperationsbereitschaft des Mitarbeiters.
- Besprechung der Wünsche und Vorstellungen des Mitarbeiters hinsichtlich seiner künftigen Aufgabenstellung und Entwicklungsmöglichkeiten.
- Festlegung des künftigen Aufgabengebietes des Mitarbeiters.
- Abstimmung von Maßnahmen zur Förderung und Entwicklung des Mitarbeiters.

Die beiden letzten Aspekte – Festlegung des künftigen Arbeitsgebietes und Abstimmung der für die weitere Förderung und Entwicklung erforderlichen Maßnahmen – dürfen allerdings nicht im Sinne einer rechtlich verbindlichen Zusage verstanden werden. Eine derartige Zusage kann der Vorgesetzte allenfalls für solche Funktionen und Qualifizierungsmaßnahmen geben, über die ihm aufgrund seiner Position Entscheidungskompetenz zusteht. Die vordringliche Aufgabe des Vorgesetzten besteht vielmehr darin, durch das Gespräch mit dem Mitarbeiter abzuklären, welche künftigen Tätigkeiten und Maßnahmen für dessen Entwicklung als geeignet angesehen werden. Diese Einschränkung der Entscheidungsfreiheit des Vorgesetzten kann sich als notwendig erweisen, um allzu rasche und großzügige Zusagen u. U. vermeiden zu können. Außerdem kann nicht erwartet werden, daß jeder Vorgesetzte in der Lage sein wird, in jedem Fall die geeigneten Entwicklungs- und Förderungsmöglichkeiten zu erkennen.

Es bleibt letztlich der Personalabteilung überlassen, nach Kenntnis sämtlicher Entwicklungsvorschläge und Vorstellungen unter Berücksichtigung der vorhandenen Möglichkeiten und der jeweiligen Dringlichkeit in Abstimmung mit den Vorgesetzten und Mitarbeitern eine endgültige Entscheidung zu treffen. Dabei kann sich die Führung zusätzlicher beratender Gespräche (Fördergespräche, vgl. Kapitel 4.1) als notwendig erweisen. Das wird insbesondere dann der Fall sein, wenn für besonders qualifizierte Mitarbeiter längerfristige Entwicklungskonzeptionen (z. B. Laufbahnpläne, Nachfolgepläne, Job rotation usw.) festgelegt werden.

Das »ideale« Beurteilungsgespräch sollte, wie jedes andere Mitarbeitergespräch auch, unter vier Augen stattfinden. Es ist allerdings denkbar, daß bei Meinungsverschiedenheiten der nächsthöhere Vorgesetzte vorübergehend zugezogen wird. Außerdem haben die Mitarbeiter nach § 82 Abs. 2 BetrVG die

Möglichkeit, ein Mitglied des Betriebsrats beizuziehen. Die Teilnahme Dritter sollte jedoch die Ausnahme darstellen. Es muß bezweifelt werden, ob das Gespräch seine Aufgabe noch in vollem Umfang erfüllt, wenn aus dem ursprünglich vorgesehenen Dialog eine Gesprächsrunde wird.

Durch eine Gliederung des Gesprächs in verschiedene Abschnitte wird sichergestellt, daß nichts Wesentliches vergessen wird. Insbesondere ist darauf zu achten, daß jedes Beurteilungskriterium einzeln durchgesprochen wird. Geschieht dies nicht, besteht die Gefahr, daß bestimmte Verhaltensweisen (z. B. einzelne »schlecht« bewertete Merkmale) im Gesamturteil untergehen. Im übrigen gelten für die Vorbereitung und Durchführung von Beurteilungsgesprächen grundsätzlich die beim Fördergespräch (vgl. Kapitel 4.1) ausführlich dargestellten Regeln.

3.2.7 Beurteilungsfehler

Der Nutzen jeder Mitarbeiterbeurteilung kann durch **Beurteilungsfehler** in Frage gestellt werden. Beurteilungsfehler beruhen auf Fehleinschätzungen gegenüber Sachverhalten, Personen oder Situationen. Sie können sowohl bei der Beobachtung als auch beim Vergleichen und Bewerten des Beobachteten und sogar noch bei der Weitergabe der Beurteilungsergebnisse entstehen. Beurteilungsfehler lassen sich niemals völlig verhindern, weil in jede Beurteilung subjektive Momente einfließen, die von der Person und Situation des Beurteilers abhängen. Kein Mensch ist frei von Vorurteilen und Fehleinstellungen, so daß auch das beste Beurteilungssystem nicht absolut fehlerfrei praktiziert werden kann.

Wer mögliche Fehlerquellen bei der Mitarbeiterbeurteilung kennt, dem wird es leichter fallen, sich darauf einzustellen, um sie zumindest teilweise zu vermeiden. Die hauptsächlichen Ursachen für Beurteilungsfehler sind im folgenden zusammengestellt:

(a) Selektive Wahrnehmung

Jeder Beurteiler nimmt nur einen Teil des Geschehens seiner Umwelt wahr. Aufgrund seiner persönlichen Situation, seiner Interessen, Einstellungen oder Bedürfnisse wählt der Beurteiler aus der Vielzahl möglicher Daten immer nur eine begrenzte Anzahl aus und macht sie zur Grundlage seines Urteils. Diese Selektion geschieht unbewußt und kann zu einer Verfälschung des Urteils führen.

(b) Situationsbedingte Beurteilungsfehler

Jedes Urteil wird bis zu einem gewissen Grad von der Situation beeinflußt, in der sich der Beurteiler gerade befindet. Persönliche Hochstimmung wird sich zu Gunsten des Beurteilten auswirken, ein seelisches Tief führt dagegen zu tendenziell schlechteren Urteilen. Derartige Einflüsse können von momentanen Gefühlen, von der körperlichen Verfassung des Beurteilers, von persönlichen Problemen, von der verfügbaren Zeit, von der augenblicklichen Tageszeit oder von der äußeren Umgebung des Beurteilers ausgehen.

(c) Überstrahlungen

Viele Beurteiler machen den Fehler, von einzelnen auffallend guten oder schlechten Leistungen oder Verhaltensweisen auf das Gesamtbild des Mitarbeiters zu schließen, obwohl sie nicht typisch für den Beurteilten sein müssen. Ein einmaliges Vergehen eines Mitarbeiters, an das sich der Vorgesetzte jahrelang erinnert, kann z. B. immer wieder zu einer negativen Beurteilung führen. Eine bestimmte Verhaltensweise, die vom Beurteiler als angenehm empfunden wird, führt zu einer generell vorteilhaften Beurteilung.

(d) Sympathie und Antipathie

Sympathie oder Antipathie des Vorgesetzten gegenüber seinem Mitarbeiter werden sich niemals völlig ausschließen lassen; sie wirken aus dem Unbewußten auf das Urteil ein. Wenn sich der Beurteiler allerdings dieser Gefahr bewußt ist, dann wird es nicht dazu kommen, daß sich Sympathie und Antipathie unkontrolliert in den Vordergrund schieben und die Beurteilung völlig verfälschen.

(e) Statusfehler (Hierarchieeffekt)

Als Statusfehler wird die Tatsache bezeichnet, daß Mitarbeiter der oberen hierarchischen Ebenen tendenziell besser beurteilt werden als Mitarbeiter niederer Ebenen. Auch das Vorhandensein oder Fehlen von Titeln, akademischen Graden oder anderen Auszeichnungen kann sich in gleicher Richtung auswirken.

(f) Egoismus

Ein egoistisches Verhalten liegt vor, wenn ein Beurteiler seine Mitarbeiter bewußt zu gut oder zu schlecht beurteilt, um damit persönliche Ziele zu verfolgen. Das ist z. B. dann der Fall, wenn ein schwacher Mitarbeiter durch eine zu gute Beurteilung »weggelobt« werden soll, oder, der umgekehrte Fall, ein guter Mitarbeiter wird in seiner Beurteilung gedrückt, um zu vermeiden, daß er möglicherweise befördert wird und man ihn damit in der eigenen Abteilung verliert. Auch die bewußte Fehlbeurteilung, um z. B. einem Mitar-

104

beiter Schaden zuzufügen oder die Protektion eines Mitarbeiters durch ein zu gutes Urteil, gehört in diese Kategorie möglicher Fehler.

(g) Erster Eindruck

Es kommt immer wieder vor, daß der erste Eindruck, den ein Mitarbeiter bei dem Beurteiler hinterläßt, das gesamte spätere Bild verfälscht. Das ist im positiven wie im negativen Sinne möglich. Jeder Beurteiler sollte sich dieser Gefahr bewußt sein, denn die Beurteilung muß sich auf zahlreiche Fakten stützen und darf nicht das Ergebnis eines einmaligen Effektes sein.

(h) Trend zur Mitte

Viele Beurteiler scheuen sich, in einem Beurteilungsschema die Extremwerte – im positiven wie im negativen Bereich – anzustreichen. Sie zeigen vielmehr eine Tendenz zur Mitte, wodurch gute Leistungen abgewertet und schlechte Leistungen aufgewertet werden. Solchen Beurteilern fehlt es am notwendigen Mut, festgestellte und begründbare Urteile auch tatsächlich auszusprechen.

(i) Persönlicher Maßstab

Maßgebend für die Bewertung ist die betriebliche Normalleistung. Wenn diejenigen Werte, die z. B. im Rahmen der Leistungsbewertung als Normalleistung festgelegt wurden, unter normalen Arbeitsbedingungen von den Mitarbeitern erreicht werden, dann haben diese ihre Aufgaben zufriedenstellend erfüllt. Es kommt jedoch immer wieder vor, daß ein Beurteiler sich nicht an der Normalleistung orientiert, sondern persönliche Maßstäbe zugrundelegt; weil er selbst vielleicht ein Spezialist in einem bestimmten Gebiet ist und überdurchschnittliche Ergebnisse erzielt, erwartet er gleiches von seinen Mitarbeitern.

(k) Vorurteile

Vorurteile bedeuten eine große Gefahr für die Mitarbeiterbeurteilung. Sie können entweder aus bereits vorliegenden Urteilen resultieren, es kann sich auch um die kritiklose Übernahme der Aussagen Dritter handeln oder Äußerlichkeiten beim Beurteilten, wie z. B. der Name, die Nationalität oder landsmannschaftliche Herkunft, das Aussehen oder die Kleidung bilden die Ursache. In allen Fällen versäumt es der Beurteiler, eine tatsächliche Analyse der zu beobachtenden Merkmale vorzunehmen. Das kann aus Bequemlichkeit, Unsicherheit oder Scheu vor der Verantwortung geschehen.

(l) Beurteilertyp

Großen Einfluß auf das Ergebnis der Beurteilung hat auch die Art des

Beurteilertyps. Man unterscheidet im allgemeinen zwischen dem objektiven, nachsichtigen, scharfen und vorsichtigen Beurteilertyp, wobei jedoch Vermischungen zwischen den verschiedenen Ausprägungsgraden nicht auszuschließen sind.

Der objektive Beurteiler wägt fair zwischen den Anforderungen des Arbeitsplatzes und den erbrachten Leistungen und Verhaltensweisen des Mitarbeiters ab. Soweit es die gezeigten Leistungen rechtfertigen, scheut er auch nicht davor zurück, die höchsten oder niedrigsten Bewertungsstufen zu vergeben. Bei einer genügend großen Zahl von Fällen wird sich eine Streuung der Bewertungen des objektiven Beurteilers nach der Gauß'schen Normalverteilung ergeben (vgl. Abbildung 23).

Die Darstellung der Beurteilungsergebnisse des nachsichtigen Beurteilers zeigt eine deutliche Verschiebung zum Positiven. Das kann entweder daran liegen, daß er die Anforderungen zu niedrig setzt oder daß er nicht den Mut hat, schwächere Mitarbeiter gemäß ihren Leistungen zu beurteilen.

Dem scharfen Beurteiler rutscht die Kurve im Vergleich zur Normalverteilung ins Negative ab. Er hält gute Leistungen für selbstverständlich, so daß mittlere und schwächere Leistungen im wesentlichen das Bild seiner Verteilung bestimmen.

Dem vorsichtigen Beurteiler fehlt es am notwendigen Mut, sich festzulegen. Bei der Verteilung seiner Urteile ist eine deutliche Tendenz zur Mitte, zum Durchschnittlichen, festzustellen.

Zur Vermeidung von Beurteilungsfehlern wird folgende Frageliste empfohlen (vgl. Raschke 1977, S. 55):
- Was für ein Beurteilertyp bin ich?
- Ist mir der Beurteilte sympathisch oder unsympathisch, inwieweit wurde mein Urteil dadurch beeinflußt?
- Habe ich mich zu sehr an den ersten Eindruck geklammert?
- Sind meine Urteile aufgrund ausreichender und zuverlässiger Beobachtungen gefällt?
- Spielen beim Zustandekommen der Beurteilungen persönliche oder private Interessen eine Rolle?
- Sind meine Urteile in sich schlüssig?
- Habe ich mich durch besonders hervorstechende Einzelerscheinungen bei der Zusammenstellung der Beurteilung beeinflussen lassen?
- Habe ich mich durch Dritte beeinflussen lassen?
- Habe ich Schönfärberei betrieben, weil der Beurteilte aus meiner Abteilung stammt?

106

Objektive Beurteilung

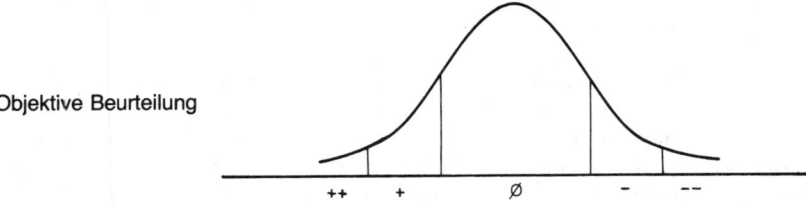

Nachsichtige Beurteilung

Scharfe Beurteilung

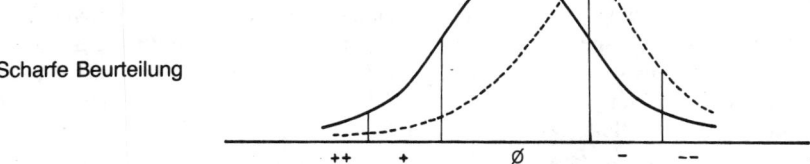

Vorsichtige Beurteilung

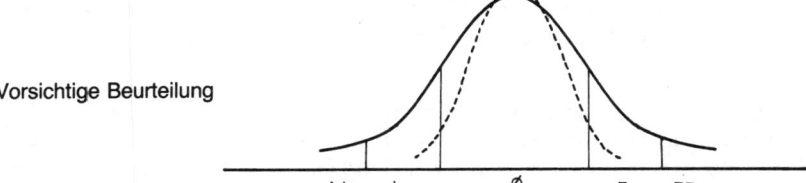

Abbildung 23: Beurteilertypen

- Habe ich irgend etwas leichtfertig gedeutet, wofür es nicht eindeutige Beweise gibt?

Schließlich soll nicht unerwähnt bleiben, daß auch das Verhalten des Beurteilten selbst Ursache für Beurteilungsfehler sein kann. Das Wissen, von einem anderen beurteilt zu werden, kann den Mitarbeiter bewußt oder unbewußt veranlassen, sein Verhalten durch Anpassung an beim Beurteiler vermutete Verhaltenserwartungen zu modifizieren. Falls dies vom Vorgesetzten nicht erkannt wird, können daraus Beurteilungsfehler resultieren.

3.3 Potentialerhebungen durch Befragungen und Beurteilungsseminare

Die bisherigen Ausführungen zur Mitarbeiterbeurteilung entsprechen den in der betrieblichen Praxis vorherrschenden Verhältnissen. Die Mitarbeiterbeurteilung hat in der Regel eine Doppelaufgabe zu erfüllen: Sie soll sowohl über die Leistungen der Mitarbeiter in der Vergangenheit als auch über deren voraussichtliche Entwicklung in der Zukunft informieren. Diese beiden grundlegenden Aufgabenstellungen werden allerdings zumeist mit unterschiedlicher Intensität wahrgenommen. Bei der Mehrzahl der Unternehmungen dominieren die vergangenheitsbezogenen Aussagen zur Leistungserfüllung. Die Beurteilung basiert dabei auf durch Beobachtungen feststellbare Fakten und soll in erster Linie als Grundlage einer gerechten und leistungsfördernden Lohn- und Gehaltsfindung dienen.

Demgegenüber wird den im Zusammenhang mit der Personalentwicklung interessierenden Aspekten der Potentialbeurteilung ein wesentlich geringeres Gewicht zugemessen. Potentialbezogene Aussagen werden – das haben auch die in den Abbildungen 20 bis 22 vorgestellten Beispiele gezeigt – zumeist nur am Ende des Beurteilungsbogens mit wenigen Fragen nach der Bewährung bei der Erfüllung der derzeitigen Arbeitsaufgaben, nach der Eignung für mögliche andere Aufgabenstellungen sowie nach empfohlenen Förderungs- und Bildungsmaßnahmen berücksichtigt. Dabei erweist es sich für viele Vorgesetzte als besonders schwierig, über das erwartete Verhalten (in einer neuen Aufgabe) und die künftige Entwicklung der Mitarbeiter eine Prognose abzugeben. Die Gefahr, daß der Einfachheit halber die für die Leistungsbeurteilung festgestellten Tendenzen auch auf die Entwicklungsbeurteilung übertragen werden, ist nicht zu übersehen.

Dieses Problem hat einige Unternehmen veranlaßt, deutlicher zwischen der vergangenheitsbezogenen Leistungsbeurteilung und einer zukunftsorientierten Potentialerhebung zu trennen. Mit der Befragung und dem Beurteilungsseminar stehen zwei Instrumente zur Verfügung, die primär auf die Erfassung des Eignungspotentials der Mitarbeiter für künftige Aufgabenstellungen ausgerichtet sind. Befragungen können sich an die Mitarbeiter selbst oder (häufiger) an die Vorgesetzten richten.

3.3.1 Befragung der Mitarbeiter

Die Befragung der Mitarbeiter selbst kann mündlich oder schriftlich erfolgen. Gelegenheit für mündliche Befragungen bieten grundsätzlich alle Gespräche des Vorgesetzten mit seinen Mitarbeitern, insbesondere aber das Beurteilungsgespräch (vgl. Kapitel 3.2.6) und das Fördergespräch (vgl. Kapitel 4.1). Eine weitere Möglichkeit sind regelmäßige schriftliche Mitarbeiterbefragungen. Im folgenden wird als Beispiel das Verfahren »Eigene Meinung zur Laufbahn« vorgestellt, das bei der Firma Akzo-Enka AG seit Jahren erfolgreich eingesetzt wird (vgl. Hoelemann 1976, S. 105–113).

Die Befragung richtet sich, unabhängig vom Alter und der erreichten Stellung, an alle Vorgesetzten und gibt diesen die Möglichkeit, ihre persönlichen Ansichten über ihre weitere berufliche Entwicklung darzustellen. Es bleibt dem einzelnen überlassen, ob er sich zur Teilnahme entschließt oder nicht. Es ist auch möglich, nur einen Teil der gestellten Fragen zu beantworten. Die erhaltenen Informationen werden im Ressort Personalförderung systematisch ausgewertet und erlauben bei konkreten Bedarfssituationen (z. B. Stellenbesetzungen) einen raschen Überblick über die im Unternehmen vorhandenen potentiellen Interessenten. Außerdem werden die Befragungsergebnisse bei allen Gesprächen mit den Mitarbeitern herangezogen. Alle Daten werden vertraulich behandelt und mit Dritten erst dann besprochen, wenn sich das im Zusammenhang mit vorgesehenen Beförderungen, Versetzungen oder Bildungsmaßnahmen als notwendig erweist. Selbst der unmittelbare Vorgesetzte sieht den Fragebogen nur dann, wenn aus einem bestimmten Anlaß über einen Mitarbeiter gesprochen wird.

Um falsche Hoffnungen und spätere Enttäuschungen zu vermeiden, wird den Mitarbeitern mit der Zusendung der Unterlagen versichert, daß ihre Chancen auf einen Einsatz entsprechend ihren Wünschen durch die Teilnahme an der Befragung zwar steigen, daß aber eine Versetzung in der erwünschten Richtung nicht ohne weiteres stattfinden kann.

Die Befragungsunterlagen bestehen aus einführenden Hinweisen, einem Instruktionsblatt und einem vierseitigen Fragebogen (vgl. Abbildung 24). Die entscheidenden Informationen werden aus der in den Fragekomplexen A1–A5 vorgesehenen Analyse der beruflichen Interessen und aus weiteren Laufbahnwünschen ermittelt. Falls es der Mitarbeiter wünscht, besteht die Möglichkeit, die schriftlichen Ausführungen um eine mündliche Erläuterung mit der Abteilung Personalförderung zu ergänzen.

Enka

Eigene Meinung zur Laufbahn

Antwortblatt 1 bitte in jedem Falle ausgefüllt zurücksenden, auch wenn Sie von der
weiteren Teilnahme absehen möchten.

Datum

Name, Vorname, Beruf:			
Geb. Dat.:	Eintr. Dat.:	Nationalität:	Pers.-Nr.:

Division / Gesellschaft:

Betrieb / Abteilung:

Funktion/Dienstrang:

Ausbildungen

Schulbildung (bei akademischer Ausbildung Studienort und -richtung sowie Hochschullehrer vermerken)	Jahr, in dem diese Ausbildungen abgeschlossen wurden

Kurse

Externe Kurse	Jahreszahlen		Jahreszahlen

Berufspraxis (letzte Tätigkeit vor und Tätigkeiten bei EG)

Arbeitgeber	Funktion	von - bis

Spezifische Erfahrungen; Selbststudium; Sprachkenntnisse; Veröffentlichungen; Lehrtätigkeiten usw. (soweit berufl. wichtig)

Abbildung 24: Eigene Meinung zur Laufbahn (Seite 1)

110

A	Interessen

I. Freie Beschreibung Ihrer Interessen

II. Bevorzugung bestimmter Funktionsrichtungen

Setzen Sie Kreuze in Spalte a) bei den Richtungen, die Sie in erster Linie bevorzugen, in Spalte b) bei den Richtungen, die für Sie in zweiter Linie noch von Interesse sind.

	a	b

1. Produktion
1.1 Produktion Synthese
1.2 Produktion Rayon
1.3 Produktion Stahlkord
1.4 Produktion Textilveredlung (Texturierung)
1.5 Produktion Non Fibre
1.9

2. Produktionsüberwachung
2.1 PÜ Synthese
2.2 PÜ Rayon
2.3 PÜ Stahlkord
2.4 PÜ Textilveredlung (Texturierung)
2.5 PÜ Non Fibre
2.8 Betriebslabor
2.9

3. Ingenieurwesen (s. auch 4.12 u. 4.6)
3.1 Ingenieurwesen HV
3.3 Allgem. techn. Dienstleistungen
3.39 Sicherheitswesen
3.4 Ingenieurtechnik Synthese
3.5 Ingenieurtechnik Rayon
3.9

4. Forschung/Entwicklung/Projektierung
4.11 EG Forschung
4.12 Ingenieurtechnik Forschung
4.13 Corporate Research
4.42 TT-Produkt-Service
4.44 TT-End-use-Entwicklung
4.45 TT-Verfahrensentwicklung
4.5 Entwicklung/Service ind. Garne
4.6 Engineering Obernburg/Arnhem
4.9

5. Ökonomie/Organisation/Verwaltung
5.1 Finanzwesen
5.2 Betriebswirtschaft (HV/Werke)
5.21 Produktgruppen-Controlling
5.3 Buchhaltung und Bilanzen (HV/Werke)

5.33 Steuerwesen
5.5 Organisation
5.6 EDV
5.7 Revision
5.9

6. Personal- und Sozialwesen/Arb.forschung
6.1 Allgem. Verwaltung
6.4 Personalwesen
6.5 Personalförderung
6.6 Sozialwesen
6.8 Arbeitsforschung
6.9

7. Materialwesen
7.1 Zentraleinkauf
7.2 Werkseinkauf
7.3 Lagerverwaltung (Magazin)
7.4 Fertiglager/Versand
7.5 Distribution Services
7.9

8. Vertrieb
8.1 Volkswirtschaft u. Marktforschung
8.2 Merchandising
8.3 Produktionsplanung u. Disposition
8.4 Verkauf einschl. Export
8.5 Reklamationsabteilung
8.6 Salesmanagement Produktgruppen
8.7 Ressort Verkauf Textil

9. Sonstige Aufgabenbereiche
9.11 General-Management-Aufgaben
9.2 Vorstands- und Direktionsassistenz
9.3 Rechts-, Vertrags-, Versicherungswesen
9.4 Patentwesen
9.5 Information u. Öffentlichkeitsarbeit
9.6 Produktionsmanagement der Produktgruppen
9.9

III. Interessen für konkrete Funktionen

Rangfolge	Funktion und/oder Abteilung
1	
2	
3	
4	
5	

Abbildung 24: Eigene Meinung zur Laufbahn (Seite 2)

Antwortblatt 3

IV. Befriedigung in jetziger Funktion

Meine jetzige Funktion halte ich für:

|———————————————|———————————————|———————————————|

sehr befriedigend   hinlänglich befriedigend   sehr unbefriedigend

Erläuterung:

V. Überlegungen zur weiteren Laufbahnentwicklung

VI. Bevorzugte Wohnorte (Standorte) in Deutschland

| 1. Vorliebe für: |
| 2. Kein Einwand, aber abhängig von Umständen: |
| 3. Unter keiner Bedingung nach: |

Erläuterung:

VII. Interesse an Auslandsbeschäftigung

Bin interessiert	
Kein Einwand, aber abhängig von Umständen	
Unter keinen Umständen	

Erläuterung:

Abbildung 24: Eigene Meinung zur Laufbahn (Seite 3)

112

Antwortblatt 4

| B | Fortbildungsbedarf |

1. Im Hinblick auf jetzige Funktion:

2. Im Hinblick auf gewünschte Funktion:

| C | Ansichten über eigene Qualitäten |

Von meinen Kenntnissen, Erfahrungen, Fähigkeiten und persönlichen Eigenschaften halte ich zum jetzigen Zeitpunkt folgende für die stärksten:

| D | Eventuelle mündliche Erörterung |

| Ich möchte gerne ein Gespräch über meine "Eigene Meinung zur Laufbahn" führen | ja/nein |

Wenn Sie das Obenstehende mit ja beantwortet haben und hierauf innerhalb eines Monats keine Reaktion erhalten haben, können Sie telefonisch mit demjenigen Kontakt aufnehmen, an den Sie die Antwortblätter zurückgeschickt haben.

| E | Beurteilung des hier angewandten Verfahrens |

Abbildung 24: Eigene Meinung zur Laufbahn (Seite 4)

113

Zusammen mit den Ergebnissen der Mitarbeiterbeurteilung werden die aus der Befragung gewonnenen Ergebnisse für die Laufbahn- und Nachfolgeplanung, für die Planung der damit verbundenen Qualifizierungs- und Förderungsmaßnahmen sowie bei kurzfristig erforderlichen Stellenbesetzungen herangezogen. Das hat den Vorteil, daß bei Stellenbesetzungen schon recht früh bekannt ist, ob ein vorgesehener Mitarbeiter an der betreffenden Stelle überhaupt Interesse hat. Außerdem hat die Erfahrung gezeigt, daß die in dieser Form geäußerten Interessen und Entwicklungswünsche vielfach konkreter sind als die in den Mitarbeiterbeurteilungen gegebenen Empfehlungen.

Durch statistische Auswertungen quantitativer oder quantifizierbarer Daten der Befragung können Hinweise auf schwerpunktmäßig bevorzugte Funktionsrichtungen, auf den generellen Zufriedenheitsgrad in der gegenwärtigen Position bzw. auf die wesentlichen Ursachen für Unzufriedenheit, auf die Veränderungsbereitschaft der Mitarbeiter, auf den Beliebtheitsgrad bestimmter Standorte sowie auf den Fortbildungsbedarf einzelner Mitarbeitergruppen gewonnen werden. Schließlich kann das Verfahren auch zu einer Verbesserung der Kooperation zwischen Vorgesetzten und Mitarbeitern beitragen. Die durch die Befragung initiierte Auseinandersetzung des einzelnen mit seiner Situation, seinen Wünschen und deren Realisierungschance stellt eine gute Voraussetzung für künftige Beurteilungs- und Fördergespräche dar. Das Verständnis und die Einstellung für die Mitarbeiterbeurteilung werden zunehmen, und es ist mit einer größeren Offenheit und Ergiebigkeit der Gespräche zu rechnen.

3.3.2 Potentialerhebungen bei den Vorgesetzten

Die wichtige Rolle des Vorgesetzten bei der Personalentwicklung wurde schon an anderer Stelle deutlich herausgestellt (vgl. Kapitel 1.3.3). Durch den regelmäßigen Umgang mit seinen Mitarbeitern kann der Vorgesetzte besser als jeder andere Hinweise zur Aufgabenerfüllung in der gegenwärtigen Position und zur Eignung und Bereitschaft für weitergehende Aufgabenstellungen geben. Diese Tatsache nutzen immer mehr Unternehmen, indem sie die Vorgesetzten in regelmäßigen oder unregelmäßigen Abständen schriftlich befragen. Solche Potentialerhebungen knüpfen zwar häufig an die Ergebnisse der Mitarbeiterbeurteilung an, sie sind jedoch nicht unmittelbar mit ihr gekoppelt.

Die Befragungen der Vorgesetzten können sich auf alle Mitarbeiterkategorien erstrecken, um rechtzeitig Kenntnisse über sämtliche vorhandenen, besonders entwicklungsfähigen Mitarbeiter zu erhalten. Dabei werden die Vorgesetzten aufgefordert, unabhängig von der heutigen oder einer möglichen künftigen Funktion Mitarbeiter zu nennen, die sie zum Befragungszeitpunkt für besonders leistungs- und entwicklungsfähig halten. Häufiger erstrecken sich

Potentialerhebungen allerdings auf solche Mitarbeiter, die über die Entwicklungsfähigkeit zur mittleren und oberen Führungskraft verfügen. Neben den Daten zur Person werden u. a. folgende Angaben erfragt:

- Ausbildung, bisheriger Werdegang,
- gegenwärtige Tätigkeit (besondere Anforderungen und Aufgaben),
- vom Mitarbeiter geäußerte berufliche Absichten,
- besondere, ausbaufähige Fähigkeiten und Kenntnisse,
- eigentliche Potential- und Entwicklungseinschätzung
  - nach Funktionsstufen (nächste oder darüber hinausgehende Stufe),
  - in zeitlicher Hinsicht (sofort, in den nächsten zwei Jahren, in den nächsten fünf Jahren),
- Begründung der Einschätzung (z. B. fachliche und persönliche Eignung),
- Aussage zum Führungsverhalten (Stärken, Defizite),
- mögliche Einschränkungen in der beruflichen Entwicklung,
- bisherige Fördermaßnahmen,
- notwendige Förder- und Bildungsmaßnahmen.

Die Vorgesetzten werden auf diese Weise veranlaßt, sich im Sinne der personellen Vorsorge rechtzeitig Gedanken über die Qualifikation und die Entwicklungsmöglichkeiten der künftigen Fach- und Führungskräfte zu machen. Dies gilt grundsätzlich auch für Klein- und Mittelbetriebe, die im Rahmen ihrer Gegebenheiten ebenfalls für die Sicherung und Weiterentwicklung der vorhandenen Mitarbeiter Sorge tragen müssen.

3.3.3 Beurteilungsseminare (Assessment Centers)

Bei der Mitarbeiterbeurteilung in der dargestellten Form handelt es sich um eine Einzelbeurteilung des Mitarbeiters durch den jeweiligen Vorgesetzten. Diese Beurteilungsform dominiert in der täglichen Praxis und wird bei allen Mitarbeiterkategorien und Betrieben jeder Größenordnung praktiziert. Daneben gibt es mit dem Assessment Center eine Form der Gruppenbeurteilung, die wesentlich arbeits- und zeitaufwendiger ist und deshalb überwiegend nur für Führungs- und Führungsnachwuchskräfte sowie Spezialisten angewandt wird. Die Ausgangsidee des Assessment Centers wurde im ersten Weltkrieg beim deutschen Militär entwickelt und hat auf dem Umweg über die Vereinigten Staaten (Militär und Industrie) die Bundesrepublik Anfang der siebziger Jahre wieder erreicht. An Stelle von Assessment Center spricht man in Deutschland auch von Beurteilungsseminar, Auswahlseminar, Personalentwicklungsseminar oder Managementpotentialanalyse.

Das Assessment Center ist ein systematisches Verfahren zur qualifizierten Feststellung von Verhaltensleistungen bzw. Verhaltensdefiziten, wobei mehrere Teilnehmer von mehreren Beobachtern gleichzeitig hinsichtlich vorher genau definierter situationsspezifischer Anforderungen beurteilt werden. Damit sind bereits die wichtigsten Merkmale aufgezählt, die ein Assessment Center kennzeichnen:

- Es handelt sich um ein systematisches Verfahren;
- es werden im voraus definierte, beobachtbare Verhaltensweisen überprüft;
- die Teilnehmer werden mit Situationen konfrontiert, die den künftigen Anforderungen entsprechen;
- vergleichbare Anforderungen werden in wechselnden Situationen beobachtet;
- es werden mehrere Beobachter für jeden Teilnehmer eingesetzt;
- die Beurteilung wird von den Beobachtern gemeinsam erstellt.

Assessment Center werden eingesetzt bei der externen und internen Bewerberauswahl, bei der Beförderung von Mitarbeitern aus den eigenen Reihen und bei der Ermittlung von Weiterbildungsbedürfnissen. Im Rahmen der Personalentwicklung dient das Assessment Center zwei Hauptzielen:

- Es soll helfen, vorhandenes (Führungs-)Potential zu erkennen, und
- es soll dazu beitragen, die zur Entwicklung dieses Potentials notwendigen Förder- und Bildungsmaßnahmen festzulegen.

3.3.3.1 Durchführung des Assessment Centers

Das Assessment Center bedient sich der Simulationsmethode; dabei werden Teile der künftigen Arbeitssituation der Teilnehmer vorweggenommen und in einer Laborsituation praktisch durchgeführt. In Abbildung 25 sind diese Zusammenhänge graphisch dargestellt.

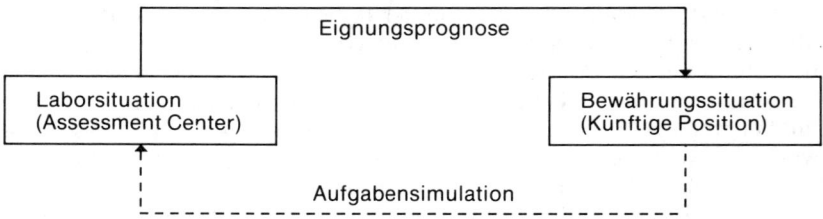

Abbildung 25: Konzept des Assessment Centers

Die Beurteilung bezieht sich auf die Laborsituation, in der Aufgaben ausgeübt (simuliert) werden, wie sie den Teilnehmern in ihrer künftigen Position (Bewährung) voraussichtlich begegnen werden. Die Laborsituation soll also

116

die Bewährungssituation so realistisch wie möglich wiedergeben. Das Verhalten der Teilnehmer in der Laborsituation bildet die Grundlage für eine Prognose ihrer künftigen Eignung. Gleichzeitig werden vorhandene Schwächen und notwendige Entwicklungsmaßnahmen erkannt.

Die Dauer eines Assessment Centers erstreckt sich von mehreren Stunden bis zu einer Woche. Es können bis zu zwölf Kandidaten teilnehmen, denen vier bis sechs Beobachter (Assessoren) gegenüberstehen. Die Beobachter müssen zuvor selbst ausreichend geschult werden. Als Beobachter kommen erfahrene Führungskräfte (nicht jedoch die direkten Vorgesetzten der Kandidaten) oder Mitarbeiter aus dem Personalbereich in Frage, die in der Hierarchie deutlich höher stehen als die Teilnehmer. Außerdem werden vielfach externe Spezialisten (z. B. Berater) hinzugezogen. Hinsichtlich der Akzeptanz müssen eine unvoreingenommene Beobachtung menschlicher Verhaltensweisen und eine vorurteilsfreie Beurteilung sichergestellt sein.

Der Ablauf eines Assessment Centers ist in Abbildung 26 dargestellt. Eine unerläßliche Voraussetzung ist eine eindeutige Definition der Anforderungen an die Kandidaten. Dabei sollten die betroffenen Führungskräfte einbezogen und geklärt werden, wie sich positive und negative Ausprägungen der Anforderungen bei der Ausübung darstellen können. Auf der Basis des zuvor festgelegten Anforderungsprofils werden die durchzuführenden Übungen zusammengestellt; die Beobachter wirken bei der Auswahl der Übungen mit und sind durch ein spezielles Training mit deren Verlauf und Auswertung vertraut zu machen.

Die Teilnehmer sollten bereits mit der Einladung genau informiert werden, was auf sie zukommt und welche Folgen mit der Teilnahme an einem Assessment Center verbunden sein können. Eine weitere Information über Ziel und Ablauf des Verfahrens wird am Beginn des ersten Tages gegeben. Während der Übungen wechselt die Zuordnung zwischen Beobachtern und Teilnehmern ständig. Am Ende der Veranstaltung müssen alle Beobachter zu einem gemeinsamen Urteil kommen, das von allen Beteiligten getragen wird. Jeder Teilnehmer wird in einem ausführlichen Gespräch über sein Abschneiden informiert, wobei sämtliche offenbarten Stärken und Schwächen angesprochen werden. Auf diese Weise erhält jeder Teilnehmer ein zuverlässiges Bild, wie ihn das Unternehmen einschätzt und was er für die Zukunft erwarten kann. Im Verlauf des Gesprächs sollte es zu einer Abstimmung über die zukünftige Weiterentwicklung des Kandidaten und notwendige Bildungsmaßnahmen kommen. Abschließend wird ein Gutachten erstellt, das Aussagen zu folgenden Punkten enthalten kann:

– besondere Stärken und Schwächen, bezogen auf das Anforderungsprofil,
– weitere Entwicklungsfähigkeit,

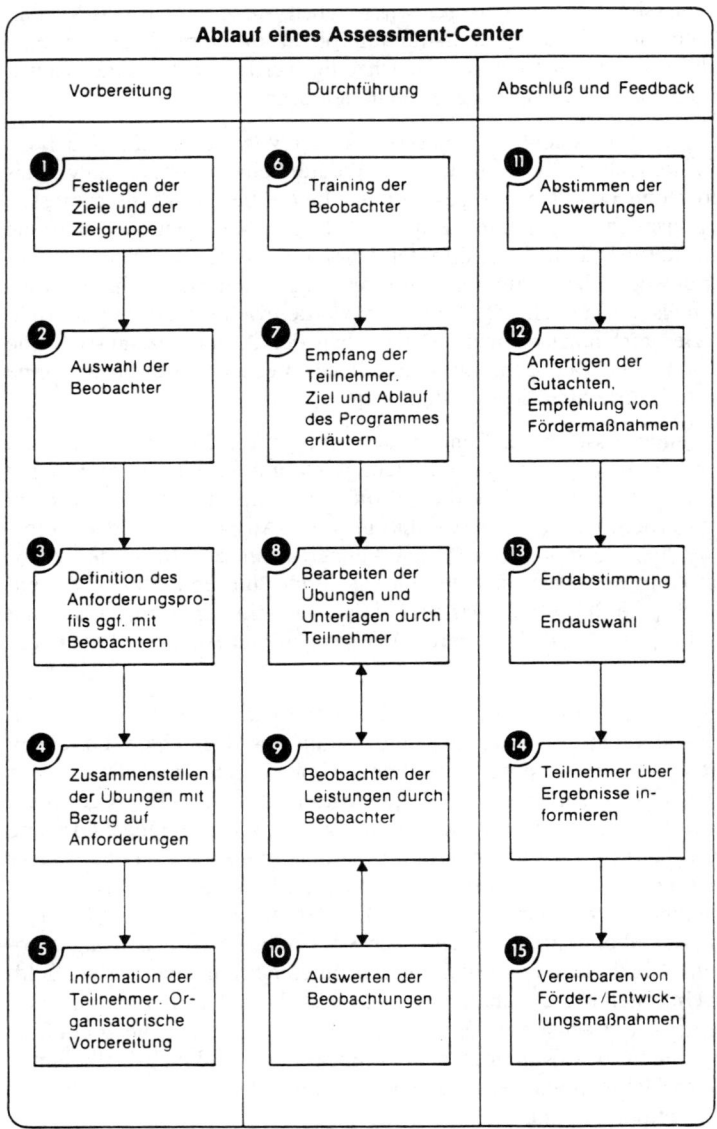

Abbildung 26: Ablauf eines Assessment Centers

(Quelle: Jeserich, W. 1989, S. 35)

118

– empfohlene Förderungs- und Bildungsmaßnahmen und
– eventuelle Punkte für ein Rückkopplungsgespräch.

3.3.3.2 Inhalt des Assessment Centers

Wie schon ausgeführt, sind die zu überprüfenden Anforderungskriterien und die eingesetzten Übungen immer situationsbezogen (in Abhängigkeit von den zu besetzenden Positionen) festzulegen. U. a. kommen folgende Kategorien und Einzelkriterien in Frage (vgl. Jeserich 1989, S. 74):

(a) Steuerung sozialer Prozesse
 – Sensibilität
 – Kontakte
 – Kooperation
 – Integration
 – Information
 – Selbstkontrolle
(b) Systematisches Denken und Handeln
 – Abstraktes und analytisches Denken
 – Kombinatorisches Denken
 – Persönliche Arbeitsorganisation
 – Entscheidung
 – Planung/Kontrolle
(c) Aktivität
 – Führungsantrieb/-motivation
 – Arbeitsantrieb/-motivation
 – Selbständigkeit
 – Durchsetzung
 – Selbstvertrauen
(d) Ausdruck
 – Mündliche und schriftliche Formulierung
 – Flexibilität
 – Überzeugung.

Die eingesetzten Übungen stellen immer eine Mischung aus Einzel- und Gruppenübungen dar. Sie sind so auszuwählen, daß die zuvor definierten Anforderungen prüfbar werden. Alle Übungen sollten grundsätzlich den Bildungsvoraussetzungen der Teilnehmer entsprechen und durch ein gewisses Maß an Praxisnähe sicherstellen, daß sich die Teilnehmer damit identifizieren können. Durch einen geschickten Wechsel zwischen Einzel- und Gruppenübungen und einen flexiblen Übungseinsatz sollte die notwendige Dynamik im Ablauf sichergestellt werden. Zu den Einzelübungen zählen zumeist ein Interview zur Person, das Aufschlüsse über das Gesprächsverhalten und das

Selbstbild des Probanden gibt. Eine weitere beliebte Einzelübung ist der sogenannte Postkorb (»Manager-in-basket«), der unter Zeitdruck aufzuarbeiten ist. Das Postkorbspiel vermittelt Hinweise auf die Organisations- und Delegationsfähigkeit des Kandidaten, auf sein Entscheidungsvermögen und seine Fähigkeit, Prioritäten zu setzen, sowie sein Verhalten in Streß-Situationen. Durch ein Interview über die getroffenen Entscheidungen können die gewonnenen Eindrücke vertieft werden. Eine weitere Einzelübung ist die Vorstellung der eigenen Arbeit in Form eines Tätigkeitsberichts, der Rückschlüsse auf die Kommunikationsfähigkeit zuläßt.

In den **Gruppenübungen** werden verschiedene typische Managementsituationen nachvollzogen. Dazu zählen z. B. die Entwicklung einer Planungskonzeption, die Kandidatenauswahl für eine offene Position oder die Entscheidung über mehrere alternative Vorschläge. Je nach vorliegender Situation muß die Gruppe gemeinsam tätig werden, so daß das Kooperationsverhalten getestet werden kann, oder die Teilnehmer müssen gegeneinander agieren, um ihre Ziele zu erreichen. In diesem Falle werden Informationen über Durchsetzungsvermögen und das Konkurrenzverhalten gewonnen. Eine beliebte Übung ist das Rollenspiel im Entscheidungsprozeß, das Hinweise auf die geistige Flexibilität, auf das Durchsetzungsvermögen und das Selbstbewußtsein der Kandidaten vermittelt.

Zumeist können in einer Übung gleichzeitig mehrere Verhaltensweisen beobachtet werden.

3.4 Innerbetriebliche Stellenausschreibung

Die innerbetriebliche Stellenausschreibung dient der Erschließung der im Unternehmen vorhandenen Arbeitskräftereserven und der Förderung der internen Mobilität. Sie vermittelt Hinweise auf bisher nicht genutzte Fähigkeiten der Mitarbeiter und ermöglicht einen neigungsgerechten Arbeitseinsatz. Die Reaktionen auf interne Stellenausschreibungen gewähren Rückschlüsse auf die Qualifikation der Bewerber. Unabhängig vom Erfolg oder Mißerfolg einer Bewerbung auf eine interne Stellenausschreibung kann unterstellt werden, daß es sich bei den Bewerbern um Mitarbeiter mit Initiative handelt, die weiterkommen möchten und die deshalb hinsichtlich ihrer Entwicklungsfähigkeit überprüft werden sollten. Ein Mitarbeiter, dessen Entwicklungspotential bis dahin vielleicht noch nicht erkannt worden war, kann auf dem Umweg über die innerbetriebliche Stellenausschreibung auf sich aufmerksam machen.

Nach § 93 BetrVG kann der Betriebsrat verlangen, daß Arbeitsplätze, die besetzt werden sollen, vor ihrer Besetzung zunächst innerhalb des Betriebes ausgeschrieben werden müssen. Dieses Recht des Betriebsrats hat dazu beigetragen, daß die Zahl der internen Ausschreibungen in den letzten Jahren trotz mancher Bedenken spürbar zugenommen hat. Die Gegner der internen Ausschreibung verweisen allerdings darauf, daß die Beschaffungsaufgabe auf diese Art zwar qualitativ, nicht aber quantitativ gelöst wurde, weil jede erfolgreiche interne Bewerbung eine andere Stellenbesetzung erforderlich macht. Außerdem wird befürchtet, daß abgelehnte Bewerber aus Enttäuschung das Unternehmen möglicherweise verlassen werden. Diese Einwände sind sicherlich grundsätzlich richtig, sie haben aber im Vergleich mit den Vorteilen der innerbetrieblichen Stellenausschreibung (vgl. Abbildung 7, S.51) nur untergeordnete Bedeutung.

3.4.1 Bedeutung im Rahmen der Personalentwicklung

Die innerbetriebliche Stellenausschreibung richtet sich an einen bis dahin noch nicht erfaßten Kreis von Mitarbeitern; es bleibt dem Zufall überlassen, ob es für die ausgeschriebene Stelle Interessenten gibt und ob diese von der Stellenausschreibung Kenntnis nehmen. Insbesondere in Unternehmen, in denen regelmäßig Mitarbeiterbeurteilungen, Mitarbeitergespräche oder Potentialerhebungen durchgeführt werden, die sich in individuellen Entwicklungsplänen niederschlagen, sind die Qualifikationen der Mitarbeiter bereits so gut bekannt, daß bei erforderlichen Stellenbesetzungen auf geeignete Mitarbeiter ohne Ausschreibung zurückgegriffen werden kann. Ein derart perfektes System macht die innerbetriebliche Stellenausschreibung beinahe überflüssig. Diese Feststellung gilt allerdings primär für den Bereich der Führungs- und Führungsnachwuchskräfte in größeren Betrieben. Hier haben interne Ausschreibungen aufgrund der vorhandenen Transparenz über das Mitarbeiterpotential und des geringen Auswahlrisikos nur noch untergeordnete Bedeutung. Dagegen hat die innerbetriebliche Stellenausschreibung in solchen Unternehmen, die keine systematische Leistungsbeurteilung und Potentialerfassung bzw. Aufstiegsplanung betreiben, und für Mitarbeitergruppen, die nicht in derartige Konzeptionen einbezogen werden, nach wie vor großen Wert. In solchen Fällen wird sie teilweise ganz bewußt als ein Instrument im System der Personalentwicklung eingesetzt, das neben anderen Informationsquellen auf bestehende Entwicklungsbedürfnisse der Mitarbeiter hinweist und ihnen die Chance einer »Selbststeuerung« ihrer weiteren beruflichen Entwicklung durch eigene Initiativen einräumt.

3.4.2 Ablauf der innerbetrieblichen Stellenausschreibung

Für die Handhabung der innerbetrieblichen Stellenausschreibung hat es sich als zweckmäßig erwiesen, die wichtigsten Ablaufmodalitäten dauerhaft festzulegen. Im Hinblick auf das Recht des Betriebsrats, interne Ausschreibungen verlangen zu können, geschieht das vielfach in Form einer Betriebsvereinbarung. Dabei können folgende Tatbestände geregelt werden:

1. Zweck der innerbetrieblichen Stellenausschreibung (z. B. Eröffnung von Aufstiegschancen),
2. Abgrenzung der Arbeitsplätze, die regelmäßig ausgeschrieben werden müssen,
3. Ausnahmen von der regelmäßigen Ausschreibungspflicht (z. B. wenn bereits ein Nachfolger fest nominiert wurde),
4. Beteiligte (Personalabteilung, suchende Abteilung, Betriebsrat),
5. Form und Art der Ausschreibung (z. B. Anschlag am schwarzen Brett),
6. Inhalt der Ausschreibung
   - Bezeichnung der suchenden Abteilung
   - Bezeichnung der zu besetzenden Stelle
   - Aufgabenbeschreibung
   - Zeitpunkt der Stellenbesetzung
   - Fachliche Voraussetzungen des Bewerbers
   - Persönliche Voraussetzungen des Bewerbers
   - Tarifgruppe bzw. AT-Einstufung
   - Bewerbungsfrist,
7. Anforderungen an die Bewerbung
   - Form (z. B. Verwendung eines vorgegebenen Bewerbungsbogens)
   - Einzureichende Bewerbungsunterlagen
   - Bewerbungsanschrift (z. B. Personalabteilung, z. Hd. . . .),
8. Bewerbungsvoraussetzungen
   - Mindestbetriebszugehörigkeit
   - Ununterbrochene Tätigkeit in einer Betriebsabteilung seit der letzten Versetzung,
9. Vertrauliche Behandlung der Bewerbungen
   - Schriftwechsel nur über die Privatadresse des Bewerbers
   - Information des derzeitigen Vorgesetzten frühestens dann, wenn der Bewerber in die »engere Wahl« gekommen ist,
10. Behandlung abgelehnter Bewerbungen,
    - Schriftliche Benachrichtigung des abgelehnten Bewerbers
    - Ausschluß von Nachteilen aufgrund einer internen Bewerbung
11. Auswahl der Bewerber
    - Auswahl nach fachlicher und persönlicher Qualifikation
    - Vorrang interner Bewerber vor externen Bewerbern bei gleichen Voraussetzungen,
12. Regelung der Übernahme (Freigabe und Einarbeitszeit),
13. Information des Betriebsrats.

Durch die Verwendung einheitlicher Formulare wird die Berücksichtigung aller wesentlichen Details sichergestellt und die Vergleichbarkeit interner Bewerbungen erleichtert. In den Abbildungen 27 und 28 sind zwei Formularvorschläge abgedruckt.

3.4.3 Auswertung der innerbetrieblichen Bewerbungen

Ebenso wie für die Stellenausschreibung erweist es sich auch für die Behandlung innerbetrieblicher Bewerbungen als zweckmäßig, die wichtigsten Regeln grundsätzlich festzuschreiben. Einige Aspekte wurden in der vorstehenden Aufzählung bereits berücksichtigt. Insbesondere ist darauf zu achten, daß abgelehnte Bewerber keine Nachteile erleiden und daß sie trotz der Ablehnung weiterhin motiviert bleiben, sich bei künftigen Ausschreibungen erneut zu bewerben.

Hinsichtlich der Verwertbarkeit interner Bewerbungen bei der Personalentwicklung können grundsätzlich zwei Alternativen unterschieden werden:
- Die Bewerbung ist erfolgreich, und der Mitarbeiter wird auf die neue Stelle übernommen. In solchen Fällen ist, abgesehen von eventuell erforderlichen Qualifizierungsmaßnahmen, für die ausgeschriebene Stelle zu prüfen, ob der Betreffende zusätzlich in die Personalentwicklungskartei aufzunehmen ist und ob er über das Potential für eine weitere Förderung (z. B. Laufbahnplanung) verfügt.
- Bei abgelehnten Bewerbern sollte zunächst geprüft werden, ob sie für eine andere zu besetzende Stelle in Frage kommen. Außerdem sollte auf jeden Fall beachtet werden, daß der Mitarbeiter durch seine Bewerbung auf die interne Stellenausschreibung unter Beweis gestellt hat, daß er weiterkommen möchte. Er unterscheidet sich insofern von vielen anderen Kollegen mit weniger Initiative. Deshalb bietet es sich auch für abgelehnte Bewerber an zu prüfen, inwieweit sie für eine zusätzliche Förderung (Aufnahme in die Personalentwicklungskartei) in Frage kommen. Soweit über die Förderungsqualifikationen im Einzelfalle noch Zweifel bestehen sollten, kann zumindest durch Registrierung in einer »Liste interner Bewerbungen« sichergestellt werden, daß die weitere Entwicklung des Mitarbeiters beobachtet wird.

Innerbetriebliche Stellenausschreibung

Nr. ....

In der Abteilung / im Werk .... ist ab ....
folgende Stelle zu besetzen:

Aufgabenstellung:
Einstufung:

Anforderungen:
Ausbildung:
Berufserfahrung:
Spezielle Kenntnisse:
Sonstiges:

Mitarbeiter(innen), die an dieser Stelle interessiert sind und die vorstehenden Anforderungen erfüllen, können sich bis zum .... bewerben, wenn sie dem Unternehmen seit mindestens zwölf Monaten angehören.
Richten Sie Ihre Bewerbung unter Verwendung des Formblattes »Innerbetriebliche Bewerbung« an die Personalabteilung, z. H. ....
Eine vertrauliche Behandlung Ihrer Bewerbung wird zugesichert.

....
Ort, Datum

....
Personalabteilung

Abbildung 27: Formular für die innerbetriebliche Stellenausschreibung

Innerbetriebliche Bewerbung

zur Stellenausschreibung Nr. .... Stelle: ....

Vertraulich

An Personalabteilung z. H. ....

Name: Personal-Nr.
Vorname: Abteilung:
Geb.-Datum: Eintritt im Unternehmen:

Privatanschrift:

Die ausgeschriebene Stelle interessiert mich aus folgenden Gründen:

Die gestellten Anforderungen erfülle ich in folgendem Umfang:

Ausbildung:

Berufserfahrung:

Spezielle Kenntnisse:

Sonstiges:

Bemerkungen:

Ort, Datum   Unterschrift

Abbildung 28: Formular für die innerbetriebliche Bewerbung

125

4 Instrumente der Förderung

4.1 Fördergespräch

Das Fördergespräch – man bezeichnet es auch als Beratungs- und Förderge-spräch, Personalentwicklungsgespräch oder je nach den vorliegenden Verhält-nissen als Laufbahnberatungs- oder Nachfolgegespräch – ist ein entscheidender Baustein im Konzept der Personalentwicklung. Es kann entweder mit dem Beurteilungsgespräch zusammenfallen und vom jeweiligen Vorgesetzten ge-führt werden, wenn dieser über die Entscheidungskompetenz für die festzule-genden Entwicklungswege und -maßnahmen verfügt, oder – das dürfte häufi-ger der Fall sein – es wird von einem höheren Vorgesetzten oder einem Mitglied der Personalabteilung geführt. Im Gegensatz zum reinen Beurtei-lungsgespräch dominieren beim Fördergespräch die zukunftsorientierten Aspekte.

4.1.1 Gesprächstechnik

Eine gute Vorbereitung und die Berücksichtigung einiger bewährter Regeln der Gesprächsdurchführung tragen wesentlich zum Gesprächserfolg bei. Es sollte allerdings darauf geachtet werden, daß die Gesprächstechnik (und -taktik) nicht überbewertet wird, da andernfalls die Gefahr besteht, daß das Gespräch zur reinen Routine wird und somit der verfolgte Zweck nicht erreicht wird.

Sowohl der Vorgesetzte als auch der Mitarbeiter müssen sich auf das Förderge-spräch vorbereiten. Deshalb muß rechtzeitig ein Termin festgesetzt werden. Durch eine schriftliche Einladung wird die Gefahr verringert, daß der Mitar-beiter den Termin vergißt (vgl. Abbildung 29). Wegen der großen Bedeutung des Fördergesprächs für die weitere berufliche Entwicklung des Mitarbeiters sollte dieser so rechtzeitig eingeladen werden, daß ihm noch ausreichend Zeit für die Vorbereitung bleibt. Zur Erleichterung und um sicherzustellen, daß der Mitarbeiter die zu besprechenden Probleme auch richtig erkennt, kann ihm zusammen mit der Einladung ein Vorbereitungsblatt zugesandt werden (vgl. Abbildung 30).

Das Fördergespräch sollte in einer entspannten, ungestörten Atmosphäre abgewickelt werden. Weder der Arbeitsplatz des Mitarbeiters noch der Schreibtisch des Vorgesetzten mit einem ständig störenden Telefon bilden den geeigneten äußeren Rahmen. Die Gesprächsteilnehmer sollten an einem ruhigen Ort als gleichwertige Partner zusammensitzen. Um alle Fragen ausrei-chend besprechen zu können, ist genügend Zeit einzuplanen; der Zeitrahmen wird sich je nach Position des Mitarbeiters zwischen einer halben Stunde und mehreren Stunden bewegen.

126

Beratungs- und Förderungsprogramm

IBM

Einladung zum Beratungs- und Förderungsgespräch

Name   Datum, Uhrzeit

Adreß-Schlüssel   Zimmer-Nr.

Liebe Mitarbeiterin, lieber Mitarbeiter,

unser Beratungs- und Förderungsgespräch soll - wie bereits zwischen uns vereinbart - zum oben angegebenen Termin stattfinden.
In diesem Gespräch wollen wir

- uns ungestört und offen über alles unterhalten, was für Ihre Zufriedenheit und den Erfolg Ihrer Tätigkeit wichtig ist,

- gemeinsam nach Möglichkeiten für Ihre Schulung und Fortbildung suchen und Maßnahmen zur Verwirklichung dieser Pläne besprechen,

- ausgehend von Ihren Arbeitszielen und Leistungen im vergangenen Zeitraum, gemeinsam die Ziele planen und festlegen, die wir in den nächsten Monaten erreichen wollen,

- Ihre Erwartungen und unsere gegenseitigen Vorstellungen hinsichtlich Ihrer Laufbahnentwicklung diskutieren.

Der Erfolg unseres Gespräches hängt auch wesentlich von Ihrem Beitrag ab. Zur Vorbereitung kann Ihnen die Rückseite dieser Einladung dienen.

(Unterschrift)

Abbildung 29: Einladung zum Fördergespräch

127

Beratungs- und
Förderungsprogramm

Vorbereitungsblatt

Sie haben sicherlich eigene Vorstellungen über das, was Sie von sich
aus besprechen wollen. Betrachten Sie die folgenden Fragen daher
lediglich als Leitfaden.

Waren Ihnen in der Vergangenheit Ihre Arbeitsziele genügend bekannt?

Was hat Sie bei Ihrer Arbeit behindert?

Welche Umstände waren für den Erfolg Ihrer Tätigkeit förderlich?

Konnten Sie Ihre Fähigkeiten voll einsetzen?

Welche Tätigkeit, die Sie kennen, wäre aufgrund Ihrer Fähigkeiten für Sie geeigneter?

Welche zukünftigen Arbeitsziele halten Sie für besonders wichtig?

Was kann ich für Ihre berufliche Weiterbildung tun oder veranlassen?

Welche Erwartungen und Vorstellungen haben Sie hinsichtlich Ihrer Laufbahnentwicklung bei der IBM?

Bitte bringen Sie darüberhinaus alles zur Sprache,
was für Sie wichtig ist.

Abbildung 30: Vorbereitungsblatt zum Fördergespräch

128

Die Verantwortung für den Gesprächsablauf liegt beim Vorgesetzten. Er ist der Erfahrenere und hat auf die Einhaltung der grundlegenden Regeln zu achten. In Abbildung 31 sind die wichtigsten Punkte, die grundsätzlich auch für andere Mitarbeitergespräche (z. B. Anerkennungs- oder Kritikgespräche) Gültigkeit haben, zusammengefaßt.

4.1.2 Gesprächsinhalt

Das Fördergespräch baut auf den Daten der Personalentwicklungskartei, den Ergebnissen der Mitarbeiterbeurteilungen, -befragungen oder Auswahlseminaren und den Entwicklungsempfehlungen des Vorgesetzten auf. Es bietet, wie auch das Beurteilungsgespräch, dem Mitarbeiter Gelegenheit, seine Entwicklungsbedürfnisse zu präzisieren. Dabei fällt es manchen Mitarbeitern teilweise schwer, ihre Entwicklungswünsche in ausreichendem Maße zu artikulieren, weil sie aufgrund des begrenzten beruflichen Erfahrungshorizontes vielfach nicht über ausreichende Informationen über die zur Verfügung

---

Die folgenden Regeln gelten grundsätzlich für alle Arten von Mitarbeitergesprächen:
- Positive Gesprächseröffnung (z. B. bisherige gute Zusammenarbeit oder Interessenbereiche des Mitarbeiters)
- Gesprächsziel verdeutlichen und im Auge behalten (z. B. weitere berufliche Entwicklung oder neue Abgrenzung des Arbeitsgebietes)
- Gesprächsgliederung vorschlagen
- Soweit möglich, Gespräch unter vier Augen führen
- Ausreichend Zeit nehmen, kein Mitarbeitergespräch in Hast und Erregung
- Ruhige, sachliche Gesprächsführung
- Präzise Aussagen machen und verlangen
- Mitarbeiter zu Wort kommen lassen bzw. durch Fragen zum Reden bringen
- Aktiv zuhören; Mitarbeiter ausreden lassen (der Mitarbeiter soll die Möglichkeit haben, über seine Fähigkeiten zu sprechen und seine Stärken einzubringen)
- Negatives deutlich, aber ohne persönlichen Vorwurf sagen (z. B. unzureichende Leistungen am bisherigen Arbeitsplatz)
- Bei Fehleinschätzungen bestimmter Situationen auch einmal eigenen Fehler zugeben und Urteil revidieren
- Nichts versprechen, was nicht versprochen werden darf (z. B. kann nicht jeder Vorgesetzte verbindliche Zusagen über weitere Förder- und Bildungsmaßnahmen machen)
- Erreichte Teilergebnisse durch Zwischenzusammenfassungen verdeutlichen
- Schlußergebnis deutlich herausstellen (der Mitarbeiter muß erkennen, daß durch das Gespräch etwas erreicht wurde)
- Gesprächsschluß in gutem Einvernehmen (etwaige Mißverständnisse sollten durch das Gespräch ausgeräumt sein)

Abbildung 31: Merkpunkte für Fördergespräche (Mitarbeitergespräche)

stehenden Entwicklungsalternativen verfügen. Deshalb muß es als eine wesentliche Aufgabe des Gesprächsführenden angesehen werden, dem Mitarbeiter zunächst einmal die notwendige Transparenz über die vorhandenen Entwicklungsmöglichkeiten zu verschaffen. Als Informationsgrundlage können das bereits bekannte organisatorische Instrumentarium (Organisations- und Stellenpläne, Stellenbeschreibungen) und – falls vorhanden – personenunabhängig konzipierte Laufbahnmodelle (vgl. Kapitel 4.2.6.2) dienen.

Den eigentlichen Inhalt des Fördergesprächs bildet dann die endgültige Abstimmung über die weitere berufliche Entwicklung des Mitarbeiters (individuelle Entwicklungsplanung) und die Festlegung der zur Realisierung dieser Pläne notwendigen Förder- und Bildungsmaßnahmen. Durch eine gute Strukturierung des Fördergesprächs kann sichergestellt werden, daß keine wesentlichen Aspekte vergessen werden. Eine Gliederung könnte wie folgt aussehen:

- Einleitung – positive Gesprächsatmosphäre herstellen,
- bisheriges Aufgabengebiet des Mitarbeiters,
- Ergebnisse aus Beurteilungen, Befragungen oder Potentialerhebungen,
- Erwartungen, Wünsche, Interessengebiete des Mitarbeiters,
- Aufzeigen betrieblicher Möglichkeiten,
- Abstimmung über künftige Aufgaben oder Arbeitsziele,
- Festlegung vorgesehener Förderungs- und Bildungsmaßnahmen,
- evtl. Vereinbarung eines weiteren Gesprächstermins,
- Gesprächsabschluß.

In dieser Phase kommt es weniger darauf an, daß schon exakt geregelt wird, ob z. B. eine Bildungsmaßnahme intern oder extern durchzuführen ist, sondern hier geht es in erster Linie darum festzulegen, welche Förderungs- und Bildungsziele erreicht werden sollen. Wenn über die anzustrebenden Entwicklungsziele Übereinstimmung besteht, dann dürfte die spätere Gestaltung keine Schwierigkeiten mehr bereiten. Die Modalitäten der Durchführung sind von den zuständigen Organen in der Personal- oder Bildungsabteilung (Personalleiter, Personalentwicklungsbeauftragter) zu klären.

Nach der Ausrichtung der vereinbarten Fördermaßnahmen kann zwischen potential- und positionsorientierter Förderung unterschieden werden. Die **potentialorientierte Förderung** hat eine Weiterentwicklung des vorhandenen Qualifikationspotentials der Mitarbeiter zum Ziel, ohne daß bereits definitiv feststeht, welche Position die Betreffenden künftig einnehmen werden. Durch eine rechtzeitige Entwicklung bestimmter, in der Zukunft als notwendig erachteter Fähigkeiten (u. a. auch der sog. Schlüsselqualifikationen, vgl. Kapitel 5.1.1) wird auf diese Weise ein ausreichendes Reservoir an qualifizierten Mitarbeitern geschaffen, auf das bei kommenden Stellenbesetzungen zurückgegriffen werden kann.

Obwohl sich die potentialorientierte Förderung grundsätzlich für Mitarbeiter aller hierarchischen Ebenen eignet, hat die Erfahrung gezeigt, daß sie in der betrieblichen Praxis vorwiegend für Führungs- und Führungsnachwuchskräfte (Nachwuchsförderung) praktiziert wird. Zu den wichtigsten Maßnahmen der potentialorientierten Förderung zählen:

- Job rotation und Traineeprogramme (vgl. Kapitel 5.3.3),
- zeitweiser Einsatz als Assistent oder Stellvertreter (vgl. Kapitel 5.3.4),
- Übertragung von Sonderaufgaben (vgl. Kapitel 5.3.5),
- Bildung von Projektgruppen (vgl. Kapitel 5.3.6),
- Auslandseinsatz (vgl. Kapitel 5.3.5),
- Bildung von Nachwuchs- und Förderkreisen (vgl. Kapitel 5.4.8).

Im Gegensatz zur potentialorientierten Förderung dienen die Maßnahmen der **positionsorientierten Förderung** der gezielten Vorbereitung auf eine ganz bestimmte Position bzw. eine Abfolge von Positionen. Die positionsbezogene Förderung knüpft vielfach an die potentialorientierte Förderung an. Als Adressaten kommen neben Führungs- und Führungsnachwuchskräften auch Spezialisten und qualifizierte Sachbearbeiter in Frage. Die beiden wichtigsten Instrumente der positionsorientierten Förderung sind die Laufbahn- und die Nachfolgeplanung (vgl. Kapitel 4.2). Daneben können auch die bei der potentialorientierten Förderung genannten Maßnahmen eingesetzt werden, wenn sie gezielt auf die vorgesehene Übernahme eines eindeutig bestimmten Aufgabengebietes abstellen.

4.2 Laufbahn- und Nachfolgeplanung

Laufbahn- und Nachfolgeplanung sind **Instrumente der betrieblichen Aufstiegsplanung**. Der planmäßige, nach allgemein gültigen Kriterien vollzogene Aufstieg im Unternehmen ist ein wesentlicher Faktor der betrieblichen Motivationspolitik. Sobald die Mitarbeiter realistische Möglichkeiten für einen Aufstieg im »eigenen« Unternehmen erkennen, wird die Bereitschaft steigen, ihre persönlichen Interessen mit den betrieblichen Zielen zu identifizieren. Vorhandene Aufstiegschancen stellen für die Mitarbeiter einen Anreiz dar, der in erster Linie der Befriedigung der Bedürfnisse nach Wertschätzung und Selbstverwirklichung dient. Beruflicher Aufstieg wird von den meisten Mitarbeitern als Anerkennung für bisherige gute Leistungen empfunden; er ist mit einem steigenden Prestigenutzen verbunden und führt zur Zugehörigkeit zu sozial höher stehenden Gruppen, so daß dem Bedürfnis nach Wertschätzung Rechnung getragen wird. Die Bedürfnisse nach Selbstverwirklichung werden insoweit befriedigt, als mit einer höheren Position im allgemeinen auch neue Aufgabenstellungen und größere Gestaltungsfreiheiten verbunden sind. Das mit einer anspruchsvolleren Aufgabenstellung in der Regel ebenfalls steigende

Arbeitsentgelt kann schließlich mittelbar auch Auswirkungen auf eine zusätzliche Befriedigung der Bedürfnisse nach Sicherheit haben (vgl. Kupsch/Marr 1974, S. 535).

4.2.1 Begriffsabgrenzung

Laufbahnplanung und Nachfolgeplanung sind zwei eng miteinander verwandte Instrumente der Personalentwicklung, die im Grunde identische Zielsetzungen verfolgen und sich lediglich hinsichtlich des Ausgangspunktes der Planung unterscheiden:

- Die **Laufbahnplanung** (oder individuelle Entwicklungsplanung) geht von der Person und den Fähigkeiten der Mitarbeiter aus und legt fest, welche Stellen ein Mitarbeiter im Laufe seiner weiteren beruflichen Entwicklung einnehmen soll und welche qualifizierenden Maßnahmen dazu erforderlich sind.
- Die **Nachfolgeplanung** orientiert sich dagegen zunächst an den künftig zu besetzenden Positionen und stellt auf den oder die dafür in Frage kommenden Nachfolger und die zu ihrer endgültigen Qualifizierung erforderlichen Maßnahmen ab.

In beiden Fällen handelt es sich jedoch um eine **antizipative Festlegung des weiteren beruflichen Werdegangs von Mitarbeitern** einschließlich der begleitenden Qualifizierungsmaßnahmen, wobei entsprechend der jeweiligen Betrachtungsweise einmal die Bedarfssituation der Unternehmung und zum anderen die Eignung und die Entwicklungsbedürfnisse der Mitarbeiter am Anfang der Planung stehen.

Neben dem Begriff Laufbahnplanung ist in Literatur und Praxis auch häufig der Begriff **Karriereplanung** anzutreffen. Dieser durch Übersetzung des anglo-amerikanischen Wortes career-planning gebildete Begriff deckt sich inhaltlich mit dem Begriff Laufbahnplanung, denn in beiden Fällen handelt es sich um die individuelle Festlegung der von einem Mitarbeiter im Rahmen seiner beruflichen Entwicklung zu durchlaufenden Abfolge betrieblicher Positionen. Dabei begünstigt aber die deutsche Interpretation des Wortes »Karriere« den irrtümlichen Eindruck, daß es sich bei der Karriereplanung zwangsläufig um einen raschen, steilen und grundsätzlich erfolgreichen beruflichen Aufstieg handelt, der im allgemeinen bis in die obersten Management-Ebenen reicht. Diese Auslegung trifft nicht auf den Begriff Laufbahnplanung in dem hier verstandenen Sinne zu. Laufbahnplanung liegt auch dann bereits vor, wenn die geplante Stellenabfolge nur eine oder zwei Ebenen der Hierarchie umfaßt; Laufbahnplanung ist außerdem auch schon auf den unteren betrieblichen Ebenen praktikabel (vgl. das Beispiel in Abbildung 38) und nicht mit einer zwangsweisen Aufstiegsgarantie verknüpft.

Während Laufbahnplanung im Sinne einer Karriereplanung vielfach zu einer Überbewertung der damit verbundenen Erfolgserwartungen führt, tendiert die gelegentliche Gleichsetzung des Begriffs Laufbahnplanung mit dem der **Laufbahnregelung im öffentlichen Dienst** eher zu einer inhaltlichen Abwertung. Laufbahn im beamtenrechtlichen Sinne beinhaltet eine relativ starre Aufeinanderfolge von Beförderungen und Dienstgraden, deren Zugangs- und Aufstiegsvoraussetzungen vom Gesetz verbindlich festgelegt sind. Bereits beim Eintritt in eine Laufbahngruppe steht fest, welche Endstufe erreicht werden kann. Im Gegensatz dazu weist die Laufbahnplanung im privatwirtschaftlichen Bereich eine wesentlich größere Flexibilität auf. Sie kann auf die individuelle Situation und die Fähigkeiten der Mitarbeiter ebenso Rücksicht nehmen, wie auf die jeweils vorliegenden aktuellen betrieblichen Gegebenheiten. Gerade dieses große Maß an Gestaltungsfreiheit, das es bei genügender Kooperationsbereitschaft jederzeit ermöglichen sollte, eine den betrieblichen Erfordernissen und den Bedürfnissen der Mitarbeiter gleichermaßen gerechtwerdende Lösung zu finden, macht den Wert der Laufbahnplanung als Gestaltungsinstrument einer zeitgemäßen Personalentwicklung aus.

4.2.2 Zwecke der Laufbahn- und Nachfolgeplanung

Laufbahnplanung und Nachfolgeplanung dienen gleichzeitig mehreren Zwecksetzungen. Aus der Sicht des Unternehmens dürfte die **personelle Vorsorge** im Vordergrund aller Überlegungen stehen. Die Nachfolgeplanung bereitet die Mitarbeiter gezielt auf die Übernahme einer bestimmten Position vor, so daß bei möglichen Vakanzen sofort auf geeignete Kandidaten zurückgegriffen werden kann. Dabei werden aus Sicherheitsgründen vielfach mehrere potentielle Nachfolger in die Planung einbezogen (vgl. Abbildung 35). Das bringt dann allerdings die Schwierigkeit mit sich, daß bei der endgültigen Stellenbesetzung mehrere Kandidaten unberücksichtigt bleiben müssen. Innerhalb bestimmter Grenzen kann dieses Problem dadurch behoben werden, daß auch die potentiellen Nachfolgekandidaten nicht nur für eine, sondern gleichzeitig für mehrere Positionen qualifiziert werden. Trotzdem ist damit ein grundsätzliches Problem der betrieblichen Aufstiegsplanung nicht völlig beseitigt: Es ist nicht auszuschließen, daß einige nach höheren Positionen strebende Mitarbeiter nicht oder nicht rechtzeitig berücksichtigt werden können, weil die Zahl der zur Verfügung stehenden Aufstiegspositionen nicht ausreicht. In solchen Fällen verfahren viele größere Unternehmungen nach der sogenannten **Reservoir-Theorie,** wonach der mögliche Rückgriff auf eine große Reserve potentieller Nachfolgekandidaten höher eingeschätzt wird als die Gefahr, infolge einer zu großen Reservebildung einige Nachwuchskräfte zu verlieren (vgl. Oster 1970, S. 99). Auch der Laufbahnplanung liegt vielfach der Gedanke der Reservoir-Theorie zugrunde, wenn es zunächst nur darum geht, das nachgewiesene Potential eines Mitarbeiters weiterzuentwickeln. Insbesondere für Nachwuchskräfte ist es oft gar nicht so sehr entscheidend, welche »Endposition« angestrebt wird, sondern allein das Wissen darum, daß die Entwicklung kontinuierlich weiterführt, wird als ausreichend angesehen.

Eine weitere wesentliche Zielsetzung der Laufbahn- und Nachfolgeplanung liegt in der größeren **Transparenz** hinsichtlich des zur Verfügung stehenden Mitarbeiterpotentials. Die Auswahlentscheidung wird aufgrund der regelmäßigen Mitarbeiterbeurteilungen und der im Rahmen der bisherigen Entwicklung gewonnenen Eindrücke sicherer, und die Gefahr von Fehlbesetzungen sinkt.

Eine größere Transparenz ergibt sich nicht nur für das Unternehmen, sondern auch für den einzelnen Mitarbeiter. Dieser wird rechtzeitig informiert über bestehende Aufstiegswege, über gültige Aufstiegskriterien und über mögliche Aufstiegshemmnisse. Er erfährt frühzeitig, was er selbst zu seiner Qualifizierung beitragen kann und gewinnt dadurch größeren Einfluß auf die einzelnen Schritte seiner Laufbahnentwicklung. Damit verbessern sich die Chancen, entsprechend seiner Qualifikationen und Interessen beschäftigt zu werden. Selbst in Fällen, wo ein Aufstieg nicht möglich ist, bleibt noch die Möglichkeit einer beruflichen Entwicklung durch Funktionswechsel auf gleicher Ebene oder durch Veränderung oder Erweiterung (Job enlargement, Job enrichment) der Aufgaben in der jetzigen Funktion (vgl. Hoelemann 1976, S. 106).

Schließlich dient, wie schon an anderer Stelle angedeutet, die systematische Aufstiegsplanung auch der **Motivation** und der Erhaltung und **Steigerung der Leistungsbereitschaft.** Die Personalentwicklung findet am Arbeitsplatz statt und läßt alle Vorteile des Trainings-on-the-job (vgl. Kapitel 5.3) wirksam werden. Die Mitarbeiter werden kontinuierlich mit neuen und schwierigeren Aufgabenstellungen konfrontiert, so daß mit einem permanenten Erfahrungszuwachs gerechnet werden kann, bis der einzelne ein Anforderungsniveau erreicht hat, das er, ohne sich zu überfordern, nicht mehr überschreiten kann (vgl. v. Eckardstein 1975, Sp. 1151).

Außerdem kann davon ausgegangen werden, daß die Eröffnung erkennbarer Aufstiegschancen einen Weg darstellt, um die Mitarbeiter längerfristig an das Unternehmen zu binden. Insbesonders bei qualifizierten Nachwuchskräften ist die Gefahr, daß fehlende oder nicht erkannte Aufstiegsmöglichkeiten einen Anlaß zur Kündigung darstellen, nicht von der Hand zu weisen.

4.2.3 Prinzipien der Aufstiegsplanung

Laufbahn- und Nachfolgeplanung können weitgehende Folgen für die künftige Entwicklung des Unternehmens und der Mitarbeiter haben. Falsche Auswahlentscheidungen bei der Besetzung von Fach- und Führungspositionen oder ungenügende Mitarbeiterqualifikationen werden sich im wirtschaftlichen Ergebnis der kommenden Jahre niederschlagen. Enttäuschungen hinsichtlich der persönlichen Entwicklung oder ein inkonsequentes Verhalten der Verantwortlichen bei Aufstiegsentscheidungen werden das soziale Klima nachteilig beeinflussen. Aus diesen Gründen sollte bei allen Beteiligten Klarheit über die zu beachtenden Modalitäten bestehen.

Ein wesentlicher Grundsatz, der beinahe schon als systemimmanent bezeichnet werden muß, ist der Vorrang des **Aufstiegs aus den eigenen Reihen.** Wo immer es möglich ist, sollten entsprechend dieser Maxime bei Aufstiegsentscheidungen die vorhandenen Mitarbeiter den Vorzug vor externen Bewerbern erhalten. Die von einer systematischen Aufstiegsplanung erwarteten motivierenden Wirkungen werden nur dann eintreten, wenn die Mitarbeiter erkennbare Aufstiegschancen im Unternehmen antreffen, die innerhalb eines überschaubaren Zeitraums realisierbar sind. Aus Unternehmenssicht erlaubt die konsequente Praktizierung dieses Prinzips eine planmäßige Vorbereitung auf die Übernahme neuer Aufgabenstellungen, sie stellt die notwendige Kontinuität bei der Aufgabenerfüllung sicher und verringert die Gefahr von Fehlbesetzungen. Einstellungen vom externen Arbeitsmarkt werden sich demgemäß auf akute Notsituationen und auf die Besetzung typischer Anfangspositionen (z. B. Hochschulabsolventen) beschränken.

Zu den dauerhaft regelbaren Tatbeständen gehört auch die Festlegung der bei Aufstiegsentscheidungen anzulegenden **Auswahlkriterien.** Die bisherigen Ausführungen haben erkennen lassen, daß der individuellen Leistung als Auswahlkriterium der Vorzug eingeräumt wird. Es soll aber nicht verschwiegen werden, daß in vielen Fällen auch die Dauer der Betriebszugehörigkeit (Anciennität) als Beförderungskriterium herangezogen wird. Für beide Aspekte kann eine Reihe gewichtiger Vor- und Nachteile geltend gemacht werden (vgl. Marr/Stitzel 1979, S. 347):

– Die Beförderung nach der **individuellen Leistung** hat den Vorteil, daß bei den Mitarbeitern mit einer Erhaltung der Leistungsfähigkeit und Leistungsbereitschaft gerechnet werden kann und daß der dauernde Wettbewerb zu Leistungssteigerungen und einer wünschenswerten Flexibilität führt. Außerdem werden bei den Mitarbeitern die Bedürfnisse nach Wertschätzung und Selbstverwirklichung befriedigt. Als möglicher Nachteil muß in Kauf genommen werden, daß es u. U. zu psychischen Belastungen aufgrund des ständigen Leistungsdrucks sowie einem erhöhten Konfliktverhalten und einer verringerten funktionalen und sozialen Unterstützungsbereitschaft kommen kann und daß sich die Anstrengungen der Mitarbeiter in erster Linie auf »sichtbare Leistungen« beschränken. Ältere Mitarbeiter werden eine rein leistungsbezogene Beförderungspolitik als Benachteiligung empfinden.

- Die **Dauer der Betriebszugehörigkeit** als Beförderungskriterium – manche Unternehmungen sprechen auch von »Seniorität« – ist ein kostengünstiges Auswahlverfahren, bei dem außerdem die Nutzung von Erfahrung, Routine und Betriebskenntnis sichergestellt wird. Die Entscheidungskriterien sind im Gegensatz zur leistungsabhängigen Auswahl eindeutig nachprüfbar, so daß mit Konflikten über die Auswahlentscheidung nicht gerechnet werden muß. Für manche Mitarbeitergruppen kann von diesem Auswahlverfahren eine Befriedigung des Bedürfnisses nach Sicherheit erwartet werden. Demgegenüber darf nicht übersehen werden, daß leistungsmotivierte Mitarbeiter mit geringer Betriebszugehörigkeit frustriert werden können, daß sich das Unternehmen eines bedeutenden Leistungsanreizinstrumentes begibt und leistungsorientierte Mitarbeiter das Unternehmen eventuell verlassen werden.

Diese alternative Gegenüberstellung der hauptsächlichen Vor- und Nachteile zeigt, wie stark diese beiden Kriterien den Erfolg der Aufstiegsplanung beeinflussen können. Eine eindeutige Regelung, die möglicherweise in der Kombination beider Kriterien bestehen kann, sollte deshalb nicht versäumt werden.

Ein weiterer Aspekt, dessen rechtzeitige Regelung zur Transparenz und Vermeidung späterer Enttäuschungen beiträgt, ist das Prinzip, daß die Nominierung eines Nachfolgers noch **keine rechtlich verbindliche Anwartschaft,** sondern lediglich die Chance auf die spätere Positionsübernahme darstellt. Ebenso bedeutet die Festlegung einer individuellen Laufbahnplanung noch keine absolute Garantie dafür, daß die vorgesehenen Positionen auch tatsächlich in dieser Weise durchlaufen werden. Falls dieses Prinzip nicht gewahrt wird, würde sich die Unternehmung in ihrer Flexibilität und Entscheidungsfreiheit unnötig einengen. Außerdem würde mit einer verbindlichen Anwartschaft das sogenannte »**Kronprinzen-Denken**« gefördert, das leistungshemmend und wettbewerbsmindernd wirksam werden kann.

4.2.4 Organisatorische Rahmenbedingungen

Ebenso große Bedeutung für den Erfolg der Laufbahn- und Nachfolgeplanung wie die grundsätzliche Regelung bestimmter Fragen haben die im Unternehmen vorhandenen organisatorischen Rahmenbedingungen. Eine transparente Organisationsstruktur, die in Organisations- und Stellenplänen (vgl. Kapitel 2.3.1) niedergelegt ist, zählt in gleicher Weise zu den unerläßlichen Voraussetzungen wie ein zuverlässiges System von Stellenbeschreibungen (vgl. Kapitel 2.3.3). Ohne dieses Instrumentarium ist es nicht möglich, Aufstiegslinien (personenunabhängige Laufbahnmodelle, vgl. Kapitel 4.2.6.2) und Aufstiegskriterien festzulegen und die erwünschte Motivation bei den Mitarbeitern zu erzielen.

Auf der Grundlage der vorhandenen Organisationsstruktur müssen die in die Aufstiegsplanung einzubeziehenden Positionen benannt werden. Da eine funktionsfähige Nachfolgeplanung recht arbeitsaufwendig ist (Nachfolgeerhebungen, Listen- und Karteiführung, regelmäßige Aktualisierung usw.), werden im allgemeinen nur Führungspositionen einbezogen. Es hängt von der Ausgestaltung der Funktion Personalentwicklung im Unternehmen ab, wo im konkreten Fall die Grenze gezogen wird. Dagegen kann und sollte eine individuelle Entwicklungsplanung für alle Mitarbeitergruppen betrieben werden. Wenn neben den für die Führungskräfteentwicklung eingerichteten Führungslaufbahnen auch Fachlaufbahnen (vgl. Kapitel 4.2.6.1) konzipiert werden, dar . ergeben sich dadurch auch für die unteren hierarchischen Ebenen attra :tive Aufstiegsmöglichkeiten, die den Mitarbeitern Gelegenheit bieten, ihre Qualifikationen einzusetzen.

Neben diesen organisatorischen Fragen müssen auch die mit einer Aufstiegsentwicklung verbundenen gehaltsmäßigen Konsequenzen berücksichtigt werden. Durch die **Konzeption eines klaren Entgeltsystems,** das dem geförderten Mitarbeiter jederzeit die Möglichkeit eröffnet, sich über die finanziellen Begleitumstände seiner Entwicklung zu informieren, werden die notwendigen Voraussetzungen geschaffen. Dieser Aspekt darf nicht unterschätzt werden, denn trotz des Bemühens um eine Befriedigung der sogenannten »höheren« Bedürfnisse wird das Handeln der Mitarbeiter nach wie vor durch das Streben nach Sicherheit mitbestimmt.

4.2.5 Erstellung von Nachfolgeplänen

Durch die Nachfolgeplanung kommt es zu einer Abstimmung zwischen der funktionsorientierten Personalbedarfsplanung und der personenbezogenen Personalentwicklungsplanung. Mit Hilfe der Personalbedarfsplanung werden die Anzahl und der Zeitpunkt der zu besetzenden Stellen sowie die Anforderungen an die Stelleninhaber festgelegt. Der Vergleich mit den entsprechenden quantitativen und qualitativen Informationen über die potentiellen Nachwuchskräfte vermittelt einen Überblick darüber, inwieweit der für die nächsten Jahre zu erwartende Nachfolgebedarf aus dem Kreis der vorhandenen Nachwuchskräfte gedeckt werden kann, welche weiteren Qualifizierungsmaßnahmen dabei erforderlich sind und ob eventuell zusätzliche Maßnahmen zur Bedarfsdeckung (externe Personalbeschaffung) eingeleitet werden müssen. Dazu bedarf es einer engen Zusammenarbeit zwischen der Personalabteilung (bzw. dem Personalentwicklungsbeauftragten), dem künftigen Vorgesetzten, dem derzeitigen Stelleninhaber und u.U. – darüber gehen die Meinungen auseinander – auch den betroffenen Mitarbeitern.

137

4.2.5.1 Beteiligte Personen

Die Personalabteilung ist für die Bereitstellung des erforderlichen organisatorischen Instrumentariums und die planerische und gestalterische Abwicklung zuständig. De künftige Vorgesetzte ist aufgrund seiner Führungsverantwortung für den zu fördernden Mitarbeiter in den Planungs- und Entscheidungsprozeß einzubeziehen. Der derzeitige Stelleninhaber kennt die Anforderungen seines Arbeitsplatzes am besten und kann demgemäß – zumindest für den Kreis der ihm bekannten Mitarbeiter – am ehesten beurteilen, wer dafür geeignet ist. Seine Meinung zur künftigen Stellenbesetzung sollte deshalb auf jeden Fall eingeholt werden. Es kann zwar nicht völlig ausgeschlossen werden, daß die Angst um den eigenen Arbeitsplatz oder das Verhältnis zu dem Betroffenen im einen oder anderen Fall zu subjektiv gefärbten Auskünften führt, aber diese Gefahr braucht bei richtiger Handhabung des gesamten Förderungsinstrumentariums (Mitarbeiterbeurteilung, Mitarbeitergespräch, transparente Aufstiegsplanung) nicht überbewertet zu werden.

Die Befragung des Stelleninhabers kann schriftlich oder mündlich erfolgen, wobei die mündliche Befragung den Vorteil hat, daß eventuelle Unklarheiten durch Zusatzfragen sofort ausgeräumt werden können. Aus Gründen der Einheitlichkeit sollte bei der schriftlichen und mündlichen Befragung nach einem gleichbleibenden Frageschema vorgegangen werden. Dabei können folgende Informationen erfaßt werden (vgl. Kador 1973, S. 1):

– Name und derzeitige Position der möglichen Nachfolger,
– Zeitraum, innerhalb dessen die genannten Kandidaten die Position übernehmen könnten,
– kurze Begründung, warum der Stelleninhaber die genannten Nachfolgekandidaten für geeignet hält,
– Fertigkeiten und Kenntnisse, die den vorgeschlagenen Personen für die Stellenübernahme noch fehlen,
– notwendige Qualifizierungsmaßnahmen, die zum Erwerb der fehlenden Fertigkeiten und Kenntnisse durchgeführt werden sollten,
– Qualifikationsstufe, die nach dem derzeitigen Informationsstand erreichbar erscheint.

Die Befragung ist auf diejenigen Tatbestände zu beschränken, über die der Stelleninhaber zuverlässige Auskünfte geben kann und die nicht aus anderen Unterlagen der Personalverwaltung entnommen werden können. Detaillierte Hinweise zur Person der Vorgeschlagenen können z. B. aus den Personalakten oder der Personalstammkartei gewonnen werden. Angaben über die zu besetzende Position sollten nur dann vom Stelleninhaber verlangt werden, wenn sie nicht bereits in Stellenbeschreibungen vorliegen. In Abbildung 32 ist ein Formular abgedruckt, das die genannten Fragekomplexe enthält. Soweit

NACHFOLGEERHEBUNG

Stellenbezeichnung:	Stellennummer:
Derzeitiger Stelleninhaber:	Stelleninhaber seit:

Als Nachfolger werden vorgeschlagen:

	NACHFOLGEKANDIDAT	ERSATZVORSCHLAG
Name, Vorname : Derzeitige Position: Frühester möglicher Einsatz :		
Begründung des Vorschlags: - Fachlich qualifiziert - Führungsqualitäten - Lernbereitschaft - Bisherige berufl.Entwicklung - Erfahrung als Stellvertreter - - - -		
Erreichbare Qualifikationsstufe :		
Noch fehlende Qualifikationen :		
Vorgeschlagene Maßnahmen:		

Stellungnahme des Vorgesetzten des befragten Stelleninhabers :

Abbildung 32: Nachfolgeerhebung

auf eine Befragung der derzeitigen Stelleninhaber verzichtet wird, kommen die Personalentwicklungskartei bzw. Nachwuchskartei (vgl. Kapitel 3.1.3) als Informationsgrundlage in Frage.

Die Ansichten darüber, ob einem potentiellen Nachfolger mitgeteilt werden soll, daß er für die Übernahme einer bestimmten Stelle vorgesehen ist, sind geteilt. Die Gegner einer Information befürchten negative Auswirkungen auf das Betriebsklima und dadurch bedingt eine höhere Fluktuationsquote. Im Zusammenhang mit der Gefahr des bereits erwähnten Kronprinzentums werden Leistungsrückgänge als Folge einer Nominierung als Nachfolger bei dem Betreffenden nicht ausgeschlossen. Dagegen argumentieren die Befürworter einer Eröffnung dem potentiellen Nachfolgekandidaten gegenüber, daß die zuverlässige Information des Mitarbeiters über seinen ins Auge gefaßten weiteren Werdegang doch nur eine logische Konsequenz des gesamten Entwicklungsprozesses sei, der auf der Mitarbeiterbeurteilung und dem Mitarbeitergespräch aufbaut. Nur im gemeinsamen Gespräch und bei genügender Offenheit wird eine Abstimmung der beiderseitigen Interessenlagen möglich sein. Nur wenn der Mitarbeiter weiß, welche Aufgaben er künftig übernehmen soll, wird die erwünschte Motivationswirkung eintreten und eine rechtzeitige und gezielte Vorbereitung auf die neue Tätigkeit möglich sein.

4.2.5.2 Planungshorizont und Planungsablauf

Durch die Nachfolgeplanung soll sichergestellt werden, daß für alle in die Planung einbezogenen Stellen im Falle des Ausscheidens des gegenwärtigen Stelleninhabers jederzeit ein geeigneter Nachfolgekandidat zur Verfügung steht. Dabei kann der Zeitpunkt der Ablösung bei vorhersehbaren Anlässen (z. B. Erreichen der Altersgrenze, geplante Versetzung) relativ genau feststehen, oder es kann nur ungenau für den Eventualfall einer Nachfolge geplant werden. In jedem Fall ist aber zu beachten, daß ein Mitarbeiter nur dann einigermaßen zuverlässig als Nachfolger benannt werden kann, wenn zwischen seiner derzeitigen Tätigkeit und der zu übernehmenden Position ein sinnvoller funktionaler und zeitlicher Bezug hergestellt werden kann. Außerdem sollte bei der Nominierung eines Nachfolgers beachtet werden, daß dieser, wenn er einmal die zur Übernahme der Position erforderlichen Qualifikationen erworben hat, auch tatsächlich einen entsprechenden Arbeitsplatz einnehmen möchte. Da auch aus der Sicht des Unternehmens eine »unterwertige« Beschäftigung nicht zu befürworten ist, sollte ein perfektes System der Nachfolgeplanung einerseits eine mehrfache Verwendungsfähigkeit potentieller Nachfolger vorsehen, andererseits für jede zu besetzende Nachfolgeposition mehrere Kandidaten einplanen (vgl. Abbildung 35). Damit steigt die Wahrscheinlichkeit, daß es innerhalb eines begrenzten Zeitraums auch tatsächlich zu einer Beförderung kommen wird.

Hinsichtlich der Verfügbarkeit des Nachfolgers kann die Planung berücksichtigen, daß auch in Fällen, wo eine Nachfolge erst in einigen Jahren vorgesehen ist, durch unvorhergesehene Ereignisse eine kurzfristige Nachfolgeregelung erforderlich werden kann. Hier ist zwischen dem »Sofortnachfolger« oder »Einspringkandidat« und später möglichen Nachfolgern zu unterscheiden. Der Einspringkandidat sollte so qualifiziert sein, daß er die Position – wenn auch nicht dauerhaft – bei Ausfall des derzeitigen Stelleninhabers unmittelbar übernehmen kann. Als Sofortnachfolger in diesem Sinne können Vorgesetzte, Gleichgeordnete oder Untergebene in Frage kommen. Die für später vorgesehenen Nachfolger können dagegen nicht unmittelbar einspringen; sie müssen zunächst noch durch gezielte Qualifizierungsmaßnahmen auf die spätere Stellenübernahme vorbereitet werden.

Der Ablauf der Nachfolgeplanung kann in folgenden Arbeitsschritten zusammengefaßt werden:

1. Formulierung allgemein gültiger Nachfolgeprinzipien.
2. Abgrenzung der in die Nachfolgeplanung einzubeziehenden Positionen.
3. Festlegung der vom Positionsinhaber zu erfüllenden Anforderungskriterien.
4. Ermittlung der potentiellen Nachfolger durch Befragung der derzeitigen Stelleninhaber.
5. Auswertung der Personalentwicklungskartei (Nachwuchskartei) und der Förderungsempfehlungen durch Vorgesetzte.
6. Auswahl der Nachfolgekandidaten.
7. Festlegung der Dringlichkeitsstufe.
8. Information der nominierten Nachfolgekandidaten (dieser Schritt entfällt, falls man sich zu einer vertraulichen Behandlung der Nachfolgeentscheidung entschließt).
9. Soll-Ist-Vergleich zwischen dem Anforderungsprofil der Nachfolgeposition und dem Fähigkeitsprofil des Nachfolgekandidaten.
10. Spezifizierung notwendiger Qualifizierungsmaßnahmen.
11. Bestimmung der Einspringkandidaten.
12. Ermittlung der Positionen, für die keine potentiellen Nachfolger vorhanden sind.
13. Einleitung von Maßnahmen zur Lösung des Nachfolgeproblems bei Stellen ohne potentielle Nachfolgekandidaten (z. B. externe Personalanwerbung).

4.2.5.3 Darstellung der Nachfolgeplanung

Für die Darstellung der Nachfolgeplanung hat die betriebliche Praxis unterschiedliche Lösungsmöglichkeiten entwickelt, die je nach dem erwünschten Informationsgrad zum Einsatz gelangen können.

Eine sehr übersichtliche Darstellungsform knüpft an den vorhandenen Organisationsplan an und erweitert diesen um Angaben über die derzeitigen Stelleninhaber sowie deren potentielle Nachfolgekandidaten. Durch eine entsprechende Symbolik kann sowohl die Beförderungsfähigkeit der amtierenden Stelleninhaber als auch die notwendige Entwicklungsdauer für die möglichen Nachfolger verdeutlicht werden (vgl. Abbildung 33).

Eine andere Darstellungsvariante faßt die in die Nachfolgeplanung einbezogenen Positionen abteilungsweise in Listen zusammen. Dabei werden wiederum Hinweise auf die gegenwärtige Stellenbesetzung und die wichtigsten Informationen über die möglichen Nachfolgekandidaten aufgenommen. Ein Beispiel enthält Abbildung 34. Als »geeignete Nachfolger« sollen nur solche Mitarbeiter genannt werden, die sofort oder zumindest kurzfristig in der Lage sind, die Stelle zu übernehmen. Ist das nicht der Fall, dann bleibt dieses Feld unausgefüllt, und es werden lediglich Eintragungen in die Rubrik andere mögliche Nachfolger vorgenommen.

Eine sehr ausführliche Darstellungsweise sieht für jede in die Nachfolgeplanung einzubeziehende Position eine eigene Karteikarte vor, in die neben den Angaben zur Position und zu ihrer derzeitigen Besetzung bis zu drei mögliche Nachfolgekandidaten aufgenommen werden können (vgl. Abbildung 35). Die Daten sind bei diesem Verfahren etwas weniger gedrängt als bei den beiden ersten Varianten, und es bleibt die Möglichkeit, Hinweise auf die Zielsetzung der jeweiligen Position und auf notwendige Weiterbildungsmaßnahmen bei den potentiellen Nachfolgern aufzunehmen.

4.2.6 Erstellung von Laufbahnplänen

Durch die Laufbahnplanung (individuelle Entwicklungsplanung) wird die weitere berufliche Entwicklung eines Mitarbeiters für einen künftigen Zeitraum festgelegt. Hinsichtlich der **zeitlichen Reichweite** gelten ähnliche Überlegungen wie bei der Nachfolgeplanung. Die Planung beruht im wesentlichen auf vergangenheitsorientierten Informationen, die nur eine begrenzte Aussage über die längerfristige Eignungsentwicklung eines Mitarbeiters zulassen. Der Mitarbeiter muß sich vielmehr auf jeder Entwicklungsstufe neu bewähren; seine Fertigkeiten und Kenntnisse entwickeln sich ebenso wie seine Persönlichkeit ständig weiter. Außerdem können nicht vorhersehbare Umstände eintreten, die den Abbruch einer erfolgreich begonnenen »Karriere« erzwingen. Solche Unwägbarkeiten können im Unternehmen selbst (z. B. ein neuer Vorgesetzter), im Umfeld der Unternehmung (z. B. Veränderungen auf dem Absatzmarkt) und auch im Privatbereich des Mitarbeiters (z. B. eine Heirat) vorkommen. Deshalb sollte eine personenbezogene Laufbahnplanung nicht über fünf Jahre hinaus bzw. über mehr als drei hierarchische Ebenen hinweg

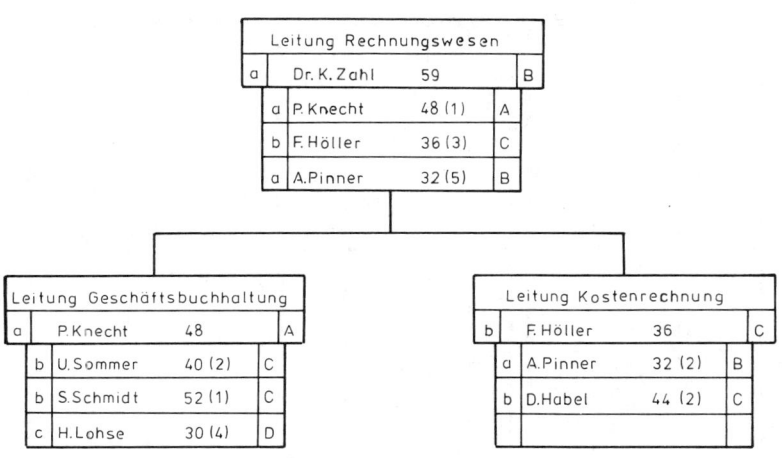

Aufstiegseignung:

A = Aufstieg bis zur Geschäftsleitung möglich

B = Aufstieg bis Bereichsleiterebene möglich

C = Aufstieg bis zum Abteilungsleiter möglich

D = Aufstiegspotential vorhanden; Ausmaß noch nicht erkennbar

E = Keine weitere Aufstiegsmöglichkeit (z.B. Alter, Gesundheit)

Ausbildungsstand:

(1) = Position kann sofort übernommen werden

(2) = Positionsübernahme nach kurzer Einarbeitung möglich

(3) = Positionsübernahme innerhalb eines Jahres möglich

(4) = Positionsübernahme innerhalb von zwei Jahren möglich

(5) = Positionsübernahme nicht vor Ablauf von zwei Jahren möglich

Leistung in heutiger Position:

a = SEHR GUT. Weit über dem Durchschnitt. Nur selten erreicht.

b = GUT. Erfüllt alle Anforderungen.

c = ZUFRIEDENSTELLEND

d = VERBESSERUNGSBEDÜRFTIG

Muster:

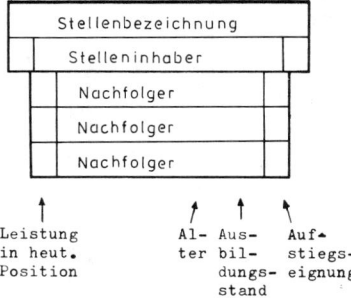

Abbildung 33: Nachfolgeplanung durch Erweiterung des Organisationsplans

143

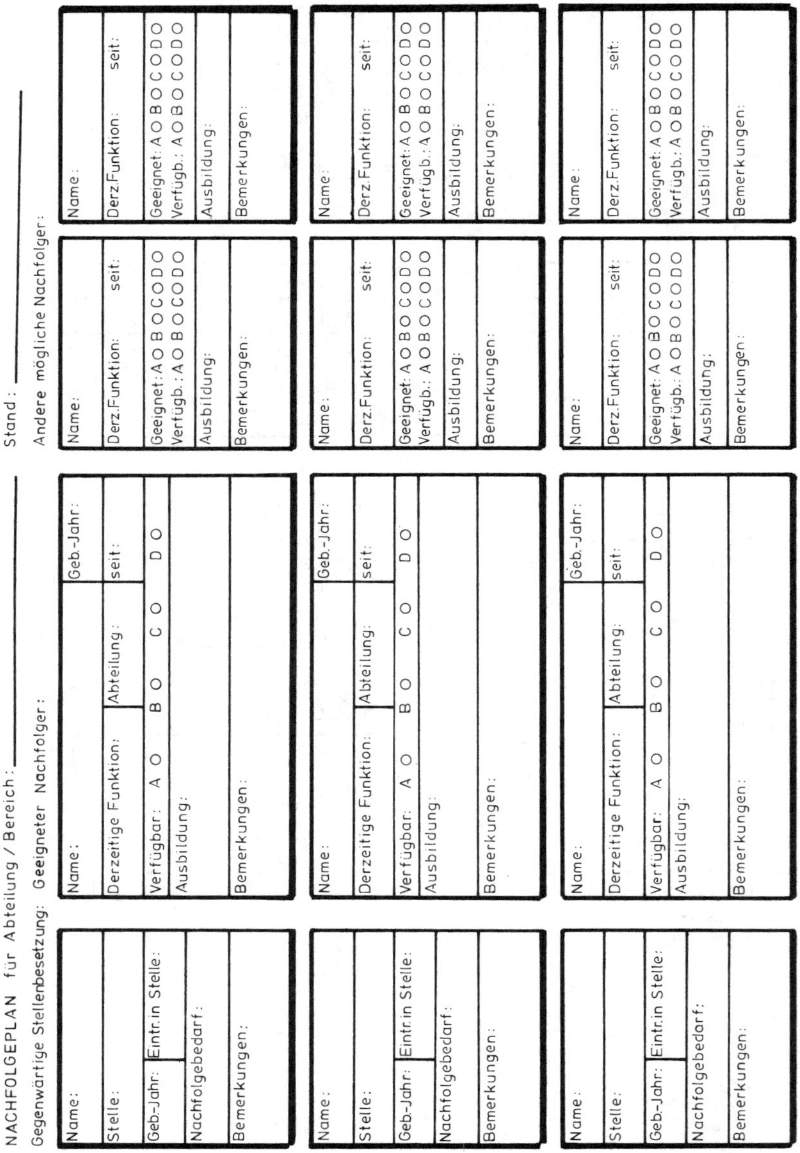

NACHFOLGEPLAN für Abteilung / Bereich: _____
Gegenwärtige Stellenbesetzung: Geeigneter Nachfolger:

Stand:
Andere mögliche Nachfolger:

Name:		
Stelle:		
Geb-Jahr:	Eintr. in Stelle:	
Nachfolgebedarf:		
Bemerkungen:		

Name:		Geb.-Jahr:
Derzeitige Funktion:	Abteilung:	seit:
Verfügbar: A O B O C O D O		
Ausbildung:		
Bemerkungen:		

Name:		
Derz.Funktion:		seit:
Geeignet: A O B O C O D O		
Verfügb.: A O B O C O D O		
Ausbildung:		
Bemerkungen:		

A = sofort   B = 1-2 Jahre   C = 3-5 Jahre   D = ungewiß

Abbildung 34: Nachfolgeliste

144

NACHFOLGEPLANUNG

POSITION

Stellenbezeichnung:	Stellennummer:
Abteilung/Bereich:	Kostenstelle:
Zielsetzung:	

DERZEITIGE STELLENBESETZUNG

Name.Vorname:		Geburtsdatum:
Stelleninhaber seit:		Ausscheiden zum:
Stellvertreter: 1.	Gegenwärtige Funktion:	Ausbildung
2.		

MÖGLICHE NACHFOLGER

1. Name, Vorname:	Eignung zur Stellenübernahme liegt voraussichtlich vor:	
Geburtsdatum:		
	sofort	○
Derzeitige Position:	innerhalb eines Jahres	○
Notwendige Weiterbildung:	innerhalb von 2 Jahren	○
	nach ca. 2 (bis 5) Jahren	○

2. Name, Vorname:	Eignung zur Stellenübernahme liegt voraussichtlich vor:	
Geburtsdatum:		
	sofort	○
Derzeitige Position:	innerhalb eines Jahres	○
Notwendige Weiterbildung:	innerhalb von 2 Jahren	○
	nach ca. 2 (bis 5) Jahren	○

3. Name, Vorname:	Eignung zur Stellenübernahme liegt voraussichtlich vor:	
Geburtsdatum:		
	sofort	○
Derzeitige Position:	innerhalb eines Jahres	○
Notwendige Weiterbildung:	innerhalb von 2 Jahren	○
	nach ca. 2 (bis 5) Jahren	○

BEMERKUNGEN

Abbildung 35: Nachfolgekartei

betrieben werden. Das schließt nicht aus, daß personenunabhängige Laufbahn-modelle mit einer wesentlich größeren Reichweite erstellt werden können, in welchen die häufigsten und logischsten Stationen einer beruflichen Entwicklung bereits vorgesehen sind. Durch eine kontinuierliche Fortschreibung des individuellen Entwicklungsplans bei Erreichen einer neuen Entwicklungsstufe muß dann jeweils festgestellt werden, inwieweit das allgemeine (personenunabhängige) Laufbahnmodell in der vorliegenden Situation anzuwenden ist.

Im Gegensatz zur Nachfolgeplanung gibt es über die **Beteiligung der betroffenen Mitarbeiter** bei der Laufbahnplanung keine Diskussion. Die Laufbahnplanung beinhaltet definitionsgemäß die vom Mitarbeiter zu durchlaufende Abfolge von Stellen, wobei sowohl die Interessen und Möglichkeiten der Unternehmung als auch die Fähigkeiten und Vorstellungen des Mitarbeiters berücksichtigt werden sollen. Dazu bedarf es der Abstimmung zwischen den beteiligten Parteien, die im allgemeinen im Fördergespräch herbeigeführt wird.

4.2.6.1 Fach- und Führungslaufbahn

Die Laufbahnplanung soll den Aufstiegsbedürfnissen der Mitarbeiter Rechnung tragen, indem sie ihnen eine ihrer Eignung entsprechende Stellenabfolge mit steigendem Anforderungsgrad anbietet. Viele Unternehmen offerieren sichtbare berufliche Aufstiegswege nur im Bereich der Führungskräfte, d. h. für Mitarbeiter mit Personalverantwortung. Solche Positionen sind nur in begrenztem Umfang vorhanden und lassen sich nicht beliebig vermehren. Außerdem sind nicht alle Mitarbeiter für die Übernahme von Führungsfunktionen geeignet. Jede Unternehmung verfügt über eine große Zahl von Spezialisten und Fachkräften, die zwar keine Personalverantwortung übernehmen wollen, die aber wichtige und unerläßliche Aufgaben im Betriebsablauf wahrnehmen. Diese Mitarbeiter erwarten ebenfalls, daß ihnen durch Einrichtung entsprechender Positionen ihren Qualifikationen entsprechende Aufstiegsmöglichkeiten geboten werden. Für solche Mitarbeiter liegt es nahe, sie entsprechend ihren Fähigkeiten in der Hierarchie im Sinne einer Fachlaufbahn aufsteigen zu lassen.

Durch eine zutreffende Bezeichnung der einzelnen Rangstufen der Fachlaufbahn und durch eine mit den Inhabern von Führungspositionen vergleichbare Honorierung wird die Gleichwertigkeit von Fach- und Führungslaufbahnen sichergestellt. Die Definition der einzelnen Positionen einer Fachlaufbahn kann auf der Grundlage der analytischen Arbeitsbewertung erfolgen.

Abbildung 36 zeigt das Prinzip der Fach- und Führungslaufbahn sowie denkbare Übergangsmöglichkeiten zwischen beiden Aufstiegsstrukturen anhand eines schematischen Beispiels. In Abbildung 37 sind die Aufstiegsmöglichkeiten für Spezialisten (Fachlaufbahn) am Beispiel eines Entwicklungslabors dargestellt.

146

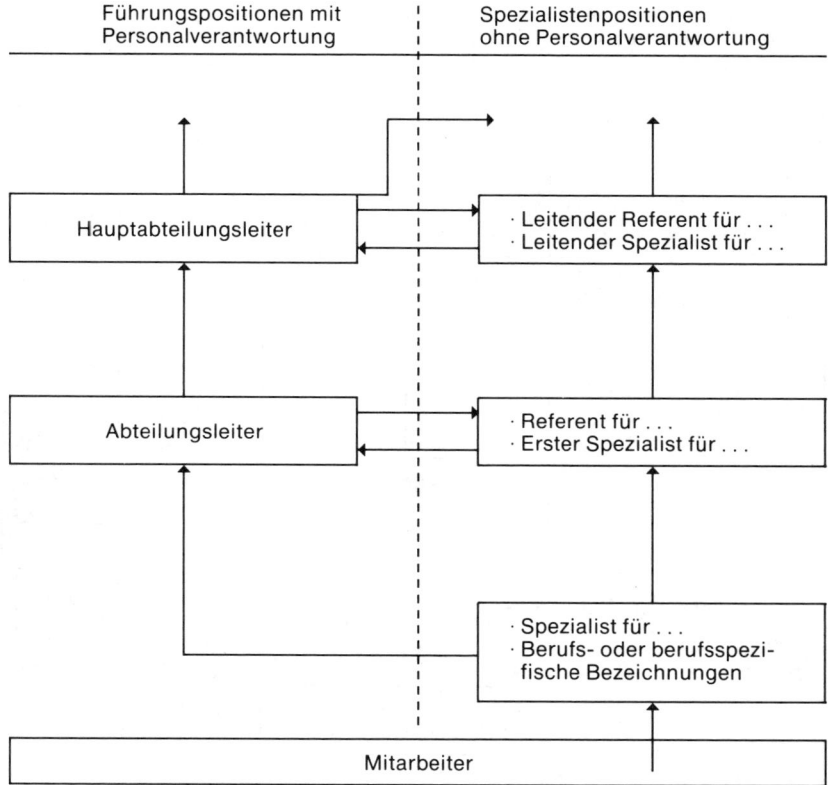

Abbildung 36: Fach- und Führungslaufbahn

4.2.6.2 Allgemeine Laufbahnmodelle

Als Grundlage für die individuelle, auf die spezifische Qualifikation eines Mitarbeiters zugeschnittene Laufbahnplanung empfiehlt es sich, entsprechend dem Beispiel in Abbildung 37, zunächst allgemeine, personenunabhängige Laufbahnmodelle zu entwerfen. Diese enthalten jeweils die »ideale« Stellenabfolge, deren Absolvierung eine kontinuierliche und logische Aufstiegsentwicklung sicherstellt. Beim Vergleich dieser Standardlösung mit den aktuellen Gegebenheiten im Unternehmen und den persönlichen Fähigkeiten des Mitar-

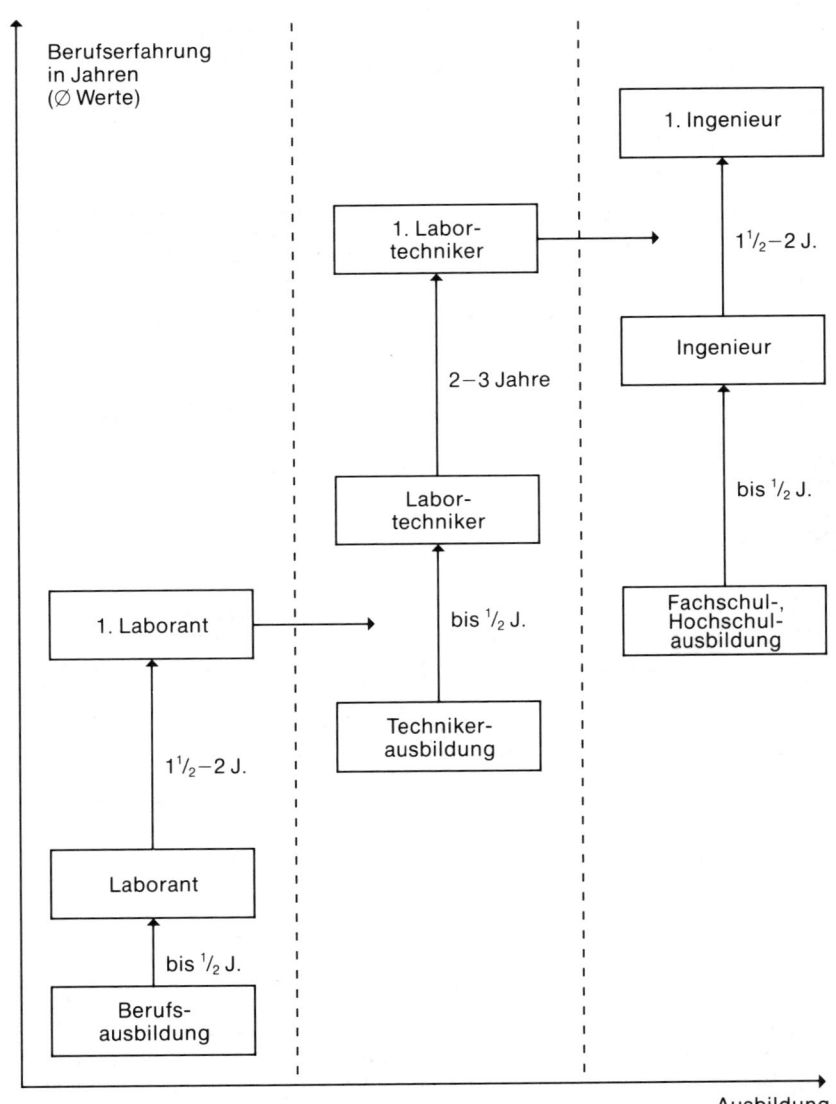

Abbildung 37: Fachlaufbahn im Entwicklungslabor

(Quelle: Personalplanung. Empfehlungen für die Praxis, hrsg. v. d. Deutschen Gesellschaft für Personalführung, Königstein 1979, S. 116)

beiters wird es sich zeigen, ob das allgemeine Modell unverändert übernommen werden kann oder ob es zu modifizieren ist.

Die Laufbahnplanung kann grundsätzlich für alle Mitarbeiterkategorien betrieben werden. Insbesondere, wenn neben den Führungslaufbahnen auch Fachlaufbahnen konzipiert werden, ergeben sich auch für die unteren hierarchischen Ebenen attraktive Aufstiegsmöglichkeiten, die den betroffenen Mitarbeitern Gelegenheit bieten, ihr vorhandenes Qualifikationspotential erfolgreich einzusetzen. In Abbildung 38 ist ein Laufbahnmodell für den kaufmännisch-verwaltenden Bereich enthalten, das den durchaus nicht unrealistischen Aufstieg von der Bürogehilfin zur Abteilungssekretärin vorsieht.

4.2.6.3 Persönliche Laufbahn- und Entwicklungspläne

Mit der Festlegung allgemeiner Laufbahnpläne sind die strukturellen Voraussetzungen für die individuelle Entwicklungsplanung (personenbezogene Laufbahnplanung) geschaffen. Auf dieser Grundlage kann im Fördergespräch eine Abstimmung darüber herbeigeführt werden,

– ob die im allgemeinen Laufbahnmodell vorgesehenen Stationen für den Mitarbeiter in Frage kommen,
– inwieweit aufgrund der individuellen Eignung und Wünsche des Mitarbeiters Modifikationen vorzunehmen sind und
– welche Entwicklungsstufe der Mitarbeiter voraussichtlich erreichen kann.

Auf diese Weise wird die weitere berufliche Entwicklung des Mitarbeiters für eine begrenzte Zeit vorgezeichnet, ohne daß es sich um eine starre Festlegung handelt, wie das z. B. bei der Laufbahnreglung im öffentlichen Dienst der Fall ist. Künftige Erkenntnisse über die Eignung der Mitarbeiter, eine gewandelte Interessenlage der Mitarbeiter, aber auch Veränderungen in den betrieblichen Gegebenheiten können jederzeit berücksichtigt werden und zu einer Anpassung des Entwicklungsplans an die neue Situation führen. Um Enttäuschungen und unberechtigten Ansprüchen rechtzeitig vorzubeugen, sollte jedem Mitarbeiter bewußt sein,

– daß die Unternehmung mit der Festlegung des Entwicklungsplans gegenüber dem Mitarbeiter keine Verpflichtung im Hinblick auf eine bestimmte Position übernimmt,
– daß der Aufstieg in die nächsthöhere Position ausschließlich von den Fähigkeiten des Mitarbeiters und der Bedarfssituation der Unternehmung abhängig gemacht wird und
– daß im Sinne einer Nutzung des vorhandenen Leistungspotentials aller Mitarbeiter die Möglichkeit einer Stellenbesetzung durch andere erhalten bleibt (vgl. Personalplanung 1979, S. 118).

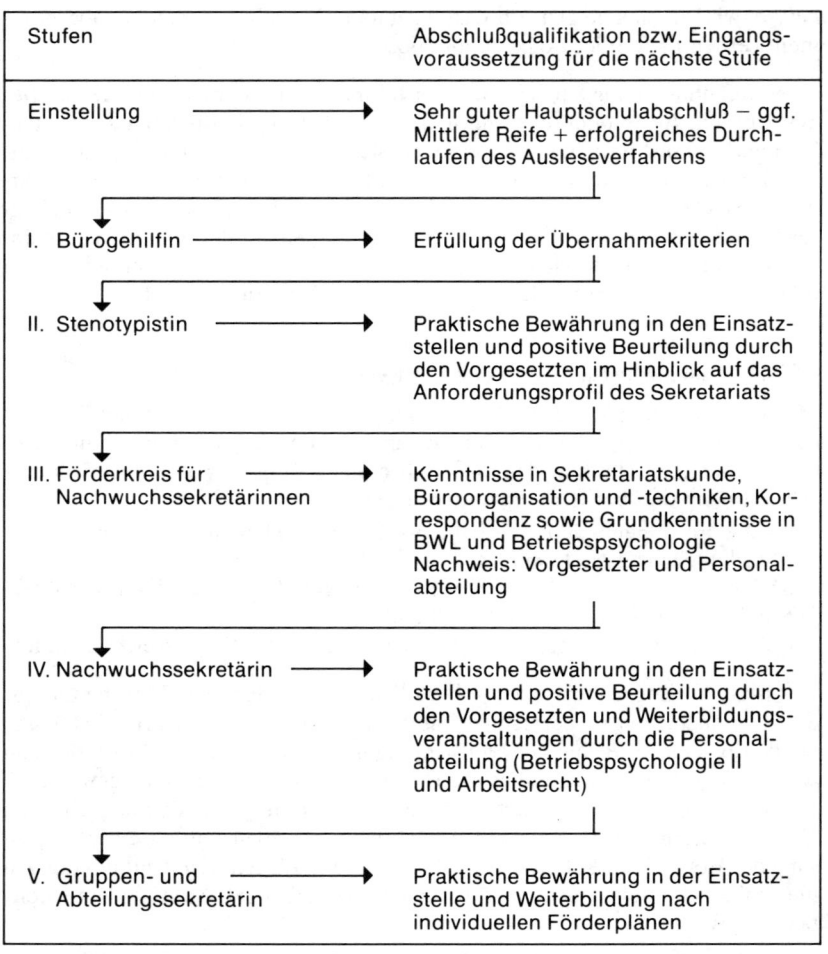

Stufen	Abschlußqualifikation bzw. Eingangs-voraussetzung für die nächste Stufe
Einstellung ⟶	Sehr guter Hauptschulabschluß − ggf. Mittlere Reife + erfolgreiches Durch-laufen des Ausleseverfahrens
I. Bürogehilfin ⟶	Erfüllung der Übernahmekriterien
II. Stenotypistin ⟶	Praktische Bewährung in den Einsatz-stellen und positive Beurteilung durch den Vorgesetzten im Hinblick auf das Anforderungsprofil des Sekretariats
III. Förderkreis für ⟶ Nachwuchssekretärinnen	Kenntnisse in Sekretariatskunde, Büroorganisation und -techniken, Kor-respondenz sowie Grundkenntnisse in BWL und Betriebspsychologie Nachweis: Vorgesetzter und Personal-abteilung
IV. Nachwuchssekretärin ⟶	Praktische Bewährung in den Einsatz-stellen und positive Beurteilung durch den Vorgesetzten und Weiterbildungs-veranstaltungen durch die Personal-abteilung (Betriebspsychologie II und Arbeitsrecht)
V. Gruppen- und ⟶ Abteilungssekretärin	Praktische Bewährung in der Einsatz-stelle und Weiterbildung nach individuellen Förderplänen

Abbildung 38: Laufbahnmodell im kaufmännisch-verwaltenden Bereich (Bürogehilfin)

(Quelle: RKW-Handbuch 1978, S. 46)

150

Als Grundlage für ein einheitliches Vorgehen und um sicherzustellen, daß alle als notwendig erachteten Angaben aufgenommen werden, kann ein gleichbleibendes Formular zur Festschreibung der erforderlichen Daten verwendet werden. Das in Abbildung 39 dargestellte Beispiel, das in dieser Form bei der Kreissparkasse Ludwigsburg Verwendung findet, stellt auf den eigentlichen Kern der persönlichen Entwicklungsplanung ab und enthält, von wenigen persönlichen Daten abgesehen, nur die in bestimmter zeitlicher Folge zu durchlaufenden Positionen sowie die korrespondierenden Fördermaßnahmen.

Um zu vermeiden, daß für ein vollständiges Bild über die Entwicklungsfähigkeit eines Mitarbeiters ständig auf andere Informationsgrundlagen (z. B. die Entwicklungskartei) zurückgegriffen werden muß, plädieren manche Unternehmungen dafür, weitere Angaben in die individuellen Entwicklungspläne aufzunehmen. U. a. kommen folgende Informationen in Frage:

– Angaben zur derzeitigen Position des Mitarbeiters,
– individuelle Wünsche und Ziele des Mitarbeiters,
– Entwicklungsfähigkeit und voraussichtlich erreichbare Entwicklungsposition (Positionen),
– geschätzter Zeitraum bis zur Einnahme der möglichen Entwicklungspositionen,
– die zum Erreichen des Entwicklungszieles notwendigen Förderungs- und Bildungsmaßnahmen sowie ein Aktionsplan zur Qualifikationsvermittlung.

Dieser ausführliche Weg wird z. B. von der IBM Deutschland beschritten. Ein entsprechendes Beispiel enthält Abbildung 40.

4.3 Coaching und Outplacement

Coaching und Outplacement sind zwei neuere Instrumente der Personalentwicklung, die deren doppelter Zielsetzung in vollem Umfang gerecht werden. Trotz teilweise unterschiedlicher Begriffsauslegungen werden in beiden Fällen Lösungsmöglichkeiten angeboten, die sowohl den Wünschen und Problemen der Mitarbeiter als auch den Erwartungen und Möglichkeiten der Unternehmung gerecht werden.

4.3.1 Coaching

Der Begriff Coaching stammt aus dem angloamerikanischen Sprachbereich und ist schon seit Jahren im Sport geläufig. Hochleistungssportler oder Spitzenmannschaften haben einen Coach, der dafür sorgt, daß neben der fachlichen Seite (z. B. körperliche Fitneß, Technik und Taktik) auch die psychologisch mentalen Faktoren in ausreichendem Maße berücksichtigt werden. Die Notwendigkeit einer psychologischen Betreuung ist auch im Bereich

151

Entwicklungs- und Einsatzplan

für Herrn/Frau/Frl.:...

derzeitige Tätigkeit:.. Planstelle:.................

aufgestellt von: .... am: ....

genehmigt von: .... am: ....

Jahr	Datum von/bis	Förderungsmaßnahme bzw. Einsatz	Planstelle/ Kostenstelle

Abbildung 39: Entwicklungs- und Einsatzplan

152

IBM Deutschland

IBM

Individueller Entwicklungsplan

Name des Mitarbeiters	Personalnummer	Geburtsdatum

Position/Funktion	Kostenstelle	Vergleichsreihe

Seit wann (Monat, Jahr) berichtet der Mitarbeiter an Sie?	Seit wann (Monat, Jahr) hat der Mitarbeiter seine jetzige Position inne?

Ergebnis der Leistungsbeurteilung (overall performance rating)	Zeitpunkt des B+F-Gesprächs

Verantwortlichkeiten der jetzigen Position (present position responsibilities):

Interessen, Wünsche und Zielsetzungen (employees interests and aspiritions) des Mitarbeiters:

Entwicklungspotential (promotability):
(Geben Sie die Position an, die der Mitarbeiter jetzt oder
innerhalb von 2 – 3 Jahren erreichen kann. Geben Sie möglichst
für jede Position an, wann der Mitarbeiter sie frühestens übernehmen kann.)

IBM Form 13593-1

Vertraulich!

Abbildung 40: Persönlicher Entwicklungsplan (Seite 1)

153

Individueller Entwicklungsplan

Erläuterungen zu den obigen Empfehlungen
(explanation of above recommendations)

(Kommentar zu den Kenntnissen, Eigenschaften, Führungsfähig-
keiten, die für Ihr Urteil maßgebend sind. Bitte genaue Angaben.)

Notwendige Förderungsmaßnahmen
(development needs)

(Welche persönliche und fachliche Weiterbildung oder welche
weiteren Erfahrungen in welchen Funktionen oder Bereichen des
Unternehmens – auf nationaler oder internationaler Ebene –
sind notwendig, um das Entwicklungspotential des Mitarbeiters
weiter zu steigern.)

Förderungsmaßnahmen während der letzten fünf Jahre
(development actions accomplished in past five years)

(Liste der wichtigsten Förderungsmaßnahmen (Schulungen, Rotationen, Auslands-Assignments, etc.) mit genauer Zeitangabe
(Monat, Jahr), wann sie erfolgten)

Aktionsplan für weitere zukünftige Förderungsmaßnahmen
(development plan)

(Welche weiteren Aktionen (Schulungen, Rotationen, Auslands-
Assignments, etc.) sind geplant? Wann sind sie geplant? Wer
trägt die Verantwortung für ihre Realisierung?)

Direkter Vorgesetzter	Nächsthöherer Vorgesetzter
Name	Name
Funktion	Funktion
Datum der Ausstellung des IEP	Datum der Kenntnisnahme

Vertraulich!

Abbildung 40: Persönlicher Entwicklungsplan (Seite 2)

154

des Managements nicht zu übersehen. Die Anforderungen an die Führungskräfte steigen ständig, so daß für viele in immer stärkerem Maße das Bedürfnis nach einem Ansprechpartner besteht, der neben der fachlichen Beratung auch für Problemsituationen unterschiedlichster Art (z. B. aktuelle Führungsprobleme, weitere berufliche Entwicklung, Hilfe in Krisensituationen) herangezogen werden kann.

4.3.1.1 Begriff und Inhalt

Über die Art und den Inhalt des Coachings sowie über die personelle Zuständigkeit bestehen im deutschen Sprachraum vorläufig noch gravierende Unterschiede. Das zeigt eine bei mittleren und größeren Unternehmen unterschiedlicher Branchen durchgeführte Studie (vgl. Böning 1989, S. 1149 ff.). Mit dem Begriff Coaching werden (nach Häufigkeit der Nennung geordnet) folgende Inhalte assoziiert:

– Beratung oder Begleitung
– Mentorentum
– therapeutische Hilfe bei persönlichen Problemen
– Feedback und Schwächen erkennen
– Krisenberatung
– persönliche Entwicklung
– Hilfe zur Selbsthilfe
– Problemlösungskompetenz
– Potentialerkennung und Förderung.

Trotz der Unschärfe einiger Aussagen wird deutlich, daß die Assoziationsbreite von eher förderungsorientierten Ansatzpunkten bis zur umfassenden therapeutischen Beratung bei betrieblichen und privaten Problemsituationen reicht. Entsprechend breit sind auch die von den Befragten genannten Ursachen für Coaching gestreut. Sie umfassen nahezu alle denkbaren Problemfelder aus persönlichem und/oder betrieblichem Anlaß; u. a. werden organisatorische Probleme, Konflikte unterschiedlichster Art, Karriere- und Entwicklungsprobleme, Motivations- und Führungsprobleme, aber auch die Möglichkeiten einer beruflichen Stagnation oder Outplacement (vgl. Kap. 4.3.2) genannt.

Diesen unterschiedlichen Inhalten des Coaching entsprechen auch die in Literatur und Praxis anzutreffenden Begriffsabgrenzungen. Als Coaching im engeren Sinne (auch internes oder klassisches Coaching) wird die Summe der unterschiedlichen Maßnahmen eines Vorgesetzten zur Entwicklung seiner Mitarbeiter verstanden. Dabei wird alles, was vom Vorgesetzten selbst oder durch betriebliche Trainer, Entwicklungsbeauftragte bzw. Personalreferenten zur Förderung des selbständigen Lernens beigetragen wird, als Teil des Coaching-Prozesses verstanden (vgl. Höfle/Huber 1990, S. 4 f.). Als typische

Aufgaben kommen hierbei der Ausbau von Stärken oder der Abbau von Schwächen, die Förderung der eigenen Entwicklung, die Beratung während der Einarbeitung, die Optimierung des Verhaltens bezüglich bestimmter Aufgabenfelder sowie das Erreichen gemeinsam vereinbarter Ziele in Frage. Coaching in diesem Sinne umfaßt zahlreiche der bereits genannten Ziele der Personalentwicklung und eignet sich für Führungskräfte und Mitarbeiter aller hierarchischen Ebenen.

Coaching im weiteren Sinne (auch externes Coaching) geht über diesen engen entwicklungsbezogenen Ansatz hinaus und stellt stärker beratende und/oder therapeutische Aspekte in den Vordergrund (vgl. Böning 1990, S. 22 f.). Coaching in diesem Sinne bedeutet eine psychologische Beratung vorwiegend für Führungskräfte, die in erster Linie Hilfe zur Selbsthilfe im konfliktträchtigen Spannungsfeld einer Unternehmung bietet. Durch einen zielgerichteten Beratungsprozeß sollen Verbesserungen bei der Leistungserfüllung, in der persönlichen Entwicklung und hinsichtlich der Funktionsfähigkeit der Organisation erreicht werden. Coaching wird also als ein Instrument verstanden, durch das die bisherigen Formen der Weiterbildung, Personalentwicklung und Organisationsentwicklung erweitert werden durch eine wesentliche »persönlichkeitsorientierte Tiefendimension«; die wichtigsten Elemente dieser Form des Coachings sind das individuelle Gespräch und die daraus abgeleiteten konkreten Maßnahmen.

Das Gespräch als elementarer Bestandteil des Coaching und die Notwendigkeit, über einen geeigneten Gesprächspartner zu verfügen, werden auch in einer anderen Definition deutlich (vgl. Huck 1989, S. 413). Coaching wird als ein Prozeß verstanden, innerhalb dessen eine Führungskraft oder andere Mitarbeiter von einem psychologisch geschulten Berater unterstützt und betreut werden, indem ihre persönlichen Gedanken, Wertvorstellungen und Verhaltensweisen an der Realität reflektiert und – soweit notwendig – verändert werden. Das Ziel besteht darin, die Handlungskompetenz und das Verhaltensspektrum zu verbessern, ein realistisches Selbstbild zu gewinnen und damit die Zufriedenheit zu erhöhen. Vereinfacht ausgedrückt kann man formulieren, der Coach ist der »Gesprächspartner für alle Fälle«, der seinem Mandanten für die Verarbeitung privater und beruflicher Probleme, für die Berufs- und Lebensplanung, aber auch zur Reflektion und zur Weiterentwicklung persönlicher Wertvorstellungen und Einstellungen zur Verfügung steht.

Die Anlässe für eine Coaching-Beratung können ebenso weit gestreut sein wie die sich daraus ergebenden Inhalte und Themenstellungen. Die Bandbreite reicht von organisatorischen Änderungen im Unternehmen oder einer gewandelten Unternehmenskultur bis zu ganz persönlichen Problemen der einzelnen Führungskraft. Coaching kommt immer dann in Frage, wenn das bestehende

156

Verhaltensrepertoire einer Führungskraft nicht mehr ausreicht, um gegenwärtige oder zu erwartende Situationen zu bewältigen. Als typische Anwendungsfelder werden u. a. genannt (vgl. Huck 1989, S. 417):

- Coaching als Vorbereitungshilfe zur Übernahme neuer Aufgaben und/oder Positionen (z. B. eine größere Führungsspanne, erstmalige Übernahme von Führungsverantwortung, Entsendungen ins Ausland, Vorbereitung von Frauen auf Führungsaufgaben).
- Coaching zur Integration der Mitarbeiter in eine andere Unternehmenskultur (z. B. ein geänderter Führungsstil, Förderung der Teamarbeit). Der Coaching-Prozeß bietet Möglichkeiten, Verhaltensänderungen herbeizuführen.
- Coaching als Situationsanalyse für Führungskräfte an der Spitze (z. B. Hilfe bei der Definition neuer Wertvorstellungen und Ziele, wenn bei Topmanagern hierarchische Verbesserungen nicht mehr möglich sind).
- Coaching zur Behebung individueller Defizite (z. B. Verbesserung der Verhandlungsführung, Vorbereitung öffentlicher Auftritte, Verbesserung des Kommunikationsverhaltens, Unterschiede im Selbst- und Fremdbild, Abbau einer hohen Streßanfälligkeit, Motivationsblockaden).
- Coaching zur Überwindung privater Problemsituationen, die sich auf die berufliche Leistungsfähigkeit auswirken (z. B. Trennungsproblematik, persönliche Krisen).
- Coaching als Begleitprozeß bei Outplacementfällen (vgl. Kapitel 4.3.2).

Die bisherigen Ausführungen beziehen sich auf das in der Praxis bislang dominierende Einzelcoaching. Daneben gibt es das noch weniger verbreitete **System-Coaching** (vgl. Böning 1990, S. 23), wobei eine ganze Gruppe (z. B. ein Führungsteam, eine Abteilung) eines Unternehmens durch einen Coaching-Berater oder ein Coaching-Team beraten wird. Als mögliche Ziele und Inhalte beim System-Coaching eignen sich die Klärung zwischenmenschlicher Konflikte in der Gruppe, die Verbesserung des Führungs- und Leistungsverhaltens, die Beratung bei organisatorischen Maßnahmen oder bei der Umsetzung von Strategien, die Zusammenführung neu gebildeter Gruppen oder die Beratung bei Fusionen oder der Aufnahme neuer Firmenteile.

4.3.1.2 Coaching-Entscheidung und Prozeßablauf

Freiwilligkeit der Teilnahme, Vertrauen zum Coaching-Berater und dessen uneingeschränkte Akzeptanz sowie Vertraulichkeit im Umgang mit allen Informationen sind unerläßliche Voraussetzungen für jedes Einzel-Coaching (vgl. Kuhlmann 1989, S. 596). Die Teilnahme an einer Coaching-Beratung kann zwar vom Unternehmen angeregt werden, jedoch darf keine Führungskraft jemals dazu gezwungen werden. Nur wenn der Klient selbst von der

Notwendigkeit einer Beratung überzeugt ist und deren Sinn und Nutzen erkennt, wird er bereit sein, sich voll einzubringen und den Coaching-Berater akzeptieren. Persönliche Akzeptanz und volles Vertrauen zwischen beiden Partnern sind die Voraussetzungen dafür, daß es im Gespräch zur notwendigen Offenheit kommt, so daß auch tatsächlich alle realen und befürchteten Probleme an- und ausgesprochen werden. Schließlich muß sich der Beratene auch sicher sein, daß alle Gesprächsinhalte vom Berater absolut vertraulich behandelt werden. Sollte diese Sicherheit nicht bestehen, wird es niemals zu einem wirklich offenen Gespräch kommen. Alle drei Voraussetzungen dürften bei einem externen Coaching-Berater eher verwirklicht sein als bei einem Betreuer aus den eigenen Reihen. Bei internen Beratern ist nicht auszuschließen, daß das Verhältnis durch bereits bestehende Beziehungen (z. B. Konkurrenzdenken, Abhängigkeiten, Vorurteile oder auch nur wegen der bestehenden Pflichten gegenüber der Institution) belastet sein kann.

Als Entscheidungshilfe für die einzelne Führungskraft, ob sie eine Coaching-Beratung überhaupt als geeignetes Mittel für die weitere Karriereentwicklung hält, können folgende Überlegungen dienen (vgl. Kuhlmann 1989, S. 596):

- Ich würde gerne meinen beruflichen/persönlichen Standort mit einem kompetenten und unabhängigen Gesprächspartner besprechen und überdenken.
- Ich möchte objektiv und ohne »strategische Rücksicht« erfahren, wie ich auf andere wirke.
- Ich würde in Streß-Situationen gerne einmal aus meinem »gewohnten Schema« herauskommen.
- Auf neue Aufgaben, die auf mich zukommen, würde ich mich gerne auch im nichtfachlichen Bereich mit jemandem vorbereiten.
- Ich möchte mein Kommunikations- und Führungsverhalten in konkreten Alltagssituationen hinterfragen und zu befriedigenderen Ergebnissen kommen.
- Ich habe in der derzeitigen Position viel erreicht, doch so wie die Dinge augenblicklich liegen, bin ich nicht sicher, ob dies der »richtige Dampfer« ist.
- Ich möchte meine berufliche Neuorientierung als persönliche Chance für meinen weiteren Lebensweg nutzen.
- Ich würde meine private Situation gerne mit einem unabhängigen Gesprächspartner reflektieren, der als Psychologe auch Kontakt mit dem Führungskräftealltag hat.

Je mehr Aussagen dieses Eigenchecks mit »ja« beantwortet werden, um so wichtiger erscheint eine Coaching-Beratung.

Ablauf und Dauer einer Coaching-Beratung können je nach Situation sehr unterschiedlich sein. Das regelmäßige Gespräch zwischen Berater und Führungskraft wird allerdings immer im Mittelpunkt stehen. Die weiteren Schritte, die natürlich auf das jeweilige Problem zugeschnitten sein müssen, sind in dem in Abbildung 41 dargestellten Phasenmodell enthalten.

Kontaktphase	– Unverbindliche Kontaktaufnahme zwischen Klient und Coach – Überprüfung der gegenseitigen Akzeptanz – Entscheid über die dauerhafte Zusammenarbeit und vertragliche Regelung
Orientierungsphase	– Gemeinsame Analyse der Problemsituation – Abgrenzung und Auswahl der Problemfelder
Diagnose- und Lösungsphase	– Analyse ausgewählter Einzelprobleme – Entwickeln und Bewerten von Problemlösungen – Festlegung der weiteren Strategie und Handlungsalternativen
Realisierungsphase	– Umsetzung der festgelegten Strategien – Training – Anwendung geänderter Verhaltensweisen in der Praxis – Beobachtung (Supervision) durch den Coach
Abschlußphase	– Bewertung der Effektivität – Beendigung der Zusammenarbeit (oder Fortsetzung mit der Analyse eines neuen Problemfeldes)

Abbildung 41: Ablauf einer Coaching-Beratung

Die zuvor dargestellten Anwendungssituationen des Coaching zeigen, daß dieses im Regelfall als eine Beratung auf Zeit anzusehen ist. Das Ziel »Hilfe zur Selbsthilfe« kann nur dann als erreicht gelten, wenn sich der Coach nach erfolgreicher Durchführung des Prozesses aus dem Leben des Klienten wieder verabschieden kann. Es ist Aufgabe des Coachs und der beratenden Führungskraft, die Einstellung auf diese Trennung rechtzeitig herbeizuführen.

4.3.2 Outplacement

Ebenso wie die Idee des Coaching stammen auch die ersten Ansätze einer Outplacement-Beratung aus den Vereinigten Staaten. Ausgelöst durch Umstrukturierungen in der Industrie und der damit verbundenen Personalfreisetzungen sind gegen Ende der 60er Jahre die ersten Outplacement-Programme entstanden. In Deutschland hat sich der Outplacement-Gedanke im Vergleich zu anderen westeuropäischen Ländern zuerst sehr langsam durchgesetzt. Als Vorreiter gilt der Ahrensberger Unternehmensberater Fritz Stoebe, der sich jedoch zunächst mit dem Vermittlungsmonopol der Bundesanstalt für Arbeit auseinandersetzen mußte, ehe er 1980 die erste Genehmigung für eine deutsche Outplacement-Beratung erhielt. Mittlerweile wird Outplacement nicht nur in deutschen Großunternehmen angewendet, sondern auch immer mehr mittelständische Unternehmen erkennen und nutzen seine Vorzüge.

4.3.2.1 Begriff und Ziele

Personalfreisetzungen zählen sicherlich zu den schwierigsten personalwirtschaftlichen Entscheidungen. Die Gründe für Freisetzungen reichen von externen Einflußfaktoren (z. B. allgemeine oder branchenbedingte konjunkturelle Flaute) über betriebsbedingte Anlässe (z. B. Änderung der Arbeitsplätze, Umstrukturierungen) bis zum Mitarbeiter selbst (z. B. mangelnde Qualifikation, Fehlverhalten oder berufliche Krisen). Personalfreisetzungen können sowohl für das Unternehmen als auch für die betroffenen Mitarbeiter mit beträchtlichen wirtschaftlichen, rechtlichen und sozialen Problemen verbunden sein. Insbesondere für Führungskräfte können die sozialen Folgen eines Arbeitsplatzverlustes bis zur Existenzkrise führen. Durch die Outplacement-Beratung soll ein möglichst reibungsloser Übergang in eine neue adäquate Position sichergestellt werden. In kurzen Worten bedeutet Outplacement eine unter Einschaltung eines externen Beraters in fairer Weise vollzogene Form der Trennung zwischen einem Unternehmen und einer Führungskraft und eine daran anschließende erfolgreiche Weiterführung der beruflichen Tätigkeit der betreffenden Führungskraft. Die Kosten der Beratung werden vom Unternehmen getragen. An Stelle des Begriffs Outplacement werden auch die Bezeichnungen Replacement und Newplacement verwendet, bei denen der Aspekt der Reintegration stärker herausgestellt wird.

Im einzelnen ergeben sich bei der Outplacement-Beratung drei Schwerpunkte (vgl. Heymann 1984, S. 308):

– Zwischen dem Unternehmen und der Führungskraft muß unter federführender Mitwirkung eines erfahrenen Outplacement-Beraters eine **einvernehmliche Trennung** zustande kommen;
– dem ausscheidenden Mitarbeiter muß durch eine **gezielte Strategie** geholfen werden, aus einem ungekündigten Arbeitsverhältnis einen seinen Fähigkeiten und Interessen **angemessenen Arbeitsplatz** in einem anderen Unternehmen zu finden;
– das freistellende Unternehmen wird in die Lage versetzt, eine für den Mitarbeiter einsehbare und **sozial vertretbare Trennung** zur Durchführung erforderlicher Positionswechsel zu erreichen.

Im Gegensatz zur traditionellen Kündigung dominieren beim Outplacement nicht die rechtlichen Aspekte, da drohende Konflikte durch die einvernehmliche Trennung und die Hilfe bei der Suche und Entscheidung für eine neue passende Beschäftigungsmöglichkeit schon von vornherein entschärft werden

sollen. Wie bei anderen Instrumenten der Personalentwicklung werden auch beim Outplacement gleichermaßen mitarbeiterbezogene und unternehmensbezogene Ziele verfolgt (vgl. Mayrhofer 1989, S. 57; Heymann/Metz 1989, S. 651 f.). Aus der Sicht der Führungskraft sind folgende Vorteile zu nennen:
- Reduzierung psychischer Belastungen durch traditionelle Kündigungen wie z. B. Enttäuschungen, Depressionen oder Existenzangst;
- finanzielle Absicherung während und nach dem Beratungsprozeß;
- Stärkung des Selbstwertgefühls der Führungskraft durch die aktive Einbeziehung in den Prozeß der Stellensuche;
- Unterstützung der Arbeitsplatzssuche durch gezieltes Training;
- Verhinderung der typischen Entlassungssituation;
- Nutzung der Trennung als Auslöser für eine Neueinschätzung der zukünftigen beruflichen Laufbahn oder Weiterführung der beruflichen Entwicklung (Karriereplanung) durch Suche und Übernahme einer geeigneten Nachfolgeposition;
- bewußte Inanspruchnahme des Know-how eines erfahrenen Beraters.

Für das Unternehmen können mit einem Outplacement-Prozeß folgende ökonomischen und sozialen Zielsetzungen verbunden sein:
- Verringerung der mit einer Trennung verbundenen Folgekosten;
- finanzielle Vorteile bei der Durchführung notwendiger Positionswechsel durch verkürzte Restlaufzeiten von Verträgen;
- Verhinderung möglicher arbeitsrechtlicher Schritte der betroffenen Führungskraft;
- Vermeidung der mit traditionellen Kündigungen verbundenen nachteiligen Auswirkungen auf das Betriebsklima;
- positive Auswirkungen auf die im Unternehmen verbleibenden Mitarbeiter;
- Wahrnehmung von sozialer Verantwortung gegenüber den betroffenen Mitarbei-tern sowie die damit verbundene Stärkung des öffentlichen Ansehens;
- Verkürzung des Trennungsprozesses durch eine schnellere Einigung mit der ausscheidenden Führungskraft;
- Nutzung der Trennung als Möglichkeit zur Schwachstellenanalyse;
- marktorientierte Personalplanung unter Wahrung sozialer Notwendigkeiten.

Eine Expertenbefragung gibt Aufschluß über die Motive von Unternehmungen für ihr Engagement zugunsten einer Outplacement-Beratung (vgl. Lingenfelder/Walz 1988, S. 97). Als besonders wichtige Motive wurden u. a. genannt:
- Intrigen, Spannungen, Störungen des Vertrauensverhältnisses,
- Nachlassen der Entwicklungsfähigkeit,
- Reduktion der Leistungsbereitschaft,
- Nachlassen der Leistungsfähigkeit,
- Betriebsstillegungen, Fusionen, Aufgabe von Geschäftsbereichen,
- Verbesserung der Mitarbeiterstruktur.

4.3.2.2 Ablauf

Das Hauptgewicht einer Outplacement-Beratung liegt bei der Unterstützung des freigesetzten Mitarbeiters, die Trennung ohne seelischen Schaden zu verarbeiten und eine adäquate neue Position zu finden. Ein umfassendes Outplacement-Konzept kann allerdings wesentlich früher einsetzen und sich auch auf die Beratung des Unternehmens bei der Vorbereitung und Durchführung einer einvernehmlichen Trennung erstrecken. Gerade durch die Nutzung der Erfahrung eines Spezialisten wird es in vielen Fällen möglich sein, Konflikte zu vermeiden und die psychische Belastung des betroffenen Mitarbeiters auf ein Minimum zu reduzieren.

Am Anfang eines Outplacement-Prozesses steht die grundsätzliche Entscheidung über eine Trennung von einem Mitarbeiter und das damit verbundene Angebot einer Outplacement-Beratung. In einem Informationsgespräch wird der Mitarbeiter über die Notwendigkeit der Trennung und ihre Ursachen, über die möglichen Leistungen des Unternehmens in Zusammenhang mit einem Auflösungsvertrag und über das Outplacement-Angebot informiert. Dabei werden ihm die Chancen verdeutlicht, sich aus seiner ungekündigten Position heraus mit Hilfe eines qualifizierten Beraters auf Kosten des Unternehmens eine andere Beschäftigungsmöglichkeit zu suchen. Das sicherlich nicht einfache Trennungsgespräch sollte von einer gut darauf vorbereiteten Führungskraft des Unternehmens, die über ausreichende Gesprächserfahrung verfügt, geführt werden. Lediglich in Ausnahmefällen, wenn im Unternehmen wirklich kein geeigneter Gesprächspartner verfügbar ist, sollte bereits dieses erste Gespräch einem externen Berater übertragen werden. Nach dem Gespräch muß dem Mitarbeiter die notwendige Bedenkzeit eingeräumt werden, um sich in Ruhe über die Annahme eines Outplacement-Angebots zu entscheiden. Nur wenn der Mitarbeiter alle Möglichkeiten einer Outplacement-Beratung voll erkennt und sich für den Berater seiner Wahl frei entscheiden kann, wird sich das notwendige Vertrauensverhältnis einstellen.

In Abbildung 42 sind die wesentlichen Teilfunktionen eines vollständigen Outplacement-Prozesses unter Berücksichtigung der Angebote einiger führender Beratungsunternehmen zusammengefaßt (vgl. META Consult; Dr. Stoebe, Kern & Partner; D. B. M. Europe; Interaction Consulting), wobei auch die Bandbreite einer möglichen Beteiligung eines Beraters deutlich wird. Diese Schritte verdeutlichen, daß der betroffene Mitarbeiter durch den Outplacement-Berater zwar intensiv unterstützt wird, daß er aber in alle Aktivitäten einbezogen ist und letztendlich durch eigene Kraft aufgrund seiner individuellen Fähigkeiten eine neue Aufgabe findet.

Die durch die Outplacement-Beratung verursachten Kosten trägt das Unternehmen. Dabei ist jedoch zu berücksichtigen, daß sich die finanziellen

1. Vorbereitung der Trennung im Unternehmen
- Klären, ob Trennung unbedingt erforderlich ist
- Prüfung möglicher Alternativen (z. B. interne Versetzung)
- Einschätzen der Situation der betroffenen Führungskraft (Chancen am Arbeitsmarkt; persönliche Reaktion; familiärer Hintergrund; sonstige Folgen)
- Endgültiger Entscheid der Geschäftsleitung unter Inanspruchnahme einer Outplacement-Beratung
- Auswahl eines Outplacement-Beraters
- Klärung der Zuständigkeiten von Personalabteilung, beteiligter Führungskraft und Outplacement-Berater

2. Einleitung und Durchführung der Trennung
- Beratung durch den Outplacement-Berater im Vorfeld der Trennung
- Entwicklung von Argumenten und Vorbereitung einer internen Führungskraft auf das Trennungsgespräch
- Erarbeiten von Argumenten für das inner- und außerbetriebliche Umfeld des betroffenen Mitarbeiters
- Führen des Trennungsgesprächs bei gleichzeitigem Angebot einer Outplacement-Beratung
- Kontaktaufnahme und Erstgespräch (Akzeptanz) zwischen dem betroffenen Mitarbeiter und dem Outplacement-Berater
- Annahme des Trennungsangebots und Entscheidung für eine berufliche Neuorientierung mit Hilfe einer Outplacement-Beratung
- Endgültige Trennungsvereinbarung

3. Beratung und Unterstützung des ausscheidenden Mitarbeiters
- (a) Analyse der Trennung
  - Trennung erklären und bewußt machen
  - Aufarbeiten von Emotionen und Entwickeln einer positiven Einstellung zur beruflichen Veränderung
  - Vertrauen in die eigenen Fähigkeiten (wieder)herstellen und Selbstwertgefühl vermitteln
  - Entwickeln von Argumenten für die Trennung zur Erklärung in der Familie und gegenüber Freunden und Bekannten
- (b) Bestandsaufnahme des vorhandenen Potentials
  - Ermittlung vorhandener Wünsche und Bedürfnisse
  - Analyse individueller Stärken und Schwächen
  - Entwicklung eines Persönlichkeits- und Fähigkeitsprofils
  - Feststellen und Gewichtung aller »vermarktungsgeeigneten« Erfahrungen und Kenntnisse
  - Definition der weiteren beruflichen Zielsetzung
- (c) Entwicklung und Umsetzung einer Bewerbungsstrategie
  - Bestimmung der Zielgruppe und Entwickeln von Argumenten
  - Bewerbungsstrategie festlegen
  - Erstellen aussagefähiger Bewerbungsunterlagen
  - Auswahl und Aufbau von Kontakten zu Zielgruppen
  - Begleitung der gesamten Bewerbungsaktion
  - Entwicklung von Verhandlungsstrategien
- (d) Begleitende Trainingshilfen
  - Techniken und Taktiken der Gesprächsführung
  - Interviewtechnik und -typologie
  - Videotraining, Rollenspiele
- (e) Endgültige Entscheidung und Arbeitsaufnahme
  - Sichtung und Wertung der Angebote unter Beachtung der Zielvorstellung
  - Hilfe bei der Auswahl
  - Prüfung der Vertragskonditionen und Vertragsabschluß
  - Vorbereitung für die neue Position
  - Beratung und Betreuung bei der Einarbeitung in die neue Tätigkeit

Abbildung 42: Teilfunktionen eines Outplacement-Prozesses

Belastungen in den meisten Fällen in engen Grenzen halten, wenn durch eine gezielte Beratung schnell wieder ein geeigneter neuer Arbeitsplatz gefunden wird, so daß durch eine Verkürzung der Restlaufzeiten des alten Arbeitsvertrags ein Ausgleich der Beratungskosten erreicht wird. Es wäre außerdem falsch, das ganze Konzept nur unter Kostenaspekten zu sehen; noch größere Bedeutung wird oft den nicht quantifizierbaren Größen, wie den positiven Auswirkungen eines »fairen Abschieds« auf das Betriebsklima und das Firmenimage, beigemessen.

4.4 Arbeitsgestaltung

Bereits an anderer Stelle wurde darauf hingewiesen, daß Förderung im Rahmen der Personalentwicklung nicht zwangsläufig mit einem Vorrücken auf eine höhere Hierarchieebene gleichzusetzen ist. Auch die Übernahme einer neuen Aufgabe oder eine andere Abgrenzung des derzeitigen Aufgabengebietes durch Hinzunahme neuer Aufgabeninhalte stellt eine Form der Förderung dar und wird von den Mitarbeitern als Anreiz empfunden. In diesem Sinne sind – insbesondere für untere und mittlere Hierarchieebenen – auch die verschiedenen Formen der **Arbeitsgestaltung (Arbeitsstrukturierung)** ein Instrument der Förderung.

Die Notwendigkeit der Arbeitsstrukturierung ergab sich ursprünglich als Folge der durch die Arbeitsteilung bedingten Zerlegung der Arbeitsaufgaben auf die verschiedenen Arbeitsplätze. Die traditionellen Formen der Arbeitsstrukturierung haben die Stellenspezialisierung bevorzugt, d. h., es wurden kleinste Einzelaufgaben gebildet, die vom Arbeitnehmer routinemäßig erfüllt werden konnten. Der Hauptvorteil bestand in der häufigen Wiederholung der Arbeitselemente und dem dadurch bedingten hohen Übungs- und Leistungsgrad. Die wesentlichen Nachteile lagen in der einseitigen körperlichen Belastung, in der geringen Umstellungsfähigkeit der Arbeitnehmer und vor allem in der durch die dauernde Wiederholung der Arbeitsaufgaben bedingten Monotonie. Um diesen Nachteilen der extremen Arbeitsteilung zu begegnen, rücken die neueren Formen der Arbeitsstrukturierung von der übermäßigen Spezialisierung wieder ab; der Arbeitsinhalt wird vielfältiger gestaltet und der Arbeitsumfang vergrößert. Der Handlungsspielraum des einzelnen Arbeitnehmers soll durch Zusammenfassung mehrerer Arbeitsvorgänge zu größeren Arbeitskomplexen und vielfältigeren Arbeitsinhalten erweitert werden, um damit eine größere Arbeitszufriedenheit zu erreichen.

Die wichtigsten Gestaltungsformen der Arbeitsstrukturierung, die neben dem Ziel einer humaneren Arbeitsgestaltung auch als Instrumente der Förderung in Frage kommen, sind Job enlargement, Job enrichment und Job rotation.

164

Beim **Job enlargement** (Aufgabenerweiterung) wird der Arbeitsinhalt durch Hinzunahme qualitativ gleichwertiger Tätigkeiten ausgeweitet. Dadurch entstehen größere Aufgabengebiete, die jedoch von einer Person beherrscht und ohne größere Schwierigkeiten erlernt werden können. Job enlargement wird vor allem bei einfacheren Tätigkeiten im Fertigungsbereich eingesetzt. Es kommt zu einer Verlängerung des Arbeitszyklus oder der Taktzeit bei Fließarbeit je Mitarbeiter, wodurch der Sinnzusammenhang eines umfassenderen Arbeitsablaufs für den Arbeitnehmer eher erkennbar wird. Die mit dem Job enlargement verbundene Steigerung des Selbstwertgefühls der Arbeitnehmer hat vielfach zu einer Verbesserung der Arbeitsleistung beigetragen.

Beim **Job enrichment** (Tätigkeitsbereicherung) kommt es zu einer Integration mehrerer unterschiedlich schwieriger, aber sachlich zusammengehörender Verrichtungen zu einem neuen Aufgabenkomplex. Zu den ausführenden Aufgaben kommen dispositive Funktionen, also planende, organisatorische und kontrollierende Tätigkeiten hinzu. Auf diese Weise wird der Arbeitsinhalt im Gegensatz zum Job enlargement nicht nur ausgeweitet, sondern durch qualitativ höherwertige Arbeitselemente angereichert, so daß der Initiative und dem Gestaltungsspielraum des einzelnen größere Möglichkeiten im Sinne der Selbstverwirklichung geboten werden. Job enrichment bedeutet eine Verlagerung von hierarchischen Positionen; der Umfang an Delegation nimmt zu, Fremdkontrolle wird teilweise durch Eigenkontrolle ersetzt. Job enrichment kann sowohl im Fertigungssektor als auch im Büro- und Dienstleistungsbereich praktiziert werden.

Der Begriff **Job rotation** (Arbeitsplatzwechsel, Arbeitsplatzringtausch) wird im deutschen Sprachraum in doppelter Weise interpretiert. Zum einen wird Job rotation als eine Möglichkeit der Bildung am Arbeitsplatz verstanden (vgl. Kapitel 5.3.3) und zum anderen als eine Variante der Arbeitsstrukturierung, bei der die Mitglieder einer Arbeitsgruppe planmäßig in selbstgewählter oder vorgeschriebener Reihenfolge die Arbeitsaufgabe oder Arbeitsplätze miteinander wechseln. Es muß sich allerdings um strukturell gleichartige Arbeitsplätze oder qualitativ gleichwertige Aufgaben handeln. Primäres Ziel des Wechsels ist wiederum eine Unterbrechung der Monotonie sowie eine Vermeidung einseitiger physischer und psychischer Belastungen. Darüber hinaus gewinnen die Mitarbeiter einen besseren Überblick über die betrieblichen Zusammenhänge und werden sich der Bedeutung ihrer Leistung innerhalb der Gesamtaufgabe eher bewußt. Durch den zwangsläufigen Kontakt mit den Arbeitskollegen werden das Sozialverhalten gefördert und eine soziale Isolierung verhindert. Außerdem wird durch den häufigen Wechsel von Problemstellungen die Flexibilität des einzelnen bei Änderungsprozessen gefördert.

5 Qualifikationsvermittlung durch betriebliche Bildungsmaßnahmen

5.1 Inhalt der betrieblichen Bildungsarbeit

Personalentwicklung wurde eingangs definiert als Inbegriff aller Maßnahmen, die der individuellen beruflichen Entwicklung der Mitarbeiter dienen und ihnen die zur Wahrnehmung ihrer Aufgaben erforderlichen Qualifikationen vermitteln. Bestehende Qualifikationslücken wurden im Vergleich der Anforderungen der Arbeitsplätze mit dem Eignungspotential und den Entwicklungsbedürfnissen der Mitarbeiter festgestellt. Sie sind durch geeignete Bildungsmaßnahmen zu schließen.

Der Begriff **Qualifikation** ist in diesem Zusammenhang sehr umfassend zu verstehen; er schließt alle Komponenten ein, welche die Eignung der Mitarbeiter für die Ausübung einer bestimmten Tätigkeit kennzeichnen. Dazu zählen das Wissen, das Können und die Einstellung des einzelnen. Die Mehrung des Wissens, die Erweiterung des Könnens sowie Änderungen der Einstellung der Mitarbeiter machen demnach den eigentlichen Inhalt der betrieblichen Bildungsarbeit aus (vgl. Abbildung 43).

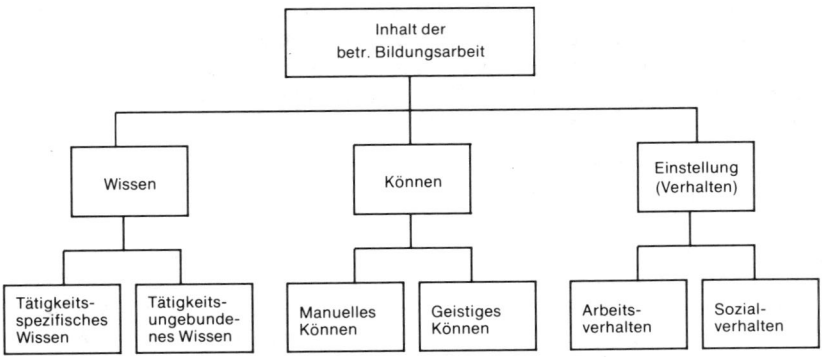

Abbildung 43: Inhalt der betrieblichen Bildungsarbeit

5.1.1 Vermittlung von Wissen

Die Vermittlung von Wissen umfaßt alle theoretischen und praktischen Kenntnisse und Erfahrungen, die zur Ausübung der gegenwärtigen oder einer zukünftigen Tätigkeit notwendig sind. Dazu gehören auch intellektuelle Fähigkeiten wie das Erkennen und Analysieren von Zusammenhängen oder das Beurteilen und Lösen von Problemen.

Welche Wissenskategorien im Einzelfall zu vermitteln und welche Lernziele dabei anzustreben sind, ergibt sich aus den Anforderungen der Arbeitsplätze. Dabei muß zwischen tätigkeitsspezifischem und nicht tätigkeitsspezifischem Wissen unterschieden werden. Mit **tätigkeitsspezifischem Wissen** ist das Wissen gemeint, das bei ganz bestimmten Funktionen bzw. innerhalb ganz bestimmter Tätigkeitsbereiche auftritt. Dieses spezialisierte Fachwissen ist nur für diejenigen Mitarbeiter erforderlich, die diese Aufgaben tatsächlich ausüben (vgl. Nüßgens 1975, S. 134). Zu den tätigkeitsspezifischen Kenntnissen eines Personalleiters zählen z. B. die Vorschriften des Arbeits- und Tarifrechts, die Wege und Methoden der Personalbeschaffung und Personalauswahl, die Verfahren der Personalplanung oder die Prinzipien der Lohn- und Gehaltsabrechnung. Von einem Buchhalter muß dagegen erwartet werden, daß er die Prinzipien der doppelten Buchhaltung kennt oder über die grundlegenden Vorschriften der Abgabenordnung informiert ist.

Das rein tätigkeitsbezogene, spezialisierte Wissen reicht im allgemeinen nicht aus; es muß um **tätigkeitsüberschreitende Wissenskategorien** ergänzt werden. Dieses nicht tätigkeitsspezifische Wissen ist notwendig, um die Anforderungsarten verschiedener Tätigkeiten erfüllen zu können. Ein Personalleiter sollte z. B. über die allgemeine gesellschaftliche und wirtschaftliche Entwicklung oder über die Organisationsstruktur des Unternehmens Bescheid wissen. Ein Buchhalter sollte auch über Grundkenntnisse der Kalkulation und Kostenrechnung verfügen. Zum tätigkeitsungebundenen Wissen jedes Mitarbeiters gehören Kenntnisse über die wichtigsten im Unternehmen geltenden Sicherheitsvorschriften.

In den nicht tätigkeitsspezifischen Bereich entfallen auch die sogenannten **Schlüsselqualifikationen**. Als Schlüsselqualifikationen werden berufsübergreifende Kenntnisse und Fertigkeiten bezeichnet, die langfristig verwertbar sind und eine rasche Umstellung auf veränderte berufliche Situationen erleichtern. Die Schlüsselqualifikationen sind weitgehend zeit- und berufsunabhängig; sie sind wegen des immer rascheren wirtschaftlichen und technologischen Wandels und der damit verbundenen Auswirkungen auf die Arbeitsstrukturen und Arbeitsbedingungen heute unerläßlich. Als Schlüsselqualifikationen kommen u. a. in Frage:

- Lernfähigkeit,
- Innovationsfähigkeit,
- Entscheidungsfähigkeit,
- Selbständigkeit, .
- Team-, Gruppen- und Kooperationsfähigkeit,
- Führungsfähigkeit,
- Konsensfähigkeit,
- Kommunikationsfähigkeit.

Bei der Planung von Bildungsmaßnahmen und vor allem bei der Auswahl der zum Einsatz gelangenden Bildungsmethoden sollte darauf geachtet werden, daß neben der tätigkeitsspezifischen Qualifikation immer auch Möglichkeiten zum Erwerb bzw. zur Vertiefung der Schlüsselqualifikationen vorhanden sind.

5.1.2 Erweiterung des Könnens

Wissen allein reicht zum erfolgreichen Ausüben von Arbeitsaufgaben in der Regel nicht aus, es muß weiterentwickelt werden zu anwendungsbereitem, funktionsfähigem Können. **Können bedeutet die Fähigkeit, das erworbene Wissen bei einer geistigen oder manuellen Tätigkeit praktisch anzuwenden.** Können läßt sich im Gegensatz zum Wissen nicht vermitteln, sondern nur durch Übung und Erfahrung entwickeln.

Die Entwicklung des *manuellen Könnens* soll dazu befähigen, mit Werkzeugen, Maschinen, Materialien und Hilfsmitteln in Produktion und Verwaltung richtig umzugehen. Die wichtigste Methode zur Entwicklung manueller Fertigkeit ist die planmäßige Unterweisung am Arbeitsplatz (vgl. Kapitel 5.3.1).

Geistiges Können zielt darauf ab, praktisch und theoretisch erworbenes Wissen bei der eigenen geistigen Arbeit sinnvoll anzuwenden. Bei Führungskräften spielt das geistige Können eine dominierende Rolle bei der Ausübung ihrer Tätigkeiten, wenn es darauf ankommt, das vorhandene Wissen über Techniken und Instrumente des Managements in die praktische Tat umzusetzen. Aber auch bei den ausführenden Tätigkeiten in der Produktion und Verwaltung wird in immer stärkerem Maße von den Mitarbeitern erwartet, daß sie in der Lage sind, das geforderte Wissen in geistiges Können umzusetzen. Die Kenntnis der Regelungen der Steuergesetzgebung allein reicht nicht aus, wenn der Buchhalter nicht in der Lage ist, sie bei der Erstellung der Bilanz so anzuwenden, daß innerhalb des gesetzten rechtlichen Rahmens ein optimales Ergebnis erzielt wird.

5.1.3 Änderung der Einstellung

Zum Wissen und Können kommt als dritte bestimmende Komponente für die Erfüllung einer Aufgabe das Verhalten des Individuums hinzu, d. h. seine Einstellung und Haltung gegenüber Personen oder Sachen in bestimmten Situationen. Gezieltes Training trägt dazu bei, beobachtete Fehlhaltungen abzubauen und wünschenswerte Einstellungen herbeizuführen.

Die Einstellung und das Verhalten des einzelnen werden entweder von Einflüssen geprägt, die in der Person selbst liegen, oder sie hängen von den in der Umwelt vorhandenen Bedingungen ab. Zu den Umweltbedingungen gehören organisatorische, sachliche und soziale Einflußgrößen. Zu den *organi-*

satorischen Einflußgrößen gehört die Gesamtheit der im Betrieb zu beachtenden Vorschriften und Regelungen. Die *sachliche Umwelt* wird durch die Arbeitsumgebung, die Arbeitsbedingungen und die vorhandenen technischen Hilfsmittel bestimmt. Zu den Einflußgrößen der *sozialen Umwelt* zählen die bestehenden formellen und informellen Beziehungen zu Kollegen, Vorgesetzten und Nachgeordneten. Zu den in der Person liegenden Einflußgrößen auf das Verhalten der Mitarbeiter zählt neben dem vorhandenen Wissen und Können vor allem die Motivationsstruktur der Betreffenden.

Die vorhandenen Einstellungen und Verhaltensweisen der Mitarbeiter können durch die Personalentwicklung beeinflußt und geändert werden. **Einstellungsänderungen können sich sowohl im Arbeitsverhalten als auch im Sozialverhalten zeigen.** Ein verbessertes Arbeitsverhalten kommt z. B. durch eine erhöhte Qualitätsbereitschaft, durch eine schonendere Behandlung von Werkzeugen und Maschinen, durch erhöhte Kreativität oder durch eine vergrößerte Innovationsbereitschaft zum Ausdruck. Änderungen im Sozialverhalten können sich auf allen hierarchischen Ebenen durch eine Verbesserung der Kooperationsbereitschaft und eine Erhöhung der Informationsbereitschaft zeigen. Besondere Bedeutung gewinnt das Sozialverhalten bei Führungskräften. Das Bemühen um eine bessere Motivation der Mitarbeiter durch eine regelmäßige Anerkennung guter Leistungen, die Praktizierung zeitgemäßer Führungsstile oder – was im Zusammenhang mit diesem Buch besonders wichtig ist – die konsequente Entwicklung und Förderung der Mitarbeiter seien als Beispiele für eine Entwicklung des Sozialverhaltens bei Führungskräften genannt.

5.1.4 Themenbereiche der betrieblichen Bildungsarbeit

Die drei Inhaltsbereiche der Personalentwicklung – Wissen, Können und innere Einstellung – sind zumeist eng miteinander verflochten. Die vorangegangene isolierte Darstellung hat lediglich der Verdeutlichung der Entwicklungsschwerpunkte gedient. In Wirklichkeit werden bei vielen Maßnahmen der Personalentwicklung gleichzeitig alle drei Bereiche angesprochen. »Jedes einsichtige Verhalten beruht auf zuvor vermitteltem Wissen. Wissen, das der beruflichen Praxis dienen soll, muß in Handlungen umschlagen. Praktisches Handeln hat selten nur sachliche Folgen, sondern wirkt sich auch auf andere Personen aus. Zustimmung oder Ablehnung, wechselseitiges Einvernehmen oder Spannungen können die Folge sein. Das hängt wesentlich von der inneren Einstellung der Beteiligten und ihrer nach außen vertretenen Haltung ab« (Weiterbildung in der Arbeitswelt 1977, S. 41).

Über die aktuellen Schwerpunkte der betrieblichen Bildungsarbeit informiert eine vom Institut der Deutschen Wirtschaft durchgeführte Untersuchung (vgl. Weiß 1990, S. 92). Die befragten Unternehmen hatten die Möglichkeit, aus einer Liste vorgegebener Themen auszuwählen, die zusätzlich durch eigene Themen ergänzt werden konnte. Die zwölf am häufigsten genannten Themengebiete sind in Abbildung 44 dargestellt.

Rangplatz	Themenbereiche	Weiterbildungs-gegenstand bei .. % der Unternehmen
1	EDV – kaufmännischer Bereich	62,7
2	Verkaufstraining	52,1
3	kaufmännische betriebswirtschaftliche Themen	48,4
4	Technik – betriebliche Anwendungen	48,2
5	Mitarbeiterführung	45,4
6	Technik – theoretische Fachkenntnisse	45,1
7	EDV – technischer Bereich	44,9
8	Arbeitssicherheit/Unfallschutz	44,8
9	Managementtechniken	41,6
10	Produkte und Produktanwendungen	38,9
11	Rhetorik	28,9
12	Recht/Steuern	27,8

Abbildung 44: Themen der betrieblichen Weiterbildung

5.2 Systematisierung der Bildungsmethoden

Der Erfolg der Qualifikationsvermittlung im Rahmen der betrieblichen Bildungsarbeit hängt entscheidend von der Wahl der richtigen Lehrmethode ab. In den letzten Jahren wurden zahlreiche Methoden entwickelt, aus denen je nach Bildungsziel und Lerninhalt, Teilnehmerkreis oder den vorhandenen fachlichen und personellen Voraussetzungen die geeignete auszuwählen ist. Durch eine Systematisierung der verschiedenen Methoden werden der Überblick und die Auswahl erleichtert. In Literatur und Praxis wird zumeist nach einem der folgenden Einteilungskriterien unterschieden:

– aktive oder passive Lehrmethoden,
– Methoden der Einzel- oder Gruppenbildung,
– Methoden der Bildung am oder außerhalb des Arbeitsplatzes.

5.2.1 Aktive und passive Methoden

Bei der Einteilung in aktive und passive Lehrmethoden handelt es sich um eine stark vereinfachte Klassifizierung, wobei sich die Zuordnung nach dem Grad der Beteiligung der Lernenden an der Erarbeitung des Lehrstoffes richtet. Das kennzeichnende Merkmal der **passiven Lehrmethoden** besteht darin, daß die

Aktivität ausschließlich oder überwiegend beim Lehrenden liegt, während die Lernenden in eine passive (rezeptive) Zuhörerrolle gedrängt werden (z. B. beim reinen Vortrag). Dagegen stellen die **aktiven Lehrmethoden** bewußt darauf ab, die Lernenden von vornherein in die Vermittlung des Lehrstoffes einzubeziehen (z. B. beim Lehrgespräch) bzw. die notwendigen Erfahrungen durch eine Konfrontation mit praktischen Problemen zu vermitteln. Als Lernsituation kommt entweder die Praxis selbst (z. B. beim Job rotation) oder eine der Praxis nachempfundene Modellsituation (z. B. beim Planspiel) in Frage. Von der großen Realitätsnähe und der unmittelbaren Teilnahme der Lernenden an der Stoffdarbietung geht eine hohe Lernmotivation aus.

5.2.2 Einzel- oder Gruppenbildung

Die Einteilung in Methoden der Einzel- oder Gruppenbildung richtet sich nach der **Zahl der Teilnehmer.** Die Methoden der Einzelbildung haben den Vorteil, daß der Lernstoff und das Lerntempo maßgerecht an die individuellen Fähigkeiten und Bedürfnisse eines einzigen Lernenden angepaßt werden können, so daß ein hoher Wirkungsgrad erwartet werden kann. Dieser Vorteil kann jedoch durch die soziale Isolation (z. B. bei der programmierten Unterweisung, vgl. Kapitel 5.4.1) und durch den im Gegensatz zum Gruppenlernen fehlenden Lernantrieb durch andere Teilnehmer wieder aufgewogen werden. Das Lernen in Gruppen ist in der Regel kostengünstiger und bietet im Vergleich zum Einzellernen eine Reihe pädagogischer und psychologischer Vorteile (vgl. Weiterbildung in der Arbeitswelt 1977, S. 124):

– Die Teilnehmer sind nicht allein und fühlen sich auch nicht allein gelassen. Der Gruppe gehören andere Mitglieder an, die mit den gleichen Problemen konfrontiert werden und mit denen man zusammenarbeiten kann.

– Der Lernantrieb kann durch Gleichgesinnte verstärkt werden. Aus einer »gesunden Lernkonkurrenz« können zusätzliche Antriebskräfte erwachsen.

– Kontrolle und Beurteilung des Lernfortschritts fallen im Vergleich mit anderen leichter; die Gefahr, sich zu »verrennen«, verringert sich.

– Selbstdisziplin fällt leichter, weil alle nach dem gleichen Lern- und Zeitplan vorgehen. Für den einzelnen ist es einfacher, Lern- und Pausenzeiten einzuhalten oder Schluß zu machen, wenn Pensum und Zeitplanung das vorsehen.

– Die Durchführung des Lernens wird flexibler. Aus der Beobachtung des Lernverhaltens anderer können Anregungen für das eigene Lernverhalten resultieren.

– Das gemeinsame Lernen zwingt zur Kooperation und stellt gleichzeitig eine Übung im Umgang mit anderen dar.

– Das Lernen in Gruppen ist dann unerläßlich, wenn das Verhalten gegenüber anderen Mitarbeitern geändert oder neue Verhaltensweisen eingeübt werden sollen (z. B. richtiges Aussprechen von Anerkennung und Kritik).

In der betrieblichen Bildungsarbeit dominieren die Methoden der Gruppenbildung. Die Bedeutung des Einzellernens besteht hauptsächlich in einer Ergänzung interner und externer Gruppenmethoden (z. B. Vorbereitung auf ein Seminar anhand einer programmierten Unterweisung). In Form des Selbststudiums (z. B. Lektüre von Fachzeitschriften und Fachbüchern) bietet das Einzellernen den Mitarbeitern außerdem Möglichkeiten, persönliche, von vorgegebenen Programmen unabhängige Bildungsinitiativen zu ergreifen.

5.2.3 Bildung am oder außerhalb des Arbeitsplatzes

Die für die Personalentwicklung wichtigste Einteilung klassifiziert die verschiedenen Lehrmethoden danach, ob die Qualifikationsvermittlung am oder außerhalb des Arbeitsplatzes stattfindet. **Bildungsmaßnahmen am Arbeitsplatz (Training-on-the-job)** sind mit der Ausübung produktiver Tätigkeiten unmittelbar gekoppelt; sie finden in Form der laufenden Auseinandersetzung mit der jeweiligen Arbeitsaufgabe praktisch in jedem Unternehmen statt, obwohl man sich dieser Tatsache vielfach überhaupt nicht bewußt ist. Durch die Bildung am Arbeitsplatz kommt es zu einer ständigen Wechselwirkung zwischen Personalentwicklung und Personaleinsatz. Demgegenüber erfolgt die **Bildung außerhalb des Arbeitsplatzes (Training-off-the-job)** losgelöst von der eigentlichen Arbeitsaufgabe; der Bezug zur späteren Anwendung am Arbeitsplatz wird allenfalls durch Simulation hergestellt.

Die Frage, ob der Bildung am oder außerhalb des Arbeitsplatzes der Vorzug gegeben werden soll, kann nicht alternativ im Sinne eines »Entweder/Oder« entschieden werden. Beide Varianten ergänzen einander. Die anwendungsorientierte Bildung am Arbeitsplatz hat vor allem dort ihre Grenzen, wo es um die Vermittlung neuen Wissens geht. Hier stellt die arbeitsplatzunabhängige, reine »Lehrveranstaltung« den besseren Rahmen dar. Sie ermöglicht im Gegensatz zur vielfach unsystematischen arbeitsplatzgebundenen Bildung ein formelles, strukturiertes Bildungsprogramm, das insbesondere bei komplizierten Zusammenhängen erfolgversprechend sein kann.

Die Flut an neuem Wissen und der rasche technologische und wirtschaftliche Wandel haben in den letzten Jahren zu einer Bedeutungszunahme der Bildungsmaßnahmen außerhalb des Arbeitsplatzes geführt. Trotzdem nimmt die Bildung am Arbeitsplatz in der betrieblichen Praxis noch immer eine Vorrangstellung ein. Das dürfte auf die folgenden Ursachen zurückzuführen sein (vgl. Schönfeld 1967, S. 191):

1. Es handelt sich um eine kostengünstige Methode, weil neben der Vermitt-

lung neuer Fertigkeiten und Kenntnisse immer auch noch produktive Arbeitsleistungen erbracht werden;
2. die Methode ist kurzfristig vollziehbar, weil keine Abstimmungs- und Entwicklungsprobleme entstehen;
3. die Trainingszeit kann an die individuellen Bedürfnisse der Teilnehmer (Vorkenntnisse, Lerntempo) angepaßt werden;
4. es handelt sich um ein sogenanntes »Learning by doing«, das heißt, die Teilnehmer eignen sich neue Kenntnisse, Fertigkeiten und Verhaltensweisen durch tatsächliche Ausführung an;
5. die Konfrontation mit neuen Aufgabenstellungen erfolgt unter realistischen Bedingungen (Zeitdruck, Verantwortung, Ablenkung und Störungen usw.);
6. die Integration von Bildung und produktiver Arbeitsleistung ist mit einem zwangsläufigen, problemlosen Hineinwachsen in die besondere betriebliche Umgebung verbunden, so daß keine Transferschwierigkeiten entstehen.

Aus der Sicht der Teilnehmer dürfte der große **Realitätsbezug** der Bildungsmaßnahmen am Arbeitsplatz als entscheidender Vorteil angesehen werden. Schließlich handelt es sich bei der Mehrzahl um Erwachsene, die schon jahrelang keine »Schulbank« mehr gedrückt haben. Sie können sich in einer reinen Lehrveranstaltung vielfach nur schwer auf das Vorgetragene konzentrieren und behalten oft nur wenig dauerhaft in Erinnerung. Viele Mitarbeiter sind nicht in der Lage, aus den allgemein gehaltenen Informationen das für ihre spezielle Tätigkeit Wesentliche zu erkennen. Die Erfahrung bestätigt immer wieder, daß die praktische Anwendung des auf internen oder externen Lehrgängen erworbenen Wissens vielfach nicht gelingt.

Als Grundlage für die weiteren Ausführungen sind in Abbildung 45 die wichtigsten Methoden der Bildung am und außerhalb des Arbeitsplatzes zusammengefaßt. In manchen Fällen konnte die Zuordnung allerdings nur schwerpunktartig erfolgen. So finden etwa die verschiedenen Formen des Job rotation (z. B. die Trainee-Ausbildung) grundsätzlich am Arbeitsplatz statt; es ist jedoch nicht auszuschließen, daß bei einer ausreichenden Zahl von Mitarbeitern zur Vorbereitung der praktischen Anwendung geeignete Wissensgebiete zusätzlich in seminaristischer Form außerhalb des Arbeitsplatzes vermittelt werden.

5.3 Arbeitsplatzgebundene Bildungsmaßnahmen (Training-on-the-job)

Die Vermittlung neuer Fertigkeiten und Kenntnisse erfolgt bei den meisten arbeitsplatzgebundenen Bildungsmaßnahmen im direkten Zusammenwirken zwischen Mitarbeiter und Vorgesetztem. Dieser ist der erste Helfer seines Mitarbeiters, den er gleichermaßen fördert und fordert. Er unterstützt den

Methoden der Bildung am Arbeitsplatz (Training-on-the-job)	Methoden der Bildung außerhalb des Arbeitsplatzes (Training-off-the-job)
1. Planmäßige Unterweisung	1. Programmierte Unterweisung
2. Anleitung und Beratung durch den Vorgesetzten (Coaching im engeren Sinne)	2. Lehrvortrag
	3. Lehrgespräch/Moderationsmethode
3. Job rotation (einschl. Traineeprogramm)	4. Kreativitätstechniken (Brainstorming)
4. Übertragung begrenzter Verantwortung (Nachfolger, Assistent)	5. Fallmethode
5. Übertragung von Sonderaufgaben	6. Rollenspiel
6. Teilnahme an Projektgruppen	7. Planspiel
7. Mehrgleisige Unternehmensführung/ Junior-Vorstand	8. Gruppendynamisches Training
	9. Förderkreise, Erfahrungsaustauschgruppen, Qualitätszirkel
8. Einführungsprogramme	10. Fernunterricht

Abbildung 45: Methoden der Bildung am oder außerhalb des Arbeitsplatzes

Aufbau eines gesunden Selbstbewußtseins, indem er Stärken anerkennt und entwickelt, aber auch auf Fehler aufmerksam macht und es dem Mitarbeiter erleichtert, sich solcher Schwächen bewußt zu werden. Im gemeinsamen Gespräch werden Maßnahmen zur Verbesserung der Leistung und Pläne für den weiteren Einsatz besprochen (vgl. v. Niederhäusern 1973, S. 35).

Die Vorteile der arbeitsplatzgebundenen Bildung werden nur dann in vollem Umfang zum Tragen kommen, wenn folgende Voraussetzungen weitgehend erfüllt sind (vgl. Schönfeld 1967, S. 191):

1. Die Mitarbeiter müssen ausreichend motiviert werden, damit sie dem Lernprozeß aufgeschlossen gegenüberstehen;
2. der Lernvorgang muß möglichst auf der bereits erreichten Wissensstufe der Teilnehmer einsetzen;
3. bei mehreren Teilnehmern sind die individuellen Unterschiede in der Lerngeschwindigkeit zu beachten;
4. den Besonderheiten der Erwachsenenbildung ist durch die Art und Weise der Instruktionen Rechnung zu tragen;
5. der Bildungserfolg sollte möglichst häufig und lückenlos kontrolliert werden;
6. positive Lernerfolge können als Stimulus zum Weiterlernen benutzt werden;
7. der Vorgesetzte sollte durch überdurchschnittliche Kenntnisse in den jeweiligen Tätigkeitsgebieten überzeugen;
8. für die Mitarbeiter muß erkennbar sein, daß der Vorgesetzte die Bildungsaufgabe als wesentlichen Teil seiner Gesamtaufgabe betrachtet.

Die beiden letzten Aspekte verdeutlichen nochmals die wichtige Rolle des Vorgesetzten bei den arbeitsplatzgebundenen Bildungsmaßnahmen. In seiner Person dürften auch die größten Schwierigkeiten für eine erfolgreiche Bildungsarbeit zu finden sein. Er wird seine Aufgabe nur dann zufriedenstellend lösen können, wenn er sich in ausreichendem Maße damit identifiziert. Für die Mitarbeiter muß erkennbar sein, daß der Vorgesetzte nicht nur als guter Fachmann in seinem jeweiligen Arbeitsgebiet überzeugt, sondern auch die Bildungsaufgabe als integralen Bestandteil seiner Tätigkeit versteht. Diese Einsicht fehlt manchem Vorgesetzten, so daß die Bildungsaufgabe entweder vernachlässigt oder auf nachgeordnete (ungeeignete) Mitarbeiter delegiert wird.

5.3.1 Planmäßige Unterweisung

Der Unterweisung am Arbeitsplatz kommt in der betrieblichen Praxis die größte Bedeutung zu, da im Grunde jede Weitergabe vorhandener Fertigkeiten, Kenntnisse und Erfahrungen einen Unterweisungsvorgang darstellt. Allerdings bestehen in der Art und Weise, wie das geschieht, beträchtliche Unterschiede. Bloßes Anweisen, Zuhören, Zusehen oder probierendes Experimentieren sind ebenso anzutreffen, wie planmäßiges und systematisches Vorgehen. Eine bewährte Methode, die einen zielgerichteten, an pädagogischen Prinzipien orientierten Ablauf vorsieht, ist die **Vier-Stufen-Methode.** Sie ist aus der amerikanischen TWI-Methode (Training Within Industry-Methode) hervorgegangen und wird in ihrer heute gültigen Form auch von REFA empfohlen. Der formale Ablauf jeder Unterweisung wird dabei in folgende vier Stufen (vgl. Abbildung 46) gegliedert:

– Vorbereiten,
– Vorführen,
– Nachmachen,
– Üben.

In der *ersten Stufe* müssen sowohl der Unterweisungsgegenstand als auch der zu unterweisende Mitarbeiter vorbereitet werden. Durch eine Abgrenzung und Gliederung des Unterweisungsgegenstands wird festgelegt, »was« unterwiesen werden soll und welche Lernziele zu erreichen sind. Die Wahl der besten Ausführungsart und die Bestimmung der notwendigen Hilfsmittel verdeutlichen, »wie« sich ein Vorgang vollzieht. Durch entsprechende Begründungen wird sichergestellt, »warum« so vorgegangen werden muß. Die Vorbereitung des Mitarbeiters dient in erster Linie der Motivation; dazu gehören Informationen über das Lernziel, Fragen nach Vorkenntnissen sowie der Abbau vorhandener Hemmungen.

In der *zweiten Stufe* beginnt der eigentliche Unterweisungsvorgang. Grundsätzlich sollte der zu erlernende Arbeitsvorgang dem Mitarbeiter dreimal

1. Stufe: Vorbereitung
- Eigene Vorbereitung des Unterweisenden
  - Genügend Zeit einplanen
  - Unterweisungsgegenstand genau festlegen
- Vorbereitung des Unterweisungsvorgangs
  - Arbeitsvorgang in Lernabschnitte zerlegen
  - Abschnitte ordnen
  - Beste Ausführungsart für jeden Abschnitt überlegen
  - Begründungen zurechtlegen, warum das so geschieht
  - Hilfsmittel (Werkzeuge, Material, Unterlagen) bereitstellen
- Vorbereitung des Mitarbeiters
  - Befangenheit nehmen
  - Unterweisungsgegenstand bezeichnen
  - Vorkenntnisse feststellen
  - Interesse wecken
  - Zutrauen zur eigenen Leistungsfähigkeit vermitteln
  - Richtig hinstellen oder -setzen

2. Stufe: Vorführen und erklären durch den Unterweisenden
- Vorführen und erklären in geraffter Form
  - Mitarbeiter soll erfahren, »was« geschieht
  - Gesamtüberblick vermitteln
  - Nur unbedingt notwendige Fachausdrücke verwenden
  - Nicht zu schnell vorgehen
- Zweite Vorführung: Detailliertes Vormachen, Erklären und Begründen
  - Mitarbeiter soll erfahren, »was«, »wie« und »warum« es so geschieht
  - Jeden Abschnitt ausführlich erläutern und begründen
  - Erfahrungen, Kniffe, Tricks mitteilen
  - Auf Schwierigkeiten (typische Fehlerquellen) hinweisen
  - Fachausdrücke verwenden und erläutern
  - Mitarbeiter zu Fragen anregen
  - Fragen beantworten
  - Sicheres Arbeiten demonstrieren
- Dritte Vorführung: Vormachen und Kernpunkte wiederholen
  - Unterweisungsvorgang zügig wiederholen
  - Nur noch Lernabschnitte und Kernpunkte herausstellen

3. Stufe: Ausführen (nachmachen) durch den Mitarbeiter
- Erster Ausführungsversuch: Nachmachen durch den Mitarbeiter, ohne zu sprechen
  - Kardinalfehler verbessern
  - Helfen, wenn der Mitarbeiter nicht weiterkommt
  - Geduld haben
- Zweite Ausführung: Wiederholen mit detaillierter Erklärung und Begründung durch den Mitarbeiter
  - Verständnis kontrollieren (»Was« wird »wie« und »warum« so gemacht?)
  - Fachbegriffe prüfen
  - Verständnislücken schließen
- Dritte Ausführung: Nachmachen und Kernpunkte wiederholen lassen
  - An sicheres Arbeiten gewöhnen
  - Teilvorgänge erfragen
  - Kernpunkte herausstellen lassen
  - Wiederholungen bis zur fehlerfreien Ausführung fortsetzen lassen

4. Stufe: Abschluß und Übung
- Mitarbeiter selbständig üben lassen
  - Probeauftrag übertragen
  - Erfolg bestätigen
  - Gedächtshilfe bereitstellen (z. B. schriftliche Unterlagen)
- Erfahrene Mitarbeiter für Rückfragen benennen
  - Sicherheitsgefühl erhöhen
  - Förderung des Kollegialitätsempfindens
- Übungsfortschritte beobachten und kontrollieren
  - Nach Erfahrungen oder Schwierigkeiten fragen
  - Zu weiterführenden Fragen ermuntern
  - Übungsfortschritte anerkennen

Abbildung 46: Unterweisung nach der Vier-Stufen-Methode

vorgeführt werden. Durch die erste Vorführung soll der Mitarbeiter einen Gesamtüberblick erhalten. Das zweite, langsamere und ausführlichere Vorführen dient dazu, das Was, Wie und Warum mittels der zuvor überlegten Erklärungen zu erläutern und zu begründen. Die dritte, schnellere Vorführung – sie kann bei kleineren Unterweisungsvorgängen entfallen – soll dem Mitarbeiter nochmals den Gesamtablauf verdeutlichen.

In der *dritten Stufe* wechselt die Aktivität zum Unterwiesenen. Dieser führt den Vorgang unter Aufsicht selbst aus, wobei sich auch hier die von der Vorführungsstufe bereits bekannte dreifache Form bewährt. Der erste Versuch kann ohne Erklärung erfolgen, damit die Konzentration voll auf die eigentliche Ausführung gerichtet werden kann. Der Unterweisende sollte nur bei groben Fehlern eingreifen. Bei der zweiten Ausführung sind die erforderlichen Erklärungen und Begründungen abzugeben, um sicherzustellen, daß alle Teilschritte richtig verstanden wurden. Eine weitere Wiederholung, bei der sich die Kommentierung auf Kernpunkte beschränken kann, soll dem Mitarbeiter zusätzliche Sicherheit vermitteln.

Die *vierte Stufe* und damit den Abschluß des gesamten Vorgangs bildet das Üben ohne Aufsicht. Erst auf diese Weise wird die notwendige Stabilisierung des Gelernten erreicht. Der Unterweisende hält den weiteren Fortgang durch Beobachtung unter Kontrolle. Die Anerkennung erzielter Übungsfortschritte dient der zusätzlichen Motivation.

Die Vier-Stufen-Methode überzeugt durch die Systematik in der Vorgehensweise. Daneben haben weitere **Vorteile** zu der großen Verbreitung des Verfahrens beigetragen:

- Es handelt sich um eine sehr anschauliche Methode, die neue Erkenntnisse unter realistischen Bedingungen vermittelt.
- Das Verfahren knüpft an vorhandene Fertigkeiten und Kenntnisse an und erlaubt eine Berücksichtigung des individuellen Lerntempos.
- Der Lernstoff wird in sinnvolle, überschaubare Lernschritte zerlegt, so daß die Lernenden sich nicht zuviel vornehmen und auf diese Weise nicht überfordert werden.
- Die Mitarbeiter müssen nicht lange herumprobieren, sondern werden sofort auf das Wesentliche einer Aufgabe herangeführt und an die richtige Arbeitsweise gewöhnt.
- Die Methode führt zu einem sicheren Arbeiten bei geringer Fehlerhäufigkeit.
- Der Lernende wird zur Aktivität veranlaßt; neben dem »Wie« erfährt er immer auch das »Warum« eines Arbeitsvorganges.
- Die Teilnahme an der Erfahrung des Lehrenden erhöht die Sicherheit des Lernenden; die laufende Bestätigung der erzielten Fortschritte ermutigt zum Weiterlernen.

Die planmäßige Unterweisung nach dem Vier-Stufen-Prinzip kann als Einzel-oder Gruppenmethode durchgeführt werden. Bei der Gruppenunterweisung darf allerdings die Zahl der zu Unterweisenden nur so groß sein, daß jeder Teilnehmer dem Unterweisungsvorgang noch in vollem Umfang folgen kann. Die Vier-Stufen-Methode kann sehr flexibel gehandhabt werden; das hier vorgestellte Ablaufschema soll lediglich als Leitfaden verstanden werden. Je nach Art des Unterweisungsgegenstandes und nach den herrschenden äußeren Bedingungen (z. B. Lärm, Ablenkungen) kann es sich als notwendig erweisen, mit der Intensität der Erklärungen oder der Häufigkeit der Wiederholungen zu variieren.

Durch die planmäßige Aneinanderreihung mehrerer Unterweisungsvorgänge nach der Vier-Stufen-Methode kann die Einzelunterweisung zum **systematischen Unterweisungsprogramm** ausgebaut werden. Solche Programme werden z. B. zum Anlernen neuer Mitarbeiter im gewerblichen Bereich bereitgestellt. **Anlernprogramme (Einarbeitungsprogramme)** stellen sicher, daß alle zur Ausübung einer Tätigkeit notwendigen Teilvorgänge vermittelt werden; sie minimieren die Einarbeitungszeit und führen bei einer niedrigen Fehlerquote in begrenzter Zeit zu einem hohen Leistungsstand. Die Mitarbeiter erzielen rasch gute Anfangserfolge, womit das Vertrauen in die eigene Leistungsfähigkeit und die Arbeitsfreude steigen.

5.3.2 Anleitung und Beratung durch den Vorgesetzten (Coaching im engeren Sinne)

Mit Anleitung und Beratung durch den Vorgesetzten, Coaching im engeren Sinne oder gelenkter Erfahrungsvermittlung sind trotz unterschiedlicher Bezeichnung Bildungsansätze gemeint, die letztendlich alle darauf hinauslaufen, daß die Mitarbeiter aus einer von den Vorgesetzten überwachten und gesteuerten Tätigkeit Erfahrungen sammeln. Ebenso wie die planmäßige Unterweisung kann auch die Anleitung und Beratung durch den Vorgesetzten als eine **Grundform der Bildung am Arbeitsplatz** angesehen werden. Elemente beider Methoden sind in den übrigen Gestaltungsvarianten der arbeitsplatzgebundenen Bildungsmaßnahmen enthalten. Die betriebliche Praxis ist auf den Einsatz beider Methoden angewiesen. Während es bei der planmäßigen Unterweisung darum geht, die Regeln für die Ausführung einzelner, eindeutig voneinander abgegrenzter Arbeitsvorgänge in systematischer Weise zu vermitteln, hat der Mitarbeiter bei der Anleitung und Beratung durch den Vorgesetzten Gelegenheit, sich kontinuierlich mit einem größeren, im Vergleich zu seiner derzeitigen Tätigkeit anspruchsvolleren Aufgabengebiet vertraut zu machen.

Der Vorgesetzte kann bei dieser Methode als eine Art »Vorbild« angesehen werden, dessen ständiges Bemühen darauf gerichtet sein muß, seinen Mitarbeitern das Hineinwachsen in neue Aufgaben und Verantwortungen durch Rat, Hilfe und Anregung zu erleichtern. Allerdings sollte die Unterstützung durch den Vorgesetzten nicht dem Zufall überlassen bleiben. Coaching in dem hier verstandenen Sinn bzw. die Anleitung und Beratung durch den Vorgesetzten kann nur dann als eigene Bildungsmethode gelten, wenn der Lernprozeß systematisch geplant und kontrolliert wird. Dazu muß ein auf die bei der Bedarfsanalyse festgestellten Qualifikationsmängel ausgerichteter Bildungsplan erstellt werden, es müssen geeignete Arbeitsplätze vorhanden sein, und es muß Sicherheit über die Eignung und Bereitschaft der Vorgesetzten bestehen.

5.3.3 Job rotation (einschl. Traineeprogramme)

Wie schon an anderer Stelle ausgeführt wird der Begriff Job rotation sowohl als Form der Arbeitsstrukturierung (vgl. Kapitel 4.4) als auch als eine Möglichkeit der Bildung am Arbeitsplatz verstanden. **Job rotation** als Bildungsmethode dient der Vermittlung zusätzlicher Qualifikationen, indem den einbezogenen Mitarbeitern Gelegenheit geboten wird, durch einen systematischen Arbeitsplatzwechsel bestehende Aufgaben vorübergehend zu übernehmen, um damit die vorhandenen Kenntnisse auszuweiten und neue Erfahrungen zu gewinnen. Da die Mitarbeiter durch den fortlaufenden Arbeitsplatzwechsel auch regelmäßig mit neuen Vorgesetzten und Kollegen konfrontiert werden, lernen sie nicht nur fachlich dazu, sondern werden auch in ihrem Sozialverhalten ständig neu gefordert. Beim Job rotation handelt es sich um eine Bildungsmethode mit Programmcharakter, die zwar schwerpunktmäßig am Arbeitsplatz vollzogen wird, aber Ergänzungen durch andere Formen (z. B. Teilnahme an Gesprächen und Diskussionen, Seminarbesuche, Auslandseinsatz usw.) nicht ausschließt.

Bildung durch einen planmäßigen Arbeitsplatzwechsel ist für alle Mitarbeiter möglich. In der betrieblichen Praxis wird die Methode des Job rotation jedoch vorwiegend für Führungskräfte und Nachwuchskräfte (Berufsanfänger) angewandt. Bei Führungskräften handelt es sich in der Regel um einen Arbeitsplatzwechsel auf derselben Rangstufe, bei dem die übertragenen Aufgaben sofort vollverantwortlich übernommen werden müssen. Auf diese Weise sollen neben dem Erwerb neuer Kenntnisse vor allem die Mobilität gesteigert und ein enges Ressortdenken abgebaut werden, so daß die Voraussetzungen für einen späteren Arbeitseinsatz in ähnlichen Tätigkeitsgebieten verbessert werden. Beim Job rotation als Methode der Nachwuchsschulung geht es darum, neu in das Unternehmen eingetretenen Mitarbeitern systematisch umfassende Kenntnisse der wichtigsten spezifischen Betriebsfunktionen zu vermitteln (vgl. Abbildung 47) und gleichzeitig ihre besonderen Fähigkeiten auf bestimmten Gebieten zu erkennen. Das Prinzip des Job rotation wird – obwohl man den Begriff in diesem Zusammenhang nicht verwendet – auch bei der Ausbildung

Kimberly-Clark GmbH (Kleenex)
Traineeprogramm im Finanz- und Rechnungswesen
für Herrn Dipl.-Kfm..
vom 1. Mai 19.. bis 31. Oktober 19.. (Folgejahr)

1. Übersicht

Die Ausbildung beruht auf dem allgemeinen Trainings- und Entwicklungsplan und findet als Training-on-the-job statt. Sie dauert ca. 18 Monate und umfaßt folgende Bereiche:

Bereich	von	bis	Dauer (Monate)
Kostenrechnung (einschließlich Werk)	Mai 19.. – Okt. 19..		6
Betriebswirtschaftl. Abteilung (einschl. Marketing/Verkauf)	Nov. 19.. – Juni 19..		8
Geschäftsbuchhaltung	Juli 19.. – Sept. 19..		3
Englische Schwestergesellschaft Oktober 19..			1

Termine und Dauer in den einzelnen Bereichen können sich eventuell ergebenden Notwendigkeiten angepaßt werden.

2. Trainingsprogramm Kostenrechnung

2.1. Ziele
(a) Vermittlung von Kenntnissen über
  – Produkte
  – Maschinen, Anlagen
  – Betriebsabläufe
(b) Kennenlernen von
  – Abrechnungssystemen
  – Berichtswesen
  – Investitionsrechnung
(c) Übernahme von dem Ausbildungsstand entsprechenden Kosten-Analyse-Projekten

2.2. Aufgaben und Zeitplanung
(a) Einführung   Mai 19..
  – Gespräche mit dem Finanzdirektor
  und dem Personaldirektor
  – Kurze Vorstellung im Unternehmen
  – Erstes Kennenlernen von Produkten –
  Anlagen, Maschinen – Abläufen.
  Einführung (jeweils mehrere Tage)
  in Verarbeitung, Papierherstellung
  und Lager

Abbildung 47: Traineeprogramm

- Einführungsgespräche mit Führungskräften
  (jeweils ca. 30 Minuten bis eine Stunde)
- Information über das Unternehmen
  · Gesprächsbericht
  · Budget und Fünf-Jahres-Plan
  · Organisationsplan

(b) Einarbeitung in den Bereich »Kosten-   Juni 19..
rechnung – Papierherstellung«
- Berichte an Werksführungskräfte
- Ermittlung von Abweichungen
- Bestandsführung Zellstoff/Watte
- Monatsabschlußtabellen

(c) Einarbeitung und Übernahme des Bereichs   Juni/Juli 19..
»Kostenrechnung – Papierverarbeitung«
- Berichte an Werksführungskräfte
- Ermittlung von Abweichungen
- Monatsabschlußarbeiten

(d) Einführung und Übernahme umfang-   Juli/Aug. 19..
reicherer Arbeiten
- Vorbereitung von Standards
- Gesamtmonatsabschluß mit Analyse,
  Berichterstattung und Vorbereitung,
  Kostenbesprechung
- Bestandskontrolle

(e) Sonderaufgaben   Sept./Okt. 19..
- Wirtschaftlichkeitsrechnung
  für Investitionen
- Kostenanalyse-Projekte

(f) Teilnahme an wichtigen Gesprächen/   Juli–Oktober 19..
Diskussionen
- Monatliches Kostengespräch
- Wöchentliches Gespräch Werkführungskräfte
- Festlegen von Standards

(g) Ständiger Kontakt zum Finanzdirektor   ständig
(14tägig ca. 1–2 Stunden) über gesammelte
Erfahrungen, aufgetretene Fragen,
Fortschritte des Trainingsprogrammes

Abschließendes Gespräch nach   Ende Oktober 19..
Beendigung des Trainingsprogrammes
Kostenrechnung

3. Trainingsprogramme Betriebswirtschaftliche Abteilung/Geschäftsbuchhaltung

(Untergliederung entsprechend dem Trainingsprogramm Kostenrechnung)

Abbildung 47: Traineeprogramm (Fortsetzung)

von Auszubildenden praktiziert, wenn diese die verschiedenen Ausbildungsbereiche nach einem gemäß den Vorgaben der Ausbildungsordnung festgelegten Ausbildungsplan durchlaufen. Eine andere typische Anwendungsgruppe sind Hochschulabsolventen, denen der Übergang von der theoretischen Ausbildung an den Hochschulen zur beruflichen Praxis mit Hilfe sogenannter **Traineeprogramme** erleichtert werden soll.

Die Bildung durch Job rotation bietet sowohl dem Unternehmen als auch den Mitarbeitern eine Reihe von Vorteilen. U. a. sind zu nennen:
- Verbesserung der Anpassungsfähigkeit und Kooperationsbereitschaft der Mitarbeiter;
- universale Entwicklung der Mitarbeiter, weil sie die Probleme im Unternehmen aus der Sicht unterschiedlicher Positionen kennenlernen;
- Gelegenheit für die Mitarbeiter, die eigenen Schwächen und Stärken bei der Aufgabenausführung und beim Umgang mit Kollegen besser einzuschätzen;
- Förderung der Flexibilität der Mitarbeiter in bezug auf den künftigen Personaleinsatz;
- bessere Vergleichsmöglichkeiten zwischen den Mitarbeitern und damit zuverlässigere Einsatz- und Beförderungsentscheidungen durch die Personalabteilung;
- Abbau des Gruppenegoismus, so daß mit einer verbesserten Zusammenarbeit und Kommunikation zwischen den verschiedenen Abteilungen gerechnet werden kann;
- Erschließung neuer Ideen durch neue Mitarbeiter (Outsider) für die Abteilung.

Kritisch wird dem Job rotation gelegentlich entgegengehalten, daß es bei der Weiterbildung von Führungskräften durch die sofortige Übernahme der vollen Verantwortung zu Stockungen im Betriebsablauf kommen kann. Außerdem besteht die Gefahr, daß sich manche Führungskräfte mit ihrer Aufgabe nicht voll identifizieren, sondern die Position als Trainingsjob oder Durchgangsstelle verstehen. In solchen Fällen muß sichergestellt werden, daß die Aufgabenübernahme zumindest so lange dauert, daß eine wirkliche Einarbeitung in die Probleme eines Arbeitsgebietes möglich wird. Darüber hinaus muß den Mitarbeitern anhand der Stellenbeschreibung klargemacht werden, daß es sich um eine *echte Stelle* mit allen Kompetenzen und Pflichten handelt und daß auch hier das Urteil über Leistung und Bewährung für die weitere berufliche Entwicklung mit herangezogen wird. Manchmal wird auch die Befürchtung geäußert, daß bewährte Mitarbeiter in mittleren Positionen hängen bleiben und *verheizt* werden, obwohl sie eigentlich die Fähigkeiten hätten, weiterzukommen. Dieses Problem wird sich nicht ergeben, wenn die Positionsfolge nicht dem Zufall überlassen wird, sondern anhand standardisierter oder auf die speziellen Fähigkeiten des Mitarbeiters zugeschnittene Programme von vornherein eindeutig festgelegt wird.

Obwohl gegenwärtig eher Großbetriebe über systematische Job-rotation-Programme verfügen, sind die Erfahrungen mit dieser Form der Bildung am Arbeitsplatz auch für kleinere und mittlere Unternehmungen nutzbar. Diese haben zwar ein geringeres Angebot an geeigneten Positionen, sie können aber ihre Voraussetzungen dadurch verbessern, daß sie im Verbund mit anderen (befreundeten) Betrieben einen Arbeitsplatzwechsel über die Betriebsgrenze hinaus durchführen (zwischenbetriebliche Kooperation, vgl. Kapitel 6.4).

Je nach dem Kreis der Betroffenen und den verfolgten Zielsetzungen können Job rotation-Programme zwischen wenigen Monaten und mehreren Jahren dauern. Bei den Programmen für Führungskräfte gelten grundsätzlich die gleichen Überlegungen und zeitlichen Grenzen, die schon bei der Nachfolgeplanung (vgl. Kapitel 4.2.5.2) dargelegt wurden. Bei Job rotation-Programmen zur Einführung von Hochschulabsolventen (Traineeprogramme) sollten zwei bis drei Jahre nicht wesentlich überschritten werden.

Die in der Praxis vorliegenden Programme werden im allgemeinen flexibel gehandhabt. Auf der Grundlage allgemeiner (personenunabhängiger) Programme erfolgt vor Trainingsbeginn eine Abstimmung mit den betroffenen Mitarbeitern und eine Anpassung an deren individuelle Voraussetzungen (z. B. Vorkenntnisse) und Wünsche (z. B. angestrebter Funktionsbereich) und an die aktuellen betrieblichen Gegebenheiten. Abbildung 47 enthält auszugsweise ein auf einen bestimmten Mitarbeiter (Hochschulabsolvent, Berufsanfänger) zugeschnittenes Trainingsprogramm für das Finanz- und Rechnungswesen der Firma Kimberly-Clark GmbH.

5.3.4 Übertragung begrenzter Verantwortung

Die Prinzipien der Anleitung und Beratung durch den Vorgesetzten werden bei der Übertragung begrenzter Verantwortung besonders deutlich. Einem Mitarbeiter werden Teilaufgaben ohne die gleichzeitige Übernahme der Führungsverantwortung übertragen, so daß er allmählich unter Kontrolle des auf diese Weise entlasteten Vorgesetzten in das Aufgabengebiet hineinwächst.

Die Praxis hat für diese Form der Bildung am Arbeitsplatz mit dem Nachfolger und dem Assistenten zwei Spielarten entwickelt. Der **Nachfolger** (vgl. auch Kapitel 4.2.5) soll sich auf diese Weise in ein Tätigkeitsgebiet einarbeiten, um die zugehörigen Aufgaben einschließlich der damit verbundenen Verantwortung später dauerhaft zu übernehmen. Für den **Assistenten** bedeutet die Stelle dagegen nur eine Durchgangsstation im Rahmen seiner Entwicklung (z. B. innerhalb eines Job rotation-Programms), deren Aufgaben er nach Übernahme einer neuen Tätigkeit wieder abgibt. Als Hauptanwendungsgebiet dieser Bildungsmethode kommt die Schulung hochqualifizierter Führungskräfte in Frage.

5.3.5 Übertragung von Sonderaufgaben

Durch die Übernahme von Sonderaufgaben soll den Mitarbeitern Gelegenheit geboten werden, sich in neuen, über die Routinetätigkeiten hinausgehenden Aufgabenstellungen zu bewähren. Diese Methode wird besonders bei der Entwicklung von Führungskräften eingesetzt. Den Mitarbeitern wird die Verantwortung für die Bearbeitung einer oder mehrerer abgegrenzter Sonderaufgaben übertragen, so daß sie zeigen können, ob sie in der Lage sind, sich in neue Problemstellungen zu versetzen und Lösungsalternativen zu entwickeln. Als Aufgabenstellung kommen einmalig oder unregelmäßig anfallende Untersuchungen, Planungs- oder Kontrollvorhaben in Frage.

Der Vorteil dieser Methode besteht im Zwang der Mitarbeiter, sich mit neuen Problemen auseinanderzusetzen, für die noch keine Standardlösungen vorliegen. Als Nachteil erweist es sich, daß wegen der Einmaligkeit vieler Aufgabenstellungen die Möglichkeiten einer sachlich umfassenden Kontrolle und Wiederholung unter ähnlichen Bedingungen in der Regel fehlen. Aus diesem Grunde kann die Übertragung von Sonderaufgaben nur als ergänzende Methode der Bildung am Arbeitsplatz angesehen werden.

Eine spezielle Form der Übernahme von Sonderaufgaben ist der **Auslandseinsatz.** Von dieser Möglichkeit machen besonders multinationale Unternehmungen Gebrauch, die Führungsnachwuchskräfte zur Bearbeitung von Sonderaufträgen vorübergehend zu ausländischen Tochter- oder Muttergesellschaften abstellen. Insbesondere für solche Führungskräfte, die später einmal eine auslandsorientierte Funktion wahrnehmen sollen, stellt der Erwerb von Auslandserfahrung (Fremdsprachenkenntnisse, Umgang mit Ausländern, Anpassungsfähigkeit, Kenntnisse bestimmter landesüblicher Gepflogenheiten usw.) ein wesentliches Element in ihrer Gesamtentwicklung dar. Unternehmungen, die über keine konzerneigenen Gesellschaften im Ausland verfügen, brauchen auf diese Bildungsmaßnahme nicht zu verzichten, wenn im Rahmen einer grenzüberschreitenden zwischenbetrieblichen Kooperation (vgl. Kapitel 6.4) ein Austausch von Nachwuchskräften vorgenommen wird.

5.3.6 Teilnahme an Projektgruppen

Eine gewisse Ähnlichkeit mit der Übertragung von Sonderaufgaben hat auch die zu Schulungszwecken durchgeführte Mitarbeit an Projektgruppen. Projektgruppen können zur Lösung umfangreicher, zeitlich befristeter Aufgabenstellungen gebildet werden, mit deren Lösung ein einziger Mitarbeiter überfordert wäre. Bei den Mitgliedern der Projektgruppe handelt es sich neben Vertretern der Organisationsabteilung in der Regel um Mitarbeiter der von der Problemstellung tangierten Unternehmensbereiche; sie widmen sich für die Dauer des Projektes ganz oder zumindest überwiegend dieser Aufgabenstellung.

Für die einer Projektgruppe zu Schulungszwecken zugeordneten Mitarbeiter hat diese Methode den Vorteil, daß im Gegensatz zur Übertragung von Sonderaufgaben die Verantwortung beim Team und nicht beim Mitarbeiter allein liegt. Durch die Zusammensetzung der Gruppe wird sichergestellt, daß die Mitarbeiter die behandelten Probleme aus der Sicht verschiedener Funktionsbereiche kennenlernen. Das Bemühen um gemeinsame Lösungen zwingt zu Kommunikation und Kooperation. Auf diese Weise können neben fachlichen Fertigkeiten und Kenntnissen auch Erfahrungen im Sozialverhalten gewonnen werden. Da es sich bei den im Projektteam bearbeiteten Aufgabenstellungen um »echte« Problemstellungen handelt, deren Lösung später auch praktisch vollzogen wird, kann mit einem hohen Lerneffekt gerechnet werden.

5.3.7 Mehrgleisige Unternehmensführung/Junior-Vorstand

Bei der mehrgleisigen Unternehmensführung (multiple management) handelt es sich um eine in den Vereinigten Staaten entwickelte Methode, die speziell für die Schulung von Führungskräften bestimmt ist. Aus Mitarbeitern der unteren und mittleren Führungsschicht wird parallel zum amtierenden Management ein **Junior-Vorstand** (junior board) gebildet, dessen Mitglieder als eine Art *Schattenkabinett* tätig werden, das aktuelle, vom eigentlichen Vorstand (senior board) zugewiesene Führungsprobleme bearbeitet. Dazu stehen den Nachwuchskräften alle Informationen zur Verfügung, über die auch der amtierende Vorstand verfügt. Dieser trägt die endgültige Verantwortung, indem er letztlich über die Annahme und den Vollzug der vom Junior-Vorstand entwickelten Lösungen entscheidet.

5.3.8 Einführungsprogramme

Eine Sonderform der arbeitsplatzgebundenen Bildung sind Einführungsprogramme. Sie erfüllen eine Doppelaufgabe, indem sie neue Mitarbeiter einerseits in ihr künftiges Aufgabengebiet einweisen (z. B. durch eine Abfolge von Unterweisungsvorgängen) und andererseits in die Betriebsgemeinschaft mit ihren vielen und ungeschriebenen Gesetzen einführen. Das Verhältnis neuer Mitarbeiter zum Unternehmen wird stark von den Geschehnissen und Eindrücken während der ersten Arbeitstage und -wochen mitbestimmt. Die »Neuen« haben anfangs noch keinen Kontakt zu anderen Mitarbeitern; sie fühlen sich fremd und unsicher. Diese Unsicherheit kann mit Hilfe eines ausführlichen Einführungsprogramms überwunden werden, das neben der Einarbeitung in die neue Tätigkeit Gespräche und Vorstellungen bei Kollegen, Vorgesetzten oder anderen Abteilungen sowie umfassende Informationen über das Unternehmen, über allgemeinverbindliche Regelungen (z. B. Arbeitszeit, Pausen, Parkplatz u. a. m.), über die vorhandenen Sozialeinrichtungen oder über die örtlichen Gegebenheiten (bei ortsfremden Mitarbeitern) vorsieht. Auch die anfängliche Betreuung neuer Mitarbeiter durch einen sogenannten **Paten** sowie das Aushändigen schriftlicher Informationsmaterialien (z. B. Einführungsschrift, gültige Betriebsvereinbarungen, Werkszeitschrift u. a. m.) sollten bereits im Programm berücksichtigt sein.

Einführungsprogramme gehen weiter als die an anderer Stelle bereits erwähnten Einarbeitungs- oder Anlernprogramme (vgl. Kapitel 5.3.1). Sie stellen eine auf die jeweilige Situation (Art des Arbeitsplatzes, Mitarbeiterkategorie, Alter und Erfahrung des Mitarbeiters usw.) abzustimmende Mischung zwischen arbeitsplatzbezogener Einarbeitung und allgemeiner Information (am oder außerhalb des Arbeitsplatzes) dar.

5.4 Bildungsmaßnahmen außerhalb des Arbeitsplatzes (Training-off-the-job)

Die Methoden der Bildung am Arbeitsplatz zeichnen sich durch ihren hohen Realitätsbezug aus. Zugunsten dieses Vorteils muß in Kauf genommen werden, daß im Vergleich zu den Bildungsmaßnahmen außerhalb des Arbeitsplatzes ungünstigere äußere Bedingungen herrschen. Didaktische und methodische Konzepte müssen oft hinter der Dringlichkeit und dem Zwang des betrieblichen Alltags zurückstehen. Demgegenüber bleiben die Teilnehmer beim Lernen außerhalb des Arbeitsplatzes vom laufenden Betriebsgeschehen grundsätzlich unbehelligt. Das gewährt den Bildungsverantwortlichen eine größere Unabhängigkeit, so daß bei der Planung einer Bildungsveranstaltung vordringlich pädagogische Prinzipien berücksichtigt werden können.

5.4.1 Programmierte Unterweisung

Die programmierte Unterweisung ist eine Methode des Selbststudiums, bei der anstelle des Lehrenden ein Programm tritt. Es handelt sich um eine aktive Lehrmethode, die unter konsequenter Nutzung lerntheoretischer Erkenntnisse zur systematischen Vermittlung von Faktenwissen sowie zur Einübung und Vertiefung bereits vorhandener Kenntnisse eingesetzt werden kann.

Bei der programmierten Unterweisung wird der gesamte Lernprozeß nach dem **Prinzip des Regelkreises** strukturiert. Der Lernstoff wird in kleinste Lerneinheiten aufgegliedert, die jeweils aus den Schritten Information – Frage –

Antwort – Kontrolle bestehen (vgl. Abbildung 48). Der Lernende wird mit den einzelnen Lerneinheiten in einer vorbestimmten (programmierten) Folge konfrontiert. Er wird durch jede Lerneinheit zu einer aktiven Stellungnahme in Form einer vorausgedachten (programmierten) Antwort veranlaßt. Auf diese Weise wird eine laufende Lernerfolgskontrolle sichergestellt (Rückkopplung). Da die Lerneinheiten kleingehalten werden, ist die Wahrscheinlichkeit für eine richtige Beantwortung sehr hoch, so daß es zu einer kontinuierlichen Erfolgsbestätigung (Verstärkung) kommt, wodurch wiederum die Bereitschaft zum Weiterlernen gefördert wird. Begabungsunterschiede können teilweise durch eine Anpassung des Lerntempos an die individuellen Fähigkeiten ausgeglichen werden. Die Durchführung der programmierten Unterweisung kann in lerngünstige Zeiten verlegt werden.

Die programmierte Unterweisung kann entweder als Buch- oder Computerprogramm (Computerunterstütztes Lernen) dargeboten werden. Nach der Art des Programmaufbaus können **lineare und verzweigte Programme** unterschieden werden. Bei linearen Programmen ergibt sich ein Lernschritt sachlogisch aus dem jeweils Vorangegangenen. Die Lernenden müssen, unabhängig vom vorhandenen Vorwissen und ihrer Aufnahmekapazität, alle Lernschritte in der vorgegebenen Reihenfolge bearbeiten. Eine fehlerhafte Beantwortung zwingt den Lernenden, die Ausgangsinformation erneut zu bearbeiten. Bei verzweigten Programmen hat der Lernende die Möglichkeit, aus mehreren vorgegebenen Antworten die richtige auszuwählen. Mit der Antwortwahl bestimmt er den Lernweg durch das Programm (Anpassung an das Lernverhalten). Bei falschen Antworten wird auf Umwegen (Schleifen) zu der für eine richtige Antwort notwendigen Lernspur zurückgeführt.

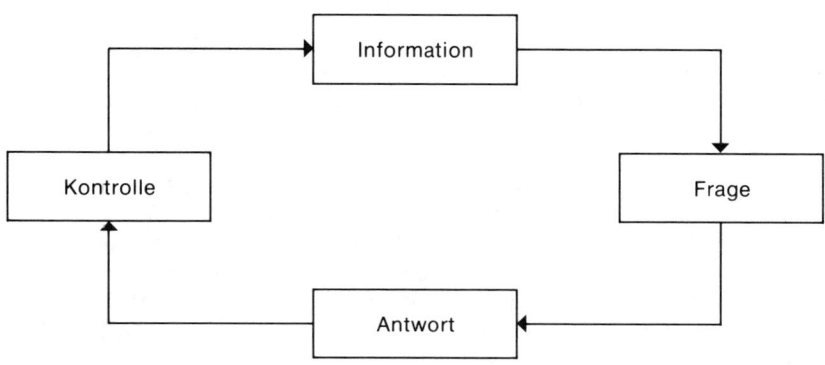

Abbildung 48: Programmierte Unterweisung nach dem Regelkreisprinzip

Der wichtigste Vorteil der programmierten Unterweisung dürfte in der durch das Verfahren bedingten Aktivierung der Teilnehmer liegen. Die Anpassung des Verfahrens an das individuelle Lerntempo ermöglicht es, auch die Lernleistung bei weniger lernbegabten Teilnehmern zu steigern. Aus der Sicht des Unternehmens erweist es sich als vorteilhaft, daß der Lehrende von zeit- und kraftraubender Unterweisungs- und Kontrollarbeit entlastet wird. Als Nachteil des Verfahrens muß die soziale Isolation der Lernenden gesehen werden. Außerdem bleibt das Problem der Anfangsmotivation, d. h. der Bereitschaft, mit dem Lernen überhaupt zu beginnen, ungelöst.

Als Haupteinsatzgebiet der programmierten Unterweisung in der betrieblichen Bildungsarbeit kommt eine Ergänzung anderer Lehrmethoden in Form der Vor- und Nachbereitung in Frage. So können z. B. die Teilnehmer an einem externen Seminar veranlaßt werden, vor Seminarbeginn einen programmierten Lehrgang durchzuarbeiten, der alle Teilnehmer auf einen für das Verständnis des Seminars notwendigen einheitlichen Wissensstand führt.

5.4.2 Lehrvortrag

Vortrag, Referat und Vorlesung sind drei in ihren Grundzügen übereinstimmende Lehrmethoden, die den Zuhörern unmittelbar keine Möglichkeit einräumen, an der Erarbeitung des Bildungsstoffes aktiv mitzuwirken. Der Ablauf des Vortrags und die Intensität, mit der die einzelnen Bildungsgegenstände behandelt werden, werden ausschließlich vom Vortragenden bestimmt. Die Zuhörer werden in eine rein passive Rolle gedrängt, und nur eine besonders aktuelle Themenstellung oder eine überdurchschnittliche Rednerbegabung werden es verhindern können, daß die Teilnehmer nicht zeitweise *abschalten* und *das Gehörte an sich vorbeiziehen lassen*.

Trotz dieser Nachteile kann man auf Vorträge und Referate in der betrieblichen Bildungsarbeit nicht völlig verzichten. Die Einführung in ein neues Sachgebiet, die geschlossene Darstellung bestimmter Problemstellungen oder auch die Zusammenfassung der zuvor mittels anderer Methoden erarbeiteten Ergebnisse einer Bildungsveranstaltung werden oft in Vortragsform erfolgen. **Der Vortrag erlaubt es, einer größeren Zuhörerzahl einen Lehrstoff systematisch in begrenzter Zeit zu vermitteln.** Durch einen geschickten Medieneinsatz (vgl. Kapitel 6.2.5) und die Möglichkeit, Zwischenfragen zu stellen, können die Nachteile des Vortrags teilweise gemindert werden. Zumindest sollte am Ende eines Bildungsvortrags den Zuhörern Gelegenheit gegeben werden, die zunächst im Vortrag (Referat) vorgestellten Zusammenhänge, Auffassungen oder Thesen in einer gemeinsamen Diskussion aufzuarbeiten.

In der betrieblichen Bildungsarbeit sollte der Vortrag als eine Lehrmethode verstanden werden, deren Bedeutung und Berechtigung dann gegeben ist, wenn sie in Kombination mit anderen, aktiven Lehrmethoden angewendet wird.

5.4.3 Lehrgespräch

Das **Lehrgespräch (Lehrkonferenz)** nimmt unter den verschiedenen Bildungsmethoden eine dominierende Rolle ein. An Stelle des Monologs tritt das Gespräch zwischen dem Dozenten und den Teilnehmern, so daß diese von Anfang an aktiv in die Erarbeitung des Bildungsstoffes einbezogen sind. Die Verantwortung für den Gesprächsablauf liegt beim Dozenten. Er hat dafür zu sorgen, daß das angestrebte Lernziel erreicht wird, indem er die Diskussion immer wieder auf dieses Ziel ausrichtet. Das wichtigste Instrument zur Gesprächssteuerung ist die Frage. Der ständige Wechsel zwischen Frage und Antwort zwingt die Teilnehmer, dem Gedankengang des Dozenten zu folgen, so daß zwar einerseits die notwendige Systematik im Ablauf des Gesprächs sichergestellt wird, anderseits dennoch genügend Raum für eine aktive Beteiligung der Teilnehmer bleibt.

Der Gesprächsleiter muß den zu vermittelnden Wissensstoff bereits vor Beginn der Veranstaltung in vollem Umfang beherrschen. Deshalb sollte das Lehrgespräch nur eingesetzt werden, wenn über die Qualifikation des Lehrenden absolute Sicherheit besteht. Außerdem müssen der Teilnehmerkreis (Größe und Zusammensetzung, Vorbildung, Interessenlage usw.) und vor allem die Art des Lehrstoffes für ein Lehrgespräch geeignet sein. Das Lehrgespräch dient zum einen einer Festigung und Vertiefung bereits vorhandener Kenntnisse und zum anderen der Übertragung vorhandener Erfahrungen auf neue (aber vergleichbare) Problemstellungen; dagegen kommt es nicht in Betracht, wenn ein völlig neues Wissensgebiet erschlossen werden soll, bei dem die Teilnehmer noch über keinerlei Erfahrungen verfügen. Eine weitere Grenze für den Einsatz des Lehrgesprächs ergibt sich durch den hohen Zeitaufwand.

Wie bei der planmäßigen Unterweisung empfiehlt sich auch für das Lehrgespräch ein stufenweises Vorgehen. Bereits vor Gesprächsbeginn muß sich der Gesprächsleiter Klarheit über den Gesprächsinhalt, die Gesprächsziele (Lernziele) und den angesprochenen Personenkreis verschaffen. Die eigentliche Gesprächsdurchführung kann in die Einleitungs-, Diskussions- und Abschlußphase gegliedert werden. In der Einleitungsphase werden die Teilnehmer über den Gegenstand und das Ziel des Gesprächs informiert und für die weitere aktive Teilnahme motiviert. Außerdem muß sichergestellt werden, daß alle Teilnehmer von etwa gleichen Voraussetzungen (z. B. ein einheitliches Basiswissen) ausgehen. In der Diskussionsphase fungiert der Gesprächsleiter als »Steuermann«, der durch geeignete Fragen Denkanstöße gibt; er achtet darauf, daß die Gruppe beim Thema bleibt und sorgt durch Zwischenzusammenfassungen dafür, daß der »rote Faden« nicht verloren geht. Außerdem ist er für den formalen Gesprächsablauf (Einhaltung der »Spielregeln«) verantwortlich. Das Erreichen des Gesprächsziels in der zur Verfügung stehenden Zeit hängt in erster Linie vom Geschick des Gesprächsleiters in dieser Phase ab. Zum Schluß sorgt er dafür, daß die gefundenen Ergebnisse in einer für alle verständlichen Form herausgestellt werden, wobei die Formulierung nach Möglichkeit aus der Gruppe heraus erfolgen soll. Abbildung 49 enthält eine Checkliste über die zu beachtenden Punkte und Gestaltungsvarianten.

Eine Variante des klassischen Lehrgesprächs ist die **Moderationsmethode (Metaplan-Methode)**. Es handelt sich um eine Kombination von Planungs- und Visualisierungsmethoden mit gruppendynamischen und gesprächstechnischen Elementen. In einem durch einen Moderator gesteuerten Prozeß werden in der Gruppe Lösungen für tatsächliche oder zu Lehrzwecken formulierte Probleme erarbeitet. Die beiden wichtigsten methodischen Hilfsmittel des Verfahrens sind die Visualisierung und die Fragetechnik. Die Visualisierung kann zur Sammlung von Beiträgen, zu ihrer Strukturierung, zur Gewichtung alternativer Lösungen und zur Präsentation von Ergebnissen herangezogen werden. Alle wesentlichen Gesprächsbeiträge werden dabei für alle sichtbar mit Kärtchen an Pinwänden (Stecktafeln) festgehalten. Zur Steuerung des Gesprächsablaufs benutzt der Moderator die Fragetechnik. Durch eine geschickte Fragestellung werden die Teilnehmer stimuliert, es werden Denkanstöße vermittelt, so daß sowohl das vorhandene Wissen und die bestehenden Erfahrungen als auch Stimmungen und Meinungen geäußert werden. Besonders geeignet sind offene und weiterführende Fragen, durch die möglichst viele (alle!) Teilnehmer angesprochen werden. Ungeeignet sind dagegen geschlossene Fragen, Suggestivfragen, rhetorische Fragen sowie komplizierte und unklare Formulierungen. Auch angstauslösende Fragen sollten vermieden werden, wogegen provokatorische Fragen (wenn sie nicht zu weit gehen) durchaus möglich sind. Die Moderationsmethode bietet jedem Teilnehmer, auch dem Gesprächsungeübten oder Ängstlichen, Gelegenheit, sich zu äußern; sie läßt differenzierte Standpunkte klar zum Ausdruck kommen und stellt im Gegensatz zur üblichen Diskussion sicher, daß auch wichtige Nebengedanken oder die Meinung des hierarchisch Schwächeren nicht verlorengehen. Ein guter Moderator kann eine hohe Motivation der Teilnehmer bewirken.

Eine weitere Variante des Lehrgespräches ist das **Brainstorming** (und andere Kreativitätstechniken). Obwohl es sich im Grunde beim Brainstorming um eine Arbeitsmethode handelt, kann es auch zu Schulungszwecken eingesetzt werden, weil es zu schöpferischem Denken und zur Teamarbeit erzieht. Das Ziel des Brainstorming besteht darin, in begrenzter Zeit für ein genau umrissenes Thema eine größere Zahl von Lösungen oder Lösungsansätzen zu

(1) Einleitungsphase – Teilnehmer motivieren und Gesprächsgrundlage schaffen
– Gesprächsthema nennen und abgrenzen (evtl. visualisieren)
– Gesprächsziel (Lernziel) nennen
– Mitarbeit der Teilnehmer sicherstellen
  ● An vorhandene Erfahrungen anknüpfen
  ● Nutzen/Verwertbarkeit für die Teilnehmer herausstellen
  ● Sonstiger attraktiver Einstieg (Anekdote, These, Pressemeldung, Übung)
– Zeitrahmen bekanntgeben
– Behandlungsreihenfolge vorschlagen/vereinbaren (evtl. visualisieren)
– Gemeinsame Ausgangsbasis sicherstellen

(2) Diskussionsphase – durch Denkanstöße Gespräch zielorientiert vorwärts bringen
– Sachproblem erörtern
– Vergleiche herstellen (früher – heute, wir – andere, Kosten – Nutzen)
– Bewertungen/Beurteilungen vornehmen (wirtschaftlich, sozial usw.)
– Beiträge hervorheben/gewichten
– Folgerungen ziehen (lassen)
– Fragetechnik einsetzen
  ● Offene Fragen (W-Fragen) einsetzen
  ● Fragen möglichst an alle Teilnehmer richten
  ● Fragen aus dem Auditorium (wenn möglich) ans Auditorium zurückgeben
– Aktiv zuhören – Teilnehmer ausreden lassen
– Gespräch strukturieren
  ● Gliederung herausarbeiten
  ● Orientierungshilfen einbauen
  ● Zwischenergebnisse zusammenfassen
– Ergebnisse/Zwischenergebnisse visualisieren (Pinwand, Flipchart, Tafel)
– Spielregeln beachten (Melden, Reihenfolge, . . .)

(3) Abschlußphase – Lernerfolg verdeutlichen und sichern
– Ergebnisse zusammenfassen (Fazit)
– Ergebnisse sichern (Protokoll, Nacharbeit, Literaturhinweise)
– Persönliche Folgerungen (Nutzen, künftige Anwendung)
– Motivation für künftige Lehrgespräche

Abbildung 49: Ablaufschema für ein Lehrgespräch

finden. Im Vordergrund steht dabei die spontane, ungehemmte Ideenproduktion, nicht so sehr die ausgefeilte, in allen Details bereits abgeklärte endgültige Lösung. Das Brainstorming lebt vom Tempo, von der Fröhlichkeit und Ungezwungenheit seiner Teilnehmer; es dauert in der Regel nicht länger als 20 bis 30 Minuten. Auch Teillösungen oder zunächst ausgefallen erscheinende Gedanken werden akzeptiert. Jeder Teilnehmer muß sich bemühen, seine Vorschläge so knapp wie möglich zu formulieren; Kritik an anderen Vorschlä-

191

gen oder Diskussionen um das Für und Wider einzelner Ideen sind nicht gestattet. Es geht vielmehr ausschließlich darum, zunächst einmal Lösungsvorschläge zu entwickeln, wenn sie sich auch noch so ungewöhnlich anhören sollten. Die Auswertung, Systematisierung und Prüfung der Brauchbarkeit der vorgetragenen Gedanken erfolgt erst im Anschluß an die eigentliche Brainstorming-Sitzung.

5.4.4 Fallmethode

Bei der Fallmethode handelt es sich um eine **Simulation der Wirklichkeit anhand der Daten eines in der Praxis erhobenen Falles.** Die Teilnehmer werden veranlaßt, aufgrund der über eine bestimmte Betriebssituation ermittelten Informationen Entscheidungen oder Entscheidungsalternativen zu erarbeiten. Das Problem wird im Team gelöst, wobei jeder Teilnehmer zur aktiven Mitarbeit gezwungen wird und das gesamte Wissen der Gruppe genutzt werden kann.

Die Gewinnung neuer Erkenntnisse an einem »Fall« geht weiter, als die Ausführungen eines Referenten, die lediglich mit »Beispielen« belegt werden. Die Bildungsteilnehmer werden durch die Problematik des Falles zur Lösungsfindung herausgefordert, wozu sie ihr gesamtes, aus verschiedenen Bereichen stammendes Wissen und Können aktivieren müssen. Diese Methode setzt deshalb voraus, daß die Teilnehmer bereits über ein gewisses Maß an theoretischem Wissen und Können verfügen.

Die Fallmethode **eignet sich für die Schulung aller Mitarbeiterkategorien.** Sie kann sowohl zu einer Vervollkommnung vorhandenen Wissens und Könnens als auch zur Beeinflußung der inneren Einstellung und der nach außen vertretenen Haltung eingesetzt werden. Als konkrete Lernziele können z. B. das Erkennen und Analysieren von Problemen, die Verbesserung der Urteilsfähigkeit und des Entscheidungsvermögens, eine Schulung des kritisch-konstruktiven Denkens oder das Einüben sozialer Interaktionen bei arbeitsteiligen Entwicklungsprozessen angestrebt werden.

5.4.5 Rollenspiel

Das Rollenspiel wird vor allem zur **Verhaltensschulung in Konfliktsituationen** (z. B. Kritik an einem Mitarbeiter) und bei der **Verhandlungsführung** (z. B. Verkaufsgespräch, Beurteilungsgespräch) eingesetzt. Ausgewählte Teilnehmer haben aufgrund einer vorher geschilderten Situation die anfallenden Rollen zu übernehmen und nach einer kurzen Vorbereitungszeit zu spielen. Durch die Übernahme verschiedener, auch »unbeliebter« Rollen wird der einzelne gezwungen, sich in andere Erfahrungsbereiche hineinzuversetzen, wodurch das Verständnis für abweichende Standpunkte sowie das emotionale Engagement gefördert werden. Das Verhalten, die Entscheidungen und Entscheidungsgründe der einzelnen Darsteller werden von den übrigen Teilnehmern beobachtet und anschließend im gemeinsamen Gespräch mit den Mitspielern analysiert und kritisiert. Durch eine genaue Protokollierung (Tonband- und Videoaufzeichnungen) wird sichergestellt, daß einzelne Spielsituationen nochmals nachvollzogen werden können und daß sich die Rollenträger in der Diskussion nicht von ihren Äußerungen und Reaktionen distanzieren. Die im Spiel und in der Analyse gewonnenen Erkenntnisse können von den Teilnehmern bei der Bewältigung ähnlicher Situationen genutzt werden.

Das Rollenspiel ist eine sehr zeitaufwendige Bildungsmethode, die hohe Anforderungen an den Leiter der Bildungsgruppe stellt. Eine gründliche Vorbereitung der Spielsituationen und genaue Rollenbeschreibungen sind entscheidende Erfolgsvoraussetzungen.

5.4.6 Planspiel

Auch das Planspiel beruht wie die Fallmethode auf der **Simulation realer Unternehmensprozesse.** Den Teilnehmern werden die Rollen verschiedener Mitglieder von miteinander in Konkurrenz stehenden fiktiven Unternehmungen übertragen. Sie haben in begrenzter Zeit mit Hilfe vorgegebener Daten Entscheidungen für künftige Perioden in ausgewählten Unternehmensbereichen (z. B. Beschaffung, Produktion, Absatz, Finanzierung, Personal usw.) zu treffen. Die Entscheidungen werden von der Spielleitung ausgewertet und die Ergebnisse den Spielgruppen als Informationsgrundlage für die weiteren Spielperioden wieder mitgeteilt. Am Ende jeder Spielperiode und/oder am Ende des Gesamtspiels findet eine gemeinsame Analyse und Kritik statt.

Durch das Planspiel werden die Teilnehmer veranlaßt, komplexe Situationen zu analysieren, alternative Lösungsvorschläge zu entwickeln und in begrenzter Zeit verbindliche Entscheidungen zu treffen. Der einzelne muß seine Vorstellungen in seiner Spielgruppe vertreten. Die unmittelbare Rückkopplung durch Bekanntgabe der Entscheidungsfolgen zwingt alle Teilnehmer, sich permanent mit den getroffenen Entscheidungen und deren Konsequenzen auseinanderzusetzen.

Wegen der Fülle der Spieldaten und um die Auswertungsergebnisse möglichst schnell bereitstellen zu können, werden Planspiele heute zumeist computergestützt durchgeführt. Das kann aber nicht darüber hinwegtäuschen, daß Planspiele die komplexen Zusammenhänge der betrieblichen Realität nur unvollkommen darstellen können. Außerdem muß bei der Beurteilung des Spielverhaltens berücksichtigt werden, daß das Bewußtsein der relativen Folgelosigkeit der getroffenen Entscheidungen für die Spieler Anlaß sein kann, besonders risikofreudige Lösungen zu favorisieren.

5.4.7 Gruppendynamisches Training

Wie das Rollenspiel sollen auch die Verfahren des gruppendynamischen Trainings (T-Gruppen; Sensitivity-Training) zu einer **Änderung von Einstellungen und Verhaltensweisen** beitragen. Sie sind nicht geeignet zur Vermittlung berufsspezifischen Wissens und Könnens. Es geht vielmehr darum, die soziale Wahrnehmungsfähigkeit (soziale Sensibilisierung) der Teilnehmer zu verbessern, indem sich diese der Wirkung ihrer Person und ihres Verhaltens auf andere bewußt werden und lernen, ihr eigenes Verhalten in Abhängigkeit vom Verhalten anderer schärfer zu beurteilen. Dazu wird die Gruppe durch den Trainer mit der Bewältigung einer unstrukturierten Situation konfrontiert, in der keine bestimmten Themenkreise und Verfahrensregeln vorgegeben sind. Da der Trainer selbst keine formale Führungsposition einnimmt, bleibt auch die Führungsstruktur ungeregelt (Selbstregulierung). In der vom Trainer in dieser Situation geförderten Diskussion sind die Teilnehmer gehalten, sich offen über ihre Gefühle und Empfindungen zu äußern und sich gegenseitig Rechenschaft über ihre Beziehungen zueinander zu geben. Je offener die Diskussion geführt wird, um so deutlicher wird dem einzelnen bewußt, welche Wirkung er auf die anderen Gruppenmitglieder ausübt, welche Emotionen er bei anderen auslöst und wie er selbst auf Kritik reagiert. Auf diese Weise sollen einerseits eine Verfeinerung und Differenzierung, andererseits gleichzeitig auch eine Abhärtung der Sensitivität bzw. des sensiblen Gespürs der Teilnehmer erreicht werden (vgl. Gebert 1972, S. 45, und Wiedemann 1975, S. 45).

5.4.8 Förderkreise, Erfahrungsaustauschgruppen, Qualitätszirkel

Eine Sonderform der Bildung außerhalb des Arbeitsplatzes sind Förderkreise und Erfahrungsaustauschgruppen (Erfa-Gruppen). Sie unterscheiden sich von den bisher erwähnten Methoden dadurch, daß sie in ihrem Ablauf nicht an bestimmte pädagogische Prinzipien gebunden sind. Ihre Aufgabe besteht einfach darin, den Teilnehmern in regelmäßigen oder unregelmäßigen Abständen Gelegenheit zu geben, über bestimmte, alle interessierende Probleme Erfahrungen und Meinungen auszutauschen. Die Gestaltung während eines solchen Treffens kann von Fall zu Fall unterschiedlich geregelt sein, wobei die anderen, bereits dargestellten Lehrmethoden nach Bedarf eingesetzt werden können. Insbesondere die Erfahrungsaustauschgruppe wird sehr häufig durch ein Referat eingeleitet und auf der Grundlage des Vorgetragenen als Diskussion weitergeführt. Ein Förderkreis kann z. B. dazu benutzt werden, um den Teilnehmer ergänzend zu einem längerfristigen Bildungsprogramm (z. B. ein Traineeprogramm) Gelegenheit zu geben, unter »Kollegen« mit gleichen Interessenlagen bestimmte Verhaltensweisen (z. B. im Rollenspiel oder gruppendynamischen Training) außerhalb der im Programm vorgesehenen Arbeitsplätze einzuüben. .

Förderkreise und Erfahrungsaustauschgruppen können über die Grenze eines Unternehmens hinaus aus Teilnehmern unterschiedlicher Betriebe gebildet werden. Auf diese Weise werden eine größere Meinungsvielfalt erreicht und das Interesse und Verständnis für die Probleme anderer gesteigert.

Eine besondere Form der Erfahrungsaustauschgruppe sind **Qualitätszirkel.** Es handelt sich um freiwillige Gesprächsrunden von etwa fünf bis zehn Mitarbeitern eines bestimmten Unternehmensbereichs, die sich wöchentlich einmal während der normalen Arbeitszeit und mit Wissen der Unternehmensleitung zu einer Kommunikationsrunde treffen. Die Teilnehmer gehören zumeist den unteren Hierarchieebenen an. Die Treffen dauern maximal eine bis zwei Stunden; die Teilnahme ist freiwillig. Die Leitung wird vielfach vom unmittelbaren Vorgesetzten übernommen, der jedoch nicht als Vorgesetzter, sondern als »primus inter pares« fungieren soll. Gesprächsgegenstand können Qualitätsverbesserungen, Verbesserungen des Arbeitsablaufs und der Arbeitsplatzgestaltung sowie eine Verstärkung der Kommunikation und der Teamarbeit sein. Durch Qualitätszirkel sollen die Effizienz der betrieblichen Leistungserstellung gesteigert und ein größeres Engagement sowie eine bessere Zufriedenheit der Mitarbeiter erreicht werden. Der Begriff Qualitätszirkel (quality circle) stammt aus den Vereinigten Staaten; die größten Erfolge mit dieser Methode haben bisher japanische Unternehmungen erzielt.

5.4.9 Fernunterricht

Eine weitere Sonderform der Bildung außerhalb des Arbeitsplatzes ist der Fernunterricht. Er wird in der Regel von überbetrieblichen Fernlehrinstituten betrieben, die zumeist per Anzeige versuchen, Privatpersonen für ihr Lehrangebot zu interessieren. Gelegentlich werden auch Betriebe angesprochen, um ihnen die Möglichkeit zu eröffnen, Mitarbeiter zur Teilnahme an einem bestimmten Fernkurs anzuregen oder – unter finanzieller Beteiligung des Betriebs – zu verpflichten. Soweit geeignete Themenangebote vorliegen, kann sich der Betrieb auf diese Weise von einem Teil der innerbetrieblichen Bildungsmaßnahmen entlasten. Um Mißbräuchen vorzubeugen, sollte bei der Auswahl von Fernlehrgängen darauf geachtet werden, daß es sich um geprüfte Kurse handelt, die das Bundesinstitut für Berufsbildungsforschung für geeignet befunden und mit einem »Gütezeichen« versehen hat. Bei den Arbeitsämtern können Verzeichnisse der Fernlehrinstitute und ihrer Angebote eingesehen werden.

6 Planung betrieblicher Bildungsmaßnahmen

6.1 Interne oder externe Durchführung

Der betriebliche Bildungsbedarf kann durch interne oder externe Bildungsmaßnahmen gedeckt werden. Als **intern** werden alle **Bildungsmaßnahmen** bezeichnet, bei denen die Verantwortung für die Zielsetzung, Planung und Durchführung beim Unternehmen selbst liegt. Das kann auch dann der Fall sein, wenn eine Veranstaltung in Räumen außerhalb des Unternehmens abgewickelt wird oder wenn für bestimmte Themenstellungen betriebsfremde Referenten herangezogen werden. In beiden Fällen ist für die Zuordnung zu den internen Bildungsmaßnahmen ausschlaggebend, daß das Unternehmen nach wie vor die Gesamtverantwortung für die Veranstaltung trägt. Zu den **externen Bildungsmaßnahmen** zählen alle Kurse und Seminare, auf deren Zielsetzung und Gestaltung der Betrieb bzw. die Teilnehmer keinen unmittelbaren Einfluß nehmen können. Die Verantwortung für die Programmkonzeption bzw. die Durchführung liegt vielmehr bei einem betriebsfremden Bildungsträger, selbst wenn gelegentlich die Initiative für die Behandlung bestimmter Problemstellungen vom Betrieb ausgegangen sein kann.

Während alle arbeitsplatzgebundenen Bildungsmaßnahmen zwangsläufig im Unternehmen durchgeführt werden, stellt sich bei den Methoden der Bildung außerhalb des Arbeitsplatzes ständig die Frage, ob eine interne oder externe Durchführung vorzuziehen ist. Für diese Entscheidung gibt es kein Patentrezept; sie kann nur unter Beachtung der jeweils vorliegenden Verhältnisse getroffen werden. Dabei können folgende Überlegungen eine Rolle spielen (vgl. Schneider 1975, S. 214 f., und Rechenauer/John 1975, S. 10):

- Bestimmte firmenspezifische und arbeitsplatzbezogene **Themenstellungen** können besser intern behandelt werden, weil Außenstehenden die intimen Kenntnisse der bestehenden Probleme fehlen, und auch die Gelegenheiten, sich entsprechende Informationen zu verschaffen, oft nicht vorhanden sind. Hauseigene Referenten sind eher in der Lage, Programme nach Maß zu vollziehen. Außerdem kann mit einer größeren Praxisnähe der vermittelten Bildungsgüter gerechnet werden. Kommt es dagegen mehr auf firmen- oder branchenunabhängiges Funktions- oder Spezialwissen an, dann erweist sich die Behandlung in externen Veranstaltungen oft als qualitativ besser und billiger.
- Interne Bildungsveranstaltungen sind dann unumgänglich, wenn es sich bei dem zu vermittelnden Bildungsgut um firmeninterne Vorhaben oder Regelungen handelt, die **vertraulich** behandelt werden müssen. In solchen Fällen können die Bildungsinhalte weder von Außenstehenden bezogen noch nach außen mitgeteilt werden. Auch wenn das Bildungsgut eine Art »Betriebsphi-

losophie« repräsentiert, die von Außenstehenden nicht mitempfunden werden kann, kommt nur eine interne Vermittlung in Frage.

- Die interne Durchführung von Weiterbildungsveranstaltungen hat darüber hinaus den Vorteil, daß der Betrieb bezüglich der **Zielbestimmung und Planung unabhängig** bleibt. Er muß sich nicht einem vorgegebenen Programm unterwerfen, das, wenn vielleicht auch nur in Einzelheiten, den eigenen Intentionen widerspricht. Als Vorteil der externen Durchführung muß dagegen die Entlastung von allen mit der Organisation und Durchführung von Bildungsveranstaltungen verbundenen Teilaufgaben angesehen werden.

- Externe Seminare bieten in der Regel auch gute Chancen, einen »Blick über den eigenen Zaun« zu werfen, **neue Ideen** und Anregungen zu erhalten und die eigene Betriebsblindheit zu überwinden. Vielfach werden neue Erkenntnisse erst im Erfahrungsaustausch mit Außenstehenden gewonnen. Bei rein internen Veranstaltungen bleiben **Fremderfahrung** und anderweitig entwikkelte Problemlösungsansätze ungenutzt, weil der Lernstoff vielfach nur aus dem eigenen, oftmals engen Erfahrungsfeld bezogen werden kann.

- Externe Bildungsangebote werden gelegentlich auch als ein Experimentierfeld verstanden, auf dem sich rasch ein von betrieblichen Zwängen und Hierarchien unbelastetes **Lernklima** einstellt. Neue Ideen und Prozesse werden in dieser Atmosphäre freier diskutiert, weil sie zunächst ohne sofortige Konsequenzen und der damit verbundenen innerbetrieblichen Unruhe für das praktische Betriebsgeschehen bleiben. Oft genügt auch allein die Tatsache, daß die Veranstaltung außerhalb der gewohnten Umgebung stattfindet, um die Mitarbeiter zu einer größeren **Lernbereitschaft** zu motivieren.

- Für die praktische Verwertung der erworbenen Qualifikationen kann es sich von Vorteil erweisen, wenn die Bildungsteilnehmer in die Zielsetzung und Planung der Bildungsmaßnahmen einbezogen werden. Auf diese Weise identifizieren sie sich eher mit den vermittelten Bildungsgütern, und die Chancen für eine direkte Verwertung am Arbeitsplatz steigen. Das wird in der Regel nur bei internen Veranstaltungen möglich sein. Außerdem bestehen bei eigenverantwortlich durchgeführten Seminaren größere Möglichkeiten, mit Folgemaßnahmen und **Umsetzungshilfen** unmittelbar an den erworbenen Lernstoff anzuknüpfen. Bei externen Veranstaltungen können zusätzliche Probleme daraus erwachsen, daß die Vorgesetzten der Bildungsteilnehmer eine Umsetzung der erworbenen Bildungsgüter blockieren können, weil sie selbst nicht über die entsprechende Lernerfahrung verfügen und den möglichen Verwertungsabsichten der Teilnehmer eines Kurses teilweise verständnislos oder mißtrauisch gegenüberstehen.

- Interne Bildungsveranstaltungen leiden oft darunter, daß keine geeigneten

Referenten zur Verfügung stehen, die über die notwendige fachliche und/ oder didaktische Erfahrung verfügen. Für externe Bildungsträger ist es einfacher, für jedes Thema einen Spezialisten zu verpflichten, der neben seiner fachlichen Qualifikation auch über ein zeitgemäßes methodisches und medientechnisches Wissen verfügt. Ein geschickter Methoden- und Medieneinsatz kann die Bildungsteilnehmer wiederum zu intensiveren Lernerlebnissen und Lernerfolgen führen.

- Ein wichtiges Entscheidungskriterium ist die **Teilnehmerzahl.** Eine interne Veranstaltung rentiert sich nur bei einer ausreichenden Größe der vorhandenen Zielgruppe. Zusätzlich ist zu beachten, daß alle vorgesehenen Teilnehmer bei internen Veranstaltungen gleichzeitig abkömmlich sein müssen, was aus arbeitstechnischen Gründen oft nicht möglich ist.

- Die Zusammenstellung der Teilnehmer bei internen Veranstaltungen erfolgt nach einheitlichen Gesichtspunkten, so daß mit einer großen **Homogenität der Teilnehmergruppe** gerechnet werden kann. Bei externen Veranstaltungen läßt es sich dagegen aufgrund der unterschiedlichen Vorkenntnisse und Interessenlagen nicht vermeiden, daß sich der einzelne an einen heterogenen Teilnehmerkreis anpassen muß.

- In **zeitlicher Hinsicht** gibt es unterschiedliche Ausgangssituationen. Wenn ein Bildungsbedarf spontan entsteht, bleibt oft nur die Möglichkeit der internen Vermittlung, weil externe Bildungseinrichtungen in dem gewünschten Zeitraum kein entsprechendes Angebot unterbreiten können. Besteht dagegen keine Dringlichkeit für die Vermittlung bestimmter Bildungsgüter, kann in Ruhe aus dem externen Angebot die geeignete Maßnahme ausgewählt werden. Die Unabhängigkeit von den vorgegebenen Zeitplänen eines externen Veranstalters eröffnet der internen Bildungsplanung größere Flexibilität, so daß Terminkollisionen mit anderen betrieblichen Vorhaben vermieden werden können. Allerdings beinhaltet die betriebliche Durchführung die latente Gefahr, daß Mitarbeiter wegen »wichtiger betrieblicher Gründe« aus der Bildungsveranstaltung abberufen werden und damit der Lernerfolg gefährdet wird.

- Bei einem **Kostenvergleich** ergeben sich bei ausreichender Auslastung in der Regel Vorteile für die interne Veranstaltung. Dagegen ist es bei kleinen Teilnehmergruppen lohnender, sich an externe Angebote anzuschließen. Bezüglich der **Kostenkalkulation** erweist es sich bei externen Veranstaltungen von Vorteil, daß ein feststehendes Honorar berücksichtigt werden kann. Bei internen Veranstaltungen ist es wesentlich unsicherer festzustellen, wieviel Zeit die als Referenten nominierten Mitarbeiter neben der eigentlichen Veranstaltung für die Vor- und Nachbereitung benötigen. Soweit ein Unternehmen über größere Bildungseinrichtungen und hauptamtliche Bildungskräfte verfügt, kann aus Gründen einer besseren Auslastung auch bei einer kleinen Teilnehmergruppe für eine interne Maßnahme entschieden werden. Schließlich ergeben sich für eine **Kontrolle** des Bildungsgeschehens und der Bildungserfolge bei internen Maßnahmen in der Regel die besseren Ansatzpunkte.

6.2 Planung interner Bildungsveranstaltungen

Die betriebliche Bildungsarbeit sieht sich häufig dem Vorwurf ausgesetzt, daß sie zu wenig systematisch geplant sei und daß es ihr an eindeutig formulierten Zielsetzungen fehle. Beide Angriffspunkte hängen eng miteinander zusammen. Die zuverlässige Planung einer Bildungsveranstaltung ist erst möglich, wenn eindeutig feststeht, welche Ziele dabei erreicht werden sollen.

Die Zielsetzung hängt vom bestehenden Bildungsbedarf ab. Aufgrund der bei der Ermittlung und Analyse des Personalentwicklungsbedarfs festgestellten Qualifikationsdefizite müssen Lernziele formuliert werden, die wiederum die Basis für alle weiteren organisatorischen und pädagogischen Vorarbeiten bilden. Folgende, miteinander in Wechselwirkung stehende Planungsstufen ergeben sich:

– Formulierung der Lernziele,
– Abgrenzung der Lerngruppen,
– Programm- und Zeitplanung,
– Bestimmung der Lehrmethoden,
– Auswahl der Medien,
– Nominierung der Referenten.

6.2.1 Formulierung der Lernziele

Lernziele geben an, was durch eine Bildungsveranstaltung erreicht werden soll. Sie können definiert werden als »eine Absicht, die durch die Beschreibung der erwünschten Veränderungen im Lernen mitgeteilt wird, eine Beschreibung von Eigenschaften, die der Lernende nach erfolgreicher Lernerfahrung erworben hat. Es ist die Beschreibung eines Katalogs von Verhaltensweisen, die der Lernende äußern können soll« (Mager 1971, S. 3). Lernziele sind sowohl Richtschnur für die Planung und Durchführung einer Veranstaltung als auch für die Kontrolle der erzielten Lernerfolge. Die in Lernzielen enthaltenen Informationen benötigen sowohl die Lehrenden als auch die Lernenden. Ein Referent kann seine didaktische Konzeption (Stoffgliederung, Methodenwahl, Medienwahl usw.) nur dann eindeutig festlegen, wenn er klare Vorstellungen über die verfolgten Ziele hat. Die Teilnehmer werden nur dann genügend für den Lerngegenstand motiviert sein, wenn sie erreichbare Ziele erkennen und diesen mit dem Fortgang der Veranstaltung schrittweise näherkommen.

6.2.1.1 Lernzielarten

Menschliches Verhalten spielt sich in unterschiedlichen Bereichen ab. Eine Handlung kann entweder vom Verstand oder vom Gefühl gesteuert werden, oder es kann sich um die mechanische Ausübung eines Bewegungsablaufs handeln. Demgemäß können unterschiedliche Lernzielbereiche gebildet werden. Die gebräuchlichste Einteilung unterscheidet kognitive, psychomotorische und affektive Lernziele. Diesen drei Bereichen lassen sich alle Lernziele zuordnen. Die Einteilung entspricht den an anderer Stelle behandelten Inhalten der betrieblichen Bildungsarbeit (vgl. Kapitel 5.1), durch die Änderungen im Wissen, Können oder in der Einstellung der Mitarbeiter angestrebt werden.

Kognitive Lernziele beschreiben Lernvorgänge im Bereich der psychischen Funktionen; sie richten sich auf Kategorien des Wissens und Denkens, der Wahrnehmung, des Gedächtnisses bzw. ganz allgemein des Intellekts.

Beispiele:
- Lernen einer Fremdsprache;
- Kenntnisse über ein Computerprogramm;
- Anwenden mathematischer Regeln.

Psychomotorische Lernziele umfassen Lernvorgänge, die zum Erwerb von Bewegungen, d. h. zum Ausüben manueller oder motorischer Fertigkeiten, erforderlich sind; sie betreffen die Kategorien des körperlichen, durch Muskelbewegungen hervorgerufenen Handelns.

Beispiele:
- Tennisspielen lernen;
- Feilen lernen;
- Maschinenschreiben können.

Affektive Lernziele schließen Lernvorgänge im Bereich der psychischen Kräfte ein; sie beinhalten Kategorien des Empfindens, der inneren Einstellung, der Motivation, des Gefühls oder des Willens.

Beispiele:
- Lernen, sich in eine Gruppe einzuordnen;
- Akzeptieren abweichender Meinungen in der Diskussion;
- Bereitschaft, einen Fehler einzugestehen und zu korrigieren.

Obwohl bei vielen betrieblichen Bildungsmaßnahmen gleichzeitig mehrere Lernzielbereiche angesprochen werden, kann die Kenntnis des jeweils dominierenden Bereichs bei der Wahl der einzusetzenden Lehrmethoden und Medien von Vorteil sein.

Nach dem Umfang oder Genauigkeitsgrad, mit dem die angestrebten Bildungsziele durch Lernziele festgelegt werden, können Richt-, Grob- und Feinlernziele unterschieden werden.

Richtlernziele legen nur ganz allgemeine Bildungsziele fest; sie stellen nur eine grobe Orientierung dar und lassen noch mehrere Auslegungen zu, was genau erreicht werden soll und auf welchem Weg das zu geschehen hat.

Beispiele:
- Entwicklung der Persönlichkeit;
- Vermittlung beruflicher Qualifikation;
- Förderung der Fähigkeit zum selbständigen Denken.

Groblernziele bringen eine erste Strukturierung in die Lernzieldefinition; aufgrund einer Analyse des bestehenden Bildungsbedarfs werden die Inhalte (Fertigkeiten, Kenntnisse, Einstellungsänderungen) angegeben, die durch das Lernen erreicht werden sollen. Groblernziele können etwa mit den Anforderungen in Berufsbildern, Stellenbeschreibungen oder Anforderungsprofilen verglichen werden.

Beispiele:
- Kenntnisse der Lohn- und Gehaltsabrechnung;
- Verbesserung des Verhaltens im Umgang mit den Mitarbeitern;
- Behandlung zeitgemäßer Bildungsmethoden.

Feinlernziele weisen den höchsten Grad an Genauigkeit auf; sie legen in eindeutiger Weise fest, welche Fertigkeiten, Kenntnisse oder Einstellungsänderungen (Endverhalten) durch eine Bildungsmaßnahme erreicht werden sollen und unter welchen Bedingungen das zu geschehen hat.

Beispiele:
- Maschine schreiben mit 180 Anschlägen pro Minute bei Benutzung einer elektrischen Schreibmaschine;
- unter Benutzung eines Stichwortmanuskripts fünf Minuten frei sprechen können;
- ohne Hilfsmittel mindestens fünf Abzugsarten nennen können, die bei der Berechnung des Arbeitsentgelts zu beachten sind.

Die Lerninhalte betrieblicher Bildungsveranstaltungen werden zumeist in Grob- und Feinlernzielen ausgedrückt. Groblernziele geben an, was durch eine Veranstaltung oder bestimmte Veranstaltungsabschnitte erreicht werden soll, während Feinlernziele die Ziele einzelner Lernschritte umschreiben. Richtlernziele sind oftmals überhaupt nicht oder allenfalls mittelbar erkennbar. Das Groblernziel eines Tagesseminars könnte z. B. mit »Mitarbeiterbeurteilung« umschrieben werden, während die im Verlauf des Seminars zu behandelnden Teilprobleme »Ausfüllen des Beurteilungsbogens« oder »Vorbereitung des

Beurteilungsgesprächs« als Feinlernziele zu formulieren wären. Das den Tenor der gesamten Veranstaltung bestimmende Richtlernziel könnte hier »Steigerung der Führungsfähigkeit« oder »Verbesserung des Betriebsklimas« lauten.

Obwohl ein zielorientiertes Lernen für alle Arten betrieblicher Bildungsmaßnahmen bedeutsam ist, zeigt die Erfahrung, daß eine umfassende Lernzielformulierung (Feinlernziele) bei arbeitsplatzunabhängigen Bildungsveranstaltungen eher anzutreffen ist. Bei arbeitsplatzgebundenen Bildungsmaßnahmen haben die verfolgten Ziele dagegen häufig nur den Charakter von Groblernzielen. Das dürfte auf die Mischung zwischen Schulung und praktischer Arbeitsleistung zurückzuführen sein, die dazu führt, daß die pädagogischen Aspekte nicht immer in ausreichendem Maße beachtet werden.

6.2.1.2 Lernzielbestimmung

Vor und während einer Bildungsveranstaltung geben die Lernziele den Teilnehmern und Referenten an, was erreicht werden soll. Am Ende der Veranstaltung muß überprüft werden, ob die angestrebten Ziele auch tatsächlich erreicht wurden. Dazu müssen die **Lernziele operational definiert** werden, d. h., es muß exakt angegeben werden, welches beobachtbare Endverhalten die Teilnehmer erreichen sollen und auf welche Weise der Erfolg gemessen wird. Ein Lernziel ist dann operational definiert, wenn die folgenden drei Kriterien erfüllt sind (vgl. Mager 1971, S. 12):

– eindeutige Angabe des gewünschten Endverhaltens,
– Festlegung der Bedingungen, unter denen das Verhalten gezeigt werden soll,
– Bestimmung der Beurteilungsmaßstäbe für das als ausreichend angesehene Endverhalten.

Das **Endverhalten** gibt an, was die Teilnehmer am Ende der Bildungsveranstaltungen tun sollen, um zu zeigen, daß sie das Bildungsziel erreicht haben. Durch eine exakte Bestimmung des Endverhaltens sollen Mißverständnisse ausgeschlossen werden. Das geschieht am besten mit Hilfe eindeutiger, aktiver Verben, die wenig Auslegungsmöglichkeiten zulassen.

Die Angabe des nach Erreichen des Lernziels erwarteten Könnens oder Tuns genügt für eine eindeutige Lernzielbestimmung noch nicht. Es kommt außerdem darauf an, unter welchen **Bedingungen** oder Voraussetzungen die Leistung erbracht wurde. Es ist ein Unterschied, ob derselbe Schreibmaschinentext mit 200 oder 250 Anschlägen pro Minute getippt wurde. Lernziele sind nur dann vergleichbar, wenn die wesentlichen Bedingungen, unter denen das Endverhalten erreicht werden soll, genannt werden. Neben zeitlichen Einschränkungen werden die Bedingungen sehr oft durch Angabe der erlaubten bzw. ausgeschlossenen Hilfsmittel verdeutlicht. Auch bei Prüfungen werden mit der Aufgabenstellung die vorgesehene Bearbeitungszeit und die zugelassenen Hilfsmittel (z. B. Taschenrechner, Gesetzestexte, Formelsammlungen, Wörterbücher, Tabellen usw.) bezeichnet.

Schließlich muß als drittes lernzielbestimmendes Kriterium der **Maßstab** festgelegt werden, der für eine Beurteilung des Endverhaltens angelegt wird. Das kann durch Angabe einer maximalen Fehlerzahl oder höchstens zulässiger Toleranzgrenzen (z. B. eine Abweichungsrate von einer bekannten Norm von plus oder minus 5 %) geschehen. Wenn die Bestimmung eines Maßstabes Schwierigkeiten bereitet, sollte zumindest versucht werden, eine Untergrenze für ein als ausreichend angesehenes Verhalten anzugeben.

Diese drei Komponenten der Lernzielbestimmung mögen manchem Bildungsverantwortlichen vielleicht etwas umständlich erscheinen. Ihre konsequente Anwendung zwingt aber dazu, sich bei der Planung einer Bildungsveranstaltung genau zu überlegen, was auf welchem Weg erreicht werden soll. Das führt zu eindeutigen und realistischen Zielsetzungen, die es auch den Lernenden erlauben, das Wesentliche einer Bildungsveranstaltung zu erkennen und sich in ihrem Handeln darauf einzurichten. Die Anwendung der drei Kriterien für eine operationale Lernzielbeschreibung wird in Abbildung 50 an je einem

Lernziel	Kriterien zur Lernzielbeschreibung
– Ein Teilnehmer schreibt bei mindestens 200 Anschlägen pro Minute einen vorgegebenen Text	Endverhalten
– 15 Minuten lang auf einer elektrischen Schreibmaschine	Bedingungen
– bei einer maximalen Fehlerquote von 0,5 %	Maßstab
– Neue Mitarbeiter müssen am Ende eines halbtägigen Seminars über die geltenden Sicherheitsvorschriften die erworbenen Kenntnisse schriftlich nachweisen,	Endverhalten
– wobei sie ohne Verwendung weiterer Hilfsmittel in einem 30-minütigen Test	Bedingungen
– von 20 Fragen mindestens 17 richtig beantworten müssen	Maßstab

Abbildung 50: Lernzielformulierung

Beispiel aus dem psychomotorischen und aus dem kognitiven Bereich demonstriert. Bei Lernzielen aus dem affektiven Bereich ist zu beachten, daß sich eine Überprüfung des Endverhaltens vielfach nicht bereits am Ende der

Bildungsveranstaltung durchführen läßt, weil die erwünschten Änderungen im Verhalten bzw. der Einstellung erst das Ergebnis einer längeren Entwicklung darstellen, die durch die Bildungsmaßnahme lediglich eingeleitet wurde (vgl. hierzu auch Kapitel 7.3.2).

Eine praktische Überprüfung der Operationalität von Lernzielen und des Einhaltens der drei bestimmenden Kriterien kann mit Hilfe der folgenden Kontrollfragen geschehen (vgl. Treichel 1976, S. 148):

- Enthält das Lernziel ein Verb, durch das ein bestimmtes Tun oder eine bestimmte Handlung ausgedrückt wird?
- Wird das Lernziel in Leistungsbegriffen der Teilnehmer und nicht in Leistungsbegriffen der Referenten betrachtet?
- Stellt das Lernziel einen Lernerfolg im Sinne eines Endzustandes und nicht einen Lernprozeß im Sinne eines Ablaufs dar?
- Wird das Lernziel in Begriffen des Endverhaltens der Teilnehmer und nicht als Bearbeitung von Lerninhalten gesehen?
- Enthält das Lernziel die wesentlichen Bedingungen, unter denen das Endverhalten zu erreichen ist?
- Versetzt das Lernziel die Teilnehmer in die Lage, Verhaltensweisen darzustellen, die ihnen vor dem Lernvorgang nicht geläufig waren?

6.2.2 Abgrenzung der Lerngruppen

Die Abgrenzung der Lerngruppen hat vor allem für die Bildungsmaßnahmen außerhalb des Arbeitsplatzes Bedeutung. Während die arbeitsplatzgebundenen Bildungsmaßnahmen von vornherein nur auf einen oder wenige Mitarbeiter zugeschnitten sind, die mit der Bedarfsermittlung bereits definitiv feststehen, richten sich die arbeitsplatzunabhängigen Gruppenbildungsmaßnahmen häufig an einen größeren Adressatenkreis. Neben der **Teilnehmerzahl** ist die **Homogenität** innerhalb der Gruppe das wichtigste Kriterium bei der Bildung geeigneter Lerngruppen.

Ein erstes Merkmal für eine ausreichende Homogenität bei der Bildung von Lerngruppen ergibt sich aus dem gemeinsamen Bildungsbedarf bzw. identischen Lernzielen. Dazu sollte als weiteres Kriterium die Übereinstimmung bezüglich der beruflichen Stellung und im Bildungsniveau kommen. Mitarbeiter unterschiedlicher hierarchischer Ebenen haben oftmals abweichende Auffassungen über ein bestimmtes Problem, wodurch es zu einer Überbewertung gruppenspezifischer Argumente und einer Vernachlässigung der allgemeinen Sachproblematik kommen kann. Bei größeren Differenzen im Bildungsniveau besteht die Gefahr, daß nicht alle Teilnehmer »die gleiche Sprache sprechen« und daß einzelne Argumente nach einem »niedrigeren« oder »höheren« Bildungsabschluß bewertet werden.

Eine weitere wesentliche Voraussetzung für eine homogene Lerngruppe verlangt Übereinstimmung im Grad der Lernbereitschaft. Wenn etwa nur ein Teil der Mitarbeiter die betriebliche Bildungsarbeit als notwendiges und erfolgversprechendes Instrument der Anpassungs- und Aufstiegsqualifikation versteht, während andere darin lediglich eine Möglichkeit sehen, »Urlaub« vom gewohnten Arbeitsplatz zu machen, dann wird keine geeignete Lernatmosphäre entstehen. Hier kommt es vor allem darauf an, wie gut den Bildungsverantwortlichen im Unternehmen und den jeweiligen Vorgesetzten die Motivation für die betriebliche Bildungsarbeit gelingt.

Außerdem hängt die Homogenität einer Lerngruppe auch vom Umfang der Vorkenntnisse sowie dem beruflichen und betrieblichen Erfahrungsschatz ab. Bei unterschiedlichen Vorkenntnissen wird sich der Referent in der Regel am Wissensstand der Mehrzahl orientieren. Das bedeutet für die anderen, daß sie sich entweder langweilen, weil ihnen bereits Bekanntes präsentiert wird, oder daß sie überfordert werden, weil zwischen ihrem bisherigen Wissen und den neuen Erkenntnissen Lücken bestehen.

Schließlich spielt auch die Größe einer Lerngruppe eine Rolle; sie sollte unter Beachtung der eingesetzten Methoden festgelegt werden. Zu kleine Gruppen erlauben keine ausreichende Diskussion, weil nicht genügend Wissen und Ansichten vertreten sind; bei zu großen Gruppen kann der Referent nicht mehr alle Teilnehmer übersehen, so daß ruhigere Typen, die von sich aus nicht genügend Mut zum Sprechen haben, leicht in den Hintergrund gedrängt werden.

6.2.3 Programm- und Zeitplanung

Das **Stoffprogramm** umfaßt inhaltlich alle Fertigkeiten, Kenntnisse und/oder Verhaltensweisen, die zum Erreichen des Lernziels erforderlich sind. Die Abgrenzung und der Umfang der einzelnen Lerninhalte (Teillernziele) orientieren sich daran, ob es sich um Grundfertigkeiten und Grundkenntnisse handelt, die für die Ausübung einer Tätigkeit unerläßlich sind (Mußwissen), oder ob es mehr um wünschenswertes Rand- oder Zusatzwissen geht. Nur bei einer genauen Kenntnis der betrieblichen Bedarfssituation und der teilnehmerindividuellen Voraussetzungen wird es möglich sein, bei der Stoffabgrenzung die Gewichte richtig zu setzen.

Bei den arbeitsplatzgebundenen Bildungsmaßnahmen ergibt sich das Stoffprogramm weitestgehend aus den für diese Position jeweils typischen Arbeitsinhalten. Es ist jedoch zu prüfen, inwieweit zum Erreichen bestimmter Bildungsziele zusätzliche Lerninhalte aufzunehmen sind. Bei allen Weiterbildungsmaßnahmen außerhalb des Arbeitsplatzes ist zu beachten, daß es sich bei den

Teilnehmern in der Regel um erwachsene Mitarbeiter handelt, die bereits über eine bestimmte Lebens- und Berufserfahrung verfügen. Ein Mitarbeiter, der bei seiner täglichen Arbeit schon ein gewisses Maß an Selbständigkeit und Unabhängigkeit erreicht hat, wird sich in der für ihn ungewohnten Lernsituation anders verhalten als ein Student oder Schüler. Er wird zunächst einmal den Bezug zu seiner sonstigen Arbeits- und Lebenssituation herstellen und prüfen, welchen Nutzen ihm die Teilnahme bei seiner täglichen Aufgabenverrichtung und für seinen weiteren beruflichen Werdegang bringt. Das Stoffprogramm sollte deshalb an die Vorkenntnisse der Teilnehmer anknüpfen, so daß für diese sinnvolle Beziehungen zwischen dem vorhandenen Erfahrungsschatz und den Lerngegenständen während der Bildungsveranstaltung entstehen.

Um sicherzustellen, daß auch wirklich praxisnahe Stoffgebiete ausgewählt werden, die dem bestehenden Bildungsbedarf gerecht werden, können die Bildungsteilnehmer selbst an der Stoffauswahl beteiligt werden. Das kann sich auch für die Lernmotivation von Vorteil erweisen.

In engem Zusammenhang mit dem Stoffprogramm einer Bildungsveranstaltung stehen das benötigte **Zeitvolumen** sowie die **zeitliche Untergliederung.** Hinweise auf die Dauer der einzelnen Lernabschnitte ergeben sich aus der Intensität, mit der die verschiedenen Programmpunkte behandelt werden sollen und aus den vorgesehenen Lehrmethoden. Ein Lernabschnitt sollte einerseits so ausreichend bemessen sein, daß eine Zerlegung des Gesamtthemas in sinnvolle Unterthemen und eine ausreichende Behandlung möglich wird, er darf jedoch andererseits über eine den lernungeübten Mitarbeitern zumutbare Grenze nicht hinausgehen. Lernintervalle von 90 Minuten sollten nicht überschritten werden. Durch ausreichende Pausen zwischen den Lernabschnitten wird die notwendige Erholung der Teilnehmer sichergestellt.

Zur Zeitplanung gehören auch Überlegungen, zu welchem **Zeitpunkt** eine Bildungsveranstaltung überhaupt stattfinden kann. Dabei sind die bewirkten Störungen im Arbeitsablauf (z. B. bei Bildungsmaßnahmen am Arbeitsplatz) und die Möglichkeiten der Freistellung der Teilnehmer und Referenten maßgebend. Schließlich ist bei der Zeitplanung auch zu berücksichtigen, daß zu jeder Art von Weiterbildung eine Vor- und Nachbereitungsphase gehören. In die Vorbereitung fallen zum einen die pädagogischen und organisatorischen Vorarbeiten durch den Bildungsträger und die Referenten und zum anderen die Vorbereitung der Bildungsteilnehmer (z. B. die Bearbeitung einer programmierten Unterweisung, um einen einheitlichen Stand der Vorkenntnisse herzustellen). In der Nachbereitung sollen die Bedingungen für einen erfolgreichen Transfer der erworbenen Qualifikationen in die tägliche Betriebspraxis geschaffen werden.

6.2.4 Bestimmung der Lehrmethoden

Die wichtigsten Methoden der betrieblichen Bildungsarbeit wurden bereits an anderer Stelle beschrieben (vgl. Kapitel 5.3 und 5.4). Die Lehrmethoden sind die Instrumente in der Hand des Lehrenden, mit deren Hilfe er die angestrebten Änderungen im Wissen, Können oder der Einstellung der Teilnehmer zu bewirken versucht. Durch die Wahl der richtigen Lehrmethode werden die Voraussetzungen für eine planmäßige Gestaltung des Lehrvorganges geschaffen.

Eine allgemein gültige Methode für alle Lehr- und Lernsituationen gibt es nicht. Es kommt vielmehr darauf an, daß der Lehrende aus dem umfassenden Methodenkatalog die jeweils bestgeeigneten auswählt. Dazu müssen die situationsspezifischen Gegebenheiten und die typischen Vor- und Nachteile der verschiedenen Methoden bekannt sein. Während es z. B. bei der Information neuer Mitarbeiter über die Geschichte des Unternehmens nur darum geht, die Beteiligten mit der neuen Umgebung etwas vertrauter zu machen, wozu ein einführender Vortrag wahrscheinlich genügen dürfte, hat die Einarbeitung in das eigentliche Arbeitsgebiet für die spätere Aufgabenausführung wesentlich größere Bedeutung, so daß umfassende praktische Unterweisungen empfehlenswert erscheinen.

Die Methodenwahl wird von einer Reihe unterschiedlicher Kriterien beeinflußt. Dazu zählen **Bedingungen bei den Teilnehmern selbst, die Referenten, der Lehrstoff** und die entstehenden **Kosten.** Das vorstehende Beispiel verdeutlicht, daß die Lehrmethode in engem Zusammenhang mit den vorgegebenen Lernzielen steht. Die Lehrmethode ist der Weg, um die Lernziele zu erreichen. Die Methodenwahl wird um so leichter fallen, je genauer das erwünschte Endverhalten der Bildungsteilnehmer bekannt ist. Der Lehrmethode mit dem größten Bezug zum angestrebten Endverhalten sollte grundsätzlich der Vorrang eingeräumt werden. Mit zunehmender Realitätsnähe der gewählten Methode steigen die Chancen, daß die Bildungsinhalte von den Teilnehmern verstanden und praktisch angewendet werden.

Hinsichtlich der verfolgten Lernziele und Lerninhalte ist zu unterscheiden, ob das Training vorwiegend auf den Wissenbereich (Faktenwissen, Problemverständnis, Einsicht in Zusammenhänge), auf den Bereich des Könnens (manuelle und geistige Anwendungsfertigkeiten) oder auf den Bereich der inneren Einstellung (Einflußnahme auf Wertvorstellungen, Änderung von Verhaltensweisen) gerichtet ist. Obwohl bei den meisten Bildungsveranstaltungen gleichzeitig mehrere Lernzielbereiche angesprochen werden, können die verschiedenen Methoden schwerpunktartig zugeordnet werden. Wenn die Vermittlung von Kenntnissen im Vordergrund steht, eignen sich besonders Lehrvorträge und programmierte Unterweisungen sowie mit Einschränkung auch das Lehrgespräch. Beim Einüben manueller Fertigkeiten dominieren die Unterweisung und die Anleitung und Beratung durch den Vorgesetzten. Intellektuelle Fertigkeiten können dagegen besonders erfolgreich mittels der verschiedenen Gesprächsformen, in Planspielen, Fallstudien und Rollenspielen, aber auch arbeitsplatzgebunden durch Job rotation, Übertragung begrenzter Verantwortung, Sonderaufgaben oder in Projektgruppen trainiert werden. Einflüsse auf die Einstellung und das Verhalten können durch nahezu alle Formen der Gruppenarbeit bewirkt werden (vgl. Gonschorrek/Saul 1983, S. 108 ff.).

Die verschiedenen Bildungsmethoden stellen unterschiedliche Anforderungen an die Teilnehmer. Deshalb sollten bei der Methodenwahl ausreichende Kenntnisse über die Trainingserfahrungen der Teilnehmer, über ihre kommunikativen Fähigkeiten, über Vorbildung und Lernbereitschaft sowie über die Einstellung und Motivation vorhanden sein. Bildungsunerfahrene Teilnehmer werden durch arbeitsplatzgebundene Methoden leichter anzusprechen sein als durch Methoden mit hohem Abstraktionsgrad. Das gewählte Abstraktionsniveau sollte sich auch an den Vorkenntnissen und der Lernfähigkeit orientieren. Fast alle Methoden der Gruppenbildung stellen hohe Anforderungen an das sprachliche Ausdrucksvermögen und die Fähigkeit, dem anderen zuzuhören. Die Erwartung der Teilnehmer an die eingesetzten Bildungsmethoden kann in starkem Maße durch den üblicherweise praktizierten Führungsstil beeinflußt sein. So wird sich z. B. ein überwiegend autoritär geführter Mitarbeiter in einem gruppendynamischen Training mit hohem Freiheitsgrad schwer tun. Besonders »liberale« Methoden können nur bei entsprechender Lerndisziplin eingesetzt werden. Schließlich ist zu prüfen, ob die Teilnehmer über eine ausreichende Motivation verfügen, um die Chancen aktiver Bildungsmethoden wahrzunehmen, oder ob sie aufgrund mangelnden Interesses ein passives Verhalten vorziehen. Auch die Größe und Homogenität des Teilnehmerkreises sind bei der Methodenwahl zu beachten.

Die Verantwortung für die Auswahl geeigneter Methoden liegt beim Trainer. Dieser muß über entsprechende Erfahrung verfügen und bereit sein, sich ständig mit neuen Methoden auseinanderzusetzen. Anspruchsvolle Bildungsmethoden werden nur akzeptiert, wenn sie vom Trainer überzeugend dargeboten werden. Flexibilität in der Handhabung der Methoden und eine positive Gesamteinstellung müssen erkennbar sein. Vor allem bei den arbeitsplatzgebundenen Maßnahmen ist es wichtig, daß der als nebenberuflicher Trainer agierende Vorgesetzte die Bildungsaufgabe als wesentlichen Teil seiner Gesamtaufgabe versteht.

Bestimmte Methoden sind nur einsetzbar, wenn geeignete Medien vorhanden sind. Aber auch die räumlichen Verhältnisse, die zur Verfügung stehende Zeit und die entstehenden Kosten werden die Methodenwahl mitbestimmen.

Manche Lernziele oder Teillernziele lassen sich nur durch eine Kombination verschiedener Lehrmethoden erreichen. Bei einem Seminar über Mitarbeiterbeurteilung könnte z. B. eine Einführung in die Beurteilungsproblematik anhand einer Fallstudie vorgenommen werden, die Ziele der Mitarbeiterbeurteilung oder mögliche Fehlerquellen können im Lehrgespräch erarbeitet werden, während das Führen von Beurteilungsgesprächen im Rollenspiel praktisch geübt werden sollte. Insbesondere bei Lernzielen aus dem affektiven Bereich – das wäre hier das Üben von Beurteilungsgesprächen – kommt es darauf an, bereits im Lernprozeß selbst Interaktionen unter den Teilnehmern herzustellen. Das Rollenspiel simuliert die spätere Gesprächssituation in guter Weise, so daß ein hoher Realitätsbezug unterstellt werden kann.

6.2.5 Medieneinsatz und Unterrichtsraum

Neben der Lehrmethode stellt die Auswahl der geeigneten Medien eine weitere wesentliche Voraussetzung für eine erfolgreiche betriebliche Bildungsarbeit dar. Als Medien werden in diesem Zusammenhang alle Hilfsmittel bezeichnet, die dazu dienen, Bildungsinhalte anschaulicher zu vermitteln und das Lernverhalten der Bildungsteilnehmer zu aktivieren. Ein überlegter Medieneinsatz ermöglicht eine abwechslungsreichere Wissensvermittlung und führt zu einer erhöhten Aufmerksamkeit der Teilnehmer. Die verbalen Ausführungen werden anschaulicher und für viele Mitarbeiter erst auf diese Weise verständlich. Das Einprägen der vorgetragenen Bildungsinhalte wird erleichtert, die Behaltensquote steigt und der Lerneffekt insgesamt verbessert sich.

Von den Trägern betrieblicher Bildungsarbeit wird erwartet, daß sie über die wichtigsten Medien informiert sind und sie in ihren Bildungsveranstaltungen verwenden. Da sich die Entwicklung in diesem Bereich in den letzten Jahren sehr rasch vollzogen hat und ständig neue technische Hilfsmittel auf den Markt kommen, steht mancher Bildungsfachmann diesem Problem hilflos gegenüber. Eine wesentliche Erleichterung bei der Medienauswahl leistet die Medienbank des Bundesinstituts für Berufsbildung. Sie faßt ein breites Angebot von geeigneten Unterrichtshilfen für Betriebe (und Schulen) zusammen und steht Interessenten jederzeit zur Verfügung. Eine weitere Informationshilfe ist die in regelmäßigen Abständen veranstaltete Lehrmittelmesse DIDACTA, die neben den Pädagogen aus dem öffentlichen Schulwesen in steigendem Maße auch Interessenten aus der beruflichen Bildungsarbeit berät.

Die Medien können nach unterschiedlichen Gesichtspunkten systematisiert werden. Besonders verbreitet ist die Einteilung nach den angesprochenen Sinnesorganen in visuelle (optische), auditive (akustische) und audio-visuelle Medien. Einen Überblick vermittelt Abbildung 51.

(a) Visuelle (optische) Medien
- Tafeln
  - Wandtafel
  - Glastafel
  - Moltonhafttafel
  - Nylonklettenwand
  - Magnethafttafel
- Pinwände
- Flip-Chart
- Lehrbuch
- Arbeitsblätter
- Modelle, Schaubilder
- Zeichnungen
- Landkarten
- Diaprojektor
- Tageslicht-/Overhead-Projektor
- Episkop
- Film

(b) Akustische (auditive) Medien
- Schallplatte
- Kassette
- Tonbandgerät
- Tonbandlehranlage (Sprachlabor)
- Diktiergerät
- Drahtlose transportable Mikrofonanlage
- Rundfunk

(c) Audio-visuelle Medien
- Tonbildschau
- Tonfilm
- Videoanlage
- Fernsehen

Abbildung 51: Medien in der betrieblichen Bildungsarbeit

Der Medieneinsatz stellt eine wesentliche Erfolgskomponente der betrieblichen Weiterbildung dar. Der umfassende Medienkatalog darf aber nicht dazu führen, daß aus dem Dozenten nur noch ein Erfüllungsgehilfe bei der Bedienung von Geräten wird. Die Qualität einer Bildungsveranstaltung nimmt mit einem erhöhten Technisierungsgrad nicht zwangsläufig zu. Hier besteht vielmehr die Gefahr, daß sich die Teilnehmer an der technischen Perfektion oder an der Medienvielfalt begeistern und vom eigentlichen Lernziel abgelenkt werden. Jeder Referent sollte sich stets der Tatsache bewußt sein, daß der Medieneinsatz ihn zwar bei der Darbietung des Bildungsstoffes unterstützen soll, daß er ihn aber niemals ersetzen kann und darf.

210

Es gibt kein Patentrezept dafür, welches Medium im konkreten Fall einzusetzen ist. Diese Frage kann nur unter Berücksichtigung des Adressatenkreises und der verfolgten Lernziele entschieden werden. Generell sollten die Medien so ausgewählt werden, daß die Anschaulichkeit im Hinblick auf das Lernziel erhöht wird und die Teilnehmer zu einer intensiven Mitarbeit motiviert werden. Außerdem sollten durch das Medium Möglichkeiten zu einer aktiven Mitarbeit beim Erwerb des Lernstoffes eröffnet werden. Im Zweifelsfall erweisen sich Medien, die den Teilnehmern aufgrund ihrer sonstigen Lebens- oder Arbeitssituation bereits bekannt sind, erfolgversprechender als völlig neue Hilfsmittel. Mitarbeiter aus dem technischen Bereich, die auf der Ausführungsebene tätig sind, werden z. B. durch eine bildliche Darstellung oder einen Film eher angesprochen als durch gedruckte Arbeitsunterlagen.

Ähnliche Überlegungen wie für den Medieneinsatz gelten für den **betrieblichen Unterrichtsraum.** Die Frage, wo eine Bildungsveranstaltung stattfindet, darf nicht unterschätzt werden, denn von der äußeren Umgebung können bereits erste psychologische Wirkungen auf die Teilnehmer ausgehen. In größeren Unternehmungen dürfte es heute als selbstverständlich gelten, daß für betriebliche Aus- und Weiterbildungsmaßnahmen ein eigener Unterrichtsraum zur Verfügung steht. Bei kleineren und mittleren Unternehmen ist dagegen immer wieder zu hören, daß das betriebliche Bildungsvolumen zu gering wäre, um eine solche Investition zu rechtfertigen. In solchen Fällen können die Bildungsverantwortlichen darauf hinweisen, daß die Rentabilität eines Unterrichtsraums dann gesteigert werden kann, wenn er auch für andere Zwecke (z. B. Kundenempfänge, Demonstrationen, Ausstellungen, Besprechungen und Konferenzen aller Art) genutzt werden kann. Abbildung 52 enthält Anregungen, die beim Bau und der Ausstattung eines betrieblichen Unterrichtsraums berücksichtigt werden sollten.

Die Anregungen in Abbildung 52 beziehen sich lediglich auf die vom stofflichen Inhalt der Bildungsveranstaltung unabhängigen Gestaltungs- und Ausstattungshinweise. Davon sollten als unverzichtbare Mindestausstattung auf jeden Fall eine Wandtafel, ein Flip-Chart, ein Overheadprojektor und eine Projektions- oder Leinwand vorhanden sein. Je nach Art des Lehrinhalts können weitere fachspezifische Hilfsmittel (z. B. Einrichtungen für chemische oder physikalische Experimente) hinzukommen.

Soweit eine betriebliche Bildungsveranstaltung in externen Räumen stattfindet (z. B. in einem Hotel), sollte darauf geachtet werden, daß die erwähnte Mindestausstattung entweder vorhanden ist oder seitens des Betriebes bereitgestellt werden kann. Außerdem sollte durch eine vorherige Überprüfung sichergestellt werden, daß keine zu starken Ablenkungswirkungen von der Raumausstattung (z. B. Bilder) und der Lage des Unterrichtsraumes (z. B.

1. Anforderungen an die Raumgestaltung

(a) Lage
- Ruhig und störungsfrei
- Südlage vermeiden
- Fenster nicht in Richtung stark befahrener Straßen
- Nicht in unmittelbarer Nachbarschaft lärmintensiver Abteilungen (z. B. Werkstätten, Kantinen)
- Blick aus dem Raum darf nicht ablenken

(b) Akustik
- Gute Wandisolation
- Schallschluckende Decken
- Schalldämpfende Bodenbeläge

(c) Raumgestaltung
- Genügende Höhe
- Ausreichende Grundfläche, um die vorhandenen Tische entsprechend der jeweiligen Teilnehmerzahl umgruppieren zu können
- Getrennte Zusatzräume für Gruppenarbeit

(d) Beheizung und Belüftung
- Lüftungsmöglichkeit durch Fenster
- Klimatisierung oder ruhiger Ventilator
- Regulierbare Heizung

(e) Beleuchtung
- Ausreichende Fensterfront, damit am Tag kein künstliches Licht benötigt wird
- Sonnenschutzeinrichtungen
- Blendfreie Beleuchtung
- Verdunkelungsmöglichkeiten
- Zentrale Lichtschaltanlage

(f) Einbauten
- Wandnische mit Waschbecken
- Schränke für Material und Geräte
- Projektionskabine

2. Anforderungen an die Raumausstattung

(a) Möblierung
- Kombinationsfähige Einzeltische (Tischbeine eckplaziert)
- Körpergerechte Sitzmöbel
- Verstellbarer Projektionstisch
- Fahrbarer Demonstrationstisch
- Rednerpult mit Beleuchtung für Manuskript

(b) Unterrichtstechnologische Hilfsmittel
- Wandtafel (mit Schwamm und Lappen)
- Flip-Chart
- Filzschreiber in verschiedenen Farben
- Pinwände (Metaplanwände)
- Materialwagen für Pinwände
- Overhead-Projektor
- Epidiaskop
- Filmprojektionsgerät
- Projektionswand oder heller Wandanstrich
- Klemmschienen zum Aufhängen von Zeichnungen
- Drahtlose Verstärkeranlage
- Videoanlage mit mobiler Kamera
- Bandanlage für Gesprächsaufzeichnungen

(c) Allgemeine Raumausrüstung
- Zeigestock
- Wanduhr
- Papierkörbe, Abfallkörbe
- Namensschilder mit auswechselbaren Streifen
- Türschilder mit Aufschriften »Frei« und »Besetzt«
- Belegungsplan
- Anschlagbrett
- Schreibunterlagen
- Erste-Hilfe-Kasten
- Handfeuerlöscher
- Abstellbares Telefon

(d) Verbrauchsmaterialien
- Kreide in verschiedenen Farben
- Filzstifte in verschiedenen Farben
- Schreibblöcke, Bleistifte
- Reserveblöcke für Flip-Chart
- Klebeband
- Tonbänder, Leerspulen
- Reservefolien

Abbildung 52: Anregungen für den Bau und die Ausstattung eines betrieblichen Unterrichtsraumes

Blick auf einen See) ausgeht. Schließlich ist auch den Tischen und Sitzgelegen-heiten die notwendige Aufmerksamkeit zu schenken; sie sollten sich so anordnen lassen, daß eine geschlossene Gruppe entsteht und jeder Teilnehmer mit Blick zum Referenten sitzt.

6.2.6 Nominierung der Referenten

Der Erfolg der betrieblichen Bildungsarbeit hängt in hohem Maße von der Qualifikation der eingesetzten Referenten (Vorgesetzten) ab. Die Referenten wirken bei der Bestimmung der Lernziele und Stoffprogramme mit; sie sind im allgemeinen für die Auswahl der Lehrmethoden und Medien verantwortlich und sie beeinflussen durch ihren Lehrstil, ihr Auftreten und ihre Kommunika-tionsbereitschaft weitgehend die Atmosphäre während einer Bildungsveran-staltung und die Lernbereitschaft der Teilnehmer. Die hieraus erwachsenden Anforderungen sind sehr hoch. Fachliche Kompetenz allein bietet noch keine Gewähr dafür, daß der Betreffende auch in der Lage ist, seine vorhandenen Fertigkeiten und Kenntnisse in geeigneter Form an andere Mitarbeiter weiter-zugeben. Die Referenten in der betrieblichen Bildungsarbeit müssen sowohl überzeugende Fachleute als auch gleichzeitig gute Organisatoren und Pädago-gen sein. Das Anforderungsprofil des erfolgreichen Bildungsreferenten enthält ein Bündel von Eigenschaften, Fähigkeiten und Kenntnissen, das wie folgt umrissen werden kann (vgl. Birkenbihl 1977, S. 113):

– Intelligenz,
– natürliche Autorität,
– pädagogisches Talent,
– psychologisches Wissen,
– überlegenes Fachwissen,
– Kenntnis didaktischer Methoden,
– Enthusiasmus (Begeisterungsfähigkeit),
– positive Einstellung zu den Seminarteilnehmern.
Jedes dieser Merkmale ist so wichtig, daß nicht darauf verzichtet werden kann.

In der Berufsausbildung gelten nach den Vorschriften des Berufsbildungs-gesetzes und der Ausbildereignungsverordnung nur solche Personen als fach-lich geeignet, die neben den erforderlichen beruflichen Fertigkeiten und Kenntnissen auch die sogenannten berufs- und arbeitspädagogischen Kenntnis-se erworben und in einer Prüfung nachgewiesen haben. Auf diese Weise wird sichergestellt, daß sich jeder Ausbilder, bevor er die Verantwortung für die Ausbildung anderer, zumeist jugendlicher Mitarbeiter übernimmt, zumindest einmal mit den grundlegenden rechtlichen, psychologischen und pädagogi-schen Fragen auseinandergesetzt hat. In der betrieblichen Weiterbildung gibt es keine vergleichbare Regelung. Es bleibt dem Betrieb und der Initiative des einzelnen überlassen, ob, wie und in welchem Umfang derartige Kenntnisse erworben werden. Eine wesentliche Forderung an die Weiterbildung betreibenden Betriebe lautet deshalb, daß zunächst die in der Bildungsarbeit eingesetzten Referenten selbst auf diese Aufgabe in geeigneter Weise vorbereitet werden.

Soweit im Unternehmen keine geeigneten Referenten vorhanden sind, sei es, daß die pädagogische Qualifikation fehlt, oder daß es an der notwendigen Zeit für die Übernahme dieser zusätzlichen Aufgabe mangelt, müssen Außenstehende herangezogen werden. Ein **externer Referent** ist zwar mit den betrieblichen Verhältnissen weniger vertraut als ein Mitarbeiter des Unternehmens, aber dafür steht er den betrieblichen Problemen zumeist unbefangener gegenüber und bringt darüber hinaus umfangreiche Fremderfahrung mit. Die Zusammenarbeit mit externen Referenten erlaubt eine echte Auswahl, so daß der jeweils bestgeeignete, der seine Qualifikation schon anderweitig unter Beweis gestellt hat, verpflichtet werden kann. Wenn ein externer Referent die an ihn gestellten Erwartungen einmal nicht erfüllen sollte, dann wird er bei künftigen Veranstaltungen nicht mehr herangezogen. Bei internen Referenten kann der hierarchische Status des Betreffenden u. U. dazu führen, daß ein Verzicht auf die weitere Mitarbeit in Bildungsveranstaltungen als Prestigeverlust ausgelegt wird.

Um Mißverständnisse auszuschließen, sollte die Zusammenarbeit mit externen Referenten schriftlich vereinbart werden. Dabei können folgende Punkte geregelt werden (vgl. Müller/Wenzel 1977, S. 57):
- Ziele der Bildungsmaßnahme,
- Inhalt (sowie eine eventuelle Inhaltsgliederung),
- erwünschte Lehrmethoden,
- Beschreibung der Zielgruppe nach Anzahl und Voraussetzungen,
- Zeitpunkt, Dauer, Ort und Ablauf der Veranstaltung,
- Art und Weise der Veranstaltungsbeurteilung und Zielkontrolle,
- Vorbereitung des externen Referenten durch Vorbesprechungen, Besichtigungen, Teilnahme an Besprechungen, Organisationsanalysen, Einzelgespräche mit verschiedenen Mitarbeitern, Schrifttum über die Firma, Schriftwechsel u. a. m.,
- Honorar für die Veranstaltung und die vorherige Beratung (Beratungshonorare sind in der Regel niedriger als Seminarhonorare),
- sonstige Spesen (z. B. Fahrt, Verpflegung),
- Vertraulichkeit aller erhaltenen Informationen über die Firma gegenüber Dritten,
- Rückgabe aller erhaltenen Unterlagen nach Abschluß des Auftrags,
- Erstellung von Seminarunterlagen durch den Referenten oder den Auftraggeber,

- Kündigungsklausel; eventuell Konkurrenzklausel,
- Hinweis, daß sich die Vertragspartner verpflichten, sich nicht gegenseitig Mitarbeiter abzuwerben,
- Hinweis, daß die Vereinbarung kein Arbeitsverhältnis begründet.

Die ersten sechs Punkte dieser Aufzählung (Ziele, Inhalt, Methodik, Zielgruppe, Organisation, Kontrolle) müssen auch mit internen Referenten abgeklärt werden.

6.3 Auswahl externer Bildungsträger

Viele größere Unternehmungen haben sich im Laufe der Zeit hauseigene Bildungseinrichtungen aufgebaut, die den Mitarbeitern umfassende Weiterbildungsprogramme offerieren. Trotzdem nehmen auch solche Unternehmen zusätzlich externe Bildungsangebote in Anspruch, wenn spezielle Problemstellungen (z. B. ein ausgefallenes Thema für einen kleinen Mitarbeiterkreis) das verlangen. Klein- und Mittelbetriebe sind stärker auf das externe Angebot angewiesen, weil notwendige Voraussetzungen für eine eigene Durchführung (z. B. qualifizierte Referenten, geeignete Räume, eine ausreichende Teilnehmerzahl) oft fehlen.

6.3.1 Auswahlkritierien

Das externe Bildungsangebot hat in den letzten Jahren, trotz eines Trends zur »maßgeschneiderten internen Bildungsveranstaltung«, ständig zugenommen. Vielen Unternehmungen fehlt heute die notwendige Markttransparenz in diesem Bereich, so daß die Auswahl externer Veranstaltungen oft mehr oder weniger zufällig erfolgt.

Eine zuverlässige Auswahl, die nicht nur die gerade im Posteingang befindlichen Angebote erfaßt, wird nur möglich sein, wenn neben dem Thema und Träger der Veranstaltung auch Informationen über die Herkunft und Qualität der Referenten, über Lehrmethoden und Medieneinsatz, über den voraussichtlichen Teilnehmerkreis und die angestrebten Lernziele vorhanden sind.

Die eigentliche Auswahlentscheidung muß von den verantwortlichen Personen im Betrieb unter Beachtung der einzuhaltenden Rahmenbedingungen (z. B. Lernziele, Teilnehmerkreis, Zeit- und Kostenrahmen) getroffen werden. Um Fehlentscheidungen zu vermeiden, sollte dabei folgender Fragenkatalog beachtet werden:

1. **Träger und Referenten externer Bildungsangebote**
   - Gibt es bereits Erfahrungen mit diesem Anbieter (z. B. durch frühere Teilnehmer)?
   - Werden Referenzen genannt?
   - Stimmt die bildungs- und gesellschaftspolitische Linie?
   - Können Dritte nach ihren Erfahrungen befragt werden?
   - Welche Referenten werden eingesetzt?
   - Sind die Referenten (Trainer) bereits bekannt?
   - Verfügen die Referenten über die erforderliche Berufs- und Branchenerfahrung?
   - Stehen die Referenten auch außerhalb der offiziellen Seminarzeiten (z. B. abends) zur Verfügung?

2. **Lernziele, Lerninhalte und Zielgruppen**
   - Sind eindeutige Lernziele definiert, so daß eine spätere Erfolgskontrolle möglich ist?
   - Entsprechen die Lernziele dem aktuellen Bildungsbedarf?
   - Sind die Seminarinhalte genau umschrieben?
   - Werden die betriebsspezifischen Probleme durch die genannten Inhalte voraussichtlich abgedeckt?
   - Sind die angesprochenen Zielgruppen klar umschrieben?
   - Sind die Lernziele und -inhalte auf die vorgeschriebenen Zielgruppen zugeschnitten?
   - Ist der voraussichtliche Teilnehmerkreis homogen?
   - Wird eine maximale Teilnehmerzahl genannt?
   - Können die vorgesehenen Teilnehmer den Seminartermin wahrnehmen?
   - Können die angebotenen Lerninhalte in der vorgesehenen Seminardauer ausreichend behandelt werden?

3. **Methoden und Medieneinsatz; äußerer Rahmen**
   - Werden die eingesetzten Bildungsmethoden genannt?
   - Sind die Methoden und Medien den Seminarzielen und -inhalten angemessen?
   - Werden aktive Lehrmethoden eingesetzt?
   - Erhalten die Teilnehmer vorweg schriftliche Unterlagen?
   - Verfügt der Anbieter über zeitgemäße Einrichtungen und ausreichend Kapazität?
   - Entspricht der äußere Rahmen (Hotel, Bildungsstätte) den Erwartungen?

4. **Kosten und Kontrolle**
   - Wie hoch sind die Teilnehmergebühren?
   - Was ist in den Teilnehmergebühren enthalten (Verpflegung, Unterlagen)?
   - Mit welchen Nebenkosten (Fahrt, Hotel usw.) ist zu rechnen?
   - Sind betriebliche Vorleistungen erforderlich?
   - Welcher Vorbereitungsaufwand entsteht im Betrieb?
   - Besteht eine vertretbare Kosten-Nutzen-Relation?
   - Könnte das Seminar (bei mehreren Teilnehmern) auch intern durchgeführt werden?
   - Sind im Seminar Erfolgskontrollen vorgesehen?
   - Werden Hilfen für die spätere Umsetzung in die betriebliche Praxis angeboten?
   - Werden Folgeveranstaltungen (Umsetzungserfolge und -probleme, Vertiefung, Erfahrungsaustausch) angeboten?

6.3.2 Organisation der Zusammenarbeit

Die grundsätzlichen Überlegungen zur Motivation und Lernzielverwendung sowie zur Methoden- und Medienwahl gelten auch für die Abwicklung externer Bildungsveranstaltungen. Im Gegensatz zu den internen Bildungsmaßnahmen liegt jedoch die Ziel- und Programmverantwortung beim externen Bildungsträger. Das schließt nicht aus, daß realisierbare Wünsche zum Stoffprogramm und zu den angestrebten Lernzielen berücksichtigt werden können.

Soweit nur ein einziger oder sehr wenige Mitarbeiter eines Unternehmens an einem externen Seminar teilnehmen, wird man die Entscheidung über die Teilnahme anhand des vorstehenden Fragenkatalogs auf der Grundlage der durch den externen Bildungsträger bereitgestellten Informationen treffen. Nach Rückkehr von der Veranstaltung ist es üblich, daß die teilnehmenden Mitarbeiter zu einem Bericht über ihre Eindrücke, den Seminarablauf und die erreichten Ziele veranlaßt werden (vgl. Kapitel 7.3.3.1). Zu einer weitergehenden Kontaktaufnahme zwischen dem Unternehmen und dem externen Veranstalter kommt es im allgemeinen nicht.

Nimmt dagegen eine größere Mitarbeiterzahl an der Veranstaltung desselben externen Anbieters teil oder werden einzelne Veranstaltungen ausschließlich für die Belegschaft eines Unternehmens durchgeführt, dann empfiehlt es sich, daß ein Vertreter des externen Veranstalters sich durch einen vorherigen **Kontaktbesuch** oder eine **Betriebsstudie** die notwendigen Betriebskenntnisse verschafft. Auf diese Weise wird sichergestellt, daß auch tatsächlich die aktuellen betrieblichen Probleme behandelt werden und die Lernziele der

Veranstaltung dem bestehenden Bildungsbedarf des Unternehmens entsprechen. Bei einer größeren Teilnehmerzahl entstehen durch derartige Kontaktbesuche in der Regel keine zusätzlichen Kosten.

Eine weitere Möglichkeit der Zusammenarbeit sieht vor, daß neben den eigentlichen Bildungsteilnehmern ein zusätzlicher Repräsentant des Unternehmens zumindest zeitweise an der externen Bildungsveranstaltung teilnimmt. Für die Teilnahme eignet sich entweder das Eröffnungs- oder Schlußgespräch oder ein ganz bestimmtes Thema, für dessen Behandlung der Betreffende als kompetent gilt. Um die didaktische Konzeption nicht zu stören, sollte allerdings die Rolle und der Beitrag des Unternehmensvertreters mit dem externen Bildungsträger vorher genau abgestimmt werden. Für die Mitarbeiter wird durch die Teilnahme eines Repräsentanten des Unternehmens die Bedeutung, die man der Veranstaltung beimißt, zusätzlich dokumentiert.

Bei einer längerfristigen Zusammenarbeit mit einem externen Bildungsträger erweist es sich als vorteilhaft, die wichtigsten Modalitäten (z. B. Termine, Teilnehmerzahl, Kosten, Zahlungsbedingungen, Garantie bestimmter Referenten, Lernzielbeschreibung, Aufgabenteilung zwischen Unternehmen und Veranstalter u. a. m.) nach entsprechenden Verhandlungen schriftlich festzulegen. Bei der einmaligen Teilnahme an einer Veranstaltung eines externen Bildungsträgers wird sich das Unternehmen in der Regel den Bedingungen des Anbieters unterwerfen, so daß das von diesem vorbereitete Anmeldeformular als Vertragsgrundlage genügt.

Betriebsintern hat es sich bewährt, die bei der Teilnahme an einer externen Bildungsveranstaltung zu beachtenden Regelungen (z. B. Auswahlkriterien, Anmeldungsverfahren, Bezahlung der Seminargebühren, Rückzahlung der Gebühren bei Kündigung, Abwicklung der Reise, Beurteilungspflicht nach erfolgter Seminarteilnahme usw.) in Form von Richtlinien zu formulieren. Die Anmeldung hat vielfach auf einem einheitlichen Formular zu erfolgen.

6.4 Bildungsarbeit durch zwischenbetriebliche Kooperation

Eine weitere Möglichkeit zur Gestaltung betrieblicher Bildungsmaßnahmen, die man als eine Art Kompromißlösung zwischen der internen und externen Durchführung ansehen kann, ergibt sich durch die zwischenbetriebliche Kooperation. Die zwischenbetriebliche Kooperation wird von der Wirtschaft seit gut drei Jahrzehnten als **Instrument zur Steigerung der Leistungs- und Wettbewerbsfähigkeit** intensiver genutzt. Nachdem die größten Kooperationserfolge zunächst in anderen betrieblichen Funktionsbereichen erzielt wurden, wird in jüngster Zeit auch das Personal- und Bildungswesen in zunehmendem Maße als Ansatzpunkt einer zwischenbetrieblichen Zusammenarbeit erkannt.

218

6.4.1 Ziele und Bedingungen

Unter zwischenbetrieblicher Kooperation versteht man eine auf freiwilliger Vereinbarung beruhende Zusammenarbeit rechtlich und wirtschaftlich selbständiger Unternehmungen, wobei durch Ausgliederung oder gemeinsamer Ausübung bestimmter Funktionen oder Teilfunktionen die wirtschaftliche Situation der beteiligten Unternehmungen verbessert werden soll.

Zwischenbetriebliche Kooperation ist aus der Sicht der Unternehmen als Rationalisierungsinstrument zu verstehen, dessen Ziel es ist, im Vergleich zur individuellen Aufgabendurchführung eine größere Wirtschaftlichkeit zu erzielen. Nur wenn dieses Ziel erreicht wird, ist die durch die zwischenbetriebliche Kooperation erzwungene teilweise Einschränkung der unternehmerischen Entscheidungsfreiheit gerechtfertigt. Steigende Personalkosten, deren Anstieg zu einem großen Teil auch auf die zunehmenden Anforderungen an die betriebliche Bildungsarbeit zurückgeht, haben viele Unternehmungen in den letzten Jahren gezwungen, nach Wegen für eine zwischenbetriebliche Lösung zu suchen.

Die Zusammenarbeit bei der Gestaltung betrieblicher Bildungsmaßnahmen kann sich entweder in einer Kostensenkung (z. B. durch gemeinsame Durchführung betrieblicher Bildungsveranstaltungen oder durch gegenseitige Nutzung bestehender Bildungseinrichtungen) oder in einer Leistungssteigerung (z. B. Austausch von Spezialisten, die als Dozenten tätig sind) niederschlagen. Aus der Sicht der Mitarbeiter beinhaltet die zwischenbetriebliche Kooperation die Chance, daß Bildungsleistungen, die aus Kostengründen vielleicht eingestellt werden müßten, auf diese Weise aufrechterhalten werden können, oder daß auch kleinere und mittlere Unternehmungen ein Bildungsangebot offerieren können, bei dessen alleiniger Durchführung sie überfordert wären.

Die von der zwischenbetrieblichen Kooperation erwarteten Erfolge werden sich allerdings nur einstellen, wenn alle Teilnehmer die notwendige Bereitschaft zur Zusammenarbeit und zur Hinnahme bestimmter Einschränkungen ihrer persönlichen Entscheidungsfreiheit und Unabhängigkeit mitbringen. Als Preis für eine größere Wirtschaftlichkeit muß akzeptiert werden, daß bei den in eine Kooperationsabsprache einbezogenen Funktionsbereichen anstelle der Individualentscheidung die kollegiale Abstimmung tritt. Das Bewußtsein um die Notwendigkeit einer qualifizierten betrieblichen Bildungsarbeit und auch der von externen Einflußfaktoren ausgehende Zwang zu einer ökonomischeren Aufgabendurchführung in diesem Bereich sollten eine ausreichende Grundlage sein, um dieses Hindernis zu meistern.

6.4.2 Bereiche der zwischenbetrieblichen Kooperation im Bildungswesen

Die Ansatzpunkte für eine zwischenbetriebliche Kooperation sind im Bildungswesen und bei der Personalentwicklung besonders vielfältig. Die Zusammenarbeit kann in horizontaler und vertikaler Richtung erfolgen. Von horizontaler Kooperation spricht man, wenn Unternehmungen der gleichen Wirtschaftsstufe, die sich sonst als Konkurrenten gegenüberstehen, zusammenarbeiten. Das kann trotz der bestehenden Konkurrenzsituation bei der Ausbildung von Auszubildenden (z. B. im Rahmen der sogenannten Nachbarschaftshilfe), bei der Schulung von Fachkräften (Spezialisten) oder bei der Einrichtung von Gemeinschaftslehrwerkstätten der Fall sein. Vertikale Kooperation liegt vor, wenn Unternehmen unterschiedlicher Wirtschaftsstufen der gleichen Branche in die Zusammenarbeit einbezogen werden. Ein geläufiges Beispiel aus diesem Bereich ist die Schulung von Mitarbeitern des Abnehmers beim Lieferanten bestimmter Erzeugnisse (z. B. die Herstellerseminare im EDV-Bereich oder die Schulung von Verkäufern des Einzelhandels bei den Produzenten bestimmter Kosmetika). Darüber hinaus kann unabhängig von den bestehenden wirtschaftlichen Beziehungen zwischen dem Unternehmen allein die Tatsache, daß man gleichartige Bildungsaufgaben zu bewältigen hat, den Ausschlag für eine Zusammenarbeit geben.

Die Bandbreite der zwischenbetrieblichen Kooperation im Bildungswesen kann sich von der losen Absprache bis zur dauerhaften vertraglichen Regelung bestimmter Tatbestände erstrecken. Als wichtigste Felder für eine Zusammenarbeit sind zu nennen:

– Erfahrungsaustausch und gemeinsame Willensbildung;
– Austausch von Seminarprogrammen, Teilnehmern und Referenten;
– gemeinsame Nutzung vorhandener Räume und Anlagen;
– gemeinsame Planung und Durchführung von Kursen;
– Errichtung, Unterhaltung und Förderung gemeinsamer Bildungseinrichtungen.

Der Erfahrungsaustausch ist die lockerste Form der zwischenbetrieblichen Kooperation. In nahezu allen betrieblichen Funktionsbereichen (z. B. EDV, Rechnungswesen, Personalwesen) haben sich in den letzten Jahren auf lokaler oder regionaler Ebene sogenannte Erfa-Gruppen gebildet. Die Initiative für ihre Bildung kann entweder unmittelbar von den Beteiligten ausgehen, oder die Organisation liegt in Händen eines überbetrieblichen Trägers (z. B. beim RKW oder speziell im Personalsektor bei der Deutschen Gesellschaft für Personalführung). Die Aktualität bildungspolitischer Fragestellungen und die Bedeutung der betrieblichen Bildungsarbeit für die Zukunft des Unternehmens und der Mitarbeiter prädestiniert diesen Sektor geradezu für eine gemeinschaftliche Behandlung. Nach Bedarf können auf diese Weise ohne größeren organisatorischen Aufwand die jeweils interessierenden Probleme diskutiert werden. Das kann effizienter sein als manche offizielle Veranstaltung externer Träger. Durch eine gemeinsame Willensbildung kann ein einheitliches Vorgehen sichergestellt und die Position der Beteiligten gegenüber Kammern, Verbänden, öffentlichen Bildungsträgern oder anderen außenstehenden Institutionen gestärkt werden.

Eine weitergehende Form der Zusammenarbeit liegt beim Austausch von Seminaren, Teilnehmern oder Referenten vor. Seminarprogramme, die in einem Unternehmen entwickelt wurden, werden z. B. den befreundeten Unternehmungen zur Verfügung gestellt, so daß doppelte Programmentwicklungskosten vermieden werden können. Oder die Mitarbeiter eines Unternehmens nehmen an einem vom Partnerunternehmen veranstalteten Seminar teil. Das kann zu einer besseren Seminarauslastung führen, es kommt im Vergleich mit externen Seminaren in aller Regel zu Kostenersparnissen (Reisekosten, Teilnehmergebühren), und es kann auch wegen der gleichartigen Problemstellung mit einer größeren Lerneffizienz gerechnet werden. Durch den Austausch von Referenten stehen einem Unternehmen u. U. für bestimmte Aufgabenstellungen Spezialisten zur Verfügung, über die man selbst nicht verfügt. Der wechselseitige Referentenaustausch ist darüber hinaus billiger als die Inanspruchnahme externer Referenten. Aber auch die Möglichkeiten zur Verpflichtung qualifizierter externer Referenten können sich durch ein gemeinsames Tätigwerden erhöhen. Der Austausch von Teilnehmern und Referenten eröffnet außerdem die Chance, daß neue, von der »betrieblichen Schablone« abweichende Gedanken in die Diskussion getragen werden. Dies ist ein Vorteil, der sonst nur externen Seminaren vorbehalten bleibt.

Der Einsatz zeitgemäßer Medien und die zweckmäßige Gestaltung von Seminarräumen sind notwendige Erfolgsvoraussetzungen der betrieblichen Bildungsarbeit. Die gemeinsame Nutzung solcher Einrichtungen führt zu einer besseren Verzinsung des eingesetzten Kapitals. Das gilt auch für die Inanspruchnahme von Lehrwerkstätten und Lehrbüros. Bevor derartige Investitionen getätigt werden, sollten allerdings die Modalitäten und insbesondere die Mindestdauer der Zusammenarbeit vertraglich festgelegt werden.

Der Austausch von Referenten und Teilnehmern sowie die gemeinsame Nutzung von Räumen und Einrichtungen legen es nahe, sich auch über den Inhalt und den Ablauf von Bildungsveranstaltungen abzustimmen. Das kann für einzelne Veranstaltungen oder für ganze Programmzyklen geschehen. Die gemeinschaftliche Festlegung von Seminarinhalten hat den Vorteil, daß zwar einerseits die rein betriebsspezifischen Probleme berücksichtigt werden, daß aber andererseits durch die Beteiligung mehrerer Unternehmungen auch die notwendige »Gesamtschau« gewahrt wird.

Als letzte Stufe der Zusammenarbeit kommt die gemeinsame Errichtung und Unterhaltung von überbetrieblichen Bildungsstätten in Frage. Wegen der damit verbundenen hohen Investitionen sind eigene Bildungszentren bisher das Privileg weniger Großbetriebe. Durch die zwischenbetriebliche Kooperation wird auch mittleren Betrieben die Chance für den Betrieb solcher Einrichtungen eröffnet, wobei allerdings eindeutige vertragliche Regelungen eine notwendige Voraussetzung sind.

Eine vertragliche Regelung der Kooperationsmodalitäten ist im übrigen um so wichtiger, je enger die gewählte Form der Zusammenarbeit ist. Über diese formale Seite hinaus ist das notwendige Vertrauen unter den Kooperationspartnern eine weitere unerläßliche Voraussetzung. Schließlich muß auch der Wille hinzukommen, sich überhaupt einmal mit einem solchen Gedanken, der sicherlich für manches Unternehmen neu sein dürfte, zu befassen. In den vorstehenden Beispielen wurden die Ansatzpunkte für eine zwischenbetriebliche Kooperation im Bildungswesen nicht erschöpfend behandelt; sie waren lediglich im Sinne einer Anregung gedacht. Eine Überprüfung der betrieblichen Situation, wenn vielleicht auch erst durch den von der Kostenseite ausgehenden Zwang ausgelöst, wird weitere Möglichkeiten eröffnen.

7 Kontrolle der Personalentwicklung

7.1 Kontrollbereiche

Der Ablauf der Personalentwicklung vollzieht sich wie jedes andere systematische Vorgehen in den Phasen Planung, Durchführung und Kontrolle. Dabei stellt die Kontrollphase den Teilbereich im Gesamtkonzept Personalentwicklung dar, der bisher noch am wenigsten weit entwickelt ist und in der betrieblichen Praxis vielfach vernachlässigt wird. Dies ist zu bedauern, denn nur durch eine regelmäßige Kontrolle kann festgestellt werden, ob bzw. inwieweit die angestrebten Ziele erreicht wurden. Nachweisbare Entwicklungserfolge schaffen die Möglichkeit, die Aufwendungen für Personalentwicklung im »Wettbewerb« mit anderen Betriebsbereichen zu rechtfertigen. Durch Soll-Ist-Vergleiche und Abweichungsanalysen können die Informationsgrundlagen verbessert werden, so daß sich die Gefahr für Fehlentwicklungen bei künftigen Maßnahmen verringert. Die Information der Mitarbeiter über erzielte Entwicklungserfolge verdeutlicht diesen die bestehenden Entwicklungsmöglichkeiten und trägt zur Motivation bei.

Nach ihrem inhaltlichen Schwerpunkt können bei der Personalentwicklung drei Kontrollbereiche unterschieden werden:

– Die **Kostenkontrolle** richtet sich auf die Wirtschaftlichkeit. Sie vermittelt Aufschluß über Art und Umfang der entstandenen Kosten, sie informiert über die verursachenden Kostenstellen, und sie erleichtert durch Kostenvergleichsrechnungen die Entscheidung zwischen alternativen Entwicklungsmaßnahmen.

– Die **Erfolgskontrolle** richtet sich auf die Entwicklungs- und Lernerfolge. Sie soll feststellen, ob es gelungen ist, den Mitarbeitern die angestrebten Qualifikationsänderungen zu vermitteln und inwieweit diese Änderungen im Arbeitseinsatz und Arbeitsverhalten zum Ausdruck kommen.

– Die **Rentabilitätskontrolle** stellt schließlich die Verbindung zwischen Kosten und Erträgen (Kosten-Nutzen-Relation) her, indem sie den Erfolg der »Investition Personalentwicklung« zu messen versucht.

7.2 Kostenkontrolle

Die Personalentwicklung unterliegt wie jeder andere betriebliche Funktionsbereich dem Gebot der Wirtschaftlichkeit. Wenn auch nicht alle Entscheidungen in der Personalentwicklung ausschließlich unter ökonomischen Gesichtspunkten getroffen werden können, so gilt es doch, die einmal bestimmten Entwicklungsziele mit den geringstmöglichen Kosten zu erreichen. Die Kosten der Personalentwicklung umfassen das anteilige Arbeitsentgelt der beteiligten Mitarbeiter, Vorgesetzten und sonstigen betroffenen Fach- und Führungskräfte, Honorare für externe Referenten, Kosten für Räume, Materialien und Reisen sowie zeitanteilige Kosten in der Personalabteilung und in den Fachabteilungen. Eine Hauptschwierigkeit einer exakten Kostenrechnung ergibt sich aus der Tatsache, daß in vielen Fällen eine eindeutige Trennung zwischen den Kosten für Förderung und Bildung einerseits und den Kosten der regelmäßigen Arbeitsleistung andererseits kaum möglich ist. Die folgenden Ausführungen werden zeigen, daß hierbei teilweise nur mit Schätzwerten gearbeitet werden kann.

Innerhalb der Gesamtkosten der Personalentwicklung müssen die zur Erfüllung der Entwicklungsfunktion vollzogenen **Bildungsmaßnahmen als wesentliche kostenverursachende Komponente** angesehen werden. Von geringerer Bedeutung hinsichtlich ihrer kostenmäßigen Auswirkungen sind dagegen die Teilaufgaben der Personalentwicklung, die in der Personalabteilung und bei den Vorgesetzten anfallen. Die Vorgesetzten tragen zwar die Hauptverantwortung für die Förderung und Entwicklung der ihnen unterstellten Mitarbeiter (vgl. Kapitel 1.4.3), aber das kann als notwendiger Teil ihrer Führungstätigkeit angesehen werden und braucht innerhalb der Kosten der Personalentwicklung nicht ausdrücklich berücksichtigt zu werden. Damit richtet sich die Frage nach den Kosten der Personalentwicklung in erster Linie auf eine Ermittlung der Kosten der jeweiligen Bildungsmaßnahmen unter Berücksichtigung anteiliger Kosten der Personalabteilung.

Die Angaben über den notwendigen oder tatsächlichen Umfang der Kosten für Weiterbildung weichen von Betrieb zu Betrieb stark voneinander ab. Es gibt noch keine allgemeingültigen Richtwerte, die es erlauben, die einem Unternehmen zumutbaren Kosten für Weiterbildung als Prozentsatz vom Umsatz oder von der Lohn- und Gehaltssumme oder als absoluten Betrag je Mitarbeiter festzulegen. Ein früherer Erfahrungswert aus der Praxis besagt, daß sich die Etats für Weiterbildung bei der Mehrzahl der Unternehmen zwischen ein bis zwei Prozent der Bruttolohnsumme bewegen, wobei allerdings branchenbedingt (z. B. in der Informationstechnik) auch höhere Werte vorkommen können (vgl. Weiterbildung in der Arbeitswelt 1977, S. 298). Eine repräsentative Untersuchung des Instituts der Deutschen Wirtschaft hat ergeben, daß die Unternehmen im Jahre 1987 über 26 Milliarden DM für die Weiterbildung ihrer Mitarbeiter ausgegeben haben, was einem Anteil von über drei Prozent an der Bruttolohn- und Gehaltssumme entspricht (vgl. Weiß 1990, S. 160). Bei einer Orientierung an den genannten Prozentsätzen ist zu beachten, daß oft keine einheitlichen Bezugsgrößen zugrundeliegen.

Unbestritten ist dagegen, daß die Kosten für Weiterbildung in den letzten Jahren ständig gestiegen sind. Während die Kosten je Teilnehmer im Jahre 1979 noch bei 1 530 DM lagen (vgl. Winter/Tholen 1979, S. 50), haben sie sich im Jahre 1987 auf 2 591 DM erhöht (vgl. Weiß 1990, S. 160). Das entspricht einem Betrag von 52 DM je Teilnehmerstunde.

Die Kosten je Beschäftigten haben 1987 1 771 DM betragen; dieser Betrag setzt sich wie folgt zusammen:

- Kosten für Weiterbildungspersonal   121 DM
- Kosten für Lehrveranstaltungen (Lehrgänge, Seminare)   1 056 DM
- Kosten für Informationsveranstaltungen
  (Fachvorträge, Fachtagungen, Erfahrungsaustausch)   186 DM
- Kosten des Lernens am Arbeitsplatz
  (Einarbeitung, Unterweisung, Coaching, Qualitätszirkel)   379 DM
- Sonstige Kosten   29 DM

7.2.1 Aufgaben der Kostenkontrolle

Weiterbildung kann als eine **innerbetriebliche Leistung** des Unternehmens angesehen werden, deren Kosten regelmäßig erfaßt und verrechnet werden müssen. Die Erfassung der Weiterbildungskosten dient folgenden Zwecken:

- Nur eine vollständige Kostenerfassung vermittelt den notwendigen Überblick über die Art und Höhe sämtlicher, in einer Abrechnungsperiode angefallenen Weiterbildungskosten.
- Eine vollständige Kostenerfassung ist die Voraussetzung dafür, daß die angefallenen Bildungskosten den verursachenden Abteilungen (Kostenstellen) weiterbelastet werden können.
- Rentabilitätskontrollen sind nur durchführbar, wenn exakte Informationen über sämtliche mit einem Bildungsprojekt zusammenhängende Kostenarten vorliegen.
- Mit der Kostenerfassung und -gliederung werden darüber hinaus die erforderlichen Grundlagen für die Erstellung künftiger Weiterbildungsbudgets geschaffen.
- Bei der Entscheidung zwischen alternativen Bildungsmaßnahmen oder über die interne oder externe Durchführung einer Weiterbildungsmaßnahme werden neben pädagogischen auch ökonomische Gesichtspunkte in Form von Kostenvergleichsrechnungen maßgebend sein. Die erforderliche Aussagekraft wird nur erreicht, wenn sämtliche anfallenden Kostenarten berücksichtigt werden.
- Letztlich zählen Kenntnisse über Höhe und Entwicklung der Kosten der betrieblichen Bildungsarbeit auch zu den notwendigen Informationen im ständigen Dialog zwischen den Sozialpartnern.

Gelegentlich werden die Kosten der Weiterbildung auch für die Rechtfertigung der gesamten Funktion Personalentwicklung herangezogen, indem sie mit den Kosten der Beschaffung gleichwertig qualifizierter Mitarbeiter am Arbeitsmarkt verglichen werden. Dabei ist allerdings zu berücksichtigen, daß nicht alle Qualifikationen am Arbeitsmarkt verfügbar sind, so daß ihre Beschaffung theoretisch zwar billiger sein könnte, praktisch aber nicht möglich ist.

Umfang und Detaillierungsgrad der Kostenerfassung und -verrechnung im Bildungsbereich richten sich nach der Ausgestaltung der übrigen Bereiche des betrieblichen Rechnungswesens. Demgemäß bestehen in der Praxis auch von Betrieb zu Betrieb beträchtliche Unterschiede.

Zu einer aussagefähigen Kostenrechnung im Bildungsbereich gehören eine eindeutige Bestimmung und Abgrenzung der enstandenen Kosten sowie deren Zuordnung auf die verursachenden Abteilungen (Kostenstellen) und Bildungsmaßnahmen (Kostenträger). Viele Unternehmungen scheuen den damit verbundenen Aufwand, weil er oft in keiner Relation zum Gesamtvolumen der Kosten für betriebliche Bildungsarbeit steht.

7.2.2 Abgrenzung der Kostenarten

Der erste Schritt einer Kostenrechnung im Bildungsbereich umfaßt die Abgrenzung der zu verrechnenden Kostenarten. Dabei kann man sich am vorhandenen Kostenartenplan des Unternehmens orientieren. Je nachdem, ob es sich um externe oder interne Bildungsmaßnahmen handelt und ob letztere wiederum am oder außerhalb des Arbeitsplatzes vollzogen werden, sind unterschiedliche Kostenarten zu berücksichtigen.

7.2.2.1 Kosten für externe Bildungsmaßnahmen

Bei der Teilnahme an betriebsexternen Seminaren können folgende Kostenarten anfallen:

- Gebühren für Veranstaltungen,
- Reisekosten,
- Kosten für Unterkunft und Verpflegung,
- Kosten für ausgefallene bezahlte Arbeitszeit der Seminarteilnehmer,
- Kosten für Minderleistungen (Opportunitätskosten),
- anteilige Verwaltungskosten der Personal- oder Bildungsabteilung.

Die **Seminargebühren** schließen im allgemeinen auch die Bereitstellung von Arbeitsunterlagen durch den Veranstalter mit ein. Ihre Erfassung bereitet aufgrund vorliegender Belege keine Schwierigkeiten. Das gilt im allgemeinen auch für die **Reise- und Aufenthaltskosten,** die entweder durch Einzelnachweis erfaßt oder mit Pauschalsätzen abgerechnet werden.

226

Die **Kosten für ausgefallene Arbeitszeit der Bildungsteilnehmer** sind eine der bedeutendsten Kostenpositionen in der Weiterbildung. Trotzdem verzichten viele Unternehmungen darauf, diese Kostenart in die Berechnung einzubeziehen. Dafür gibt es zwei Begründungen: Zum einen läuft bei kurz- und mittelfristigen Bildungsmaßnahmen der Betrieb auch dann weiter, wenn ihm ein Mitarbeiter wegen der Teilnahme an einer solchen Maßnahme vorübergehend entzogen wurde. Die Freistellung für eine Teilnahme an der Weiterbildung wird in diesem Falle in der gleichen Weise wie bei Krankheit und Urlaub durch ein System der Stellvertretung überbrückt. Ein zweites Argument für die Ausklammerung der durch die Weiterbildung verursachten Kosten für ausgefallene Arbeitszeit ist die Befürchtung, daß ein solcher Ausweis bei künftigen Bildungsmaßnahmen zu restriktiven Entscheidungen der Unternehmensleitung führen könnte. Der wesentliche Nachteil dieser Vernachlässigung der Ausfallkosten besteht darin, daß die Wirtschaftlichkeit einzelner Weiterbildungsmaßnahmen nicht beurteilt werden kann. Deshalb sollten die Ausfallkosten trotz der vorstehenden Bedenken berücksichtigt werden.

Der dafür anzusetzende **Stundensatz** kann mit Hilfe folgender Formel errechnet werden:

$$\text{Ausfallkostensatz je Stunde} = \frac{\text{Jahresentgelt} + \text{Sozialkosten}}{\varnothing \text{ Jahresarbeitstage} \times \text{tägliche Arbeitszeit}}$$

Soweit Bildungsveranstaltungen außerhalb der betrieblichen Arbeitszeit stattfinden, ergeben sich zwei grundsätzliche Möglichkeiten:

– Die aufgewandte Zeit wird dem Mitarbeiter nicht vergütet, womit auch keine Personalkosten anfallen;

– die aufgewandte Zeit wird ganz oder teilweise vergütet bzw. durch Freistellung von der Arbeit zu einem späteren Zeitpunkt abgegolten. Im Falle der Freistellung sind die Personalkosten in Höhe des entstandenen Zeitanteils multipliziert mit dem Ausfallkostensatz zu berücksichtigen. Bei einer Vergütung des aufgewandten Zeitanteils ist zu prüfen, inwieweit in den zu verrechnenden Stundensatz ein Überstundenaufschlag einbezogen werden muß.

Opportunitätskosten sind **Kosten für Minderleistungen** während der Teilnahme an Bildungsveranstaltungen. Ein solcher Fall würde z. B. dann vorliegen, wenn in einem Unternehmen ein Produktionsausfall entstehen würde, weil ein in der Produktion tätiger Mitarbeiter während der Arbeitszeit an einer Bildungsveranstaltung teilnimmt. Die Kosten für Minderleistungen sind zumeist nicht zuverlässig erfaßbar; die Erfassung bereitet insbesondere bei den Tätigkeiten Schwierigkeiten, die zu keinem meßbaren Produktionsergebnis führen. Das ist bei der Weiterbildung von Führungskräften, Nachwuchskräften und von Mitarbeitern aus dem Verwaltungsbereich der Fall.

Die **anteilig zu verrechnenden Verwaltungskosten der Personal- oder Bildungsabteilung** haben weitgehend Fixkostencharakter. Neben Mieten, Material- und Betriebskosten handelt es sich vor allem um Personalkosten für die Mitarbeiter der Bildungsabteilung bzw. den Personalentwicklungsbeauftragten oder den Personalleiter. Die Gehälter und Sozialkosten dieses Personenkreises sind allerdings nur insoweit den anteilig zu verrechnenden Verwaltungskosten anzulasten, als sie nicht direkt auf einzelne interne Bildungsmaßnahmen (vgl. unten) verrechnet werden können. Wenn z. B. der Personalentwicklungsbeauftragte gleichzeitig als Referent bei verschiedenen Bildungsveranstaltungen auftritt, dann ist sein Gehalt in diesem Umfang unter der Kostenart »Gehälter für interne Referenten« zu verrechnen. Die Höhe der anteiligen Verwaltungskosten ist über Zeitaufschreibung und Multiplikation mit einem Durchschnittsstundensatz zu ermitteln.

7.2.2.2 Kosten interner Bildungsmaßnahmen außerhalb des Arbeitsplatzes

Interne Seminare können von betriebsfremden und/oder betriebsangehörigen Referenten abgehalten werden. Dabei können folgende Kostenarten anfallen:

- Honorare und Reisespesen externer Referenten,
- anteilige Gehälter interner Referenten,
- Raumkosten,
- Kosten für Lehrmittel,
- Auslagen und Spesen,
- Kosten für ausgefallene Arbeitszeit der Seminarteilnehmer,
- Kosten für Minderleistungen (Opportunitätskosten),
- anteilige Verwaltungskosten der Personal- oder Bildungsabteilung.

Die **Honorare und Spesen für externe Referenten** werden nach Beleg abgerechnet, so daß ihre Erfassung keine Schwierigkeiten bereitet. Gelegentlich kommt es vor, daß neben dem eigentlichen Leistungshonorar zusätzlich ein Zeitanteil für An- und Abreise berechnet wird.

Bei der Berechnung der **anteiligen Gehälter interner Referenten** wird der jeweilige Zeitanteil mit einem Durchschnittsstundensatz multipliziert, der in gleicher Weise wie der Stundensatz für ausgefallene Arbeitszeit der Seminarteilnehmer errechnet wird. Dabei ist zu beachten, daß neben dem Zeitaufwand für das eigentliche Seminar auch ein Zeitanteil für Vor- und Nachbereitung zu berücksichtigen ist. Hierfür wird ein Gewichtungsfaktor 3 empfohlen (vgl. Sabel 1978, S. 91). Wie bei den Kosten für ausgefallene Arbeitszeit der Seminarteilnehmer verzichten viele Unternehmungen darauf, die anteiligen Gehälter der internen Referenten zu verrechnen. Auch dieser Verzicht wird damit begründet, daß der innerbetriebliche Referent seine eigentliche Arbeit trotzdem unverändert leistet.

Raumkosten können entweder für eigens angemietete Räume außerhalb des Unternehmens oder für betriebliche Räume anfallen. Letztere können entweder dauerhaft für Bildungsmaßnahmen genutzt werden (Schulungszentren, Unterrichtsräume, Lehrwerkstätten) oder nur vorübergehend herangezogen werden (z. B. eine Kantine). Die entsprechenden Kosten sind durch einen kalkulatorischen Mietsatz zu berücksichtigen.

Die **Kosten für Lehrmittel** entstehen für an die Teilnehmer ausgegebene Arbeitsunterlagen (Drucksachen, Bücher usw.) sowie technische Hilfsmittel (Tafel, Projektoren, Demonstrationsgeräte u. a. m.). Soweit Arbeitsunterlagen und Medien für ein bestimmtes Seminar entwickelt, gemietet oder gekauft werden, können die entsprechenden Kosten dieser Bildungsmaßnahme direkt zugerechnet werden. Häufig genutzte Unterrichtsmittel (Tafeln, Flip-Chart, Projektoren) können bei ihrer Anschaffung der Bildungsabteilung belastet werden und sind in den anteilig zu verrechnenden Verwaltungskosten zu berücksichtigen. Bei der Weiterbildung in technischen Funktionen sind Kosten für Werkzeuge, Material und genutzte Maschinen zu verrechnen.

Auslagen und Spesen können für Fahrt und Aufenthalt entstehen, wenn interne Bildungsveranstaltungen in externen Räumen (z. B. in einem Hotel) abgehalten werden. Sie sind der jeweiligen Bildungsmaßnahme direkt zurechenbar.

Kosten für ausgefallene Arbeitszeit der Seminarteilnehmer, Kosten für Minderleistungen sowie anteilige Verwaltungskosten der Personal- oder Bildungsabteilung sind in der oben geschilderten Weise zu ermitteln.

7.2.2.3 Kosten für interne Bildungsmaßnahmen am Arbeitsplatz

Die Kostenermittlung bei den arbeitsplatzgebundenen Maßnahmen der Personalentwicklung (Unterweisung am Arbeitsplatz, Job rotation usw.) bereitet die größten Schwierigkeiten. Folgende Kostenarten kommen in Frage:
- Kosten für die Unterweisung oder Unterrichtung der Mitarbeiter durch den Vorgesetzten,
- Kosten für ausgefallene Arbeitszeit der Teilnehmer,
- Kosten für Minderleistungen,
- anteilige Verwaltungskosten der Personal- oder Bildungsabteilung.

Die **Kostenermittlung für die Unterweisung durch die Vorgesetzten** ist praktisch kaum durchführbar, weil es unmöglich ist, exakt anzugeben, wieviel Zeit der Vorgesetzte für die Unterweisung tatsächlich aufgewendet hat. Da eine laufende Zeitregistrierung zu Störungen der Unterweisung führen würde, können die erforderlichen Aufzeichnungen allenfalls nachträglich vorgenommen werden, so daß ein bestimmtes Maß an Ungenauigkeit in Kauf genommen werden muß. Deshalb wird auf die Ermittlung dieser Kostenart in der Praxis zumeist verzichtet. Neben den erwähnten Ermittlungsschwierigkeiten wird als weiterer Grund für diesen Verzicht genannt, daß es sich bei der Unterweisung am Arbeitsplatz um eine reguläre Führungsaufgabe des Vorgesetzten handelt, deren Kosten in die Betriebskosten eingehen.

Die gleichen Schwierigkeiten ergeben sich auch für die **Erfassung der ausgefallenen Arbeitszeiten der Teilnehmer** an der Weiterbildung. Ein charakteristisches Merkmal der Ausbildung am Arbeitsplatz besteht ja gerade darin, daß es zu einem ständigen Wechsel zwischen »produktiver Arbeitsleistung« und dem Erlernen neuer Fähigkeiten und Fertigkeiten kommt. Auch hier kann man nur versuchen, den Zeitanteil für das eigentliche Lernen ungefähr zu schätzen.

Kosten für Minderleistungen können nur bei Routinearbeiten einigermaßen zuverlässig erfaßt werden. Da es sich auch hier nur um Schätzwerte handeln kann, können Minderleistungen, wenn überhaupt, bereits bei den Kosten für ausgefallene Arbeitszeiten mit berücksichtigt werden.

Für die **anteiligen Verwaltungskosten** gelten die gleichen Überlegungen, wie sie oben dargestellt wurden.

Die vorstehenden Ausführungen verdeutlichen die mit einer vollständigen Kostenerfassung verbundenen Schwierigkeiten und Unsicherheiten. Deshalb verzichten manche Unternehmungen von vornherein auf die Erfassung der Kosten für ausgefallene Arbeitszeiten, für Minderleistungen und teilweise auch der anteiligen Verwaltungskosten. Diese unterschiedliche Verrechnung der indirekten Kosten führt zu Verzerrungen der ermittelten Kostensätze, so daß Wirtschaftlichkeitsvergleiche zwischen einzelnen Weiterbildungsmaßnahmen weitgehend ausgeschlossen sind.

7.2.3 Gliederung der Kostenarten

Zur Systematisierung der Kostenarten haben sich in der Praxis verschiedene Gliederungsprinzipien herausgebildet. Nach der Zurechenbarkeit der entstandenen Kostenarten auf die verschiedenen Bildungsmaßnahmen kann zwischen direkten und indirekten Kosten der Weiterbildung unterschieden werden. Zu den direkt zurechenbaren Kosten zählen z. B. das Honorar eines externen Referenten oder die Kosten für angemietete Räume. Dagegen kann das Arbeitsentgelt eines hauptamtlichen Personalentwicklungs- oder Bildungsbeauftragten den verschiedenen Bildungsmaßnahmen in aller Regel nur indirekt mittels geeigneter Schlüssel angelastet werden. Gebräuchlicher ist allerdings die Einteilung in Personalkosten, Sachkosten und sonstige Kosten, da diese Unterteilung auch in anderen Bereichen der Kostenrechnung außerhalb des Bildungswesens als oberstes Gliederungsprinzip Verwendung findet. Danach ergibt sich folgende Einteilung:

1. Personalkosten
1.1 Kosten der Bildungsteilnehmer (= anteiliges Arbeitsentgelt für ausgefallene Arbeitszeit)
1.2 Kosten für interne Lehrkräfte (= anteiliges Arbeitsentgelt der haupt-
und nebenamtlichen Referenten)
1.3 Kosten für externe Lehrkräfte
1.4 Planungs- und Verwaltungskosten (= anteilige Kosten der Personal-
oder Bildungsabteilung)

2. Sachkosten
2.1 Beiträge für externe Seminare
2.2 Kosten für Lehrmittel, Werkzeuge, Arbeitsmaterialien
2.3 Reisekosten
2.4 Kosten für Unterkunft und Verpflegung
2.5 Raumkosten

3. Sonstige Kosten
3.1 Gebühren (z. B. Prüfungsgebühren)
3.2 Kommunikationskosten
3.3 Kosten für Minderleistungen (Opportunitätskosten)

In Abbildung 53 sind die bei den drei grundlegenden Typen der Weiterbildung
anfallenden Kostenarten nochmals zusammengestellt.

7.2.4 Kostenverrechnung

Durch die Verrechnung der Bildungskosten soll festgestellt werden, für welche
Bildungsmaßnahmen Kosten entstanden sind und welche Betriebsbereiche
diese verursacht haben. Wegen des damit verbundenen Aufwands wird die
Verrechnung der Bildungskosten in der Praxis teilweise nur unvollkommen
vorgenommen.

7.2.4.1 Verrechnung im allgemeinen Betriebsabrechnungsbogen

Die Verrechnung der Bildungskosten im allgemeinen Betriebsabrechnungsbogen (BAB) ist verhältnismäßig einfach. Alle Bildungskosten, die direkt in einer
Kostenstelle entstanden sind, werden unter der **Kostenart Weiterbildung** sofort
der verursachenden Kostenstelle belastet. Dazu zählen z. B. die anteiligen
Löhne und Gehälter der teilnehmenden Mitarbeiter sowie Reisekosten und
Seminargebühren bei externen Veranstaltungen. Für die nicht direkt einer
verursachenden Kostenstelle zurechenbaren Bildungskosten wird eine **Hilfskostenstelle Weiterbildung** eingerichtet. Darauf werden z. B. Honorare für
externe Referenten bei abteilungsübergreifenden Veranstaltungen oder die
Personalkosten für den Personalentwicklungsbeauftragten bzw. die Mitarbei-

	Externe Lehrgänge	Interne Lehrgänge	Bildung on-the-job
Personalkosten			
– Bildungsteilnehmer	x	x	x
– Interne Lehrkräfte		x	x
– Externe Lehrkräfte		x	
– Planung und Verwaltung	x	x	x
Sachkosten			
– Gebühren für externe Seminare	x		
– Lehrmittel, Werkzeug, Material		x	x
– Reisekosten	x	x	
– Unterkunft und Verpflegung	x	x	
– Raumkosten		x	
Sonstige Kosten			
– Gebühren	x	x	x
– Kommunikation	x	x	x
– Opportunitätskosten	x	x	x

Abbildung 53: Kostenarten bei verschiedenen Weiterbildungsveranstaltungen

ter in der Bildungsabteilung verrechnet. Die Hilfskostenstelle wird am Ende der Abrechnungsperiode mit Hilfe geeigneter Schlüssel auf die übrigen Kostenstellen umgelegt. Als Schlüssel kommen die Zahl der Mitarbeiter, die Lohn- oder Gehaltssumme oder die ausgefallenen Arbeitsstunden wegen Teilnahme an Bildungsveranstaltungen in Frage. Der allgemeine BAB enthält also sowohl die Kostenart Weiterbildung für die direkt zurechenbaren Bildungskosten als auch die Kostenstelle Weiterbildung für die nicht direkt zurechenbaren Bildungskosten (vgl. Abbildung 54).

7.2.4.2 Einrichtung eines BAB für Bildungsarbeit

Das vorstehende Verfahren führt zwar zu einer exakten Zurechnung der Bildungskosten auf die verursachenden Kostenstellen, es ermöglicht aber nicht die notwendige Transparenz über Höhe, Art und Struktur der Kosten verschiedener Bildungsmaßnahmen. Deshalb empfiehlt es sich, neben der Verrechnung der Bildungskosten im allgemeinen BAB einen eigenen BAB für betriebliche Bildungsarbeit zu erstellen. Ein solcher BAB für Bildungsarbeit könnte neben den Kosten für Weiterbildung auch die hier nicht näher dargestellten Kosten für die Ausbildung von Auszubildenden aufnehmen, so daß jederzeit ein Gesamtüberblick über alle Bildungskosten möglich wäre.

Kostenstellen / Kostenarten	Einkauf	Fertigung A B	Verwaltg.	Vertrieb	Weiterbildung
....					
....					
....					
Weiterbildung					
Zwischensumme					
Umlagen					←⌐
Summe					

Abbildung 54: Weiterbildung im allgemeinen BAB

Ein BAB für Bildungsarbeit würde in der Vertikalen alle im Zusammenhang mit der Aus- und Weiterbildung entstehenden Kostenarten enthalten. In der Horizontalen könnten als Kostenstellen die Hauptbereiche der betrieblichen Bildungsarbeit (z. B. Ausbildung, interne Weiterbildung, externe Weiterbildung) aufgenommen werden. Es wäre auch möglich, nach verschiedenen Mitarbeitergruppen (z. B. Auszubildende, Führungskräfte, Mitarbeiter ohne Führungsverantwortung) zu differenzieren.

In Abbildung 55 ist ein Beispiel dargestellt. Dabei wurden die beiden eben genannten Gliederungsprinzipien bei der Kostenstellenbildung kombiniert und neben den Hauptbereichen der betrieblichen Bildungsarbeit zusätzlich nach Mitarbeitergruppen differenziert. Die Differenzierung bei den aufgenommenen Kostenarten und Kostenstellen richtet sich nach den betrieblichen Gegebenheiten und dem Grad des vorhandenen Informationsbedürfnisses.

Als Nebenrechnungen zum BAB für Bildungsarbeit können bei Bedarf weitere statistisch-tabellarische Aufzeichnungen geführt werden. Dabei können etwa die Bildungskosten der verschiedenen Abteilungen, die Bildungskosten je Mitarbeiter und die Kosten einzelner Bildungsprojekte ermittelt werden.

Die Ermittlung der Kosten einzelner Bildungsmaßnahmen muß auch bereits bei der Vorkalkulation und Budgetierung vorgenommen werden. Sie dient außerdem der Durchführung von Rentabilitäts- und Kostenvergleichsrechnungen.

Kostenarten \ Kostenstellen	Gesamt	Ausbildung von Auszubildenden		Interne Weiterbildung		Externe Weiterbildung	
		Kaufmännische Auszubildende	Gewerbliche Auszubildende	Führungskräfte	Mitarbeiter ohne Führungsverant.	Führungskräfte	Mitarbeiter ohne Führungsverant.
PERSONALKOSTEN							
– Bildungsteilnehmer							
– Interne Lehrkräfte							
– Externe Lehrkräfte							
– Planung und Verwaltung							
SACHKOSTEN							
– Gebühren für externe Seminare							
– Kosten für Material, Werkzeug, Hilfsmittel							
– Reisen und Unterkunft							
– Raumkosten							
SONSTIGE KOSTEN							
– Gebühren, Kommunikation							
– Opportunitätskosten							
Gesamt							

Abbildung 55: Betriebsabrechnungsbogen für Bildungsarbeit

7.2.5 Kostenvergleichsrechnungen

Kostenvergleichsrechnungen sind erforderlich, wenn zwischen alternativen Bildungsmaßnahmen entschieden werden muß (z. B. interne oder externe Durchführung eines Seminars). Dabei ist zu beachten, daß bei der Auswahl neben den ökonomischen immer auch pädagogische Gesichtspunkte zu berücksichtigen sind. Die Überlegungen bei der Wahl zwischen internen und externen Bildungsveranstaltungen bzw. beim Entscheid zwischen eigenen oder fremden Referenten sind an anderer Stelle ausführlich dargestellt (vgl. Kapitel 6). Hierbei darf der Kostenaspekt immer nur eines von mehreren Entscheidungskriterien sein; er sollte aber nicht völlig vernachlässigt werden.

Kostenvergleichsrechnungen werden mit einem **Kostenvergleichsbogen** durchgeführt, bei dem in der Vertikalen die Kostenarten und in der Horizontalen die verschiedenen Bildungsalternativen aufgeführt sind. Bei dem Beispiel in Abbildung 56 handelt es sich um ein Tagesseminar zur Schulung von Meistern

	Interne Durchführung	Externe Durchführung
Kosten für ausgefallene Arbeitszeit der Teilnehmer	9 750,00	9 750,00
Überstunden für Ersatzkräfte	300,00	300,00
Gastreferent	4 500,00	–
Seminargebühren	–	6 000,00
Planung durch Personalleitung (Programm, Teilnehmerauswahl, Abstimmung mit Gastreferent bzw. Auswahl externer Angebote, Gespräche im Betrieb usw.)	1 200,00	1 200,00
Sonstige zeitanteilige Kosten in der Personalabteilung	900,00	900,00
Reisekosten	–	1 280,00
Verpflegung, Raum	560,00	800,00
Arbeitsunterlagen	200,00	–
Sonstiges (Telefon, Porto)	30,00	30,00
	17 140,00	20 260,00

Abbildung 56: Kostenvergleichsrechnung

in Fragen der Mitarbeiterbeurteilung, das zweimal für jeweils 10 Teilnehmer als interne Veranstaltung unter Beteiligung eines externen Referenten durchgeführt wurde. Als mögliche Alternative wäre eine Entsendung zu einem extern angebotenen Seminar mit gleicher Themenstellung in Frage gekommen. Die dabei aufzuwendenden Kosten werden nun – ungeachtet aller pädagogischen Gesichtspunkte – mit den bei der internen Durchführung entstandenen Kosten verglichen.

7.2.6 Budgetierung

Im Bildungsbudget werden alle Mittel ausgewiesen, über welche die Bildungsverantwortlichen im Verlaufe einer Budgetperiode – das wird im allgemeinen ein Jahr sein – verfügen können. Das Budget dient in erster Linie der **Kontrolle der Wirtschaftlichkeit** der betrieblichen Bildungsarbeit, indem die Zweckmäßigkeit der Mittelverwendung sowie etwaige Abweichungen nach Ablauf der Budgetperiode im Soll-Ist-Vergleich (Nachkalkulation) überprüft werden. Daneben kann die Budgeterstellung Anlaß und Grundlage für eine exakte **Programmplanung** künftiger Bildungsaktivitäten sein, die genaue Vorstellungen über Art, Termin und Umfang einzelner Bildungsmaßnahmen vermittelt.

Die Höhe des Weiterbildungsbudgets wird in der Praxis auf unterschiedliche Weise ermittelt (vgl. Müller/Wenzel 1977, S. 35):

– Das Bildungsbudget wird entweder als Prozentsatz vom Umsatz oder in Prozenten der Lohn- und Gehaltssumme festgelegt, wobei sich die Höhe des anzuwendenden Prozentsatzes aus dem Vergleich mit anderen Unternehmen ergibt;

– das Budgetvolumen orientiert sich am durchschnittlichen Jahresgewinn der vorangegangenen Geschäftsjahre;

– das Budget errechnet sich aus einem Durchschnittsbetrag je Mitarbeiter, der u. U. mit einer zusätzlichen Gewichtung für Abteilungen mit über- oder unterdurchschnittlicher Bildungsintensität versehen werden kann;

– die in das Budget aufzunehmenden Bildungsausgaben je Mitarbeiter orientieren sich am Jahresentgelt des Mitarbeiters. Die Einkommenshöhe wird in diesem Fall als Maßstab für die Höhe des Beitrags des Mitarbeiters zum Unternehmensergebnis verstanden. Je größer dieser Beitrag ist, um so höher müssen die Investitionen zu seiner Werterhaltung sein;

– die Bildungsabteilung verfügt über ein festes Budget, das auf den Erfahrungswerten früherer Jahre beruht und jährlich den allgemeinen Kostensteigerungen angepaßt wird;

– es wird lediglich ein Bildungsbudget für die notwendigen, laufend abgehaltenen Bildungsmaßnahmen erstellt. Sonderaktionen werden von Fall zu Fall genehmigt.

Alle diese Methoden bestechen durch ihre Einfachheit; sie weisen aber den großen Mangel auf, daß sie sich nicht am tatsächlich bestehenden Bildungsbedarf des Unternehmens orientieren und deshalb keine zuverlässigen Resultate liefern können. Das wird möglich sein, wenn das Bildungsbudget aufgrund eines zuverlässigen Weiterbildungsprogramms erstellt wird, dem eine systematische Bedarfsanalyse in Verbindung mit einer Prioritätensetzung einzelner Vorhaben zugrundeliegt. Ein solches Budget enthält wie jeder andere betriebliche Teilplan einen Maßnahmenplan aller als notwendig erachteten Bildungsmaßnahmen und darauf aufbauend den eigentlichen Kostenplan.

Die Budgeterstellung wird vom Personalentwicklungsbeauftragten vorgenommen und kann wie folgt ablaufen (vgl. Sabel 1978, S. 100):

– Der Personalentwicklungsbeauftragte ermittelt durch Gespräche mit dem jeweiligen Vorgesetzten und Bereichsleiter die voraussichtlichen Bildungsvorhaben für das kommende Jahr. Diese abteilungsindividuellen Vorstellungen werden um die allgemeinen (regelmäßig wiederkehrenden) Bildungsvorhaben ergänzt. Außerdem sind die Wünsche der Unternehmensleitung sowie die persönliche Bedarfserfahrung des Personalentwicklungsbeauftragten selbst zu berücksichtigen. Schließlich muß auch das Vorschlags- und Mitbestimmungsrecht des Betriebsrats gemäß §§ 96–98 BetrVG beachtet werden.

– Aus diesen Vorschlägen leitet der Personalentwicklungsbeauftragte ein Rahmenprogramm aller Bildungsmaßnahmen für das kommende Jahr ab. Dabei müssen die Dringlichkeit des ermittelten Bedarfs sowie die zu beachtenden Rahmenbedingungen für die Durchführung der Bildungsmaßnahmen (z. B. die Zahl der vorhandenen Mitarbeiter im Bildungsbereich, die verfügbaren Stellen für die Bildung am Arbeitsplatz oder die Möglichkeit der Freistellung der vorgesehenen Mitarbeiter von ihrer laufenden Tätigkeit) berücksichtigt werden. Außerdem ist das Rahmenprogramm mit den allgemeinen Unternehmenszielen abzustimmen, und es sind Prioritäten zu setzen.

– Auf der Basis des Rahmenprogramms entwickelt der Beauftragte detaillierte Maßnahmenpläne, die alle planbaren Einzelheiten über Art der Bildungsmaßnahme, Ort der Durchführung, Termin, Dauer usw. enthalten. Diese Maßnahmenpläne bilden die Grundlage für eine Vorauskalkulation aller entstehenden Kosten (Kostenpläne). Aus der Zusammenfassung der verschiedenen Kostenpläne wird dann der Gesamtbildungskostenplan, das eigentliche Bildungsbudget, abgeleitet. Nach Bedarf können neben dem Gesamtbudget auch Einzelbudgets für größere Bildungsvorhaben erstellt werden. Auch eine Gliederung nach Zielgruppen (z. B. Auszubildende, Mitarbeiter ohne Führungsverantwortung, Führungsnachwuchskräfte, Führungskräfte) ist möglich.

– Durchführungspläne, Kostenpläne und Bildungsbudget werden mit den

Veranwortlichen abgestimmt und für verbindlich erklärt. Das Bildungsbudget stellt dann den finanziellen Orientierungsrahmen für alle Bildungsaktivitäten in der künftigen Periode dar.

In Abbildung 57 ist ein Formular für ein Bildungsbudget enthalten, das neben den Vergleichszahlen der Vorjahre auch eine Abweichungskontrolle durch Nachkalkulation vorsieht.

7.3 Erfolgskontrolle

Von einem Erfolg der Personalentwicklung kann dann gesprochen werden, wenn sowohl die Ziele der Unternehmung als auch die Erwartungen der Mitarbeiter erfüllt wurden. Die Ziele der Unternehmung im weitesten Sinne bestehen darin, durch Vermittlung entsprechender Qualifikationen den perso-

Bildungsbudget		Zeitraum:............			
	Vorjahr	Vorkalk.	Nachkalk.	Abweichung	
		Soll	Ist	DM	%
Personalkosten – Bildungsteilnehmer – Interne Lehrkräfte – Externe Lehrkräfte – Planung und Verw.					
Ges. Personalkosten					
Sachkosten – Geb. f. ext. Seminare – Material, Hilfsmittel – Reisen, Unterkunft – Raumkosten					
Ges. Sachkosten					
Sonstige Kosten – Gebühren – Kommunikation					
Ges. Sonst. Kosten					
Ges. Bildungskosten					

Abbildung 57: Bildungsbudget

238

nellen Bedarf zu decken und den bestmöglichen Einsatz der Mitarbeiter im Betriebsgeschehen sicherzustellen. Die Erfolgserwartungen der Mitarbeiter richten sich auf verbesserte Möglichkeiten der persönlichen Entfaltung und des beruflichen Weiterkommens. Obwohl eine vollkommene Übereinstimmung zwischen den Zielen der Mitarbeiter und der Unternehmung nicht immer möglich sein wird, sollten beide Interessenlagen bei der Erfolgskontrolle berücksichtigt werden.

7.3.1 Probleme der Erfolgskontrolle

Die wichtige Frage der **Erfolgskontrolle der Personalentwicklung ist noch nicht zufriedenstellend gelöst.** Viele Unternehmungen verzichten – ähnlich wie bei der Kostenkontrolle – völlig auf eine Erfolgskontrolle, weil sie der Meinung sind, daß eine zuverlässige Erfolgsermittlung von zu vielen Schwierigkeiten beeinträchtigt würde. Folgende Probleme werden genannt:

– Der Nachweis eines kausalen Zusammenhanges zwischen bestimmten Entwicklungsmaßnahmen und dem erzielten Erfolg ist oft nicht oder nur unzureichend zu führen.

– Die Auswirkungen bestimmter Entwicklungsmaßnahmen können durch andere Einflußfaktoren (z. B. Vorgesetztenverhalten, organisatorische Änderungen) abgeschwächt oder verstärkt werden.

– Die Anwendung neu erworbener Kenntnisse, Fertigkeiten oder Verhaltensweisen am Arbeitsplatz erfolgt häufig erst zeitversetzt oder wird durch Umstände, die der Mitarbeiter nicht zu vertreten hat, völlig vereitelt.

– Gleiche Entwicklungsmaßnahmen können bei verschiedenen Mitarbeitern zu unterschiedlichen Ergebnissen führen.

– Teilweise unklar formulierte Entwicklungsziele erschweren die Erfolgskontrolle.

– Unerwünschte Nebenwirkungen (z. B. auf einem externen Seminar werden Abwanderungswünsche geweckt) können den angestrebten Erfolg beeinträchtigen.

– Das zur Verfügung stehende Kontrollinstrumentarium und die vielfach fehlende Quantifizierungsmöglichkeit mancher Entwicklungserfolge lassen oft nur Tendenzaussagen zu.

Außerdem haben zahlreiche Bildungsverantwortliche keine ausreichenden Kenntnisse über die vorhandenen Kontrollverfahren, oder es fehlt ihnen an der Einsicht in die Notwendigkeit und den Wert einer regelmäßigen Erfolgskontrolle. Es gibt jedoch eine Reihe von Argumenten, die auch dann, wenn manche Kontrollverfahren nur unvollkommene Resultate liefern, für eine regelmäßige Erfolgsermittlung sprechen:

- Personalentwicklungsmaßnahmen sind immaterielle Investitionen, durch die finanzielle und personelle Kapazitäten gebunden werden, denen – wie immer er auch gemessen werden mag – ein bestimmter Gegenwert gegenüberstehen muß. Das können quantifizierbare Größen sein, wie z. B. eine erhöhte Umsatzleistung als Folge eines Verkaufstrainings, oder nicht quantifizierbare Erfolge, wie z. B. Veränderungen im Sozialverhalten als Folge eines Seminars zum Thema Mitarbeiterführung.

- Sichtbare Entwicklungserfolge können als Argumentationshilfe für die Durchführung künftiger Maßnahmen und zur Motivation künftiger Teilnehmer eingesetzt werden.

- Die Erfolgskontrolle liefert die notwendigen Informationen für die Planung und Steuerung künftiger Personalentwicklungsmaßnahmen. Bei der Auswahl der Referenten sowie bei der Festlegung der Lerninhalte und Lehrmethoden sollte auf die Erfahrungen früherer Maßnahmen nicht verzichtet werden.

- Die Effizienz verschiedener Entwicklungsmaßnahmen ist unterschiedlich. Nur eine regelmäßige Erfolgskontrolle stellt sicher, daß für einen bestimmten Zweck die jeweils erfolgversprechendste Maßnahme eingesetzt wird.

Neben diesen überwiegend auf ökonomische Begründungen abstellenden Aspekten verlangt auch die **pädagogische Verantwortung**, die mit der Planung und Durchführung von Bildungsmaßnahmen übernommen wird, nach einer Messung der erzielten Erfolge.

7.3.2 Ansatzpunkte für eine Erfolgskontrolle

Durch die Erfolgskontrolle soll festgestellt werden, ob die gesetzten Ziele erreicht wurden. Diese Aufgabe wird bei der Personalentwicklung dadurch kompliziert, daß der Erfolg nicht durch einen einzigen, alle Wirkungen umfassenden Indikator ausgedrückt werden kann. Es sind vielmehr mehrere Kontrollebenen zu unterscheiden. So sagt z. B. der gute Lernerfolg während eines externen oder internen Seminars noch gar nichts darüber aus, ob der Mitarbeiter die dort erworbenen Fertigkeiten, Kenntnisse oder Verhaltensweisen auch tatsächlich in die Praxis umsetzen will oder kann. Um eine zuverlässige Aussage treffen zu können, muß zwischen dem Lernprozeß und dem Lernergebnis einerseits und der Anwendung des Gelernten bei der Aufgabenerfüllung deutlich unterschieden werden. Im einen Fall kommt das **Lernfeld,** im anderen Fall das **Funktionsfeld** als Ansatzpunkt einer Erfolgskontrolle in Frage. Die Kontrolle im Lernfeld richtet sich in erster Linie auf die Lernsituation, während die Kontrolle im Funktionsfeld auf die Arbeitssituation des Mitarbeiters abstellt. Die folgenden Ausführungen werden verdeutlichen, daß beide Kontrollansätze erforderlich sind.

7.3.2.1 Erfolgskontrolle im Lernfeld

Die Kontrolle im Lernfeld kann während und am Ende einer Entwicklungsmaßnahme stattfinden. Wichtigste Kontrolladresse sind die Teilnehmer selbst. Daneben können auch die Referenten (Trainer, Ausbilder, Vorgesetzte) sowie eventuell vorhandene neutrale Beobachter befragt werden. Maßstab für den **Lernerfolg** ist der Grad der Lernzielerreichung. Eine notwendige Voraussetzung für die Ermittlung des Lernerfolgs ist deshalb das Vorliegen operationalisierter Lernziele, die angeben, welches Endverhalten von den Teilnehmern an einer Bildungsmaßnahme erwartet wird (vgl. Kapitel 6.2.1.2).

Das Zustandekommen des Lernerfolgs hängt von der individuellen Einstellung der Teilnehmer sowie der jeweils vorliegenden Lernsituation ab. Die Lernsituation wiederum wird vom Verhalten des Trainers, von der didaktischen Konzeption, von den angestrebten Lernzielen sowie von äußeren Gegebenheiten wie Ort oder Dauer der Veranstaltung mitbestimmt.

Eine Aussage über den endgültigen Lernerfolg, d. h. eine Antwort auf die Frage, ob und inwieweit die angestrebten Lernziele erreicht worden sind, kann erst nach Abschluß der Bildungsmaßnahme getroffen werden. Es ist aber möglich, bereits während einer Veranstaltung im Rahmen einer **Lernprozeßkontrolle** das Erreichen von Teillernzielen zu überprüfen. Auf diese Weise können schon frühzeitig Mängel in der Programmkonzeption, im Veranstaltungsablauf oder im Trainerverhalten erkannt werden. Mögliche Mißverständnisse zwischen den Teilnehmern und dem Trainer über den Programminhalt können u. U. noch bereinigt werden, und berechtigte Änderungswünsche sind vielleicht noch zu berücksichtigen. Allerdings dürfen diese Einflußmöglichkeiten nicht überschätzt werden. Im Prinzip sollte über die erfolgsbestimmenden Komponenten (Lernprogramm, Lehrmethode, Medien usw.) bereits bei der Vorbereitung oder Auswahl einer Bildungsveranstaltung Klarheit bestehen; es ist nicht Sinn der Lernprozeßkontrolle, daß ihre Ausübung zu einer Einengung oder gar Gefährdung der Lehrtätigkeit führt.

Die Erfolgsermittlung im Lernfeld dient vor allem als **Entscheidungshilfe bei der Planung künftiger Bildungsveranstaltungen.** Insbesondere bei externen Seminaren sind der erzielte Lernerfolg und das Urteil der Teilnehmer wesentliche Kriterien dafür, ob in Zukunft auch andere Mitarbeiter an den Veranstaltungen des betreffenden Bildungsträgers teilnehmen sollen. Ähnliche Überlegungen gelten auch für die Zusammenarbeit mit externen Referenten. Bei internen Bildungsmaßnahmen wird ein ungenügender Lernerfolg Anlaß geben, zu prüfen, ob bei der Festlegung der Lernziele, bei der Planung und Durchführung der Veranstaltung oder bei der Auswahl der Teilnehmer und Referenten Fehler gemacht wurden.

7.3.2.2 Erfolgskontrolle im Funktionsfeld

Das eigentliche Ziel der Personalentwicklung wird erst erreicht, wenn die erworbenen Qualifikationen durch einen erfolgreichen **Lerntransfer** am Arbeitsplatz auch eingesetzt werden. Die tägliche Praxis bestätigt immer wieder, daß ein zufriedenstellender Lernerfolg noch nicht zwangsläufig Gewähr für einen hohen Anwendungserfolg bietet. Die Divergenzen zwischen diesen beiden Erfolgsansätzen werden insbesondere bei den Personalentwicklungsmaßnahmen außerhalb des Arbeitsplatzes deutlich. Eine Führungskraft, die an einem Seminar über Personalführung teilnimmt, kann zwar durch einen Test einen positiven Lernerfolg unter Beweis stellen, damit ist jedoch noch keine Aussage verbunden, inwieweit die erworbenen Fähigkeiten und geänderten Verhaltensweisen im Umgang mit den Mitarbeitern auch tatsächlich angewandt werden. In diesem Fall wird erst eine längerfristige Beobachtung und Beurteilung der betreffenden Führungskraft sowie das bei den Mitarbeitern festgestellte »Echo« eine zuverlässige Erfolgsaussage vermitteln.

Ein engerer Zusammenhang zwischen Lernerfolg und Anwendungserfolg besteht bei Personalentwicklungsmaßnahmen am Arbeitsplatz. Da die Verhältnisse in der Trainingssituation weitgehend mit den Verhältnissen der Anwendungssituation übereinstimmen, ist die Chance, daß die Lernzuwächse auch auf den »Ernstfall« übertragen werden, wesentlich größer.

Wie gut der Transfer gelingt, kann sowohl vom Verhalten der Mitarbeiter selbst als auch von zahlreichen, von den Mitarbeitern nicht unmittelbar zu beeinflussenden Bedingungen abhängen. Die Mitarbeiter werden sich vor allem dann um eine Anwendung neu erworbener Fertigkeiten, Kenntnisse oder Verhaltensweisen bemühen, wenn damit auch ihre eigenen Erwartungen befriedigt werden. Als Kriterium für die Zufriedenheit der Mitarbeiter kann das gesamte Spektrum der menschlichen Bedürfnisse, wie z. B. eine interessantere Tätigkeit, ein verantwortungsvolleres Wirkungsfeld, verbesserte Aufstiegschancen oder eine günstigere Einkommenssituation, in Frage kommen.

Zu den typischen **Anwendungshemmnissen**, die einen erfolgreichen Lerntransfer besonders häufig beeinträchtigen oder verhindern, ohne daß die Mitarbeiter darauf Einfluß nehmen können, zählen (vgl. Treichel 1976, S. 162 f.):

– Verschiedenheit der Lernaufgaben in der Schulung und am Arbeitsplatz,
– ungenügende Lernübung mancher Teilnehmer,
– ein innovationsfeindliches Organisationsklima im Unternehmen,
– das Vorgesetztenverhalten,
– mangelnde Anwendungsmöglichkeiten der erworbenen Erkenntnisse,
– Diskrepanzen in der Lernintensität zwischen den Schulungszielen und den Arbeitsplatzanforderungen.

Die beiden ersten Hemmnisarten haben ihre Ursache im lernpsychologischen Bereich. Insbesondere bei externen Veranstaltungen, deren Teilnehmer aus unterschiedlichen Unternehmungen stammen, ist die Gefahr groß, daß die behandelten Fälle und Beispiele nicht auf die betrieblichen Probleme übertragen werden können. Der heterogene Teilnehmerkreis läßt in solchen Fällen ein gezieltes Eingehen auf die individuelle Situation des einzelnen nicht zu. Auf die ungenügende Lernübung als Problem wurde an anderer Stelle schon hingewiesen. Die Teilnehmer werden in relativ kurzer Zeit mit einer Vielzahl neuer Erkenntnisse konfrontiert, für deren intensive Verarbeitung und Übung zumeist nicht genügend Zeit bleibt. Hier kann nur empfohlen werden, sich bei den in das Programm aufzunehmenden Themenstellungen zu mäßigen und dafür umfassendere Übungs- oder Experimentierphasen einzulegen.

Auf die Bedingungen im lernpsychologischen Bereich kann der Vorgesetzte nur in begrenztem Umfang (z. B. bei der Lernzielbestimmung oder Programmgestaltung) Einfluß nehmen. Dagegen trägt er (bzw. das Unternehmen) die volle Verantwortung für die anderen vier Anwendungshemmnisse, deren Wurzel vorwiegend im organisatorischen Bereich liegt. Der Vorgesetzte hat in der Regel bei der Ermittlung des Entwicklungsbedarfs und bei der Festlegung der durchzuführenden Förderungs- und Bildungsmaßnahmen mitgewirkt und von seinem Verhalten hängt es nun ab, auf welche Voraussetzungen der Mitarbeiter bei der Anwendung neuer Erkenntnisse am Arbeitsplatz trifft. Vor allem, wenn der Vorgesetzte selbst nicht an einer entsprechenden Schulungsmaßnahme teilgenommen hat, kann es vorkommen, daß ihm das notwendige Verständnis fehlt. Er steht Neuerungen skeptisch gegenüber, er beharrt vielfach auf dem Althergebrachten und nimmt gegenüber geänderten Verfahren oder Methoden eine ablehnende Haltung ein. Den Mitarbeitern wird eine solche Einstellung nicht verborgen bleiben, und es besteht die Gefahr, daß sie sich, um Konflikten aus dem Weg zu gehen, an die Verhaltensweisen und Erwartungen ihrer Vorgesetzten anpassen, obwohl sie im Grunde von der Richtigkeit ihrer neuerworbenen Fertigkeiten und Kenntnisse überzeugt sind. Wenn die Mitarbeiter dagegen erkennen, daß der Vorgesetzte neuen Gedanken aufgeschlossen gegenübersteht, und wenn sie das Gefühl haben, mit seiner weiteren Unterstützung rechnen zu können, dann steigen auch die Chancen für einen erfolgreichen Lerntransfer. Ein positiv eingestellter Vorgesetzter wird seinen Mitarbeitern genügend Möglichkeiten einräumen, neu erworbene Qualifikationen anzuwenden. Er wird außerdem durch eine Anpassung der organisatorischen Rahmenbedingungen (Kontrollsysteme, Richtlinien, Stellenbeschreibungen usw.) für ein innovationsfreundliches Arbeitsklima sorgen, und er sollte versuchen, die möglichen Widerstände anderer neben- oder nachgeordneter Mitarbeiter seines Kompetenzbereichs zu erkennen und durch rechtzeitige Information zu überwinden.

7.3.3 Kontrollmethoden

Die vorstehenden Überlegungen verdeutlichen nochmals eindrucksvoll das entscheidende Problem einer Erfolgskontrolle betrieblicher Bildungsmaßnahmen: Ansatzpunkte für eine Erfolgskontrolle ergeben sich sowohl im Lernfeld als auch im Funktionsfeld. Die Verantwortung für den letztlich angestrebten Anwendungserfolg kann beim Mitarbeiter selbst, beim Bildungsträger und/ oder beim Unternehmen bzw. Vorgesetzten liegen. Die betriebliche Praxis hat zur Ermittlung des Erfolgs eine Reihe unterschiedlicher Verfahren entwickelt, von denen zumeist mehrere gleichzeitig zur Anwendung gelangen.

Nach dem Ansatzpunkt der Kontrolle kann zwischen objektiven und subjektiven Kontrollverfahren unterschieden werden. Zu den **objektiven Verfahren** zählen alle Kontrollmaßnahmen, die entweder an eine meßbare Leistung der Bildungsteilnehmer anknüpfen (z. B. Steigerungsrate der Ausbringungsmenge oder erhöhte Umsatzleistungen) oder in irgendeiner Weise darauf abstellen, den Erfolg durch eine Prüfung oder prüfungsähnliche Situation zu ermitteln. Demgegenüber versuchen die **subjektiven Verfahren,** die notwendigen Informationen durch Befragungen, Gespräche oder Beobachtungen zu gewinnen. Eine andere Einteilung unterscheidet zwischen der direkten und indirekten Erfolgsmessung. Die **direkten Verfahren** knüpfen unmittelbar an die am Arbeitsplatz oder in einer Prüfung gezeigten Leistungen der Bildungsteilnehmer an. **Indirekte Verfahren** versuchen, auf dem Umweg über Befragungen oder Kennzahlen Hinweise auf die erzielten Erfolge zu erlangen.

7.3.3.1 Befragungen

Befragungen zählen zu den **am häufigsten angewandten Kontrollmethoden** von Bildungsmaßnahmen außerhalb des Arbeitsplatzes. Sie können sich in schriftlicher oder mündlicher Form an die Teilnehmer, an deren Vorgesetzte, an die eingesetzten Referenten oder an neutrale Beobachter richten. Wichtigster Adressat sind die Teilnehmer selbst, die insbesondere bei externen Bildungsveranstaltungen sowohl vom Veranstalter als auch vom entsendenden Unternehmen veranlaßt werden können, ihre Eindrücke in einem vorgegebenen Fragebogen wiederzugeben.

Der Informationswert einer solchen Teilnehmerbefragung darf nicht überschätzt werden. Selbst wenn die Mitarbeiter durch ihre Antworten grundsätzliche Zustimmung zu der Veranstaltung zum Ausdruck bringen, kann damit noch nicht zwangsläufig auf den erzielten Wissenszuwachs und dessen Verwertbarkeit am Arbeitsplatz geschlossen werden. Der Prozeß des Wissenstransfers beginnt erst später und wird durch die Befragung noch nicht erfaßt. Über den Nutzen des Gelernten für die tägliche Arbeit können die Mitarbeiter allenfalls zeitversetzt befragt werden, z. B. sechs bis zwölf Monate nach Abschluß der Veranstaltung, wenn sie Gelegenheit hatten, die erworbenen Fertigkeiten und Kenntnisse zu verarbeiten und umzusetzen.

Ein positives Urteil kann auch nur durch angenehme äußere Bedingungen (z. B. sonstige Teilnehmer, ein attraktives Nebenprogramm, ansprechende Veranstaltungsräume, eine gute Verpflegung usw.) oder durch das Auftreten und den Beliebtheitsgrad des Referenten beeinflußt werden. Solche Urteile sagen noch nichts über die Lerneffizienz einer Veranstaltung, also über den Wissens- und Erfahrungszuwachs sowie die Verwertbarkeit am Arbeitsplatz, aus. Eine gute Seminarbewertung kann lernpsychologisch auch lediglich durch eine hohe, problemlose Identifikation des Lernenden mit dem Gebotenen zustandekommen, weil es mit den eigenen Erwartungen, Einstellungen und Verhaltensweisen weitgehend übereinstimmte.

Trotz dieser Einschränkung hat die Teilnehmerbefragung ihre Berechtigung. Ein Unternehmen, das Mitarbeiter zu externen Veranstaltungen entsendet, erhält auf diesem Weg Hinweise auf die Übereinstimmung zwischen Angebot und Leistung, auf die organisatorischen Rahmenbedingungen (Zeitplan, Raum, Unterlagen usw.), auf die Einschätzung der Referenten durch die Teilnehmer (Vorbereitung, Überzeugungskraft, Fachkenntnisse, Motivationsfähigkeit usw.), auf die angewendeten Methoden und Medien und auf das allgemeine Lernklima. Diese Informationen können bei der künftigen Entsendung anderer Mitarbeiter die Entscheidung mit beeinflussen. In Abbildung 58 ist ein Formular zur Seminarbeurteilung abgedruckt, das die angesprochenen Fragestellungen enthält.

Der Veranstalter eines externen Seminars beweist durch eine Teilnehmerbefragung, daß er bereit ist, sich und seine Veranstaltung kritisch in Frage stellen zu lassen. Soweit eine Befragung nicht erst am Ende, sondern schon während einer Veranstaltung stattfindet (z. B. täglich bei längeren Seminaren), können die Befragungsergebnisse noch zu Änderungen des Stoffprogramms oder der angewendeten Lehrmethoden herangezogen werden.

Mündliche Befragungen können entweder als Interview anhand eines vorgegebenen Fragebogens oder als unstrukturiertes Gespräch durchgeführt werden. Im Anschluß an ein betriebliches Seminar kann z. B. in einer allgemeinen Aussprache aller Beteiligten (Teilnehmer, Dozenten, Vertreter der Personalabteilung, Vorgesetzte usw.) eine Art »Manöverkritik« abgehalten werden, die Hinweise auf die erzielten Lernerfolge, auf die Anwendungsmöglichkeiten der erworbenen Kenntnisse und Verhaltensweisen und auf eine künftige Bessergestaltung gleichartiger Seminare geben kann. Auch bei externen Seminaren können Gespräche zwischen dem Veranstalter bzw. den Dozenten und den Teilnehmern vor, während und nach der Veranstaltung Anregungen für die

Seminarbeurteilung

Name: .... Telefon: ....

Position: ....

Abteilung: ....

1. **Angaben zur Veranstaltung:**

   1.1. Veranstalter: ....

   1.2. Thema: ....

   1.3. Dauer: vom: .... bis: ....

   1.4. Beteiligte Referenten: (A) ....
   (Name, Funktion)   (B) ....

                                (C) ....

                                (D) ....

2. **Gesamtbeurteilung:**

   2.1. Entsprach die Veranstaltung dem angekündigten Programm?

   ○ Ja, in vollem Umfang   ○ Größtenteils   ○ Nein, Thema verfehlt

   2.2. Sind Ihnen neue Erkenntnisse vermittelt worden?

   ○ Sehr viele   ○ Einige   ○ Keine

   2.3. Können Sie die Erfahrungen der Veranstaltung an Ihrem Arbeitsplatz verwerten?

   ○ Ja   ○ Teilweise   ○ Nein

   2.4. Sollten andere Mitarbeiter des Unternehmens an der Veranstaltung teilnehmen?

   ○ Ja   Wenn ja, wer? ....

   ○ Nein   ....

3. **Inhalt und Methode:**   ....

   3.1. Wie wurden die Themen behandelt?

   ○ Umfassend   ○ In wesentlichen Punkten   ○ Unzureichend

   3.2. Welche Themen könnten weggelassen werden?

   ....

   ....

   3.3. Welche Themen sollten aufgenommen werden?

   ....

   ....

   3.4. Blieb genügend Zeit zum Erfahrungsaustausch mit anderen Teilnehmern?

   ○ Ja   ○ Nein

Abbildung 58: Seminarbeurteilung (Seite 1)

3.5. Welche Lehrmethoden wurden angewandt?

	Ausschließlich	Überwiegend	Teilweise
Vortrag	◯	◯	◯
Gespräch/Diskussion	◯	◯	◯
Fallstudien, Planspiele	◯	◯	◯
Rollenspiele	◯	◯	◯
Gruppentraining	◯	◯	◯

3.6. Wurden audio-visuelle Hilfsmittel eingesetzt?
◯ Ja   ◯ Nein

3.7. War das Niveau der Veranstaltung auf die Teilnehmer abgestellt?
◯ Ja   ◯ Im Großen und Ganzen   ◯ Nein

4. Referenten:

(A) (B) (C) (D)

4.1. Wie waren die Referenten vorbereitet?

	(A)	(B)	(C)	(D)
Gut vorbereitet	◯	◯	◯	◯
Ausreichend vorbereitet	◯	◯	◯	◯
Unzureichend vorbereitet	◯	◯	◯	◯

4.2. Wie beurteilen Sie die Fachkenntnisse?

	(A)	(B)	(C)	(D)
Sehr gut	◯	◯	◯	◯
Ausreichend	◯	◯	◯	◯
Unzureichend	◯	◯	◯	◯

4.3. Wie beurteilen Sie die didaktischen Fähigkeiten?

	(A)	(B)	(C)	(D)
Sehr gut	◯	◯	◯	◯
Ausreichend	◯	◯	◯	◯
Unzureichend	◯	◯	◯	◯

5. Organisation:

5.1. Wie beurteilen Sie den Ablauf der Veranstaltung?
◯ Sehr gut   ◯ Befriedigend   ◯ Unbefriedigend

5.2. Wie waren die Veranstaltungsräume?
◯ Gut   ◯ Ausreichend   ◯ Unzureichend

5.3. Wurden Arbeitsunterlagen verteilt?
◯ Ja   ◯ Nein

Wie beurteilen Sie die verteilten Arbeitsunterlagen?

	Ja	Nein
Ausführlich	◯	◯
Übersichtlich	◯	◯
Praktisch verwertbar	◯	◯

Abbildung 58: Seminarbeurteilung (Seite 2)

weitere Gestaltung und Hinweise auf die erwarteten und erzielten Erfolge vermitteln.

7.3.3.2 Mitarbeiterbeurteilung

Ein guter Indikator über das Ausmaß der durch Bildungsmaßnahmen bewirkten Leistungs- und Verhaltensänderungen sind die Ergebnisse regelmäßiger Mitarbeiterbeurteilungen. Auf diese Weise wird zur Kontrolle der Bildungserfolge das gleiche Instrument eingesetzt, das schon als wichtigste Informationsgrundlage bei der Erfassung des Personalentwicklungsbedarfs und der Feststellung der zu vermittelnden Qualifikationen gedient hat (vgl. Kapitel 3.2). Im Gegensatz zu anderen Kontrollverfahren stellt die Mitarbeiterbeurteilung ausschließlich auf die Anwendungserfolge ab. Der für die Beurteilung zuständige Vorgesetzte kann – von subjektiven Verfälschungen einmal abgesehen – besser als jeder andere prüfen, inwieweit die angestrebten Qualifikationsänderungen und -verbesserungen tatsächlich erreicht wurden. Im Rahmen der Mitarbeiterbeurteilung können sowohl Leistungszuwächse im Bereich des Wissens und des Könnens als auch Änderungen im Verhalten und in der Einstellung erfaßt werden.

Ein Problem für eine eindeutige Erfolgsmessung ergibt sich hinsichtlich der Zurechenbarkeit. Bereits an anderer Stelle wurde erwähnt, daß ein kausaler Zusammenhang zwischen einer bestimmten Bildungsmaßnahme und sichtbaren Leistungs- und Verhaltensänderungen nur schwer hergestellt werden kann. Andere Einflußgrößen (z. B. Auswirkungen der Arbeitsmarktsituation oder personelle bzw. sachliche Veränderungen im Unternehmen) können nicht völlig ausgeschlossen werden. Dieser Mangel sollte jedoch zugunsten des Vorteils in Kauf genommen werden, mit der Mitarbeiterbeurteilung über ein Instrument zu verfügen, das zumindest eine tendenzielle Aussage über den letztlich interessierenden Anwendungserfolg zuläßt.

7.3.3.3 Prüfungen und Tests

Prüfungen oder Tests werden vorwiegend zur Kontrolle des Lernerfolgs eingesetzt. Während oder am Ende einer Bildungsveranstaltung wird durch Prüfungen festgestellt, inwieweit die zuvor gesetzten Lernziele erreicht wurden. Bei den Teilnehmern sind Prüfungen in der Regel unbeliebt; selbst wenn es sich nur um kleine, ohne weitere Konsequenzen bleibende Zwischentests handelt, stoßen sie zumeist auf Ablehnung. Die Angst, zu versagen oder vor anderen bloßgestellt zu werden, kann dazu führen, daß das Wissen um die Durchführung von Prüfungen einzelne Mitarbeiter an der Teilnahme an einer Bildungsmaßnahme abhalten kann. Trotzdem sollte auf Prüfungen nicht verzichtet werden. Zwischenprüfungen erlauben gegebenenfalls eine Korrektur im Lerntempo, in den Lerninhalten oder bei den Lehrmethoden. Die Teilnehmer können bei einem schlechten Abschneiden zu einer Änderung ihres Lernverhaltens veranlaßt werden, während positive Ergebnisse zu einer weiteren Lernmotivation ermutigen können. Außerdem kann durch die Prüfung ein gewisser »Zwang zum Lernen« ausgeübt werden.

Als Prüfungsmethoden kommen je nach Art des Bildungsstoffes **praktische Übungen, Rollenspiele, schriftliche Arbeiten** oder **Mehrfachwahlaufgaben** (Multiple-Choice-Verfahren) in Frage. Letztere sind zwar in der Vorbereitung recht zeitaufwendig, sie haben aber den Vorteil, daß sie einfach auszuwerten sind, so daß die Prüfungsergebnisse den Teilnehmern rasch mitgeteilt werden können.

Soweit durch Prüfungen der durch eine Bildungsmaßnahme erzielte Wissenszuwachs festgestellt werden soll, ergibt sich wiederum das bereits mehrfach erwähnte Problem, daß fortbildungsfremde Einflüsse nicht völlig isoliert werden können. Zur Lösung dieser Frage wird empfohlen, entweder gleichartige Prüfungen am Beginn und am Ende einer Veranstaltung durchzuführen oder **Kontrollgruppen** zu bilden, die nicht an der Weiterbildungsveranstaltung teilnehmen. Beide Wege sind recht zeit- und kostenaufwendig.

Die Bedeutung von Prüfungen und ihre Wirkung auf das Durchhaltevermögen der Teilnehmer können durch **Zeugnisse** gesteigert werden. Die Dokumentation der Ergebnisse einer Weiterbildungsveranstaltung in einem Zeugnis oder Zertifikat stößt bei den Teilnehmern im allgemeinen auf Zustimmung, weil man sich dadurch Vorteile im Unternehmen oder bei künftigen Bewerbungen verspricht. Allerdings ist der Wert solcher Bescheinigungen recht unterschiedlich; die Praxis vermag im allgemeinen sehr gut zu unterscheiden, ob es sich lediglich um die Bescheinigung der Teilnahme an einer Bildungsveranstaltung handelt, die nichts über die erzielten Leistungen aussagt, oder ob die Ergebnisse einer formalisierten Prüfung (z. B. vor einer Kammer) bestätigt werden. Auch der Träger einer Bildungsveranstaltung (z. B. ein Unternehmen, das für seine guten Erfolge in der Bildungsarbeit bekannt ist) wird in die Beurteilung einbezogen. Einen Versuch, den Interessen der Bildungsteilnehmer nach einer allgemein anerkannten Dokumentation der Teilnahme an Weiterbildungsveranstaltungen entgegenzukommen, hat das Bundesministerium für Bildung und Wissenschaft mit dem sogenannten **Berufsbildungspaß** unternommen.

7.3.3.4 Kennziffern und Indikatoren

Kennziffern können als Instrument der Erfolgskontrolle entweder für sich allein oder in Verbindung mit anderen Kontrollverfahren eingesetzt werden.

Sie werden sowohl bei der Kontrolle im Lernfeld als auch im Anwendungsfeld herangezogen.

Zur Messung des reinen Lernerfolgs, der allerdings die praktische Verwertbarkeit der erworbenen Qualifikationen völlig unberücksichtigt läßt, wird das **90/90-Prinzip** empfohlen. Es besagt, daß eine Bildungsmaßnahme dann als erfolgreich anzusehen ist, wenn 90 Prozent der Lernenden 90 Prozent des Lernstoffes so aufgenommen haben, daß sie ihn in einer Prüfung wiedergeben können.

Eine Möglichkeit der indirekten Messung des Anwendungserfolgs ergibt sich, wenn die Auswirkungen einer Bildungsveranstaltung auf die Leistungen oder Verhaltensweisen der Mitarbeiter anhand bestimmter, in Kennzahlen ausgedrückter Indikatoren gemessen werden. Leistungsbezogene Kennzahlen können z. B. je nach Situation hinsichtlich Ausbringungsmenge, Stundenleistung, Umsatzergebnis, Kostenentwicklung (z. B. Herstellkosten, Gemeinkosten, Materialverbrauch, Energiekosten usw.), Ausschußquote oder erzielten Qualitätsverbesserungen gebildet werden. Auch eine größere Beteiligung am betrieblichen Vorschlagswesen oder eine Verringerung disziplinarischer Maßnahmen können u. U. auf die Teilnahme an einer Bildungsmaßnahme zurückzuführen sein. Ein besseres Betriebsklima, das z. B. als Folge eines Seminars über Personalführung erwartet wird, kann sich in einem Rückgang der Fluktuationsrate, des Krankenstands oder anderer Fehlzeitenquoten niederschlagen.

Auch bei der Erfolgskontrolle mit Hilfe von Kennzahlen ergibt sich wiederum das Zuordnungsproblem. Wenn z. B. der Erfolg eines Verkaufsseminars an der erzielten Umsatzsteigerung gemessen werden soll, dann müßten konsequenterweise alle anderen umsatzbeeinflussenden Faktoren (z. B. Werbung, Produktgestaltung, Vertriebsorganisation usw.) konstant gehalten werden. Ähnliches gilt für die anderen Beispiele. Fluktuation und Krankenstand werden z. B. auch von der Entwicklung auf dem externen Arbeitsmarkt, vom Lohn- und Gehaltsgefüge oder von den freiwilligen Sozialleistungen mitbeeinflußt. Trotz dieser Einschränkung sollte auf Kennzahlen nicht völlig verzichtet werden; sie sind relativ einfach zu ermitteln und geben zumindest grobe Anhaltspunkte.

7.4 Rentabilitätskontrolle

In Kapitel 7.2 wurden die Möglichkeiten einer Erfassung und Kontrolle der Kosten der Personalentwicklung dargestellt. Dabei wurde stillschweigend unterstellt, daß die Beträge für Weiterbildung zu den laufenden Kosten zählen, die noch in der Periode ihrer Entstehung in vollem Umfang als Aufwand in der Gewinn- und Verlustrechnung verbucht werden. Diese Vorgehensweise deckt sich mit dem derzeitigen Verhalten der Praxis. Tatsächlich kann es aber mittlerweile als anerkannt angesehen werden, daß es sich bei der betrieblichen Bildungsarbeit um **immaterielle Investitionen** handelt, die den materiellen Investitionen in das Anlage- und Umlaufvermögen durchaus verwandt sind. Bildung wird heute als vierter Produktionsfaktor angesehen; **Bildungsinvestitionen** sind gleichwertig neben die Sachinvestitionen getreten, weil andernfalls – das läßt sich am Beispiel der Entwicklungsländer deutlich beobachten – der Wirkungsgrad der eingesetzten Sachmittel nur unzureichend ist. Bildungsmaßnahmen sind Investitionen in das menschliche Leistungspotential, die ebenso wie die Sachinvestitionen dazu führen, daß betriebliche Mittel für eine längere Zeit festgelegt werden.

Damit ergibt sich die Inkonsequenz, daß die Unternehmungen den investiven Charakter der Bildungskosten zwar erkannt haben, diese aber nach wie vor als laufende Kosten behandeln. Das beruht auf zwei Gründen: Die gültigen Steuergesetze lassen eine Aktivierung der Bildungskosten und eine Abschreibung entsprechend der geschätzten Nutzungsdauer nicht zu. Außerdem – das werden die folgenden Ausführungen noch verdeutlichen – ist eine eindeutige Bestimmung des Wertes einer Bildungsmaßnahme und ihrer voraussichtlichen Nutzungsdauer nicht möglich.

7.4.1 Darstellung der Personalentwicklung im betrieblichen Informationsinstrumentarium

Wenn auch ein Ausweis der Bildungsinvestitionen in der offiziellen Bilanz nicht möglich ist, gibt es im Modell der **Humanvermögensrechnung** (human resource accounting) dennoch einen Versuch, analog der Vorgehensweise beim Sachvermögen eine Investitionsrechnung für das Humanvermögen zu erstellen. Die Humanvermögensrechnung »geht von dem Konzept aus, daß sowohl der individuelle Mitarbeiter mit seinen spezifischen Kenntnissen und Fähigkeiten sowie seinem Entwicklungspotential als auch das formelle und informelle Gefüge der einzelnen Teams, Gruppen und Bereiche . . . Resourcen für die zukünftigen Leistungen des Unternehmens sind, die erhalten, ersetzt oder entwickelt werden müssen« (Dierkes/Freund 1975, S. 318). Zu diesem Zweck werden die Personalkosten in periodenbezogene und investive Bestandteile getrennt. Zu den **periodenbezogenen Bestandteilen** zählen z. B. die Löhne und Gehälter, die Arbeitgeberbeiträge zur Sozialversicherung oder bestimmte Leistungszulagen. Die **investiven Bestandteile** umfassen dagegen solche Beträge, die der Erhaltung und Verbesserung des menschlichen Leistungspotentials dienen. Dazu zählen die Kosten für Personalbeschaffung, Auswahl, Einstellung, Einarbeitung und sämtliche Kosten der Aus- und Fortbildung. Während die periodenbezogenen Kosten jährlich in die Gewinn-

und Verlustrechnung eingehen, werden die investiven Beträge aktiviert und innerhalb einer angenommenen Nutzungsdauer abgeschrieben. Als Nutzungsdauer werden durchschnittliche Zeiträume festgesetzt, innerhalb derer der Personalaufwand als leistungswirksam betrachtet wird. Unvorhergesehene Verluste, etwa die Kündigung eines Mitarbeiters oder ein längerer Ausfall durch Krankheit oder gar Invalidität oder auch ein spürbarer Leistungsrückgang, können durch Sonderabschreibungen berücksichtigt werden.

Ein wesentlicher Vorteil der Humanvermögensrechnung besteht darin, daß die Bildungskosten – entgegen der bisherigen Behandlungsweisen im betrieblichen Rechnungswesen – auf eine angemessene Amortisationszeit verteilt werden können. Diese Verteilung auf mehrere Jahre könnte vor allem in Zeiten wirtschaftlicher Abschwächung dazu führen, daß mit Sparmaßnahmen nicht zuerst bei den betrieblichen Bildungsausgaben begonnen wird.

Die analoge Behandlung von Humanvermögen und Sachvermögen darf nicht darüber hinwegtäuschen, daß zwischen einer Sachinvestition und einer Investition in das menschliche Leistungspotential beträchtliche Unterschiede bestehen:

– Bei der betrieblichen Bildungsarbeit handelt es sich um eine Investition in Menschen, die als Subjekte des Arbeitsmarktes in ihren Entscheidungen autonom sind und andere Interessen und Ziele als das Unternehmen verfolgen können. Während Investitionen in das Anlagevermögen zu einer dauerhaften Verfügungsgewalt über die erworbenen Vermögensgegenstände führen, schließen Investitionen in das Wissen, Können und/oder die Einstellung der Mitarbeiter nicht aus, daß diese der Unternehmung das investierte Kapital durch Kündigung und Arbeitsplatzwechsel entziehen können. Dieses Problem wird auch dadurch nicht beseitigt, daß manche Unternehmungen mit ihren Mitarbeitern Vereinbarungen treffen, die eine teilweise Rückzahlung der Weiterbildungskosten bei einer Kündigug vor einem Stichtag nach Absolvierung einer Bildungsmaßnahme vorsehen. Eine solche Vereinbarung kann höchstens einen Teil der effektiv entstandenen Kosten erfassen; der immaterielle Wertzuwachs durch Bildungsmaßnahmen muß dagegen unberücksichtigt bleiben.

– Die Höhe der Bildungskosten kann keineswegs als alleiniger Maßstab für den dadurch entstandenen Wert angesehen werden. Dieser hängt nämlich weitgehend von der Leistungsfähigkeit und Leistungsbereitschaft der Mitarbeiter ab. Das ist aber die Unbekannte, die zu den relativ einfach meßbaren Investitionskosten hinzukommt: Nur wenn die Mitarbeiter bereit sind, die erworbenen Fähigkeiten und Fertigkeiten auch anzuwenden, hat die Bildungsmaßnahme tatsächlich zu einem Wertzuwachs geführt. Dieser Wertzuwachs wird außerdem nur dann realisiert, wenn den Mitarbeitern vom

Unternehmen die entsprechenden Realisierungsmöglichkeiten eingeräumt werden. An anderer Stelle wurde schon auf das Problem hingewiesen, daß Mitarbeiter zwar erfolgreich an Bildungsveranstaltungen teilnehmen können, aber im Betrieb keine Chance haben, die erworbenen Qualifikationen in die Praxis umzusetzen. Bei den in solchen Fällen entstandenen Bildungskosten handelt es sich um keine Investition, sondern allenfalls um eine »zusätzliche Sozialleistung«.

– Selbst wenn man sich dazu entschließen sollte, die Kosten einer Bildungsmaßnahme als Maßstab für einen Wertansatz zu betrachten, dann kann über die künftige Entwicklung dieses Wertansatzes keine zuverlässige Aussage gemacht werden. Das durch die Bildungsinvestition erworbene Qualifikationspotential der Mitarbeiter kann ebenso veralten wie die vorhandenen Betriebseinrichtungen. Es ist andererseits gleichermaßen möglich, daß die Anwendung der erworbenen Qualifikationen in der Praxis zu kumulativen Erfahrungszuwächsen und damit zu einer Wertsteigerung führt. Damit ist keine zuverlässige Aussage über die Nutzungsdauer einer solchen Investition möglich, zumal diese auch noch vom Lebensalter und Gesundheitszustand des Mitarbeiters sowie einer Reihe nicht eindeutig abgrenzbarer psychologischer Faktoren (z. B. Betriebsklima, Verhältnis zum Vorgesetzten, Höhe des Arbeitsentgelts) mitbestimmt wird. Das führt dazu, daß eine zuverlässige Abschreibung der Bildungsinvestitionen nicht möglich ist.

Um trotz dieser Bewertungs- und Abgrenzungsschwierigkeiten im Bewußtsein der Beteiligten zu verdeutlichen, daß es sich bei Bildungsmaßnahmen um Investitionen handelt, gehen einige Vertreter dieser Auffassung von einer wertneutralen Betrachtungsweise aus. Bildungsmaßnahmen werden als immaterielle Investitionen verstanden, die dazu beitragen, daß die Produktivität der Unternehmung in Zukunft gehalten oder gesteigert werden kann und die damit den immateriellen Wert der Unternehmung erhöhen. Solche Überlegungen sind nicht völlig neu. Auch im Firmenwert (Goodwill), d. h. der Differenz zwischen dem Gesamtwert einer Unternehmung und der Summe der Einzelwerte der Vermögensgegenstände abzüglich der Schulden, kann sich die auf einer effizienten Bildungsarbeit beruhende hohe Qualifikation der Mitarbeiter niederschlagen, ohne daß sie in der Bilanz zum Ausdruck kommt.

Für die Beurteilung der Gesamtsituation einer Unternehmung kann die Höhe der Bildungsinvestition weitreichende Bedeutung haben. Schon seit Jahren berücksichtigen in den Vereinigten Staaten die Bilanzanalytiker der Banken neben der aktuellen Ertrags- und Finanzlage auch die Höhe der Bildungsaufwendungen für die Prognose der künftigen Entwicklung der Unternehmung. Es kommt besonders darauf an, einen wirtschaftlichen Kapitaleinsatz durch Bereitstellung qualifizierter Mitarbeiter und deren ständige Weiterbildung zu sichern (vgl. Nagel 1969, S. 141). Aus diesem Grund gehen immer mehr

Unternehmungen dazu über, die Bildungsaufwendungen in den Geschäftsberichten deutlich herauszustellen.

Eine andere Darstellungsform, die ebenfalls nicht auf den investiven Charakter von Bildungsmaßnahmen abstellt, in der aber zumindest eine deutlichere Abgrenzung der Bildungsaufwendungen erfolgt als beim klassischen Instrumentarium des kaufmännischen Rechnungswesens, ist die **Sozialbilanz.** Die Sozialbilanz oder **gesellschaftsbezogene Unternehmensrechnung** ist ein Informationsinstrument der Unternehmung, das die Aufgabe hat, die Aktionäre, Kunden, Mitarbeiter und die Öffentlichkeit über die wesentlichen gesellschaftlichen Auswirkungen der Tätigkeit einer Unternehmung zu informieren. Die Information bezieht sich auf die Leistungen (Aufwendungen) des Unternehmens zugunsten der Gesellschaft und den damit bewirkten Nutzen oder Schaden. Die Bildungsaufwendungen stellen eine wesentliche Nutzenkategorie im Rahmen der gesamten gesellschaftsbezogenen Aufwendungen dar.

7.4.2 Rentabilitätsberechnung

Die Ausführungen zur Kostenkontrolle haben gezeigt, daß es sich dabei in erster Linie um eine Kontrolle der im Rahmen der Personalentwicklung anfallenden Bildungskosten handelt. Die Funktion Personalentwicklung ist zu sehr mit den übrigen Aufgaben des Personalwesens sowie der Vorgesetzten verknüpft, um eindeutig abgegrenzt und in ihren kostenmäßigen Auswirkungen erfaßt werden zu können. Deshalb wurde die Kostenermittlung auf den abgrenzbaren und kostenintensiven Teil der Personalentwicklung, den Entwicklungsvollzug in Form von Bildungsmaßnahmen, beschränkt. Diese Überlegung gilt sinngemäß auch für eine Rentabilitätsermittlung. Auch hier kann es nur darum gehen, die Rentabilität einzelner Bildungsmaßnahmen, die als Teil der Personalentwicklung vollzogen wurden, zu ermitteln. Dazu wird folgende Formel verwendet:

$$\text{Rendite eines Bildungsprojektes} = \frac{(\text{Wert in DM ./. entstandene Kosten}) \times 100}{\text{Entstandene Kosten}}$$

Als Wert des Projektes werden entweder die erzielten Erträge oder die vermiedenen Verluste angesetzt. Dabei ergibt sich die Schwierigkeit, daß es vielfach nicht möglich ist, die Erfolge bestimmter Bildungsmaßnahmen zu quantifizieren. Selbst wenn es gelingen sollte, eine eindeutige Kausalitätsbeziehung zwischen einem Bildungsprojekt und dem erzielten Erfolg herzustellen – die Ausführungen in Kapitel 7.3 haben gezeigt, daß schon dies oft scheitert –, dann ist damit immer noch nicht gesagt, was dieser Erfolg in Mark und Pfennig ausmacht. Die Formel kann deshalb nur dann angewendet werden, wenn eine Quantifizierung der Erfolge möglich ist (z. B. eine gesteigerte Mengenleistung)

254

oder wenn sinnvolle Hilfsgrößen (z. B. vermiedene zusätzliche Einstellungen) zur Verfügung stehen.

Die Anwendungsmöglichkeit der Formel wird in Abbildung 59 an einem Beispiel zur Verkäuferschulung dargestellt. Dabei wird außer dem bereits angesprochenen Kausalitätsproblem (sind die Umsatzsteigerungen ausschließlich auf das Seminar zurückzuführen?) noch eine weitere Schwierigkeit deutlich: In der Rechnung wird als Wirkungszeitraum ein Jahr zugrundegelegt. Es kann jedoch mit Sicherheit angenommen werden, daß die erhöhten Umsatzleistungen auch in den folgenden Jahren erzielt werden, so daß eigentlich eine höhere Rendite zu errechnen wäre. Andererseits ist nicht von vornherein auszuschließen, daß es im Laufe der Zeit auch ohne zusätzliche Schulung aufgrund einer wachsenden Verkäufererfahrung zu Umsatzsteigerungen gekommen wäre.

Fall: Die Umsatzleistungen im Verkauf eines Markenartikelherstellers bleiben hinter den Erwartungen zurück. Man glaubt, durch ein Verkaufstraining die Leistungen der einzelnen Verkäufer um mindestens 10 % steigern zu können. Dazu werden von einem externen Verkaufstrainer zwei Wochenseminare für jeweils 10 Verkäufer durchgeführt. Die Seminare finden außerhalb in einem Hotel statt; der Referent arbeitet sich während eines zweitägigen Aufenthalts im Unternehmen in die betriebsspezifischen Probleme ein.

Ermittlung der Kosten:

Vorbereitung des Referenten im Unternehmen	
2 Tage zu einem Tagessatz von 2 000 DM	4 000 DM
Spesen (Hotel und Verpflegung) während der Einarbeitung	500 DM
Honorar für Seminardurchführung	
10 Seminartage zu 2 000 DM	20 000 DM
Entgelt für ausgefallene Arbeitszeit der Teilnehmer (durchschnittliches Gehalt 6 000 DM + 80 % Nebenkosten je Monat entspricht etwa 2 700 DM je Woche)	
20 Teilnehmer zu 2 700 DM	54 000 DM
Aufenthalt und Fahrt (4 Übernachtungen/Verpflegung/Anfahrt mit Pkw) 980 DM je Teilnehmer	
20 Teilnehmer zu 980 DM	19 600 DM
Anteilige Organisationskosten der Personal- und Bildungsabteilung (Stundensatz 200 DM)	
50 Stunden zu 200 DM	10 000 DM
Kosten insgesamt	108 100 DM

Quantifizierung des Erfolgs:

Es wird unterstellt, daß die angestrebte Umsatzsteigerung im Durchschnitt erreicht wird. Ohne das Seminar hätte man dazu zwei zusätzliche Mitarbeiter benötigt. Das hierfür eingesparte Arbeitsentgelt wird ersatzweise als Wert des Seminars angesetzt. Als Wirkungszeitraum für den Seminarerfolg wird ein Jahr zugrunde gelegt.

Jahresarbeitsentgelt einschließlich Personalnebenkosten für zwei Mitarbeiter (2 × 12 × 10 800 DM)	259 200 DM

Berechnung der Rendite:

$$R = \frac{259\,200 - 108\,100}{108\,100} \times 100 = 139,8\,\%$$

Abbildung 59: Rentabilitätsberechnung eines Bildungsprojektes

8 Rechtliche Aspekte der Personalentwicklung

8.1 Personalentwicklung und Betriebsverfassungsgesetz

Die Personalarbeit ist mehr als andere betriebliche Funktionsbereiche an umfassende rechtliche Vorgaben gebunden. Die Bandbreite reicht vom Grundgesetz über Bundes- und Ländergesetze, Tarifverträge und Betriebsvereinbarungen bis zu einzelvertraglichen Absprachen.

Als **wichtigste Rechtsgrundlage** muß das Betriebsverfassungsgesetz angesehen werden. Obwohl der Begriff Personalentwicklung im Betriebsverfassungsgesetz nicht ausdrücklich enthalten ist, hat der Betriebsrat aufgrund der engen Verknüpfung der Funktion Personalentwicklung mit anderen personalwirtschaftlichen Teilfunktionen zahlreiche Mitwirkungs- und Mitbestimmungsrechte. U. a. wirken sich die Beteiligungsrechte bei der Personalplanung, Mitarbeiterbeurteilung, Berufsbildung oder Stellenausschreibung auch auf die Personalentwicklung aus. Die daraus erwachsenden Möglichkeiten einer direkten oder indirekten Einflußnahme des Betriebsrats auf die Personalentwicklung sind so umfassend, daß dieser mit Recht zu den Trägern der Personalentwicklung gezählt wird (vgl. Kapitel 1.3.4).

8.1.1 Beteiligungsrechte des Betriebsrats an der Berufsbildung

Die Beteiligungsrechte des Betriebsrats an der Berufsbildung sind in den §§ 96–98 BetrVG geregelt. Diese Bestimmungen verschaffen dem Betriebsrat die Möglichkeit, in Zusammenarbeit mit dem Arbeitgeber ein Kernstück der Personalentwicklung unmittelbar zu beeinflussen. Der Begriff Berufsbildung wird im Betriebsverfassungsgesetz in einem sehr umfassenden Sinn gebraucht, der in Anlehnung an die Terminologie des Berufsbildungsgesetzes die Berufsausbildung, die berufliche Fortbildung und die berufliche Umschulung einbezieht. Dazu kommen ergänzend Beteiligungsrechte bei der Durchführung »sonstiger Bildungsmaßnahmen im Betrieb«. Zu den sonstigen Bildungsmaßnahmen zählen Veranstaltungen, die allgemeinbildende, politische und gesellschaftspolitische, aber auch kulturelle Themen beinhalten. Die sonstigen Bildungsmaßnahmen können mit den in Kapitel 1.1.2.2 erwähnten Ergänzungsqualifikationen gleichgesetzt werden.

8.1.1.1 Mitwirkung an der Planung der Berufsbildung

Arbeitgeber und Betriebsrat haben nach § 96 Abs. 1 BetrVG die gemeinsame Verpflichtung, im Rahmen der Personalplanung und in Zusammenarbeit mit den zuständigen Stellen (Industrie- und Handelskammern, Handwerkskammern, Berufsbildungsausschüsse usw.) die Berufsbildung der Arbeitnehmer zu fördern. Der Betriebsrat kann vom Arbeitgeber verlangen, mit ihm Fragen der Berufsbildung der Arbeitnehmer des Betriebes zu beraten. Hierzu kann der Betriebsrat Vorschläge machen. Diese Rechte des Betriebsrats knüpfen unmittelbar an § 92 Abs. 1 BetrVG an. Dort wird der Arbeitgeber im Zusammenhang mit der Personalplanung verpflichtet, den Betriebsrat über Maßnahmen der Berufsbildung anhand von Unterlagen rechtzeitig und umfassend zu unterrichten und mit ihm über Art und Umfang der erforderlichen Maßnahmen zu beraten. Dieses Informations- und Beratungsrecht wird in § 96 BetrVG fortgeführt und durch ein Initiativrecht ergänzt.

Auf diese Weise hat der Betriebsrat die Möglichkeit, sich schon frühzeitig in den Beratungsprozeß einzuschalten und seine Vorschläge so rechtzeitig zu unterbreiten, daß sie als Alternative zu den Vorstellungen des Arbeitgebers in die Planungsüberlegungen einbezogen werden können. Als Beratungsgegenstände kommen z. B. Maßnahmen der Bedarfsermittlung, Festlegung der mit der Berufsbildung verfolgten Ziele, Auswahl der betroffenen Bereiche oder Mitarbeiterkategorien oder Fragen der Zuständigkeitsregelung in Frage.

§ 97 BetrVG räumt dem Betriebsrat ein besonderes Beratungsrecht bei der Errichtung und Ausstattung betrieblicher Einrichtungen zur Berufsbildung, bei der Einführung betrieblicher Bildungsmaßnahmen und bei der Teilnahme an außerbetrieblichen Berufsbildungsmaßnahmen ein. Die Verpflichtung des Arbeitgebers, sich rechtzeitig und umfassend mit dem Betriebsrat zu beraten, wenn er betriebliche Einrichtungen zur Berufsbildung errichten oder ausstatten will, kann z. B. den Aufbau eines betrieblichen Bildungszentrums oder Unterrichtsraums, einer Lehrwerkstatt oder eines Lehrbüros sowie die Ausstattung solcher Einrichtungen mit Geräten oder Medien betreffen. Die Beratung mit dem Betriebsrat bei der Einführung betrieblicher Berufsbildungsmaßnahmen dürfte in erster Linie für Maßnahmen der betrieblichen Fortbildung oder Umschulung von Bedeutung sein. Während im Bereich der Berufsausbildung durch die umfassenden gesetzlichen Regelungen im Berufsbildungsgesetz und seinen Folgebestimmungen nur noch wenig Gestaltungsmöglichkeiten für eine Nutzung des Beratungsrechts durch den Betriebsrat verbleiben, fehlen vergleichbare Regelungen bei der Fortbildung und Umschulung. Die Mitwirkung des Betriebsrats kann sich z. B. auf die Konzeption neuer Lehrgänge oder Seminare, auf die Festlegung der Bildungsinhalte (Programmplanung), Lernziele, Lehrmethoden und Medien, auf die Terminplanung oder auf eine Abstimmung der Teilnahmevoraussetzungen richten. Schließlich wird der Betriebsrat auch in die Beratung über die Teilnahme an außerbetrieblichen Berufsbildungsmaßnahmen nochmals ausdrücklich einbezogen, nachdem § 96 Abs. 2 BetrVG bereits die Verpflichtung enthält, daß Arbeitgeber und Betriebsrat gemeinsam darauf zu achten haben, den Arbeitnehmern unter Berücksichtigung der betrieblichen Notwendigkeiten die Teilnahme an betrieblichen oder außerbetrieblichen Maßnahmen der Berufsbildung zu ermöglichen. Diese Bestimmungen können z. B. bei der Auswahl der Teilnehmer an betrieblichen oder außerbetrieblichen Veranstaltungen sowie bei der Beachtung der Interessen der verschiedenen Beschäftigtengruppen relevant werden. Insbesondere die Belange älterer Arbeitnehmer sind zu berücksichtigen (§ 96 Abs. 2 BetrVG), deren berufliche Fertigkeiten und Kenntnisse durch eine Anpassungsfortbildung erhalten bzw. die durch Teilnahme an Umschulungsmaßnahmen für eine andere berufliche Tätigkeit qualifiziert werden sollen.

Alle bisher erwähnten Mitwirkungsrechte des Betriebsrats (§§ 92, 96, 97 BetrVG) haben den Charakter von Informations-, Beratungs- und Initiativrechten, durch die sichergestellt werden soll, daß der Betriebsrat rechtzeitig, d. h. vor der Schaffung vollendeter Tatsachen, in die jeweiligen Beratungen einbezogen wird. Das alleinige Entscheidungsrecht (Letztentscheidungsrecht) des Arbeitgebers bleibt davon jedoch unberührt; er hat zu bestimmen, ob er die Anregungen des Betriebsrats aufgreift oder sich darüber hinwegsetzt.

8.1.1.2 Mitbestimmung bei der Durchführung betrieblicher Bildungsmaßnahmen

Während die §§ 96 und 97 BetrVG dem Betriebsrat lediglich die Möglichkeit einer Mitwirkung bei der Berufsbildung zugestehen, enthält § 98 BetrVG echte Mitbestimmungsrechte. Diese gelten sowohl für Maßnahmen der betrieblichen Berufsbildung als auch für die Durchführung sonstiger Bildungsmaßnahmen im Betrieb (§ 98 Abs. 6 BetrVG). Bei den hier geregelten Tatbeständen kann der Arbeitgeber gegen den Willen des Betriebsrats keine Entscheidung durchsetzen.

§ 98 Abs. 1 BetrVG legt fest, daß der Betriebsrat bei der Durchführung von Maßnahmen der betrieblichen Berufsbildung mitzubestimmen hat. Im konkreten Fall kann davon das Aufstellen von Ausbildungs- und Fortbildungsplänen (man spricht auch von Durchlauf- oder Versetzungsplänen), das Erstellen von Prüfungsordnungen oder die Kontrolle bestehender Bildungseinrichtungen betroffen sein. Soweit eine Bildungsmaßnahme zwar außerhalb des Betriebs, aber unter dessen Verantwortung (Trägerschaft) stattfindet, zählt sie zu den betrieblichen Bildungsmaßnahmen und unterliegt dem Mitbestimmungsrecht des Betriebsrats. Dagegen entfällt das Mitbestimmungsrecht bei externen Bildungsveranstaltungen, die unter der Trägerschaft eines fremden Veranstalters stehen. Kommt es hinsichtlich der Durchführung von Maßnahmen der Berufsbildung zu Konflikten zwischen dem Arbeitgeber und dem Betriebsrat, dann wird die fehlende Einigung durch den Spruch der Einigungsstelle (§ 76 BetrVG) ersetzt.

Gemäß § 98 Abs. 2 BetrVG kann der Betriebsrat der Bestellung einer mit der Durchführung der betrieblichen Berufsbildung beauftragten Person widersprechen oder ihre Abberufung verlangen, wenn diese die persönliche oder fachliche, insbesondere berufs- und arbeitspädagogische Eignung im Sinne des Berufsbildungsgesetzes nicht besitzt oder ihre Aufgaben vernachlässigt. Diese Bestimmungen erstrecken sich auf alle Personen, denen der Arbeitgeber die Aufgaben eines Ausbilders im Sinne des Berufsbildungsgesetzes verantwortlich zuweist. Kommt eine Einigung über die Bestellung oder Abberufung von Ausbildern nicht zustande, kann eine Entscheidung beim Arbeitsgericht beantragt werden (§ 98 Abs. 5 BetrVG).

Wenn der Arbeitgeber betriebliche Maßnahmen der Berufsbildung durchführt oder Arbeitnehmer für außerbetriebliche Maßnahmen freistellt oder die durch die Teilnahme an solchen Maßnahmen entstehenden Kosten ganz oder teilweise trägt, dann hat der Betriebsrat das Recht, Vorschläge für die Teilnahme von Arbeitnehmern oder Arbeitnehmergruppen zu machen (§ 98 Abs. 3 BetrVG). Kommt es über diese Vorschläge zwischen dem Arbeitgeber und dem Betriebsrat zu keiner Einigung, dann entscheidet wie bei der Durchführung von Maßnahmen der betrieblichen Berufsbildung wiederum die Einigungsstelle (§ 98 Abs. 4 BetrVG).

8.1.2 Beteiligung des Betriebsrats an allgemeinen personellen Angelegenheiten

Durch die in den §§ 92–95 BetrVG geregelten Beteiligungsrechte des Betriebsrats an den »allgemeinen personellen Angelegenheiten« soll diesem eine rechtzeitige und regelmäßige Teilhabe an der betrieblichen Personalpolitik ermöglicht werden. Sämtliche vom Gesetzgeber in diesem Zusammenhang angesprochenen Teilaufgaben tangieren auch die Personalentwicklung.

8.1.2.1 Personalplanung

Die Personalentwicklung orientiert sich wie alle übrigen Bereiche des betrieblichen Personalwesens an den Rahmendaten der Personalbedarfsplanung (vgl. Kapitel 2.2.2). Die Personalentwicklung kann als eine Fortführung der qualitativen Personalbedarfsplanung angesehen werden, durch die eine Vermittlung fehlender Qualifikationen der Mitarbeiter sichergestellt wird. Diese Zusammenhänge verdeutlichen, daß von der Personalplanung, insbesondere der Personalbedarfsplanung, direkte Einflüsse auf die Personalentwicklung ausgehen können. Um eine ausreichende Berücksichtigung der Interessen der Arbeitnehmer sicherzustellen, hat der Gesetzgeber den Arbeitgeber verpflichtet, den Betriebsrat über die Personalplanung, insbesondere über den gegenwärtigen und künftigen Personalbedarf sowie über die sich daraus ergebenden personellen Maßnahmen und Maßnahmen der Berufsbildung anhand von Unterlagen rechtzeitig und umfassend zu unterrichten. Der Arbeitgeber hat mit dem Betriebsrat außerdem über Art und Umfang der erforderlichen Maßnahmen und über die Vermeidung von Härten zu beraten (§ 92 Abs. 1 BetrVG). Obwohl es sich – wie bereits erwähnt – nur um Informations- und Beratungsrechte des Betriebsrats handelt, wird dieser so rechtzeitig in die Planungsüberlegungen eingeschaltet, daß noch keine endgültigen Entscheidungen getroffen wurden. Auf diese Weise bleibt dem Betriebsrat die Möglichkeit, vorgesehene Maßnahmen zu überprüfen und gegebenenfalls eigene Vorstellungen in die Diskussion einzubringen. Je nach Situation können daraus unmittelbare Folgen für die Personalentwicklung (z. B. Maßnahmen der Anpassungsfortbildung oder Umschulungsmaßnahmen) erwachsen.

Soweit es sich um Betriebe mit einem Wirtschaftsausschuß handelt (wenn mehr als 100 Arbeitnehmer ständig beschäftigt werden), stehen diesem weitergehende Unterrichtungsrechte (§ 106 Abs. 1 BetrVG) zu. Der Unternehmer hat den Wirtschaftsausschuß rechtzeitig und umfassend über die wirtschaftlichen Angelegenheiten des Unternehmens unter Vorlage der erforderlichen Unterlagen zu unterrichten, soweit dadurch nicht Betriebs- und Geschäftsgeheimnisse gefährdet werden. Insbesondere sind dem Wirtschaftsausschuß die sich aus der wirtschaftlichen Situation ergebenden Auswirkungen auf die Personalplanung darzustellen (§ 106 Abs. 2 BetrVG). Der Wirtschaftsausschuß hat hierüber den Betriebsrat zu unterrichten.

8.1.2.2 Stellenausschreibung

Nach § 93 BetrVG kann der Betriebsrat verlangen, daß Arbeitsplätze, die besetzt werden müssen, allgemein oder für bestimmte Arten von Tätigkeiten vor ihrer Besetzung innerhalb des Betriebs ausgeschrieben werden. Damit steht dem Betriebsrat ein echtes Mitbestimmungsrecht zu, das ihm in Form eines durchsetzbaren Initiativrechts die Möglichkeit einräumt, die Personalentwicklung unmittelbar zu beeinflussen. Durch eine konsequente Handhabung des Instruments innerbetriebliche Stellenausschreibung trägt der Betriebsrat zu einer Belebung des internen Arbeitsmarktes bei. Die Chancen der vorhandenen Mitarbeiter für einen innerbetrieblichen Aufstieg werden gesteigert, und die Gelegenheiten, solche Tätigkeiten zu übernehmen, die den individuellen Fähigkeiten und Neigungen besser entsprechen als die bisherigen Aufgaben, nehmen zu.

Die Vor- und Nachteile der internen Personalbeschaffung wurden bereits an anderer Stelle besprochen (vgl. Kapitel 2.2.2.2), ebenso die Modalitäten über

Form und Verfahren der innerbetrieblichen Stellenausschreibung (vgl. Kapitel 3.4). Soweit Einzelheiten über Ablauf und Inhalt der Ausschreibung in Richtlinien festgeschrieben werden, ist umstritten, ob diese dem Mitbestimmungsrecht des Betriebsrats unterliegen. In der betrieblichen Praxis ist allerdings eine Tendenz festzustellen, durch **Abschluß einer freiwilligen Betriebsvereinbarung** diese Fragen dauerhaft zu klären. Soweit der Arbeitgeber eine vom Betriebsrat verlangte innerbetriebliche Ausschreibung unterläßt, kann der Betriebsrat der personellen Einzelmaßnahme nach § 99 Abs. 2 Nr. 5 BetrVG die Zustimmung verweigern. Entstehen Streitigkeiten über die Ausschreibungspflicht sowie über Inhalt, Umfang oder Form der Ausschreibung, dann entscheidet das Arbeitsgericht im Beschlußverfahren (§ 2 Abs. 1 Nr. 4 ArbGG).

8.1.2.3 Personalfragebogen und Beurteilungsgrundsätze

Der Personalfragebogen stellt für die Personalentwicklung wie auch für andere personalwirtschaftliche Teilfunktionen ein bedeutendes Informationsinstrument dar. Er enthält in systematischer Form grundlegende Informationen über die persönlichen Verhältnisse sowie den beruflichen Werdegang der Mitarbeiter. Versetzungen oder Beförderungen, die Festlegung persönlicher Entwicklungspläne oder Entscheidungen über die Teilnahme an Weiterbildungsmaßnahmen sind ohne Kenntnisse dieser Angaben nicht möglich. Der Vollzug dieser Maßnahmen liegt auch im Interesse der Mitarbeiter, so daß sich das Verlangen des Arbeitgebers nach einem aussagekräftigen Personalfragebogen mit den Bedürfnissen der Mitarbeiter deckt. Nach § 94 Abs. 1 BetrVG bedürfen Personalfragebogen der Zustimmung des Betriebsrats. Auf diese Weise stellt der Gesetzgeber sicher, daß sich die Fragen nur auf solche Sachverhalte beziehen, für die ein berechtigtes Informationsbedürfnis des Arbeitgebers besteht und die keine unzulässigen Eingriffe in die Persönlichkeitssphäre des Arbeitnehmers darstellen.

Einer Zustimmung des Betriebsrats bedarf auch die Aufstellung allgemeiner Beurteilungsgrundsätze im Rahmen der Mitarbeiterbeurteilung (§ 94 Abs. 2 BetrVG). Die Mitarbeiterbeurteilung zählt zu den unverzichtbaren Bausteinen der Personalentwicklung und wurde in Kapitel 3.2 ausführlich dargestellt. Allerdings wird dem Betriebsrat lediglich das Recht zugestanden, vom Arbeitgeber vorgeschlagene allgemeine Beurteilungsgrundsätze zu akzeptieren oder – soweit er sachgerechte Gründe dafür hat – zu verhindern. Er besitzt kein Initiativrecht, um von sich aus die Einführung einer systematischen Mitarbeiterbeurteilung zu erzwingen. Das ist insofern unbefriedigend, als § 82 Abs. 2 Satz 1 BetrVG dem einzelnen Arbeitnehmer das Recht zugesteht, die Beurteilung seiner Leistung zu erörtern.

Falls eine Einigung über den Inhalt von Personalfragebogen und Beurteilungsgrundsätzen zwischen Arbeitgeber und Betriebsrat nicht zustandekommt, entscheidet die Einigungsstelle (§ 94 Abs. 1 BetrVG).

8.1.2.4 Auswahlrichtlinien

Richtlinien über die personelle Auswahl bei Einstellungen, Versetzungen, Umgruppierungen und Kündigungen bedürfen nach § 95 Abs. 1 BetrVG der Zustimmung des Betriebsrats. Auswahlrichtlinien können in Zusammenhang mit der Personalentwicklung dann von Bedeutung sein, wenn es z. B. bei internen Stellenausschreibungen oder im Rahmen einer individuellen Entwicklungsplanung zu Versetzungen oder Umgruppierungen kommt. Eine Versetzung im Sinne des Betriebsverfassungsgesetzes bedeutet die Zuweisung eines anderen Arbeitsbereichs, die voraussichtlich die Dauer von einem Monat überschreitet oder die mit einer erheblichen Änderung der Umstände verbunden ist, unter denen die Arbeit zu leisten ist (§ 95 Abs. 3 BetrVG). Durch die Beteiligung des Betriebsrats bei der Festlegung von Auswahlrichtlinien soll sichergestellt werden, daß neben den ökonomischen Zielen des Unternehmens auch die Interessen der Mitarbeiter ausreichend berücksichtigt werden.

In Betrieben mit weniger als 1 000 Arbeitnehmern liegt das Initiativrecht zum Erstellen oder Ändern von Auswahlrichtlinien ausschließlich beim Arbeitgeber. Dem Betriebsrat räumt der Gesetzgeber lediglich ein Zustimmungsrecht ein. Wenn es zu keiner Einigung kommt, entscheidet auf Antrag des Arbeitgebers die Einigungsstelle. In Betrieben mit mehr als 1 000 Beschäftigten kann darüber hinaus auch der Betriebsrat von sich aus die Aufstellung von Richtlinien verlangen (§ 95 Abs. 2 BetrVG). Auch hier ersetzt gegebenenfalls der Spruch der Einigungsstelle die fehlende Einigung zwischen Arbeitgeber und Betriebsrat.

8.1.3 Mitbestimmung des Betriebsrats bei personellen Einzelmaßnahmen

Soweit es durch die Personalentwicklung zu Versetzungen oder Umgruppierungen kommt, sind die Bestimmungen des § 99 BetrVG zu beachten. Der Arbeitgeber hat den Betriebsrat vor der Durchführung der geplanten Personalmaßnahmen umfassend zu unterrichten, ihm die erforderlichen Bewerbungsunterlagen vorzulegen und Auskunft über die Person der Beteiligten zu geben; er hat dem Betriebsrat unter Vorlage der erforderlichen Unterlagen Auskunft über die Auswirkungen der geplanten Maßnahmen zu geben und seine Zustimmung zu der geplanten Maßnahme einzuholen. Bei Versetzungen hat der Arbeitgeber insbesondere den in Aussicht genommenen Arbeitsplatz und die vorgesehene Eingruppierung mitzuteilen. Der Betriebsrat kann seine

Zustimmung nur verweigern, wenn einer der folgenden, in § 99 Abs. 2 BetrVG erschöpfend aufgezählten Gründe vorliegt:

- Verstoß gegen Gesetz, Verordnung, Unfallverhütungsvorschrift, Tarifvertrag, Betriebsvereinbarung, gerichtliche Entscheidung oder behördliche Anordnung;
- Verstoß gegen eine Richtlinie nach § 95 BetrVG;
- Besorgnis der Benachteiligung anderer Arbeitnehmer des Betriebes;
- ungerechtfertigte Benachteiligung des betroffenen Arbeitnehmers;
- unterbliebene interne Ausschreibung nach § 93 BetrVG;
- begründete Besorgnis der Störung des Betriebsfriedens.

Falls der Betriebsrat seine Zustimmung verweigert, so hat er dies dem Arbeitgeber unter Angabe von Gründen innerhalb einer Woche nach Unterrichtung über die vorgesehene Maßnahme schriftlich mitzuteilen.

8.1.4 Mitwirkungsrechte des einzelnen Arbeitnehmers

Neben den bisher erwähnten, vom Betriebsrat wahrzunehmenden Rechten räumt das Betriebsverfassungsgesetz in den §§ 81–86 auch dem einzelnen Arbeitnehmer unmittelbare Mitsprache- und Mitwirkungsrechte ein. Hiervon hat für die Personalentwicklung vor allen Dingen § 82 Abs. 2 BetrVG Bedeutung, wonach der Arbeitnehmer verlangen kann, daß mit ihm die Beurteilung seiner Leistungen sowie die Möglichkeiten seiner beruflichen Entwicklung im Betrieb erörtert werden. Die Notwendigkeit und Bedeutung der Mitarbeiterbeurteilung und insbesondere des Beurteilungsgesprächs wurden an anderer Stelle ausführlich begründet (vgl. Kapitel 3.2.6); sie werden durch die rechtliche Institutionalisierung nochmals bestätigt. Der Mitarbeiter kann zu dem Gespräch ein Mitglied des Betriebsrats hinzuziehen, das über den Gesprächsinhalt Stillschweigen zu bewahren hat, soweit es vom Arbeitnehmer nicht von dieser Verpflichtung entbunden wird (§ 82 Abs. 2 Satz 2, 3 BetrVG).

Schließlich kann auch § 81 Abs. 2 BetrVG von Bedeutung sein, wonach der Arbeitgeber den Arbeitnehmer rechtzeitig über Veränderungen in seinem Arbeitsbereich zu unterrichten hat. Eine derartige Information bietet dem Mitarbeiter die Chance, selbst initiativ zu werden, um auf diese Weise rechtzeitig eine Anpassung seiner Qualifikationen an künftige Arbeitsanforderungen sicherzustellen.

8.2 Sonstige für die Personalentwicklung bedeutsame Rechtsgrundlagen

Neben den Vorschriften des Betriebsverfassungsgesetzes sind bei der Gestaltung der Personalentwicklung vor allem die Rechtsnormen des Berufsbildungsgesetzes und des Bundesdatenschutzgesetzes zu beachten. Dazu kann in

Einzelfällen noch das Fernunterrichtsschutzgesetz kommen. Außerdem gibt es in allen Bundesländern eigene Erwachsenenbildungs- bzw. Weiterbildungsgesetze. Schließlich sollte auch der in einigen Landesgesetzen sowie in zahlreichen Tarifverträgen enthaltene Anspruch auf Bildungsurlaub in die Überlegungen einbezogen werden.

8.2.1 Berufsbildungsgesetz und Folgebestimmungen

Mit dem Berufsbildungsgesetz aus dem Jahre 1969 wurde eine umfassende, **bundeseinheitliche Rechtsgrundlage zur Regelung der Berufsbildung** geschaffen. Zur Berufsbildung im Sinne des Berufsbildungsgesetzes zählen die Berufsausbildung, die berufliche Fortbildung und die berufliche Umschulung (§ 1 Abs. 1 BBiG). Die Bestimmungen des Berufsbildungsgesetzes regeln in erster Linie die in diesem Buch nicht näher behandelte Berufsausbildung, in wesentlich geringerem Umfang die berufliche Fortbildung und Umschulung.

8.2.1.1 Berufliche Fortbildung

Die Qualifikationsvermittlung im Rahmen der Personalentwicklung erfolgt überwiegend durch Fortbildungsmaßnahmen (= Weiterbildungsmaßnahmen). Gemäß § 1 Abs. 3 BBiG soll es die berufliche Fortbildung ermöglichen, die beruflichen Kenntnisse und Fertigkeiten zu erhalten, zu erweitern oder der technischen Entwicklung anzupassen **(Anpassungsfortbildung)** oder beruflich aufzusteigen **(Aufstiegsfortbildung).** Durch die Aufnahme der beruflichen Fortbildung in das Berufsbildungsgesetz unterstreicht der Gesetzgeber zwar die Bedeutung, die er diesem Bereich der beruflichen Bildungsarbeit beimißt, er verzichtet aber im Gegensatz zur Berufsausbildung auf eine detaillierte Regelung des Inhalts und Ablaufs einzelner Fortbildungsmaßnahmen. Auf diese Weise bleibt den Betrieben das notwendige Maß an Gestaltungsfreiheit und Flexibilität erhalten, das einer zeitgemäßen Personalentwicklung gerecht wird. Während im Bereich der Berufsausbildung durch bundeseinheitliche Ordnungsmittel eine gleichbleibende Ausbildung innerhalb eines Berufes sichergestellt werden soll, wird die Fortbildung nur dann Erfolg haben, wenn es möglich ist, Ziel und Inhalt einzelner Bildungsmaßnahmen auf die jeweils vorliegenden individuellen und betrieblichen Gegebenheiten abzustimmen.

Die Forderung nach prinzipieller Gestaltungsfreiheit der betrieblichen Fortbildung schließt nicht aus, daß im Hinblick auf andere geltende Rechtsgrundlagen (z. B. eine staatliche Förderung nach dem Arbeitsförderungsgesetz) oder bei einem offiziellen Nachweis der erworbenen Fertigkeiten, Kenntnisse und Erfahrungen eine gewisse Vereinheitlichung erforderlich ist. Zu diesem Zweck kann die zuständige Stelle Prüfungen durchführen, die den besonderen Erfordernissen beruflicher Erwachsenenbildung entsprechen sollen. Die Regelung des Inhalts, des Ziels, der Anforderungen, des Prüfungsverfahrens oder der Zulassungsvoraussetzungen obliegt der zuständigen Stelle (§ 46 Abs. 1 BBiG); es bleibt jedoch dem Bundesminister für Bildung und Wissenschaft überlassen, die Grundlage für eine geordnete und bundeseinheitliche Regelung dieser Sachverhalte durch Rechtsverordnung gemäß § 46 Abs. 2 BBiG zu schaffen.

8.2.1.2 Berufliche Umschulung

Die berufliche Umschulung soll zu einer anderen beruflichen Tätigkeit befähigen (§ 1 Abs. 4 BBiG). Die Maßnahmen der beruflichen Umschulung müssen nach Inhalt, Art, Ziel und Dauer den besonderen Erfordernissen der beruflichen Erwachsenenbildung entsprechen (§ 47 Abs. 1 BBiG). Das gilt auch bei der Umschulung für einen anerkannten Ausbildungsberuf, bei der außerdem auch das Ausbildungsberufsbild, der Ausbildungsrahmenplan und die Prüfungsanforderungen (§ 25 Abs. 2 Nr. 3, 4, 5 BBiG) zugrunde zu legen sind (§ 47 Abs. 3 BBiG). Zum Nachweis der durch die Umschulung erworbenen Kenntnisse, Fertigkeiten und Erfahrung kann die zuständige Stelle Prüfungen durchführen, die ebenfalls den besonderen Erfordernissen der beruflichen Erwachsenenbildung Rechnung tragen müssen (§ 47 Abs. 2 BBiG).

Die Überwachung der Durchführung der Umschulung obliegt der zuständigen Stelle (§ 47 Abs. 4 BBiG); sie erstreckt sich vor allem auf die persönliche und fachliche Eignung des Ausbildenden sowie die Eignung der Ausbildungsstätte (entsprechend §§ 23, 24 BBiG). Der Bundesausschuß für Berufsbildung hat Grundsätze für die Eignung von Umschulungsstätten erlassen.

8.2.1.3 Berufsbildungspaß

Zum Nachweis der erfolgreichen Teilnahme an einer Weiterbildungsveranstaltung hat der Bundesausschuß für Berufsbildung die Einführung eines Berufsbildungspasses empfohlen. Ein solches Dokument trägt den Bedürfnissen der Bildungsteilnehmer Rechnung und bewirkt nach Auffassung des Bundesausschusses für Berufsbildung wegen der damit verbundenen standardisierten Beschreibung der Maßnahmen ein höheres Maß an Transparenz und Einheitlichkeit.

Der Berufsbildungspaß besteht aus Hülle, Stammblatt und Maßnahmeblättern. In das Stammblatt können neben persönlichen Daten des Inhabers Hinweise auf die berufliche Ausbildung (z. B. Berufsabschluß, Abschluß einer Berufsfachschule) aufgenommen werden. In den Maßnahmeblättern werden die absolvierten Fortbildungsmaßnahmen bestätigt, wobei folgende Kriterien berücksichtigt werden sollten:

1. Bezeichnung und Ziel der Maßnahme sowie Zugangsvoraussetzungen,
2. Inhalt der Maßnahme,
3. Unterrichtsart der Maßnahme,
4. Dauer der Maßnahme,
5. Beschreibung des Abschlusses der Maßnahme,
6. Träger oder Trägerverband und gegebenenfalls durchführende Stelle der Maßnahme,
7. Anerkennung und Förderung der Maßnahme.

Die Verteilung des Passes kann über die zuständigen Stellen, über Träger von anerkannten Weiterbildungsmaßnahmen oder durch Einzelbestellung beim Verlag (Verlag Wirtschaft und Bildung KG, 5107 Simmerath 1) erfolgen. Die Eintragungen nimmt die die Maßnahme durchführende Stelle vor; sie hat sich dabei nach dem vorstehenden Kriterienkatalog zu richten. Eintragungsfähig sollen organisierte Maßnahmen der beruflichen Weiterbildung sein. Falls die Maßnahme mit einer Prüfung endet, wird neben der Teilnahme auch die Prüfung bescheinigt. Bei Fernunterrichtslehrgängen sollte ein staatliches Gütesiegel Voraussetzung für die Eintragung sein.

8.2.2 Bundesdatenschutzgesetz

Die Personalentwicklung setzt die Erfassung, Speicherung und Analyse umfassender Informationen über die Mitarbeiter voraus. Beim Umgang mit diesen Daten sind die Bestimmungen des Bundesdatenschutzgesetzes (BDSG) zu beachten. Das Datenschutzgesetz hat die Aufgabe, den einzelnen davor zu schützen, daß er durch den Umgang mit seinen personenbezogenen Daten in seinen Persönlichkeitsrechten beeinträchtigt wird. Geschützt werden personenbezogene Daten natürlicher Personen (z. B. der Mitarbeiter), soweit sie in oder aus Dateien verarbeitet werden. Zu den personenbezogenen Daten der Mitarbeiter in diesem Sinne zählen z. B. Name, Wohnort, Geburtsdatum, Ausbildungsberuf, derzeit ausgeübte Tätigkeit, Beurteilungen, Arbeitsentgelt oder Hinweise auf absolvierte Bildungsmaßnahmen. Unter einer Datei versteht das Gesetz eine gleichartig aufgebaute Sammlung von Daten, die nach bestimmten Merkmalen erfaßt und geordnet, nach anderen Merkmalen umgeordnet und ausgewertet werden kann. Es spielt dabei keine Rolle, ob die Datenverarbeitung über die EDV oder mit Hilfe herkömmlicher Verfahren erfolgt. Die für die Personalentwicklung relevanten Karteien (Personalstammkartei, Personalentwicklungskartei, Nachwuchskartei usw.) sind Dateien im Sinne des Datenschutzgesetzes.

Zum Schutz ihrer persönlichen Daten gesteht das Gesetz den Mitarbeitern umfassende Rechte zu. Werden Daten erstmals gespeichert, dann ist der Betroffene darüber zu benachrichtigen, es sei denn, daß er auf andere Weise

267

Kenntnis von der Speicherung erlangt hat (§ 33 BDSG). Im Personalwesen kann man davon ausgehen, daß die Mitarbeiter wissen, daß ihre Daten gespeichert werden, so daß die Benachrichtigungspflicht entfällt. Die Mitarbeiter haben das Recht, Auskunft über die zu ihrer Person gespeicherten Daten zu verlangen (§ 34 BDSG); aufgrund der Parallelität des Auskunftsrechts zum Recht auf Akteneinsicht gemäß § 83 BetrVG erfolgt die Auskunftserteilung in der Regel kostenlos. Daten, die nachweislich unrichtig sind, müssen berichtigt werden. Auf Antrag des Mitarbeiters sind Daten zu sperren, wenn weder ihre Richtigkeit noch ihre Unrichtigkeit festzustellen ist. Eine Sperrung muß auch dann erfolgen, wenn die Kenntnis der Daten für die Erfüllung des Zweckes der Speicherung nicht mehr erforderlich ist. Daten müssen gelöscht werden, wenn ihre Speicherung unzulässig war oder wenn der Mitarbeiter es verlangt, weil ihre Kenntnis nicht mehr erforderlich ist (§ 35 BDSG).

8.2.3 Fernunterrichtsschutzgesetz

Das Fernunterrichtsschutzgesetz (FernUSg) trägt der zunehmenden Bedeutung der beruflichen Weiterbildung durch Fernunterricht Rechnung. Es findet Anwendung auf die mit vertraglicher Grundlage erfolgende Vermittlung von Kenntnissen und Fähigkeiten, bei der der Lehrende und der Lernende ausschließlich oder überwiegend räumlich getrennt sind und der Lehrende oder sein Beauftragter den Lernerfolg überwachen (§ 1 FernUSG). Das Gesetz sieht wesentliche Verbesserungen zum Schutz der Teilnehmer an Fernlehrgängen vor. U. a. verlangt es die Aushändigung eines schriftlichen Fernunterrichtsvertrages, aus dem das Kursziel und die Dauer des Lehrgangs, Art und Geltung des Abschlusses sowie Kosten und Zahlungsmodalitäten zu entnehmen sein müssen. Weiterhin sind kurzzeitige Widerrufs- und Kündigungsrechte vorgesehen, die eine Vertragslösung auch dann zulassen, wenn der Teilnehmer bereits Lehrmaterial erhalten hat. Staatliche Zulassungsprüfungen vor dem Vertrieb von Lehrgängen sollen eine Qualitätsgarantie sicherstellen und das Vertrauen in das Angebot an beruflichen Fernlehrgängen erhöhen.

8.2.4 Bildungsurlaub

Soweit den Mitarbeitern ein Anspruch auf Bildungsurlaub zusteht, sollte geprüft werden, inwieweit dieser in die Personalentwicklung einbezogen werden kann. Gesetzliche Regelungen über einen bezahlten Bildungsurlaub bestehen bisher nur in einigen Bundesländern. Der Freistellungsanspruch nach diesen Gesetzen setzt die Teilnahme an behördlich anerkannten Bildungsmaßnahmen voraus; er dient in erster Linie der beruflichen oder staatsbürgerlich-politischen Bildung und dauert nach den meisten Gesetzen zehn Arbeitstage innerhalb von zwei Kalenderjahren.

Ein alle Arbeitnehmer erfassendes Bundesgesetz über Bildungsurlaub gibt es nicht. Die Bundesrepublik hat allerdings das Übereinkommen über den bezahlten Bildungsurlaub der Internationalen Arbeitsorganisation (IAO) ratifiziert, das die Mitgliedstaaten der IAO verpflichtet, den Bildungsurlaub für Berufsbildung, allgemeine und politische Bildung sowie für gewerkschaftliche Bildung zu fördern. Darüber hinaus bestehen aufgrund anderer Gesetze Regelungen für bestimmte Sondergruppen:

- Betriebsräte (§ 37 Abs. 6; § 38 Abs. 4 Satz 2 BetrVG),
- Jugendvertretungen (§ 65 Abs. 1 BetrVG),
- Betriebsärzte (§ 2 ASiG),
- Fachkräfte für Arbeitssicherheit (§ 5 ASiG),
- Vertrauensmänner für Schwerbehinderte (§ 23 Abs. 4 Satz 2; § 24 Abs. 6 SchwbG).

Weitere Sonderregelungen bestehen im öffentlichen Dienst. Außerdem sehen zahlreiche Tarifverträge einen Anspruch auf Bildungsurlaub vor, der vordringlich der Erweiterung der beruflichen Qualifikation dienen soll.

8.3 Finanzielle Förderung durch das Unternehmen

Die staatliche Förderung kann und will nur einen Teil der Maßnahmen zur beruflichen Bildung finanzieren; insbesondere wird die Teilnahme an Fortbildungsmaßnahmen, die auf die Zwecke eines Betriebes oder Verbandes ausgerichtet sind, nur dann gefördert, wenn ein spezielles arbeitsmarktpolitisches Interesse vorliegt (§ 43 Abs. 2 AFG). Soweit die entsprechenden Anspruchsvoraussetzungen gegeben sind, sollten die öffentlichen Förderungsmittel vorrangig genutzt werden. Darüber hinaus bleibt es in erster Linie den einzelnen Unternehmungen, aber auch jedem Mitarbeiter überlassen, weitergehende Initiativen zu ergreifen. Der an anderer Stelle bereits erwähnte Anstieg der Ausgaben für Weiterbildung in den letzten Jahren (vgl. Kapitel 7.2) beweist, daß die Wirtschaft die Notwendigkeit laufender Investitionen in das Humankapital weitgehend erkannt und realisiert hat.

8.3.1 Übernahme der Kosten betrieblicher Weiterbildungsmaßnahmen

Bei der Übernahme der Kosten betrieblicher Weiterbildungsmaßnahmen muß zwischen inner- und außerbetrieblichen Bildungsveranstaltungen unterschieden werden. Die Finanzierung **innerbetrieblicher Maßnahmen** wird in den meisten Fällen in vollem Umfang vom veranstaltenden Unternehmen übernommen. Seltener werden Mischlösungen praktiziert, wobei etwa die Kosten für einen Referenten bzw. die Raumkosten vom Unternehmen getragen werden, während die teilnehmenden Mitarbeiter die Arbeitszeit beisteuern müssen (z. B. durch Verrechnung mit Urlaub oder Überzeiten bzw. dadurch, daß die Veranstaltungen am Wochenende durchgeführt werden). Bei der Teilnahme an **außerbetrieblichen Weiterbildungsmaßnahmen** wird in der Regel deutlicher geprüft, auf wessen Veranlassung der Besuch zurückgeht und ob er mehr im Interesse des Unternehmens oder der Mitarbeiter liegt. Soweit Lehrgänge oder Seminare auf Wunsch oder Anordnung des Arbeitgebers besucht werden, um ganz bestimmte, am betrieblichen Arbeitsplatz zu verwertende Qualifikationen zu erwerben, hat dieser auch die entstehenden Kosten zu übernehmen. Der Besuch der Veranstaltung liegt in solchen Fällen ausschließlich oder überwiegend im Interesse des Arbeitgebers. Die Verpflichtung zur Teilnahme ergibt sich aus der Arbeitspflicht der Mitarbeiter, die zu diesem Zweck von ihren sonstigen Tätigkeiten freizustellen sind. Finanzielle Belastungen dürfen den Mitarbeitern hieraus nicht erwachsen. Die entstandenen Kosten werden nach Beleg bzw. aufgrund der gültigen Spesenordnung (Reisekostenordnung) erstattet.

Unterschiedliche Regelungen sind anzutreffen, wenn die Initiative für die Teilnahme an einer außerbetrieblichen Veranstaltung von den Mitarbeitern ausgeht. Manche Unternehmungen machen eine finanzielle Förderung davon abhängig, inwieweit die Veranstaltung der beruflichen Fortbildung dient, ob das Unternehmen voraussichtlich mit einem unmittelbaren oder mittelbaren Nutzen rechnen kann und/oder ob der jeweilige Vorgesetzte eine Teilnahme befürwortet. Außerdem wird gelegentlich gefordert, daß die Veranstaltung den Richtlinien des Arbeitsförderungsgesetzes entspricht und mit einer Prüfung abschließt, durch die der erworbene Wissenszuwachs objektiv festgestellt wird. Die den Mitarbeitern entstandenen Auslagen (Kursgebühren, Prüfungsgebühren, Lehrmittel, Fahrtkosten, Aufenthaltskosten usw.) werden entweder in vollem Umfang oder zu einem bestimmten Prozentsatz (teilweise gestaffelt nach der Verwertbarkeit der erworbenen Qualifikationen am Arbeitsplatz) bzw. bis zu bestimmten Höchstbeträgen erstattet. Soweit die Weiterbildungsmaßnahme während der Arbeitszeit stattfindet und die Mitarbeiter keinen Anspruch auf bezahlten Bildungsurlaub haben, ergibt sich die Notwendigkeit einer bezahlten oder unbezahlten Freistellung. Auch in dieser Frage werden unterschiedliche Regelungen praktiziert. Häufig werden die als Grundlage einer finanziellen Förderung genannten Kriterien auch beim Entscheid über eine Freistellung (Sonderurlaub) herangezogen.

Die Aufnahme eines Studiums an einer Fachhochschule oder Universität führt im allgemeinen zu einer Unterbrechung des Arbeitsverhältnisses. Manche Unternehmungen unterstützen eine Studienaufnahme durch Gewährung eines Studiendarlehens. Die Darlehensbewilligung wird häufig an die Verpflichtung geknüpft, daß der Empfänger nach erfolgreichem Studienabschluß seine Dienste dem Unternehmen wieder anbietet. Einige Unternehmungen sehen vor, daß sich die Darlehensschuld nach erfolgtem Wiedereintritt für jedes Jahr der Betriebszugehörigkeit um einen bestimmten Prozentsatz ermäßigt und damit nach einer begrenzten Zahl von Jahren (z. B. 3 bis 5 Jahre) nach Wiedereinstellung als zurückgezahlt betrachtet wird. Soweit es zu keinem Wiedereintritt kommt, muß die Darlehenssumme zumeist unverzüglich zurückgezahlt werden.

Der Antrag auf Förderung außerbetrieblicher Weiterbildungsmaßnahmen wird entweder vom Vorgesetzten oder vom Mitarbeiter gestellt. Das zu verwendende Formular sollte alle für die Entscheidung notwendigen Angaben bereits vorsehen. Die Modalitäten der Förderung sind im allgemeinen durch Richtlinien oder Betriebsvereinbarungen dauerhaft geregelt. Auf diese Weise werden Mißverständnisse ausgeschlossen und eine Gleichbehandlung aller Mitarbeiter sichergestellt.

8.3.2 Vereinbarung von Rückzahlungsklauseln

Aus der Sicht der Unternehmung erfüllen Weiterbildungsmaßnahmen nur dann ihren Zweck, wenn die erworbenen Qualifikationen am Arbeitsplatz auch tatsächlich eingesetzt werden. Das ist dann nicht der Fall, wenn die betroffenen Mitarbeiter das Unternehmen nach Teilnahme an einer Bildungsmaßnahme verlassen. Aus diesem Grunde verpflichten manche Unternehmungen ihre Mitarbeiter, die für sie aufgewandten Weiterbildungskosten zurückzuzahlen, falls sie aus einem in ihrer Person liegenden Grund vor Ablauf einer bestimmten Frist aus dem Unternehmen ausscheiden.

Eine vertragliche Verpflichtung des Arbeitnehmers zur Rückzahlung von Bildungskosten ist zulässig, wenn sie unter Berücksichtigung aller Umstände des Einzelfalls nach Treu und Glauben dem Arbeitnehmer zuzumuten ist und vom Standpunkt eines verständigen Betrachters aus einem begründeten und zu billigenden Interesse des Arbeitgebers entspricht. Liegt diese Voraussetzung nicht vor, ist die Verpflichtung zur Rückzahlung von Weiterbildungskosten nicht mit dem in Art. 12 des Grundgesetzes verankerten Rechts auf freie Wahl des Arbeitsplatzes zu vereinbaren. Dieses Recht schließt auch die Möglichkeit ein, den einmal gewählten Arbeitsplatz aufzugeben oder zu wechseln.

Eine Verpflichtung des Arbeitnehmers, Fortbildungskosten zurückzuzahlen, falls er vor Ablauf einer bestimmten Frist aus den Diensten des Arbeitgebers ausscheidet, ist nur wirksam, wenn der Arbeitnehmer eine **angemessene Gegenleistung** erhält. Diese Gegenleistung kann bei Fortbildungsmaßnahmen in einem geldwerten Vorteil gesehen werden, der dem Arbeitnehmer erwächst, wenn er bei seinem bisherigen Arbeitgeber als Folge der Fortbildung die Voraussetzungen für eine höhere Tarifgruppe erfüllt oder sich die erworbenen

Kenntnisse durch anderweitige Arbeitsverhältnisse nutzbar machen kann. Für die Beurteilung der Wirksamkeit von Rückzahlungsklauseln ist außerdem das Verhältnis von Bindungsdauer und Höhe der entstandenen Fortbildungskosten maßgebend. Als Faustformel für die Praxis wird grundsätzlich eine Begrenzung der Bindungsdauer auf höchstens drei Jahre empfohlen.

Die praktizierten Rückzahlungsvereinbarungen sehen zumeist eine Betriebsbindung von zwei oder drei Jahren vor, wobei sich die Rückzahlungspflicht monatlich um $\frac{1}{24}$ bzw. $\frac{1}{36}$ ermäßigt. In einigen Vereinbarungen wird eine Rückzahlung außerdem erst dann erforderlich, wenn die gesamten Fortbildungskosten einen festgelegten Höchstbetrag (z. B. 1 000 DM) überschreiten.

Literatur- und Quellenangaben

Antons, K. (1976): Praxis der Gruppendynamik, 4. Aufl., Göttingen, Toronto, Zürich 1976

AEG-Telefunken (1977): Das Personalförderungssystem, 2. Aufl., Frankfurt/ M. 1977

v. Bardeleben, R./Böll, G./Kühn, H. (1986): Strukturen betrieblicher Weiterbildung. Berichte zur beruflichen Bildung, H. 83, Berlin und Bonn 1986

Beurteilung von Mitarbeitern (1977), in: Arbeitsberichte, Informationen für die Betriebsleitung, hrsg. vom Ausschuß Soziale Betriebsgestaltung bei der Bundesvereinigung der Deutschen Arbeitgeberverbände, 1977

Birkenbihl, M. (1977): Train the Trainer, 4. Aufl., München 1977

Böning, U. (1989): Coaching: Zur Rezeption eines neuen Führungsinstruments in der Praxis, in: Personalführung 1989, H. 12, S. 1149–1151

Böning, U. (1991): Moderieren mit System, Besprechungen effizient steuern, Wiesbaden 1991

Böning, U. (1990): Hilfe zur Selbsthilfe, in: Gablers Magazin 1990, H. 4, S. 22–25

Comelli, G. (1985): Training als Beitrag zur Organisationsentwicklung, München, Wien 1985

Dieckhoff, D. (1982): Durch praxiserprobte Arbeitsplatzbeschreibungen klare Verantwortlichkeiten durchsetzen: Einführungshilfen – Organisationstips – Musterbeispiele, Kissing 1982

Dierkes, M. (1974): Die Sozialbilanz, Frankfurt 1974

Dierkes, M./Freund, K. P. (1975): Personalaufwandsplanung als Bestandteil der Personalplanung – US-amerikanische Erfahrungen, Ansätze, Methoden, Handbuch der Personalplanung, Frankfurt/New York 1975, S. 315–335

Donnert, R. (1990): Am Anfang war die Tafel, München 1990

v. Eckardstein, D. (1975): Laufbahnplanung, in: Handwörterbuch des Personalwesens, hrsg. v. E. Gaugler, Stuttgart 1975, Sp. 1149–1157

v. Eckardstein, D./Schnellinger, F. (1975): Personalmarketing, in: Handwörterbuch des Personalwesens, hrsg. v. E. Gaugler, Stuttgart 1975, Sp. 1596

Edding, F. (1972): Perspektiven für die betriebliche Weiterbildung, in: IBM-Nachrichten 1972, Nr. 212, S. 273–278 und § 213, S. 375–380

Fischer/Uhlenbrock/Beutel/Vornberger (Hrsg.) (1989): Personalentwicklung im Werk, Hamburg 1989

Gaugler, E. u. a. (1978): Leistungsbeurteilung in der Wirtschaft, Baden-Baden 1978

Gebert, D. (1972): Gruppendynamik in der betrieblichen Führungskräfteschulung, Berlin 1972

Gonschorrek, U./Saul, S. (1983): Pädagogik in Wirtschaft und Verwaltung, Heidelberg 1983

Hacker, V. (1976): Personalentwicklung und betriebliche Bildungsplanung, Frankfurt/M. 1976

Hentze, J. (1986): Personalwirtschaftslehre 1, 3. Aufl., Bern und Stuttgart 1986

Heymann, H.-H. (1984): Outplacement – Ein neues Instrument betrieblicher Personal- und individueller Karriereplanung, in: Wirtschaftswissenschaftliches Studium 1984, H. 6, S. 308–311

Heymann, H.-H./Metz, J. (1989): Outplacement (Newplacement), in: Handbuch Personalmarketing, hrsg. v. Strutz, H., Wiesbaden 1989, S. 648–656

Hoberg, G. (1988): Training und Unterricht, Stuttgart 1988

Höfle, K./Huber, M. (1990): Coaching, in: Geißler/v. Landsberg/Reinarzt (Hrsg.): Handbuch Personalentwicklung und Training, Köln 1990, Gruppe 8.1.2.0, S. 1–28

Hoelemann, W. (1976): Laufbahnplanung für Führungskräfte, in: Zeitschrift für betriebswirtschaftliche Forschung 1976, S. 105–113

Huck, H. H. (1989): Coaching, in: Handbuch Personalmarketing, hrsg. v. Strutz, H., Wiesbaden 1989, S. 413–420

Jeserich, W. (1989): Mitarbeiter auswählen und fördern. Assessment-Center-Verfahren, 4. Aufl., München, Wien 1989

Kador, F.-J. (1973): Nachfolgeplanung, in: Gedanken zu Personalfragen, hrsg. v. Hamburger Abendblatt 1973

Kador, F.-J./Pornschlegel, H./Kempe, H.-J. (1987): Handlungsanleitung zur betrieblichen Personalplanung, 2. Aufl., Eschborn 1987

Knebel, H. (1985): Taschenbuch zur Stellenbeschreibung, 3. Aufl., Heidelberg 1985

Koch, G. (1989): Die erfolgreiche Moderation von Lern- und Arbeitsgruppen, Landsberg 1989

Koch, R. (1987): Weiterbildung im Zusammenhang mit der technischen Modernisierung der Arbeitswelt, in: Neue Technologien: Verbreitungs-

274

grad, Qualifikation und Bedingungen, hrsg. v. Bundesinstitut für Berufsbildung, 1987, S. 149–248

Kuhlmann, T. (1989): Coaching, in: Personalführung 1989, H. 6, S. 592–595

Kupsch, P. U./Marr, R. (1974): Personalwirtschaft, in: Heinen, E.: Industriebetriebslehre, 3. Aufl., Wiesbaden 1974, S. 445–547

Leupold, J. (1987): Management Development, Landsberg 1987

Lingenfelder, M./Walz, H. (1987): Outplacement: Problemlöser für Problemfälle, in: Gablers Magazin 1987, H. 7, S. 42–44

Maeck, H. (1980): Kreative Planung und Kontrolle des Lehrens und Trainierens, München 1980

Mager, R. F. (1971): Lernziele und programmierter Unterricht, Weinheim, Berlin, Basel 1971

Marr, R./Stitzel, M. (1979): Personalwirtschaft. Ein konfliktorientierter Ansatz, München 1979

Masemann, H. (1990): Weiterbildung in Kreditinstituten. Ein Leitfaden für die Praxis der Personalentwicklung, Wiesbaden 1990

Maslow, A. H. (1954): Motivation and Personality, New York 1954

Mayrhofer, W. (1989): Outplacement – Stand der Diskussion, in: Die Betriebswirtschaft 1989, H. 1, S. 55–68

Mentzel, W. (1981): Der Beitrag der Personalentwicklung zum Personalmarketing, in: Handelsforschung – Handelspraxis, Festschrift für Walter Marzen, hrsg. v. H. Marschner, Wien 1981, S. 155–167

Mentzel, W. (1992): Trainingsmethoden, in: Handwörterbuch des Personalwesens, hrsg. v. E. Gaugler und W. Weber, 2. Aufl., Stuttgart 1992

Mitarbeiterbeurteilung für Angestellte (1971), hrsg. v. Arbeitsring der Arbeitgeberverbände der Deutschen Chemischen Industrie e. V., 2. Aufl., Heidelberg 1971

Müller, H./Wenzel, R. (1977): Weiterbildung im Unternehmen, Planung und Organisation. Eine Fibel für den Praktiker, hrsg. vom Ministerium für Wirtschaft, Mittelstand und Verkehr, Baden-Württemberg, Stuttgart 1977

Nagel, K. (1969): Die innerbetriebliche Ausbildung von Führungskräften in Großunternehmungen, Berlin 1969

Neubeiser, M.-L. (1990): Management-Coaching, Zürich und Wiesbaden 1990

Neuland, B. (1991): Individual- und Gruppenoutplacement. Idee, Notwendigkeit und Gestaltung, Diplomarbeit, Koblenz 1991

275

v. Niedernhäusern, W. (1973): Management-Ausbildung, in: Die Unternehmung 1973, H. 1, S. 33–39

Nüßgens, K.-H. (1975): Führungsaufgabe Personalwesen, Aachen 1975

Olesch, G. (1988): Praxis der Personalentwicklung, Weiterbildung im Betrieb, Heidelberg 1988

Oster, D. (1970): Führungsnachwuchsplanung, in: Handbuch der Führungskräfteauswahl, -förderung, -bezahlung, hrsg. v. R. Buchholz und K. H. Maier, München 1970, S. 65–137

Von Erfahrung profitieren (1990). Ein Ratgeber für den Auslandseinsatz von Fach- und Führungskräften, hrsg. von der Deutschen Gesellschaft für Personalführung, Düsseldorf 1990

Personalplanung (1979): Empfehlungen für die Praxis, hrsg. von der Deutschen Gesellschaft für Personalführung, Königstein 1979

Raschke, K. (1977): Taschenbuch für Personalbeurteilung, 5. Aufl., Heidelberg 1977

Rechenauer, O./John. E. (1975): Planung der Weiterbildung, Frankfurt 1975

Riekhoff, H.-C. (Hrsg.) (1986): Strategien der Personalentwicklung, Wiesbaden 1986

RKW-Handbuch (1990): Personalplanung, 2. Aufl., Neuwied 1990

RKW-Handbuch (1978): Praxis der Personalplanung, Neuwied und Darmstadt 1978

Rückerl, T. (1990): Auch als Mensch gefordert (Coaching, Grundsatzfragen), in: Gablers Magazin 1990, H. 4, S. 10–13

Sabel, H. (1978): Erfolgreiche Mitarbeiterbildung, Offenbach 1978

Sahm, A. (1975): Personalentwicklung, in: Personal. Mensch und Arbeit 1975, Sonderteil Personal-Stichworte, S. 25–28

Sattelberger, T. (Hrsg.) (1989): Innovative Personalentwicklung, Grundlagen, Konzepte, Erfahrungen, Wiesbaden 1989

Sauder, G. (1991): Führungskräfteentwicklung und Unternehmensentwicklung, in: Personalführung 1991, S. 650–656

Schmidt, D. (1973): Checklists für Personalleiter, München 1973

Scheider, W. (1975): Betriebliche Weiterbildung – intern oder extern durchgeführt?, in: Personal. Mensch und Arbeit 1975, S. 214

Schneider, W. (1977): Bildungsangebot außerhalb des Betriebs und die Entscheidung über interne oder externe Durchführung von Bildungsmaßnahmen, in: Handbuch der betrieblichen Aus- und Fortbildung, hrsg. v. H. Paulik, München 1977, Gruppe B/III, S. 1–20

Schönfeld, H.-M. (1967): Die Führungsausbildung im betrieblichen Funktionsgefüge, Wiesbaden 1967

Schrader, E./Gottschall, A./Runge, T. (1984): Der Trainer in der Erwachsenenbildung. Rolle, Aufgaben, Verhalten, München, Wien 1984

Schulz, D./Fritz, W./Schnuppert, D. u. a. (1989): Outplacement. Personalfreisetzung und Karrierestrategie, Wiesbaden 1989

Spie, U. (1983): Personalwesen als Managementaufgabe. Handbuch für die Personalpraxis, Stuttgart 1983

Stiefel, R. T./Flöhter, E. (1976): Die Praxis betrieblicher Weiterbildungsveranstaltungen, Köln 1976

Strube, A. (1982): Mitarbeiterorientierte Personalentwicklungsplanung, Berlin 1982

Strutz, H. (Hrsg.) (1989): Handbuch Personalmarketing, Wiesbaden 1989

Thiele, A. (1991): Mit neuen Techniken wirkungsvoll präsentieren, Landsberg 1991

Thom, N. (1987): Personalentwicklung als Instrument der Unternehmensführung, Stuttgart 1987

Töpfer, A./Zander, E. (1985): Mitarbeiterbefragungen, Frankfurt/New York 1985

Treichel, P. (1976): Die Ausbilderpraxis, Wiesbaden 1976

VORWERK-Gruppe: Förderung und Entwicklung unserer Mitarbeiter. Ein Personalprogramm der VORWERK-Gruppe, o. O. u. J.

Warum Betriebe weiterbilden? (1991): in: Berufswelt Nr. 18, Beilage zu DIE WELT Nr. 103 v. 4. Mai 1991, S. 1

Weiß, R. (1990): Die 26-Milliarden-Investition – Kosten und Strukturen betrieblicher Weiterbildung, Köln 1990

Weiterbildung in der Arbeitswelt (1977): hrsg. v. Bundesinstitut für Berufsbildungsforschung, München 1977

Wiedemann, H. (1975): Mitarbeiter weiterbilden, Ludwigshafen 1975

Winter, H./Tholen, H. H. (1979): Betriebliche Weiterbildung. Daten, Strukturen, Trends, Köln 1979

Stichwortverzeichnis

Affektive Lernziele 200
Anforderungen 65
Anforderungs-Eignungs-Vergleich 42
Anforderungskriterien 65, 68
Anforderungsprofil 36, 65, 69, 70
Anlernling 20
Anlernprogramm 178
Anpassungsfortbildung 265
Anpassungsqualifikation 21
Anwartschaft 136
Anwendungserfolg 242
Anwendungshemmnisse 242
Arbeitsanforderungen 64
Arbeitsgericht 260
Arbeitsgestaltung 164
Arbeitsmarkt 45
Arbeitsplatzringtausch 165
Arbeitsplatzwechsel 165
Arbeitsstrukturierung 164
Arbeitsverhalten 68
Assessment Center 38, 115
Aufenthaltskosten 226
Aufstieg 21
Aufstieg aus den eigenen Reihen 135
Aufstiegsfortbildung 265
Aufstiegsplanung 134
Aufstiegsqualifikation 21
Auslandseinsatz 184
Auswahlkriterien 215
Auswahlrichtlinien 263
Auszubildende 20

Bedarfssituation 36, 41
Beförderung 42
Befragung 244
Beratungsgespräch 38
Berufsausbildung 18

Berufsbegleitende Personalentwicklung 20
Berufsbildung 257
Berufsbildungsgesetz 265
Berufsbildungspaß 249, 266
Berufsverändernde Personalentwicklung 22
Berufsvorbereitende Personalentwicklung 18
Beschaffungsweg 50
Betriebsabrechnungsbogen 231
Betriebsrat 31, 35, 257
Betriebsstudie 218
Betriebsvereinbarung 262
Betriebsverfassungsgesetz 257
Betriebszugehörigkeit 136
Beurteilertyp 105, 107
Beurteilung 82 ff.
Beurteilungsbogen 90 ff.
Beurteilungsfehler 103
Beurteilungsgespräch 44, 101
Beurteilungsgrundsätze 262
Beurteilungskriterien 86
Beurteilungsseminar 115
Beurteilungsskala 89
Beurteilungsstufen 89
Bewerbungsbogen 73
Bewerbungsunterlagen 73
Bildung 16
Bildungsabteilung 31
Bildungsbudget 238
Bildungsinvestition 251
Bildungsmaßnahmen 39
– Planung 196
– Systematisierung 170
Bildungsmethoden 20
Bildungsurlaub 268
Brainstorming 190

Budget 236
Budgeterstellung 237
Budgetierung 236
Bundesdatenschutzgesetz 267

Coaching 38, 151, 178

Datei 267
Datenschutzgesetz 267
Duales System 47

Eigene Meinung zur Laufbahn 110 ff.
Eignungspotential 36
Einarbeitungsprogramm 178
Einflußfaktoren 44
Einführung neuer Mitarbeiter 21
Einführungsprogramm 185
Einigungsstelle 259
Einstellung 168
Einzelbildung 171
Endverhalten 202
Entwicklungsbedürfnisse 36, 43, 73
Entwicklungsplanung, individuelle
  152 ff.
Entwicklungspotential 42, 73, 83
Erfahrungsaustauschgruppe 194
Erfolgskontrolle 223, 238
Ergänzungsqualifikation 22
Externe Bildungsträger 215

Fachlaufbahn 146
Fallmethode 192
Feinlernziel 201
Fernunterricht 195
Fernunterrichtsschutzgesetz 268
Fördergespräch 38, 44, 126, 129
– Einladung 127
– Vorbereitungsblatt 128
Förderkartei 74
Förderkreis 194
Förderstufe 77
Förderung 16

Förderungsmaßnahmen 38
Fremderfahrung 197
Führungslaufbahn 146
Funktionsfeld 240

Gauß'sche Normalverteilung 107
Gesellschaftspolitik 47
Groblernziel 201
Gruppenbildung 171
Gruppendynamisches Training 194

Hochschulabsolventen 20
Homogenität 204
Honorare 228
Humanvermögen 23
Humanvermögensrechnung 251

Immaterielle Investitionen 251
Indikatoren 249
Innerbetriebliche Bewerbung 123
Innerbetriebliche Stellenausschrei-
  bung 120
Instrumente der Förderung 126
Interne Stellenausschreibung 120
– Formulare 124 f.
Investition 22

Job enlargement 38, 165
Job enrichment 38, 165
Job rotation 165, 179
Junior-Vorstand 185

Karriere 132
Karriereplanung 132
Kennziffern 249
Kenntnismerkmale 68
Können 168
Kognitive Lernziele 200
Kontrolle 223
Kontrollmaßnahmen 39
Kontrollmethoden 244
Kosten 207, 225

Kostenarten 226, 232
Kostenkontrolle 223 ff.
Kostenstelle 231
Kostenvergleichsrechnung 235
Kostenverrechnung 231
Kreativitätstechniken 190
Kronprinzen-Denken 136

Laufbahn 133
Laufbahnmodelle 136, 147
Laufbahnplanung 38, 132
– Begriff 132
– Durchführung 142
– Modelle 147
Laufbahnregelung im öffentlichen
  Dienst 133
Learning-by-doing 173
Lebenslanges Lernen 24, 46
Lehrgespräch 189
Lehrkonferenz 189
Lehrmethode 207
Lehrmittel 229
Lehrstoff 207
Lehrvotrag 188
Lernbereitschaft 197
Lernerfolg 241
Lernfeld 240
Lerngruppen 204
Lernklima 197
Lernprozeßkontrolle 241
Lernziel 199 ff.
Lernzielarten 200
Lernzielbestimmung 202
Lernzielformulierung 203

Management Development 23, 32
Management-Potentialanalyse 115
Medien 210
Medieneinsatz 209
Mehrgleisige Unternehmensführung
  185
Metaplanmethode 190

Methodenwahl 208
Mitarbeiter 17, 31, 35
Mitarbeiterbefragung 109
Mitarbeiterbeurteilung 36, 42, 81 ff.,
  248
– Beurteilungsbogen 90 ff.
– Beurteilungsfehler 103
– Beurteilungsgespräch 101
– Beurteilungsmerkmale 86 ff.
– Vorgehensweise 84
– Zwecksetzungen 82
Mitbestimmungsrechte 258, 263
Mitwirkungsrechte 257, 264
Modellkonzeption 36
Moderationstechnik 190
Motivationspolitik 26

Nachfolgeerhebung 139
Nachfolgegespräch 126
Nachfolgekartei 145
Nachfolgeliste 144
Nachfolgeplanung 38, 132, 137
– Formulare 143 ff.
– Ablauf 141
Nachfolger 183
Nachwuchskartei 78

Opportunitätskosten 227
Organisationsentwicklung 16
Organisationsplan 54, 136
Organisatorische Hilfsmittel 53
Outplacement 38, 159

Personalabteilung 31
Personalakten 73
Personalbedarfsermittlung 48
Personalbedarfsplanung 48
Personalbeschaffung 50, 51, 58
Personaleinsatz 52, 58
Personalentwicklung 58
– Adressaten 23

- Bausteine 36, 40
- Begriff 15
- Bereiche 18
- Beteiligte 30 ff.
- Einflußfaktoren 44 ff.
- Grundfragen 15 ff.
- Inhalt 15
- Kontrolle 223 ff.
- Konzept 37
- Prinzipien 28 ff.
- Rechtsfragen 257 ff.
- Träger 30 ff.
- Ziele 25 ff.
Personalentwicklungsbeauftragter 31, 32, 70, 237
Personalentwicklungsbedarf 41
Personalentwicklungskartei 39, 74 ff., 79
Personalfragebogen 262
Personalfreistellung 52, 58
Personalinformationssystem 39, 78
Personalkartei 74
Personalkosten 231
Personalleiter 32
Personalmarketing 16
Personalorganisation 53, 58
Personalplanung 49, 58, 260
Personalrat 31
Personalstammkartei 74
Personelle Vorsorge 133
Planmäßige Unterweisung 175, 176
Planspiel 193
Positionsorientierte Förderung 131
Potential 42
Potentialbeurteilung 108, 115
Potentialerhebung 108, 114
Potentialorientierte Förderung 130
Praktikanten 20
Profilgestaltung 67
Profilvergleich 38, 52, 70, 71, 72
Programmierte Unterweisung 186
Programmplanung 205

Projektgruppe 184
Prüfung 248
Psychomotorische Lernziele 200

Qualifikation 42, 166
Qualifikationsstruktur 64
Qualitätszirkel 195

Raumkosten 229
Referent 207, 213, 228
Regelkreisprinzip 186
Rehabilitation 22
Reisekosten 226
Rentabilität 198
Rentabilitätsberechnung 254, 256
Rentabilitätskontrolle 223, 250
Reservoir-Theorie 133
Richtlernziel 201
Rollenspiel 192
Rückzahlungsklauseln 271

Schlüsselqualifikation 25, 46, 167
Seminarbeurteilung 246
Seminargebühren 226
Sonderaufgaben 184
Sozialbilanz 254
Sozialleistung 22
Sozialverhalten 68
Stelle 53
Stellenausschreibung 261
Stellenbeschreibung 34, 36, 56, 136
- Erarbeitung 61
- Formulare 60, 62
- Inhalt 57 ff.
- Verwendungszwecke 56
Stellenbesetzungsplan 54, 56
Stelleninhaber 54
Stellenplan 54, 55, 136
Stoffprogramm 205

Technischer Fortschritt 45
Technologischer Wandel 45

Teilnehmerbefragung 244
Teilnehmerzahl 198, 204
Tests 248
Trainee-Programme 179, 180
Training-off-the-job 172, 186
Training-on-the-job 172, 173

Umschulung 22, 266
Umsetzungshilfen 197
Unternehmensgrundsätze 28
Unternehmungsleitung 30, 31
Unterrichtsraum 209, 212
Unterweisung am Arbeitsplatz 175
Unterweisungsprogramm 178

Verhalten 194
Verhaltensschulung 192
Verhaltensweise 194
Versetzung 42
Vier-Stufen-Methode 175
Volontärzeit 20
Vorgesetztenbefragung 114
Vorgesetzteneigenschaften 68
Vorgesetzter 31, 33, 114

Wissen 166

Zeitplanung 205
Zeugnisse 249
Zwischenbetriebliche Kooperation
    219